T / R / A / N / S / P / O / R / T / E / C / O / N / O / M / I / C / S

교통경제학

이론, 응용 그리고 정책

Graham Mallard · Stephen Glaister 저

이번송 · 손의영 · 홍성효 역

박영사

교통경제학: 이론, 응용 그리고 정책

Transport Economics: Theory, Application and Policy

First published 2008 by Palgrave Macmillan, Houndmills, Basingstoke, Hampshire GR21 6Xs.

This book is exclusively distributed by Parkyoung Publishing & Company.
Printed in Korea.

Acknowledgement:
First published in English by Palgrave Macmillan, a division of Macmillan Publishers Limited under the title Transport Economics by Graham Mallard and Stephen Glaister. This edition has been translated and published under licence from Palgrave Macmillan. The authors have asserted their right to be identified as the authors of this Work.

저자에 대하여

스테판 글라이스터(Stephen Glaister) 박사는 현재 교통정책연구기관인 RAC재단의 원장으로 재직하고 있으며, 영국 Imperial College London대학교 교통기반시설학과의 명예교수로 있다. 그는 또한 철도규제청(the Office of Rail Regulation)의 자문위원을 맡고 있다.

그는 런던에서 리즈를 새로 고속철도로 연결하는 HS2회사의 자문위원을 역임하였고, 런던의 지하철을 관리하는 Tube Lines의 이사를 역임하였다. 그 이전에는 8년간 런던교통청(Transport for London)의 이사를 지냈다.

그 외에 여러 직책을 역임하였다. 런던교통청(London Regional Transport)의 비상임이사, 의회 교통전문위원회 특별자문, 2006년 Eddington 교통연구자문, 통합교통위원회(Commission for Integrated Transport) 자문, 교통부의 2004년 전국혼잡통행료타당성연구자문 등 교통정책은 물론 통신, 수도 그리고 가스산업에 대한 규제에 관해 많은 저술을 하였다.

역자들에 대하여

이번송 교수는 서울대학교 법과대학을 졸업하고, 미국 서던메쏘디스트대학(Southern Methodist University)에서 경제학 박사학위를 받았다. 박사학위 취득 후 미국 Research Triangle Institute에서 6년간 환경, 에너지 및 인구문제에 대한 연구를 수행하였다. 이후 Louisiana State University에서 부교수를 역임하고, 오마하에 있는 네브라스카주립대학에서 14년간 경제학 교수를 역임하였는데, 1987년에서 1993년까지 6년간 피터키윗디스팅귀시드 석좌교수를 맡았다. 1994년 초부터 1996년 말까지 서울시정개발연구원에서 연구위원으로 재직하였으며, 1996년에는 이 연구원의 원장직을 맡았다. 이후 1996년에서 2004년까지 서울시립대학교 경제학부 교수로 재직하였다. 2004년부터 2011년 7월까지 미국 루이지아나주에 있는 Northwestern State University에서 경제학 교수로 재직하였고 2011년 8월부터 미국 Fort Smith에 있는 아칸사주립대학에서 경제학 교수로 재직하고 있다.

이 교수의 강의와 연구분야는 도시경제학, 교통경제학 그리고 국제경제학이다. 1999년부터 2002년까지 3년간 BK21핵심연구과제의 팀장으로서 우리나라 도시의 경제성장요인에 대해 연구하였다. 이 교수의 연구논문은 *Review of Economics and Statistics, The Journal of Real Estate Economics and Finance, Urban Studies, Journal of Development Economics, Demography, International Migration Review, The Indian Journal of Economics, Applied Economics, Journal of Asian Economics* 등과 다수의 국내학술지에 게재되었다. 이 교수는 「도시교통정책의 경제론」, 「오설리반의 도시경제학 7판(번역서)」, 「Bun Song Lee's Essays on Urban Economic Growth and Productivity」를 저술하였다.

손의영 교수는 영국 리즈대학교에서 1985~1989년에 교통경제학 석사 및 박사학위를 취득하였으며, 현재 서울시립대학교 교통공학과에서 재직 중이다. 학위취득 전과 후에는 한국교통연구원에서 10년을 근무하였다. 주요 연구 관심분야는 교통사업의 경제적 타당성분석, 교통부문 정부규제와 민영화, 개발도상국에의 교통부문 자문 등이며, 국외 및 국내 등의 학술지에 관련 논문을 게재하였다.

홍성효 조교수는 서울시립대학교에서 경제학 학사학위와 석사학위를, University of Nebraska at Omaha에서 경제학 석사학위를, 그리고 Syracuse University에서 경제학 박사학위를 취득하였으며, 현재 공주대학교 경제통상학부에 재직 중이다. 주요 연구 관심분야는 기업들의 지리적 군집에 의한 긍정적 외부효과를 추정하는 집적의 경제와 인구이동 등을 포함하며, 논문은 *Urban Studies, Papers in Regional Science*, 「국제경제연구」, 「한국인구학」 등의 학술지에 게재되었다.

Preface for Korean Translation of Transport Economics

Languages and cultures may vary but all communities encounter the same challenges of providing adequate transport. Many of these challenges are social and economic: What should the charges be? What level of service should be offered? How much financial support should the state give? How do we pay for adequate maintenance and investment? How do we reduce congestion and avoid unreasonable noise and air pollution damages to non-users? How should transport industries contribute to reducing greenhouse emissions?

Some basic principles of economic analysis have been found to be helpful irrespective of the institutional context: How do we define the correct meaning of "cost"? What determines the demand for transport, now and in the future? What methods are available for funding and financing infrastructure? What are the relative merits of promoting competitive markets as against monopoly or state provision? How should the owners be regulated?

Transport matters. Good decisions on these issues will significantly improve the quality of life of people now and in the future. They will also enhance the productivity and international competitiveness of the economy.

We hope that the first edition of this book may have offered a first introduction to transport economics — the study of these questions — to English-speakers who will go on to be influential in improving practice in the future. So we are delighted that it has been translated to make it accessible to others. We congratulate Professors Bun Song Lee, Eui Young Shon, and Sung Hyo Hong on making this translation. We are most grateful to them for bringing the book to new group of future friends and colleagues.

Stephen Glaister

교통경제학의 한국어 출판에 대한 서문

언어와 문화는 다를 수 있겠지만 세계의 모든 인류공동체는 적절한 교통을 제공해야 한다는 동일한 도전들에 직면하고 있다. 이와 같은 도전들의 많은 부분이 사회적이고 경제적인 문제들이다. – 얼마의 요금을 부과해야 하는가? 어느 정도의 교통서비스를 제공해야 하는가? 국가는 얼마만큼의 재정적 지원을 부여해야 하는가? 적절한 교통시설의 유지와 새로운 투자를 위한 비용을 어떻게 조달해야 하는가? 교통혼잡을 어떻게 감소하며, 비운전자에게 부과되는 부당한 소음과 대기오염의 피해를 어떻게 방지할 수 있는가? 교통산업이 어떻게 온실가스배출의 감축에 공헌할 수 있을 것인가?

경제분석의 일부 기본적 원론들이 체제적인 면에서 어떠한 차이가 있는가에 관계 없이 유용한다는 것이 증명되었다. – "비용"의 정확한 의미를 어떻게 정의할 것인가? 현재와 미래의 교통에 대한 수요는 무엇이 결정하는가? 교통기반시설의 건설에 대한 비용지출과 재원조달을 위해 어떤 방법이 사용 가능한가? 교통서비스를 독점기업이 제공하거나 정부가 직접 제공하는 것에 비해 경쟁시장 도입의 상대적 장점들은 무엇인가? 교통서비스의 소유주들은 어떻게 규제되어야 할 것인가?

교통은 중요하다. 교통문제들에 대한 좋은 결정들은 현재와 미래에 있어서 국민들의 삶의 질을 상당히 향상시킬 것이다. 이런 결정들은 생산성을 향상시키고 국가경제의 국제적 경쟁력을 또한 향상시킬 것이다.

원저자들은 교통경제학의 초판이 교통경제학, 즉 교통문제들의 학습에 대한 최초의 입문을 영어를 사용하는 독자들에게 제공하고 있기를 바라고 있다. 이들 학습자들은 미래에 교통의 현실적 상황들을 향상시키는 데 영향력을 발휘할 수 있게 될 것이다. 원저자들은 이 때문에 본 저서가 영어를 사용하지 않는 다른 사람들에게 읽힐 수 있도록 번역되었다는 것을 매우 기쁘게 생각한다. 원저자들은 이번송, 손의영 그리고 홍성효 교수들에게 이 저서의 번역을 수행한 것을 축하한다. 원저자들은 그들이 이 책을 미래의 친구들과 동료들의 새로운 그룹에게 읽힐 수 있도록 가져다 준 것에 대해 가장 깊은 감사를 드린다.

스테판 글라이스터

저자 서문

교통경제학은 우리의 일상생활에 정기적으로 그리고 커다란 규모로 영향을 미치는 주제이다. 예를 들면 다음과 같은 사례가 존재한다.

- EU 집행위원회(European Commission, EC, 2003년 6월 보고서)는 유럽연합(European Union, EU) 내 도로망의 7,500km가 매일 교통정체로 막혀 있다고 추정했다.
- 위 보고서는 EU 내 주요 공항에서 약 35%의 항공기가 혼잡으로 인해 최소 15분 이상 지연되고 있다고 또한 추정했다.
- 2003년에 EU 내 교통부문 가계지출은 7,480억 유로로서, 전체 가계지출의 약 13.3%를 차지하고 있다(EC, 2005).
- 2003년에 EU 내 교통부문 종사자 수는 750만 명 이상을 차지하고 있다(EC, 2005).
- 영국 정부는 2002~2003년 회계연도에 교통부문에 132.41억 파운드를 지출하였다(영국 통계청(ONS), 2004).
- 2004년에 EU 내 도로에서 49,807명의 도로사고 사망자가 발생하였다(EC, 2005).

위 사실들은 EU의 경제와 국민에게 교통부문이 얼마나 중요한지를 보여주는 몇 개의 지표일 뿐이다. 앞으로 이 책을 통해 훨씬 더 많은 사례들이 평가될 것이다. 사회 전체의 편익을 증가하기 위해서 경제학자들이 교통부문에 대해 확실한 이해를 가지고 교통부문에 대한 업무를 수행하는 것이 매우 중요하다.

교통분야는 또한 경제학을 심도 있게 공부하려는 학생들에게 중요한 많은 경제학 개념들에 대해 훌륭한 사례연구 대상의 역할을 수행한다. 교통경제학에 관한 학습을 통해, 다음 사항들에 대한 이해를 증진할 수 있다. 기업에 대한 전통적 그리고 최신의 이론들인, 정부규제 완화(deregulation)나 민영화와 같은 때때로 논쟁의 대상이 되는 정부의 정책수단들, 독점, 외부효과, 공공재, 소득불평등 및 비대칭적 정보(asymmetric information)와 같은 시장실패(market failures), 이들 문제에 대한 다양한 해결방안들, 그리고 모든 대규모 공공투자 결정에 대해 토대를 제공해 주고 있는 방법론, 이러한 한 부문들에 대해 집중적으로 토의함을 통해 우리는 우리 모두에게 커다란 영향을 미치는 교통부문의 과거와 미래에 대한 이해를 증진할 수 있다. 또한 우리 자신의 교통에 대한 경험을 비추어 보며 이들 개념을 조명할 수 있는 기회를 가질 수 있게 된다.

이 책은 중요한 경제학 이론들을 소개하려는 목적뿐만 아니라, 일상생활의 관심대상이 되는 상황에서 적용될 수 있는 광범위한, 매우 중요한 경제학적 능력(skills)을 개발하는 데에도 도움이 되고자 하는 목적으로 쓰여졌다. 이 책을 이용하여 교통부문을 공부함으로써, 학습자는 통계와 도표의 분석, 경제정책의 수립 및 평가, 단순하지만 매우 흥미진진한 게임이론, 투자 평가 등에 관한 능력이나 자신감을 개발할 수 있다. 학습자는 또한 현재 교통부문이 처해 있는 상황, 이들 상황을 향상시키기 위해 정부가 채택해야 할 정책들, 그리고 교통부문이 당면할 미래 등에 대해 스스로의 논리 정연한 관점과 결론을 도출할 수 있게 될 것이다.

이 책을 이용하여 교통경제학을 공부할 때, 선택할 수 있는 두 가지 일반적 방법이 있다. 첫 번째 방법은 직선적인 방법인데, 단순하게 이 책에서 제시된 구조를 그대로 따라가는 것이다. 제1부는 교통경제학의 배경을 개관하고 있고, 제2부는 교통부문에 토대를 제공하고 있는 경제학 이론들을 소개하면서, 이 이론들을 EU의 교통부문에 적용하고 있으며, 제3부는 유럽의 교통부문에서 발생하는 시장실패(market failures)에 대한 이론들과 발생 원인들을 고찰하고, 제4부는 시장실패를 치유하기 위해 사용 가능한 다양한 정책들을 평가하며, 마지막으로 제5부에서 몇 가지 결론을 제시한다. 이 첫 번째 방법이 가장 철저하게 공부하는 방법이라고 할 수 있다. 두 번째 방법은 수평적인 (또는 주제별) 접근방법인데, 교통경제학을 각각의 교통수단별로 순차적으로 공부하는 것이다. 이러한 학습방법에 대한 개요가 다음 그림에서 제시되고 있다. 이 방법을 따르는 경우에는 해당되는 이론들을 다루는 절들을 함께 읽는 것이 중요하다.

경제학은 언제나 도전을 받아야 하는 주제이다. 이 책에서 설명되는 이론들

수평적 학습방법에 대한 제안

과 실례들은 모두 한결같이 유능한 경제학자들에 의해 오랜 시간에 걸쳐 발달되어 왔다. 따라서 심도있게 공부하고자 하는 학생들은 이들의 원래 연구 결과물들을 참고하는 것이 중요하다. 그러나 이론들과 사례들을 아무런 의문도 없이 단순히 받아들여서는 안 되며, 이것들이 아직도 분석에서 효과가 있는지를 평가하기 위해 이들 이론들과 사례들은 항시 현실 세계와 새롭게 비교되어야 한다. 이렇게 해야만 우리의 이해가 정교해지고 향상될 수 있으며, 아마도 더 중요한 것은 교통경제학 분야에서 비효과적이고 해로울 수도 있는 정책들이 널리 수용되는 것을 방지할 수 있을 것이다. 저명한 케인즈학파의 경제학자이면서 불완전경쟁(imperfect competition)이론의 선구자인 Joan Violet Robinson이 언급한 것처럼 (Harcourt, 1995), "경제학을 공부하는 목적은 경제적 문제들에 대해 이미 만들어진 일련의 해답들을 습득하는 것이 아니라, 어떻게 하면 경제학자들에게 속지 않는가를 배우는 것이다(Joan Robinson, 1960)".

경제학은 또한 우리가 살고 있는 사회를 향상시키기 위해서 실제적인 방법이 어떻게 적용되어야 하는 것을 주제로 한다. 전통적으로 이 학문주제는 정치경제(political economy)의 분야이었는데, 비교적 최근에 와서야 두 부분(정치와 경제)로 나누어지게 되었다. 이와 같은 분리는 경제학 주제에 해를 끼치고 있다는 주장이 있는데, 그 이유는 많은 경제학 학생들이 우리 모두에게 혜택이 발생하는 정책개발에 이론을 적용하는 것보다는 일련의 경제문제들에 대한 해답들에 대해 단순히 지적 호기심을 가질 뿐이기 때문이다. 이 책의 모든 부분에서 어떻게 하면 교통부문이 잘 기능하고 그 결과가 향상될 것인가에 대하여 독자들이 끊임없이 의문을 갖도록 이 책을 기술하고자 한다. 이것이 바로 교통경제학의 목적이 아니겠는가?

이 책은 주로 학부수준의 교통경제학 과목들을 위해 설계되었다. 그러나 이 과목에 대해 많은 지식이 있는 우수한 A학점 학생들에게도 큰 보탬이 될 것이다. 본 교재가 교통경제학, 인문지리학, 교통공학을 전공하는 학생들과 교통경제학 주제에 단순히 관심을 가지는 사람들에게 귀중한 교과서가 되기를 바란다. 경제학 주장들이 수학적 증명에 의해 뒷받침되는 것을 선호하는 독자들을 위해 이 책의 끝 부분에 수학적 부록이 제공되고 있는데, 이것들은 학생들이 입문수준을 추월할 수 있게 할 것이다.

교통경제학은 고전적인 학문주제인 경제학 중에서 매우 흥미로운 분야로서, 우리들의 생활양식의 미래에 커다란 중요성을 갖는다. 우리는 이 책이 독자들에게 흥미로울 뿐만 아니라, 교통경제학에 대한 이해를 재미있고 적절한 방법으로 넓히는 데에도 도움이 되었으면 한다.

역자 서문

교통경제학은 우리 국민의 일상생활과 경제에 지대한 중요성을 가진 교통문제를 경제학적 측면에서 다루고 있다. 도시에 사는 사람 중 교통혼잡으로 어려움을 당해 보지 않은 사람이 없을 것이며 대중교통의 불편함에 불만을 가져 보지 않은 사람이 없을 것이다. 국민 전체 소비지출 중 교통분야에 대한 지출이 차지하는 비중은 미국의 경우 17%, 유럽연합의 경우 13.3%를 차지한다고 한다. 2000년 우리나라 인구센서스에 의하면 전체 기혼남성 중 약 5.5%가 교통서비스업에 종사하고 있다. 자동차제조업에 종사하는 종사자를 포함하면 이 비율은 더욱 높아질 것이다. 교통경제학은 현실성이 있고 경제에서 중요한 비중을 차지하는 문제들을 다룰 뿐만 아니라 학문적으로도 매우 흥미 있는 분야이다. 교통경제학에서는 교통문제의 분석에 있어 중급 미시경제학에서 배우는 경제이론들을 정교하게 응용하여 분석에 적용하고 있다.

대표역자는 1996년부터 2004년까지 8년간 서울시립대학교에 재직하면서 매학기 도시경제학과 교통경제학 과목을 강의하였지만 국내에 두 과목에 대한 적절한 교과서가 없음을 안타깝게 생각하였다. 이러한 마음으로 대표역자가 본 번역서의 공역자 가운데 한 분인 홍성효 교수와 KDI에 근무하고 있는 김석영 박사와 함께 도시경제학에 대한 『오설리반의 도시경제학』을 번역 출판하였는 데 많은 독자들의 사랑을 받고 있는 것으로 알고 있다. 그런데 여전히 교통경제학 분야에는 국내에 적절한 교과서가 없는 것에 항시 아쉬움을 느꼈고 적절한 교통경제학 교과서가 국내에 존재하지 않기 때문에 많은 대학에서 교통경제학 강의가 개설되지 못하고 있다고 생각되었다. 또한 적절한 교통경제학 교과서가 있으면 경제학 전공 이외에 교통공학, 도시계획, 도시행정학 전공의 학생들이 교통경제학 과목을 더 많이 수강할 수 있을 것이라고 생각하였다.

대표역자는 1998년에 『도시교통정책의 경제론』이라는 저서를 박영사를 통해 출판하였다. 내용이 불충분한 것이 많아 앞으로 수정해 나가겠다고 책의 서문에서 약속을 하였으나 그 이후로 약속을 지키지 못했다.

국내에 적절한 교통경제학 교과서가 전무한 것은 국외에도 적절한 교통경제학 교과서가 없기 때문이다. 서울시립대 대학원생들에게 교통경제학을 가르치면서 미국에서 출판되어 있는 유일한 학부용 교통경제학 교과서인 Kenneth Boyer의 교과서와 Kenneth Button의 교과서를 수차례 사용해 보았으나 내용이 너무 낙후되었고 우리의 현실과는 너무 동떨어져 있었다. 일본에는 교통경제학 교과서가 여러 가지 출판되어 있으나 우리나라의 학문적 관심과는 거리가 있어 보였다.

미국학계에서 교통경제학 교과서가 크게 발전하지 못한 이유는 미국에서는 자동차와 항공여행 외에는, 특히 대중교통이 거의 발전되지 못하고 있어서 많은 미국경제학자들이 교통경제학에 크게 관심을 갖지 못하기 때문이라고 생각된다.

대표역자는 국내에서 번역할 수 있는 교통경제학 교과서를 오랜 동안 미국과 유럽의 교과서시장에서 찾고 있었는데 2008년에 Graham Mallard와 Stephen Glaister의 공저로 *Transport Economics*가 출판되었다. 이 책을 구입한 후 즉시 영국출판사와 공저자인 Stephen Glaister교수와 접촉하여 박영사를 통해 번역출판 계약을 4년 전인 2009년에 체결하였다. 대표역자가 이 저서를 선정한 이유는 교통경제학의 중요한 주제들이 개별 장으로 착실하게 다루어지고 있기 때문이었다.

계약당시에는 너무 영국의 사례에 편중되어 있고 각 장의 내용이 좀 더 깊게 논의되지 못하고 있는 부분이 있다고 생각되었다. 그래서 계약조건에 원서에 포함되지 않는 내용으로 한국의 학생들에게 필요한 부분들을 첨가할 수 있는 권한을 부여 받았다. 그러나 번역과정에서 자세히 각 장의 내용을 음미해본 결과, 첫 인상과는 달리 많은 부분이 경제이론을 응용하며 충분이 깊이 있게 다루어졌다는 것을 알게 되었다. 따라서 이번 번역본에서는 원서에 포함되어 있지 않은 부분은 첨가하지 않았다. 단지 독자의 이해를 돕기 위해 설명상 추가분을 역자주(역자삽입, 역자첨가)라고 하여 첨가한 것은 여러 곳 있다. 다음의 개정판에서는 좀 더 많은 내용을 추가할 계획을 세우고 있다.

대표역자는 1994년에 귀국하기 전까지 미국연구소에서 6년간 근무하고 미국대학에서 15년간 가르쳤으며, 귀국 후 서울시정개발연구원 원장을 역임하고, 서울시립대 교수를 역임한 후, 2004년부터 현재까지 다시 미국대학에서 가르치고 있다. 그런데도 번역하는 동안 정확히 이해하지 못한 대목이 자주 있었다. 영미식 표현으로 이해가 잘 되지 않는 부분은 미국인들에게 직접 문의하여 의미를 찾아 내려고 노력하였다. 영국저자의 문장들은 미국저자들의 문장보다 훨씬 더 길고 복잡하여 도시경제 교과서의 번역에 비해 더 많은 노력이 필요했던 것 같다.

대표역자는 교통경제에 대한 현실경험이 일천하고, 특히 영국의 교통실정에 어두운데 공역자인 손의영 교수님께서 교통경제학을 오랜 동안 서울시립대에서 가르치고 있고 한국교통의 현실문제에 많은 경험을 가지고 있으며, 특히 영국에서 박사학위를 취득하였기 때문에 영국교통의 실정에 매우 밝아 본 번역서의 질을 높이는 데 절대적 공헌을 하였다. 공역자인 홍성효 교수는 이 교과서의 번역본을 작업하는 기간 중에 지방 연구원에서 공주대로 교수직을 맡게 되었다. 이번 작업에서도 홍성효 교수가 많은 수고를 하였지만 앞으로의 개정판에서는 교수로서 더 많은 시간을 이 책의 보완작업에 헌신할 수 있을 것으로 믿어진다.

교통경제학 번역본의 출판을 총괄해 주신 박영사 김선민 편집부장님과 실무를 담당해 주신 김효선 선생님께 감사드린다. 대표역자의 미국대학에서의 강의부담과 그동안 미국 내에서 학교직장을 옮기는 문제로 원고의 완성을 계속 지연시켜 김부장님과 김효선 선생님께 죄송하며 다른 두 공역자에게도 송구스러운 마음을 금할 수 없다. 별로 빛도 나지 않는 교과서 번역작업을 한답시고 시간을 내주지 못한 남편에게 불평 없이 이해해준 대표역자의 아내에게 감사한다.

본 번역서가 한국의 교통경제학 분야의 발전에 조금이라도 공헌할 수 있었으면 좋겠다. 이 책이 장래의 교통정책을 수립하는데 참여할 학생들과 현재 교통정책을 담당하고 연구하시는 여러 분야의 교통전문가들에게 좋은 반려자가 될 수 있으면 좋겠다.

자신의 교과서를 쓰는 것보다 더 오랜 기간에 걸쳐 더 많은 사람들의 도움을 받으며 무척 많은 시간과 정성을 들여 3년 가까운 시간을 들여 최선을 다하였는데, 결과가 독자들에게 만족스러울지 매우 기다려진다. 앞으로 교수님들, 교통관계전문가들, 공무원들, 그리고 학생들 모두께서 이 교과서를 사용하며, 사소한 것이라도 수정할 것을 발견하면 대표역자의 e-mail 주소인 bunslee@hotmail.com으로 연락해 주기 바란다. 앞으로 인쇄되는 새 판에서 즉각 반영하여 수정할 것을 약속한다.

2013년 8월

아칸사주립대학에서 대표역자

차 례

제1부 서 론

제1장 유럽 교통의 역사

제2장 영국과 유럽에서 교통의 중요성

제 2 부 시장경제이론: 개관

제 3 장
교통수요

제 4 장
시장, 비용 그리고 수입

제 5 장
경쟁과 경합시장

제 6 장
독 점

제 7 장
독점적 경쟁

제 8 장
과 점

제 3 부 교통부문에서의 시장실패: 개관

제 9 장 외부효과

제10장 공공재와 비가치재

제11장 불평등, 빈곤 그리고 비대칭정보

제 4 부 교통정책: 개관

제12장 민영화와 규제완화

제13장 프로젝트 평가: 비용–편익 분석

제14장 교통투자

제15장
정부개입의 일반적 형태

제16장
교통혼잡의 해결

제5부 장 래

제17장
끝맺는 말

부 록
수리에 관한 부록

PART 1
서 론

제 1 부

인간은 지구에 처음 나타난 순간부터 사람이나 재화를 한 장소에서 다른 장소로 이동(the movement of people or goods from one place to another)하는 것으로 정의되는 교통에 관여해 왔다. 비교적 최근에 항공교통이 발달하기 전까지 교통부문에는 육상교통과 해상교통의 두 가지 유형만 존재했다.

최초의 운송수단인 썰매(sledge)가 나타나기 전까지 처음에는 육상교통은 단순히 걷거나 물건을 들고 다니는 것이 전부였다. 최초의 썰매는 나무로 만들어졌고 손으로 끌어서 사용하는 방식으로, 물건이나 다른 사람을 운반할 수 있었다. 이런 썰매들 중 여지껏 발견된 최초의 것은 북유럽에서 발견되었는데, BC 7000년으로 거슬러 올라가는 것으로 추정된다. 이 지역에 그 당시 살고 있던 수렵채집 공동체들(hunter-gathering communities)에 의해 사용되었을 것이다. 남부러시아와 메소포타미아지방에서 소를 사육하게 되고, 황소를 거세하는 것이 유순하면서도 엄청나게 힘이 센 소를 창조할 수 있음을 발견하게 되기까지 약 3,000여 년간 교통은 썰매를 운송수단으로 이용하는 수준에 계속 머물러 있었다.

해상교통은 처음에는 뗏목을 만들기 위해 단순히 목재와 갈대를 함께 엮거나 속이 파여진 나무의 몸통을 이용하는 수준에 머물렀다. 앞의 두 가지 원시적 해상교통수단 중에 참된 발전을 경험하게 된 것이 후자의 교통수단인데, 속을 파낸 나무 몸통의 양쪽 옆면이 계속 확장되었다. 본질적으로 선박은 19세기에 금속선체(metal hull)가 도입될 때까지 이와 같은 형태를 계속 유지하였다. 메소포타미아 문명은 또다시 해상교통에서도 큰 발전의 진원지가 되었는데 이집트와 함께 해상교통을 광범위하게 이용하기 시작하였다.

다양한 교통수단이 출현하기 시작한 것도 이때부터였다. 제1부 제1장에서는 주요 교통수단들의 각각의 발달을 별도로 취급한다. 유럽 특히 영국에 집중하면서 교통수단의 발달역사를 간략하게 기술하고자 한다. 교통의 경제사에 대한 완벽한 연구를 기술하려면 몇 권을 저술해야 할 것이다. 그러나 이는 여기에서 우리의 목적이 아니므로, 일반적인 발달을 개략적으로 설명한다. 다만 이따금씩 특별한 경제학적 시사점이 도출될 수 있는 기간이나 사건에 대해서는 좀 더 상세히 설명한다. 교통경제학을 공부하는 모든 학생은 교통수단의 발달의 중요성을 인식하는 것이 필요하다. 왜냐하면 이들은 교통부문이 오늘날과 같은 상황에 이르게 된 요인들을 밝혀 주기 때문이다. 이는 교통경제학자들이 왜 21세기 초에 존재하는 교통문제들을 직면하게 되었는지를 이해하는 것의 출발점을 형성해 준다. 이것이 제1장의 목표인데 제1장은 앞에서 설명되는 교통수단의 발달에 대한 설명으로부터 얻을 수 있는 중심적 시사점에 대한 토론을 통해 결론을 도출한다. 현재의 교통산업에 관련된 사례연구를 위해서는 뒤에 따라 오는 관련된 부(part)들을 읽으면 된다.

제2장에서는 교통부문이 유럽 경제에서 현재 얼마나 중요하게 되었는가 하는 관점에서 교통경제학의 배경을 살펴보도록 한다. 이것은 먼저 고용, 가계지출 및 정부지출과 같은 요소들에서 교통부문이 가지는 매우 실제적인 영향을 평가하기 위해 다양한 현재의 통계자료를 분석하는 것을 통해 이루어진다. 다음으로 교통부문이 자유시장 경제학이론에서 차지하는 중요성을 개략적으로 설명하고 교통시스템이 제대로 기능을 발휘하지 않는 경우에는 자유시장 경제가 효율성을 달성할 수 없다는 것을 설명한다. 이는 현대경제학의 기반이 되는 매우 중요한 내용이다.

제 1 장

유럽 교통의 역사

Chapter 1

1.1 철도

1.1.1 초기의 발달들

최초의 철도는 1550년대에 독일에서 나타났는데, 목제(木製)선로 위를 말이 끄는 짐마차 형태였다. 이 목제선로체제는 1600년대 초반에 영국에 탄광지역이 확장되면서 널리 사용되었는데, 말 한 마리가 약 50~60부셸(bushel: 주로 곡식 등의 건조물을 측정하는 단위로 약 2말을 나타내며, 1 bushel은 62파운드(28.123kg)를 나타냄: 역자주)의 석탄을 나를 수 있도록 목제선로가 깔렸다. 이러한 광차궤도(鑛車軌道, tramroads)는 영국 Tyneside 탄광지역 전역에 급격히 확산되었다.

철제(鐵製)선로는 1767년경 영국에서 처음으로 사용되었다. 세계 최초의 일반용 철도노선은 런던 남부의 Surrey지방에서 1803년 7월 26일에 개통되었다. 이것은 말이 끄는 화물 철도노선으로서 영국 Wandsworth와 Croydon을 연결하였는데, 단지 42년만 운영하는 데 그쳤다. 한편 최초의 영업용 여객 철도노선은 1807년에 여객운송 허가를 받은 Oystermouth철도로서, 역시 말이 끄는 형태였다.

Surrey에 철제 철도노선이 개통된 다음 해인 1804년에는 Richard Trevithick이 만든 최초의 증기기관차가 웨일즈의 Pennydarren제철소 내에서 사용되었다. 하지만 증기기관차가 본격적으로 사용된 것은 1825년 9월 27일 Stockton과 Darlington을 연결하는 철도노선의 개통으로서, 증기기관차가 일반 대중에게 사용될 수 있음이 증명되었다. 이 철도는 연장 25마일의 단선 철도로, 100개의 측선(passing loops)과 각각 다른 탄갱으로 향하는 4개의 지선이 있었다. 철도네트워크는 1830년 9월 15일 Liverpool과 Manchester를 연결하는 노선이 개통되면서 더욱 발달되었다. 이 철도노선이 최초의 근대식 철도로 인정받고 있는데, 그 이유는 말이 끄는 짐마차가 경사진 노선을 오를 때 로프로 끄는 방식이 아니라 비탈을 깎고 제방을 쌓은 노선을 증기기관차만으로 운행하게 설계되었기 때문이다. George Stephenson이 개발한 Rocket호라는 증기기관차가 사용된 것도 바로 이 노선이었다.

이러한 최초의 철도노선은 새로운 형태의 유료도로(toll-road)로 간주되었다. 왜냐하면 철도노선 이용자들이 자신의 철도차량을 사용하는 대가로 선로 사용료를 지불하였기 때문이었다. 그러나 철도노선 소유주들은 점차 고객의 차량 대신에 자신의 철도차량을 고객들이 이용하도록 하고 요금을 징수할 수도 있다는 것을 인식하게 되었다. 이러한 철도노선의 수익 가능성 때문에 소규모 투자자들이 단거리 철도노선을 서로 다투어 설치하는 철도 열풍(railway mania)을 불러일으켰다. 철도노선을 신설하기 위해서는 의회의 법령이 필요했으며, 1845년까지 1,000개가 넘는 철도사업이 제안되었다. 사업 제안이 받아들여지면 철도회사는 의회의 법령에 따라 토지를 강제로 수용할 수 있었다. 이때 일부 지주들은 과다한 보상비를 요구했으며, 특히 힘 있는 지주들은 노선 허가를 위한 법령이 통과되는 것을 애초에 방지하기도 했다. 이로 인해 철도회사들은 최적 경로 대신에 우회하는 굴곡노선을 건설할 수밖에 없었고, 이러한 굴곡노선은 오히려 훗날에 틸팅 열차(tilting train: 틸팅 열차는 열차가 굴곡노선을 빠른 속도로 주행하는 경우에 원심력에 의해 승객이나 물건이 밀리는 것을 방지하면서 빠른 속도로 계속 주행할 수 있게 하기 위해 선로의 한쪽 높이를 조정하거나 열차에 컴퓨터로 작동되는 동력메카니즘을 설치하여 원심력의 영향이 상쇄될 수 있는 열차를 의미함: 역자주)의 개발을 유도하게 되었다.

철도는 산업혁명의 매우 요긴한 일부였다. 철도는 화물운송에서 주된 교통수단이 되기 위해 운하운송체제와 경쟁하였다. 더 오랜 전통을 가진 운하가 운행되기 부적합한 지역들에도 철도를 건설할 수 있었기 때문에, 철도는 운하보다 상대적으로 우세한 지위를 차지할 수 있게 되었다. 그 결과 철도노선은 급격하게 증가하였고, 1850년대에는 많은 증기 철도노선이 런던에 연결되었다. 런던 내 서로 다른 철도노선의 터미널들을 연결하기 위해 도시철도(metropolitan railway)가 건설되었는데, 이 도시철도의 첫 노선이 1863년에 완공되었다. 즉 최초의 지하철(metro)이 탄생한 것이다.

1.1.2 정부 개입의 증대

철도의 안전성 문제가 중요해지기 전까지, 정부는 애초에는 철도회사에 대해 자유방임적(laissez-faire) 태도를 취했다. 1840년에 철도규제에 관한 법령(The Act for Regulating Railways)이 통과되어, 산업국(Board of Trade)은 철도감독관을 임명할 수 있게 되었다. 19세기 말까지만 해도 영국에서 철도 사고로 매년 100여

명이 사망하는 것이 드문 현상이 아닐 정도였다. 80명의 승객이 사망한 Armagh에서의 열차 충돌사고(1889년 6월 12일에 당시 영국에 속했던 아이랜드의 Armagh 근처에서 일요일 학교소풍행사 여행에서 이 사고가 발생하였는데 기관차가 경사진 언덕 선로를 올라 가려고 노력하다가 열차가 움직이지 않게 되었다. 불가피하다고 판단한 기관사가 열차를 두 부분으로 절단하고 앞 부분만 끌어 올리고 뒷 부분은 선로에 남겨 두었는데 뒷 부분의 브레이크가 적절히 작동되지 못해 이 부분이 경사를 따라 밀려 내려가다가 뒤에 오는 열차와 충돌하여 19세기 영국의 최악의 충돌사고가 발생하였다: 역자주)가 일어난 후, 1889년의 한 법령은 보다 나은 안전장치를 요구하게 되었는데, 여객 열차의 모든 차량에 동시에 작동하는 자동 브레이크(continuous automatic brake)의 설치를 의무화 하였다.

1890년대에 전기가 실용화되면서, 런던과 파리와 같은 도시에 지하철(underground railways)이 더욱 발달하게 되었다. 또한 대부분의 시내 노면철도들(street railways)도 전철화되어, 노면전차(trams)로 불리게 되었다. 유럽의 많은 국가들에서 노면철도는 도시 행정구역을 넘는 지역까지 확장하여, 실질적으로 여러 도시들을 연결하였는데, 대표적인 사례로 벨기에를 꼽을 수 있다.

영국에서는 1921년 철도법령(Railways Act)을 제정하여 거의 모든 철도회사들을 London, Midland & Scottish 철도회사, Great Western 철도회사, London & North Eastern 철도회사, 그리고 Southern 철도회사인 4개의 대규모 회사들로 합병하였다. 이들 회사들은 모두 노선을 개량하고 철도차량을 확충하는 전략을 채택함으로써 서로 치열한 경쟁에 박차를 가했다. 이 시기가 참으로 영국 철도의 황금시대이었다. 또한 철도법령은 요금체계를 승인하기 위해 창설되는 철도요금재결기구(Railway Rates Tribunal)를 만들면서 철도규제를 도입하였다.

제1차 세계대전기간 동안 철도는 성공적으로 정부의 통제 하에 들어가게 되었다. 운영비용은 최소화되고 효율성은 개선되었다. 그러나 종전 이후부터 철도는 자동차 및 도로화물운송으로부터 증가되는 경쟁에 직면하게 되었다. 제1차 세계대전 이전에는 철도가 화물운송에서 독점을 향유했으며, 따라서 정부는 철도를 일반 운송업자(common carrier)로 만드는 법령을 통과시켰다. 일반 운송업자가 된다는 것은 철도회사가 어떤 화물이라도 그들에게 전국적으로 합의된 요금에 운송해 줄 것을 요구받으면 이 요금이 적자를 발생하더라도 운송을 하여야만 한다는 것이다. 그 결과 흑자노선에서 적자노선의 손실을 교차보조(cross-subsidies)

해야만 했으며, 이로 인해서 철도요금은 인상되었다. 1957년에 이러한 의무요건이 제거되기 전까지, 철도는 도로화물운송에 비해 불리한 조건에 처해 있었다. 위의 4개 대규모 철도회사는 만족할 만한 수준의 이윤을 전혀 발생시킨 적이 없었는데, 특히 London & North Eastern 철도회사(LNER)는 한번도 이윤을 발생시킨 적이 없었다.

1.1.3 영국에서의 실패와 교훈

철도회사는 자동차의 도전에 효과적으로 대처하지 못하다가, 뒤늦게 철도요금 인하와 공로시장에서의 교두보 확보 시도라는 두 가지 전략을 채택했다. 첫 번째 철도요금 인하는 큰 효과를 거두지 못하였다. 수익성과 비용의 차이에 따라 가격을 차별화하는 것 대신에, 모든 철도 서비스에 대해 일률적으로 가격 인하를 단행하였기 때문에, 순효과는 수입의 감소만을 의미하게 되었다. 후자의 대응전략은 처음에는 공로여객시장에 집중되었다. 1928년에 철도회사들은 기존 버스회사의 지분을 획득하기 시작했고, Aldcroft(1974)가 지적하는 바와 같이 철도회사는 3년 내에 영국 도로 상에서 운영되는 버스들의 약 47%와 연관을 짓게 되었다. 반면에 그 당시에 공로화물시장은 완전경쟁시장이었기 때문에, 철도회사는 여객시장과 유사한 전략(기존 회사의 지분획득)을 사용할 수 없었다. 따라서 화물자동차를 직접 구입하여 운영하는 데 그들의 대응전략을 집중하였다. 1938년까지 철도회사는 운행되고 있는 전국 화물자동차의 약 2%를 소유하는 데에 그쳤다. 이러한 철도회사의 노력은 규모가 너무 작았고, 시기 또한 이미 너무 늦었다. 결국 여객과 화물자동차시장은 철도회사의 희생 위에 확대되었다.

철도회사는 자동차산업으로부터 닥쳐오는 경쟁의 물결을 막지 못한 실패를 되풀이 하지 않기 위해, 1930년대 초반에 국내 민간 항공회사의 등장에 보다 빨리 대응하고자 했다. 1934년 3월에 4개의 대규모 철도회사는 Imperial Airways와 함께 Railway Air Services를 설립했다. 이 신설 회사는 신생 국내 항공사들과 직접 경쟁하도록 계획되었고, 자체 항공기를 구입하여 운영하기 전까지는 Imperial Airways에 의해 운영하도록 하였다. 이 회사는 급격히 운영을 확장하였는데, 특히 철도가 신설 항공회사들로부터 최대의 경쟁을 받고 있었던 서부해안에 집중하였다. (반면에 동부해안 주요 노선은 항공으로부터 경쟁을 거의 받지 않고 있었다.) 그러나 이 회사는 다른 국내 항공사들과 마찬가지로 계속 손실이 발생하였다. 철도회사들은 다른 항공사들에도 투자하였는데, 많은 항공사를 직접적으로 소유하지는 않고 대신에 많은 항공사를 지배할 수 있는 지분을 취득하였다. 결과적으로는 훗날 항공산업의 합병에 어느 정도 기여할 수 있게 되었다.

제2차 세계대전기간 동안 4대 철도회사는 함께 운영되었는데, 철도네트워크는 지금까지 이용되었던 것보다 더 많이 이용되었다. 하지만 최소한으로 필요한 유지보수만 이루어졌기 때문에, 철도네트워크는 많이 열악해졌다. 영국의 철도네트워크는 다른 유럽 국가들과는 달리 전쟁의 폭격에 의해 파손되지 않았는데, 이것이 오히려 나중에 철도 문제를 심화시키는 결과를 불러왔다. 왜냐하면 전쟁 후에 다른 국가들이 대대적으로 시행한 철도 재건사업을 영국에서는 시행하지 않았기 때문이다. 따라서 열악화된 철도네트워크의 보수유지를 민간부문이 시행하는 경우 대단한 어려움에 당면하게 될 것이 분명하였다. 그 결과 1947년에 교통법령(Transport Act)을 제정하여 철도산업이 국영화되었다.

1950년대 영국의 철도네트워크는 유럽의 철도네트워크보다 한참 뒤떨어져 있었다. 1955년까지만 해도 영국 철도의 총운행거리에서 증기차량이 차지한 비중은 87%인 반면에, 전기차량은 10%, 디젤차량은 3%에 그쳤다. 전기 및 디젤 기술이 실용화된 이후에 영국에서 이들 기술이 광범위하게 적용되는 데에는 무려 50년이 소요되었다. 반면에 유럽 본토에서는 이보다 훨씬 전에 이들 기술이 도입되었다. 철도가 국영화된 이후에도 몇 년간 낡은 기관차를 계속 증기기관차로 대체하는 정책이 확고히 선호되었다. 영국에서 새로운 기술을 채택하는 데에 왜 오랜 시간이 소요되었는가에 대해 많은 논쟁이 있었으며, 많은 가능한 설명들이 제시되었다. 전철화에 대한 경제적 수익성이 의문시 되었으며, 재원이 부족했고, 그리고 자동차나 항공운송과의 경쟁으로 인해 철도회사는 신기술에 투자할 여력이 없었다는 것 등이다. 그러나 Aldcroft(1974)는 가장 커다란 요인은 국영화 이전은 물론 이후에도 오래된 기술을 운영하는 것에서 오는 편리함에 경영진이 도취해 있었기 때문이라고 주장한다. 전철화와 디젤차량의 도입을 통한 철도 현대화계획은 결국 시행되었다. 소요비용이 당시에 10억 파운드를 초과하였는데, 그나마 대부분 실패로 끝났다. 왜냐하면 이제는 더 이상 수요가 없는 부문에 이 철도시스템이 투자되었으며, 또한 시험운행을 완전히 마치지 못한 디젤기관차의 생산을 서둘렀기 때문이다.

1963년에 Richard Beeching은 철도시스템의 책임자로서 보고서를 작성하였는데, 그는 5,000마일의 선로와 2,363개의 소규모 역을 폐쇄할 것을 건의하였다. 그리하여 이들 선로와 역들이 대부분 폐쇄되었는데, 그럼에도 불구하고 기대했던 만큼 운영비를 절감하거나 수익성을 개선하는 데에는 실패했다. 1970년대에 영국 철도(British Rail: 1968년에 개명됨)는 고속 디젤열차인 InterCity-125를 도입하여, 더 많은 승객을 유치하고 수익성도 개선하였다. 그러나 1980년대에 이르러서는 대부분의 철도차량이 노후화되었으며, 차량수명은 막바지에 다다르게 되었다. 따라서 1990년대에는 보다 극적인 변화가 기대된다.

1.2 도로와 자동차

1.2.1 초기 공로차량(road vehicles)과 로마제국

여지껏 발견된 것 중 가장 최초의 바퀴 형태를 갖춘 짐마차는 BC 3000년경으로 추정되며 Zurich지방 근처에서였다. 이 짐마차가 이용된 때로부터 100년이 지나서는, 시속 약 2마일 정도로 움직이는 무거운 바퀴를 갖춘 짐마차가 유럽 전역에서 사용되었다. 이 시기의 짐마차는 국가 원수가 주로 사용하면서, 제왕의 지위(regal status)를 나타내었다.

BC 2000년과 AD 1000년 사이 로마제국은 유럽 전역에 진출하면서, 제국의 동맥역할을 하는 도로를 건설하였다. 로마인들은 군인과 재화의 빠른 수송을 가장 중요하게 여겼기 때문에, 무수한 병사들과 노예들을 절대적으로 직선의 도로 건설에 활용하였다. 피곤하지 않은 말들을 수용하는 역사(驛舍)를 10마일 간격으로 건설하였고, 여행자들의 숙박시설을 25마일 간격으로 건설하였다. AD 1000년까지 로마제국 전역에 걸쳐 이와 같은 도로가 50,000마일 이상 존재하였다.

1.2.2 대중교통의 확장

로마제국이 나중에 쇠잔해지면서, 유럽의 도로네트워크는 노후화되었다. 1600년대에 이르러서야 돌로 포장하면서 도로 표면이 개량되기 시작하였는데,

이때부터 도로 이용은 다시 증가하였다. 1605년에 런던에 요금을 지불하고 사용이 가능한 마차가 등장했고, 17세기 후반에는 런던에 처음으로 교통혼잡 현상이 나타났다. 1640년부터 대중교통수단으로 역마차가 나타났는데, 이 역마차에는 일등 승객은 마차 안에 8명까지 타고, 이등 승객들은 뒤 쪽의 지붕이 없는 바스켓 모양의 수레에 타며, 삼등 승객들은 안전 손잡이가 설치된 지붕 위에 화물과 함께 탔다. 이 시기에 부자들에게는 흔들림이 적으면서 편안하게 씌우개 장식을 갖춘 개인용 마차에 젊은 아들들을 태워 유럽 전역을 여행시키는 대여행(grand tour)이라는 것이 흥행하였다. 위대한 경제학자인 Adam Smith가 전임 재무부장관인 Charles Townsend의 아들 유럽 여행을 안내하도록 고용되었었는데 이것이 바로 그런 여행이었다.

1782년에 John Palmer는 정부에 마차를 통해 우편물을 운반할 것을 제안했다. 2년 후에 최초의 우편마차가 브리스톨에서 런던까지 운영되었고, 그로부터 1년 이내에는 영국의 16개의 다른 도시들을 연결하는 우편마차 서비스네트워크가 형성되었다. 1797년까지는 42개의 노선망이 구축되었고, 평균 속도는 시간당 10마일로 향상되었으며, 런던에서 에든버러까지 3일 이내에 도착하는 것이 가능해졌다. (1750년에는 12일이 걸렸었다.)

1800년대 초반에는 유료도로(turnpike) 시스템이 확대되면서 도로네트워크가 크게 확장되었다. 유료도로(toll roads)는 민간회사에 의해 운행되었는데, 도로 이용자에게 도로 이용에 비례하여 도로유지비용을 부담시키는 것이다. 전성기에는 유료도로 운영회사가 1,100개를 초과하였으며, 약 23,000마일의 도로를 운영하였다. 그러나 이들 회사는 비효율적이었다. 비용 낭비나 차입금에 관한 확인이나 규제가 없었으며, 일부 도로는 유지보수가 제대로 시행되지 않았으며, 전국적인 하나의 도로망 체계를 구축하는 데에도 실패했으며, 그리고 일부 개인들에게는 특혜가 주어지기도 했다.

1830년대에는 대중교통수단인 마차의 전성기에 달하여, 런던에서 에든버러까지의 운행소요시간이 42시간 33분으로 단축되었다. 1830년대에는 마차대중교통시장이 많이 조직화 되어, 경쟁이 가장 치열한 노선에서 최고의 운행속도가 달성되었다.

도시 내 대중교통수단을 보면, 1800년대 초반에는 말이 끄는 택시(hackney carriage: 전세마차)와 말이 끄는 미니버스(horse-drawn omnibus: 승합마차)의 두 가지 서비스가 있었다. 1830년까지 택시의 공급은 규제되어, 1824~1825년에 수도인 런던에는 약 1,500대의 마차택시가 있었다. 그러나 택시의 공급에 대한 규제가 철폐되면서 1830년 이후에 택시의 대수는 급증하였는데, 1차량 운행자(개인택시)가 급격히 증가하여 대부분을 차지하게 되었다.

파리에서 다년간 성공적으로 운영된 사례를 본받아서, 말이 끄는 미니버스는 1820년대 후반에 런던에 나타났다. 마차택시와 같이 말이 끄는 버스에 대한 규제도 최소화되어, 수많은 신규 1차량 운행자가 버스시장에 진입하였다. 미니버스시장이 마차택시시장과 다른 점은 담합적으로(collusively) 행동하기 위한 버스 운영자조합이 곧 등장하였다는 것이다.

유럽의 승용차의 경우를 보면, 유럽에서는 1700년대 말부터 1800년대 초쯤에 증기자동차(steamed power)가 개발되었다. 이와 같은 증기자동차는 한동안 유행하였으며 기술적인 개량도 빠르게 진척되었으나, 곧 자동차에 대한 반발에 부딪히게 되었다. 이 반발의 하나로 영국 정부는 자동차가 도로를 이용할 경우 빨간 깃발을 휘두르며 걸어가는 사람을 앞장세워야 한다는 빨간 깃발법(the red flag law)을 제정하였다. 이로 인하여 사실상 더 이상의 도로 확충이 중지되었고, 기술자들은 대부분 철도에 더 많은 관심을 돌리게 되었다. 빨간 깃발법은 1896년에서야 폐지되었다.

1.2.3 자동차 대량생산과 합병

19세기 말에 이르자 유료도로운영회사(turnpike trusts)는 감소하였다. (1895년에는 마지막 운영회사마저 폐지되었다.) 반면에 말이 끄는 택시와 버스시장은 흥성했다. 주요 도로의 유지보수 의무가 주정부로 넘어감에 따라, 현대적인 도로관리 시스템을 갖추게 되었다. 이 때 최초의 가솔린 내연기관을 갖춘 자동차가 개발되었다. 가솔린 자동차의 상업적 생산은 독일에서 1880년대에 Daimler에 의해서 처음 이루어졌으며, 곧 이어 1889년에 프랑스에서는 Panhard et Levassor에 의해서 이루어졌다.

영국에서는 1903년에 운전면허, 안전 운전, 차량인증번호, 그리고 중량에 대한 규제와 함께 자동차가 법적 인정을 받았다. 수백 개의 소규모 차량 제조업자들이 서로 경쟁을 했으며, 이에 따라 기술혁신과 차량대수는 급격하게 증가하였다. Savage(1966)는 1904년에 영국에서 자전거를 제외한 자동차 생산대수는 17,810대에 달했다고 말하고 있다. 이후 생산대수는 1910년에 107,635대, 1918년에 330,518대, 1922년에 952,432대, 그리고 그 뒤로도 계속 증가하였다. 유명한 Ford의 T형 모델 자동차가 개발된 것은 이 시기로서, 대량생산의 시대를 선도했다.

1.2.4 버스

최초의 모터버스가 영국에 등장한 것은 1898년 무렵이다. 그 후 20세기의 첫 10년 동안 수천 개의 회사 및 개인이 버스를 운영하면서, 버스시장은 급격히 확장하였다. 이 중에는 버스 한 대만으로 운영하는 업체가 꽤 있었다. 운영자 간 경쟁은 매우 치열하여 낭비적이고 위험하기까지한 상황에 다다르게 되었는데, 일부 운영자는 위험한 운전을 권장하는 전략을 내세웠다. 차량 정비나 내부의 편안함 측면에서도 버스는 바람직한 상태가 아니었다. 이윤은 극히 낮았으며, 적자를 보는 것이 일반적 현상이었다.

1910년 이후로 많은 기술적인 문제점들이 해결되었고, 경쟁은 점차 안정되기 시작했다. 제1차 세계대전이 시작되면서 버스시장은 점진적으로 독점적인 형태로 바뀌기 시작했으나, 전쟁이 끝날 즈음부터 버스시장에 새로운 업체의 진입이 급격히 증가하였다. 왜냐하면 전쟁동안 운전훈련을 받았던 군인들이 직업을 구해야 했고, 정부는 전시(戰時)차량을 싼 가격에 판매하였으며, 그리고 거의 모든 지역에서 어느 누구라도 허가 없이 버스운영사업을 시작할 수 있었기 때문이다.

이러한 현상에 대처하기 위해 1930년에 도로교통법(Road Traffic Act)이 제정되어, 버스시장에 대한 정부규제가 도입되었다. 시장진입이 제한되었고, 이는 많은 경우 기존 운영자들을 보호하였다. 대형 회사들은 소형 회사들을 밀어내고 꾸준히 대규모화해 나갔지만, 가장 크게 성장한 운영자는 지자체당국으로서 이들은 노면전차로에서 버스로 대중교통수단의 공급을 전환하였다.

정부규제의 효과는 전체적으로 긍정적이었다. 1930년대 이후 평균 요금이 감소했고, 신뢰도와 정시성이 향상되었으며, 차량의 기준과 운영자의 행태 또한 개선되었다. 그리고 버스회사와 버스시장에 투자한 철도회사 간의 협조 조정도 향상되었다.

1.2.5 공로화물운송

공로화물운송은 20세기의 초반 수십년 동안에 비약적으로 성장했다. 1933년까지는 공로화물운송시장에의 진입에 아무런 제약이 없었음에도 불구하고, 약 80%에 달하는 화물이 전문적인 운송회사보다 화물의 소유주에 의해 수송되었다. 모터버스시장과 마찬가지로, 화물운송시장 역시 단일 차량 운영업체들 간에 치열한 경쟁을 벌였으나, 다수의 경쟁력이 약한 운영자들이 퇴출당하면서 합병이 점진적으로 이루어졌다. 화물요금은 서비스의 규칙성, 정시성, 보험 가입 여부, 그리고 화물 유형에 따라 달랐는데, 회사들은 소화물(parcels)이나 일반 화물(tonnage)로 점차 전문화되어졌다.

공로화물수송은 일반적으로 철도보다 요금이 저렴하면서도, 많은 경우 서비스는 더 뛰어난 것으로 인식되었다. 공로는 단거리 운송에서 적은 시간이 소요되고, 신뢰도, 유연성에서 유리하며, 더욱이 수신업체의 문전까지 배달(door-to-door)하는 서비스를 제공할 수 있다. 그 결과 공로화물운송은 크게 확대되었고, 철도 화물운송은 축소되었다. 이런 현상은 철도운송에 부과되고 있는 법적의무 때문에 더욱 악화되었다. 철도요금은 철도요금재결기구가 결정하였는데, 운송비용보다는 운송화물 가치를 토대로 요금을 책정하는 것이었다. 이 규정으로 인하여 공로 화물운송회사는 가장 높은 가치를 갖는 화물에 대해 철도보다 더 낮은 요금을 부과할 수 있게 되었다. 이 외에도 철도 요금표는 공표되어야만 했는데, 공로회사들은 이 요금표를 그들의 장점을 최대한 살리는데 이용할 수 있었다. 즉 화주들은 모든 노선에 대해 철도보다 요금이 더 높은 경우 공로회사에 동동한 요금으로 낮추어 줄 것을 요구할 수 있게 되었다. 공로회사들은 또한 화물철도운송에서 가장 수익성이 높은 노선에 주로 집중하였다. 그 결과 철도는 전체적으로 수익성이 가장 낮은 노선들에서 화물가치가 가장 낮은 화물들만 운송하게 되었다. 이에 대응하고자 철도회사는 설비를 개량하고, 여러 개의 공로화물운송회사의 지분을 사들이기도 하였다. 1938년에 영국에서는 철도가 전체 화물운송의 가장 큰 부분을 아직 차지하고 있었음에도 불구하고, 앞에 언급한 철도회사의 시도들이 철도화물운송수요가 급격히 감소하는 물결을 막아내지 못했다.

1.2.6 현재까지의 상황

1930년대까지 자동차에 적용되고 있는 대부분의 기술이 개발되었고, 1950년대에는 자동차 속도가 계속 향상되었으며, 그리고 전 세계에 자동차가 널리 퍼지게 되었다. 1960년대에는, 당시 전 세계 자동차생산의 중심지인 Detroit가 외국회사의 경쟁을 우려하기 시작하게 되면서, 자동차시장은 크게 변화되었다. 선도적 자동차제작회사들은 시장지배력을 강화하고, 규모의 경제 이점을 누리기 위해 합병(agglomeration)을 시행하였다. 1970년대에는 자동차제작회사의 수가 훨씬 감소하였으며, 1973년의 OPEC 석유 파동, 새로운 배기가스 규제, 미국 자동차산업의 침체로 BMW, Toyota, Nissan과 같은 소형 자동차 제작회사들의 시장지배력이 증가하기 시작했다.

교통 관련 제품과 서비스에 대한 소비자의 지출비용이 계속 증가하면서, 자동차 이용 또한 계속적으로 증가하여 왔다. 그러나 자동차산업의 상황은 더 이상 과거와 같지는 못하다.

1.3 해운

1.3.1 목제선박시대

BC 3000년부터 메소포타미아와 이집트 문명은 수상운송을 널리 이용해왔다. 이집트인들은 나일강을 따라 남쪽으로 항해하기 위해서 바람을 활용했고, 다시 북쪽으로 항해할 때는 노를 저어서 돌아왔다. 이러한 사실은 남북 여행을 뜻하는 상형문자에도 나타나 있다.

BC 1100년 이후 페니키안 문명은 두 종류의 배를 개발했는데, 하나는 여객과 화물을 운송하기 위한 것이었고 다른 하나는 군사적 목적을 위한 것이었다. 이 중 후자는 갤리선(galley)이라고 알려져 있는데, 적의 배와 충돌하는 데에 쓰였다. 이 군사적 전술은 1571년까지도 유용하게 쓰였다.

선박의 기술개발은 군용선박에 집중되어, 노 젓는 자리를 늘리는데 기술개발의 역점이 주어졌다. BC 700년까지 페니키아인들은 노 젓는 자리가 2열뿐인

2열체제(biremes)를 이용하였는데, 그후 500년이 지나서 카르타고인들은 노 젓는 자리가 2열 더 추가된 4열체제(quinqueremes)를 처음 사용하였고, 곧 이어 로마인들에 의해 이 체제가 채택되었다. 화물선은 초창기 페니키아인들에 의해 사용된 배에서 그다지 변화되지 않았다. 심지어 13세기에도 유럽의 화물선에는 돛대 하나에 사각형의 돛 하나만이 달려 있었다.

선박의 기술 개발을 선도한 사람들은 중국인인데 그들은 정크(junk)라는 연안 돛배의 형태를 개발했다. 그들은 격벽을 고안하여 선체를 더욱 강화하였으며, 험한 바다에서 방수효과도 높였다. 또한 선미에서 튀어나온 긴 노를 가지고 조타를 했던 지금까지의 방식에서 벗어나, 선미에 키를 장착하여 깊은 바다에서 더 효율적으로 조타할 수 있게 되었다. 그들은 여러 개의 돛대를 다는 체제를 도입하여, 더욱 큰 배를 만들 수 있게 되었다. 이러한 개선점들이 유럽인들에 의해 점진적으로 채택되어 15세기경에는 쾌속범선인 caravels를 개발했으며, Dias, Columbus 그리고 Magellan과 같은 탐험가들이 이러한 배들을 사용하였다.

이보다는 작은 것이지만 역시 중요한 선박 기술의 개발들이 17~18세기에 이를 때까지 수백년간 이루어졌다. 이 시기(17~18세기)에는 유럽의 동인도회사들(East India companies)이 인도와 동인도국가들과 이윤이 많이 나는 교역을 하기 위해 대형 선박들에 투자하던 시기였다. 19세기에 철제증기선이 개발되기 전까지는 해상운송이 계속 이와 같은 목제 돛배에 의해 행해졌는데, 이 중에는 매우 웅장한 범선도 있었다.

1.3.2 철제선박시대

최초의 철제선박은 1787년에 John Wilkinson에 의해 건조되었는데, 영국의 Shropshire 지방에 소재하는 자기 회사에 의해 생산된 대포장비를 운송할 목적으로 건조되었다. 철도노선은 없었으며, 도로로는 그러한 대규모의 무거운 장비를 운송할 수 없었고, 그리고 당시의 목제선박은 그러한 화물을 운송하는데 적합하지 않았기 때문에, 철제선박이 개발된 것은 당연한 결과였다. Wilkinson의 회사는 Severn 강에서 사용하기 위한 것 이외에도 많은 철제 바지선(barges)을 건조했지만, 정작 Laird 형제가 리버풀에서 철제증기선박을 개발하기까지는 40여 년이 넘는 세월이 흘러야 했다. 그리하여 최초로 바다를 항해한 철제선박은 1832년에 바다에 띄어진 Alburkah호이다.

19세기 후반에 이르러 선박화물운송시장은 현재와 유사한 두 가지 형태로 구분되었다. 하나는 정기선(liner)으로 비교적 소규모 화물을 미리 정해진 노선에서 정기적으로 운송하는 것이고, 다른 하나는 비정기선(tramp)으로 1일 톤당 요금에 따라 대형 화물을 비정기적으로 운송하는 것이다. 당시에는 선박운송이 바다를 건너 국가 간에 여행하는데 사용될 수 있는 유일한 교통수단이었기 때문에, 정기선은 화물뿐만 아니라 승객도 운송하였다.

1.3.3 영국의 해상 지배

영국은 세계의 해상시장에서 지배적인 위치를 확립했는데 이 두 가지 시장(정기선 시장과 비정기선 시장) 모두에서 우위를 차지했다. 또한 선박건조에 신기술을 계속 도입함으로써, 선박건조에서의 지배적 위치를 제1차 세계대전까지 지속할 수 있게 되었다. 20세기 초반에 영국 선박은 전 세계 해상거래의 약 절반을 운송하고 있었다.

19세기 중반부터 영국의 해상산업은 경쟁에 직면하게 되었는데, 특히 독일로부터 경쟁을 받았다. Aldcroft(1974)에 의하면, 1890년에서 1911년 사이에 톤수 기준 전체 세계 선박보유량에서 영국이 차지하는 비중은 35.8%에서 33.8%로 감소하였다. 반면에 독일의 비중은 6.4%에서 8.7%로 증가하였다. 영국의 지배적 위치는 특히 영국, 유럽과 스칸디나비아 간의 단거리 운송에서 큰 도전을 받았다.

제1차 세계대전이 발발하기 전까지 해상운송시장은 완전한 자유경쟁 하에 있지 않았다. 첫째, 정부가 자국의 선박들에 여러 형태의 보조금을 지급하는 것이 일반적이었다. 당시에는 국적 선박이 자국의 국기를 달고 다니는 것을 중시하여, 국적 선박이 국가 상징의 일부라고 간주하였다. 이는 20세기 후반에 국적 항공기가 국가를 상징하는 것의 일부라고 보았던 것과 마찬가지이다. 영국 정부는 매우 높게 책정된 우편물 운송비용을 지불하는 방법 등으로 영국 해운회사에게 은밀히 상당한 보조금을 지원했다. 독일 정부는 보다 더 적극적인 3가지 형태의 지원을 했다. 특정 목적의 선박 소유주에 대한 직접적인 현금지원, 해운회사가 경쟁사를 낮은 가격으로 물리칠 수 있도록 수출품목에 대한 특별 철도요금 책정, 그리고 선박건조용 수입물품에 대한 특별 통관체제 등의 지원이었다.

프랑스 정부가 제공했던 지원정책들도 간단히 살펴볼 필요가 있다. 중앙집중적 차원에서 선박에 대한 지원을 했는데, 하나는 운송에 대한 지원이고 다른 하나는 선박건조에 대한 지원이었다. 선박건조에 대한 지원은 상대적으로 가격이 싼 범선 건조에 지원의 초점이 맞추어졌다. 따라서 다른 국가들이 범선을 증기기관선으로 대체해서 건조하는 시기에, 프랑스는 실제적으로 범선을 증가시키고 있었다. 이는 결국 프랑스의 선박산업 경쟁력에 중대한 불이익을 초래하였다.

둘째, 20세기에 이르면서 해상운송시장은 주로 담합(collusive agreements)의 구조를 갖게 되었다. 이는 20세기 후반의 항공운송시장과 공통적으로 갖는 산업구조 특성이었다. 경쟁이 증가하게 되자, 해운회사 간에 여러 형태의 협약들이 이루어지게 되었는데, 이 협약들은 다른 것들과 함께, 요금을 담합 설정하고, 어떤 해운회사에게 어떤 항만의 이용을 허용할 것인가를 결정하고, 심지어 노선들 간에 수입을 공평히 나누기 위해 수입을 공동관리하기도 하였다. 이는 해운동맹시스템(conference system)이라고 불리는데, 이 협정은 일반적으로 영국으로부터 발생하는 물동량은 영국 해운회사에게 맡기는 대신에 유럽 본토에서 발생하는 물동량은 영국 해운회사가 맡지 않는 것이었다. 이러한 합의는 종종 파기되었는데, 특히 독일 해운회사들에 의해서 파기되었다. 이런 현상은 가끔 요금전쟁(rate war)을 유발하였으나 많은 경우 영국 해운회사들은 손해를 가져오는 경쟁을 회피하기 위해 이와 같은 협정위반을 묵인해 주기도 하였다.

셋째, 영국 해운회사의 경우에는 그러하지 않았지만, 다른 나라의 경우 외국 해운회사의 경쟁에 대항해서 같은 나라의 운송회사들이 서로 합심해 대항하는 경우가 자주 있었다. 예를 들면 독일 해운회사들이 자기들끼리 경쟁하는 경우는 매우 드물었다. 실제로 20세기 초에 독일의 10개 대형 해운회사는 해운조합(shipping union)을 결성하여 23,000톤에 달하는 선박용량을 확보하고, 이를 외국 해운회사들의 경쟁에 공동으로 대항하는데 사용하였다.

1.3.4 20세기 초반

영국 정부는 제1차 세계대전 동안에 철도에 대해서 한 것과 마찬가지로 해운회사들을 인수하였다. 철도와의 차이는 전쟁이 끝난 후에, 해운회사는 대부분 점차 민영체제로 돌아간 것이다. 평상시의 경제체제로 돌아가는 적응의 필요성 때문에 일정기간 동안 일부 통제가 유지되기도 했지만, 1920년 말에는 해운회사에 대한 거의 모든 정부통제가 해제되었다.

무역규모가 다시 확대되면서, 선박산업에 호황이 오게 되어 새로운 선박이 급속도로 건조되었다. 실제로 선박을 과다하게 건조하여, 이것이 선박시장의 폭락을 초래하였다. 영국 정부가 선박산업에 대해 좀 더 엄격한 통제를 계속하였더라면, 1919~1920년에 영국 선박회사들이 이 문제들 때문에 겪은 고난을 피할 수 있었을 것이라는 주장도 있다.

1.3.5 최근의 상황

제2차 세계대전 이후, 해운산업의 구조에는 4가지의 큰 변화가 있었다. 첫째는 정기 여객선 서비스가 사라진 것이다. 전쟁 발발 이전만 하더라도 해양, 특히 대서양을 건너는 국제여행은 대부분 정기 여객선 서비스가 차지했다. 그러나 전쟁이 대형 여객선 시대의 종말을 가져 왔고, 민간 항공시대의 도래를 가져 왔다.

두 번째 변화는 중요한 산업변화에서 기인한 것이다. 중공업의 경우 해외에서 원재료를 공급받기 시작했고, 반제품이 대량으로 거래되기 시작했으며, 그리고 마케팅체제가 진정으로 국제화되었다. 이러한 산업구조의 변화 때문에, 이전에는 없었던 비정기적인 대형 화물운송수요가 발생했다. 따라서 비정기(tram) 화물운송시장은 벌크(bulk) 화물운송에 대한 시장과 특수(specialised) 화물운송에 대한 시장으로 세분화되었다.

세 번째 변화는 상이한 해상운송 국가들 간에 해운운송시장의 점유율이 변화한 것이다. 영국 선박량은 다른 국가에 비해 계속 감소하였다. 1939년에 영국 선박은 톤 기준 세계 선박화물운송량의 28%를 차지했었으나, 30여 년 만에 11.5%로 감소하였다. 영국은 편의상 국적이 선택된 나라들의 경우를 제외할 때 아직도 가장 많은 선박을 보유하고 있는 국가이지만, 영국의 해상에서의 지배적 지위는 사라졌다. 1958년 이후 10년간 톤 기준 세계 선박량은 79%나 증가했다. 즉 노르웨이는 2배로, 그리스는 4배로 증가했으며, 스웨덴, 덴마크, 핀란드, 독일, 폴란드 등 모든 국가들의 선박소유가 영국보다 더 크게 증가했다.

마지막으로 20세기의 마지막 10년 동안에 정유회사나 대형 여객선사 등 자기소유 선박을 직접 보유하였던 주요 산업의 많은 회사가 이러한 직접 보유 선박을 감소시키는 대신에, 필요한 만큼 다른 선박용량을 임대하는 것을 더 선호하게 되었다. 따라서 비정기 해운(tram)시장의 중요성이 증가하였다. 이러한 현상은 비정기 해운회사가 선박을 직접 보유하게 될때 갖는 편리성에 대비해서도 더 경쟁력이 있다는 것을 말한다.

1.4 항공

1.4.1 하늘로 이륙

최초로 개발된 비행기 형태는 글라이더와 연이었지만, 진정한 의미의 최초의 비행기 형태는 공기보다 가벼워 날아가는 비행선(airship)이었다. 1783년 6월 Joseph과 Etienne Montgolfier 형제는 베(canvas)와 종이로 만든 기구(balloon)의 아래에 모닥불을 지펴, 이 기구가 팽창하면서 3,000피트 상공까지 날아오르는 데에 성공했다. 같은 해 9월 이들 형제는 루이 16세 왕 앞에서 다시 실험했는데, 이번에는 기구에 양과 수탉 그리고 오리를 태웠다. 이 기구는 2마일을 넘게 날아갔으며, 기구에 탔던 동물들도 무사히 착륙했다. 같은 해 11월 이들 형제는 더 큰 기구를 이용해 사람을 2명 태워서 다시 실험했다. 이번에는 25분간 6마일을 날아가서 안전하게 착륙했으며, 최초의 (인간탑승) 여객 비행기가 되었다.

그러나 뜨거운 공기보다는 다른 방식을 이용해 기구를 이륙시키는 것에 더 많은 진전이 있었다. 1781~1782년쯤에 이미 영국과 스위스의 과학자들은 비눗방울에 수소를 채워, 이 방울이 천장까지 솟아오르는 것을 보았다. Jacques Alexandre César Charles는 이 힘을 활용해서, 1783년 8월 27일에 수소기구(hydrogen balloon)를 만들어 실험했다. 이 수소기구는 Montgolfier가 만든 기구와 같은 높이만큼만 상승했으나 구멍이 생겨 추락하기 전까지 45분간 15마일을 비행하는 성공을 거두웠다. 수소기구는 예전의 뜨거운 공기를 이용한 기구보다 조작하기가 훨씬 쉬워서, Charles는 두 번째 실험에서 10,000피트 상공에 도달했다.

독자적인 엔진이 부착되어 있어 자유로운 조작이 가능한 최초의 비행선(airship)은 Henri Giffard가 만들었는데, 증기기관(steam-powered engine)을 장착하여 1852년 프랑스에서 15마일을 비행하였다. 1884년에는 또다른 중요한 진전이 이루어졌는데, La France라는 프랑스 군대의 전기동력화된 비행선이 23분 동안 5마일을 비행하였다.

19세기에는 글라이더의 기술과 성취에 무수한 발전이 있었다. 1891년에 현대식 행글라이더가 고안되어 25미터 이상을 날았다. 최초의 프로펠러를 장착한 비행(self-propelled flight)은 Clément Ader의 증기동력화된 Eole에 의해서 이루어졌는데, 1890년에 파리 근교에서 50미터를 날았다. 1896년에는 미국의 실험가인 Langley가 자신의 비행기를 더욱 개선하여 약 1,460미터를 날았다.

이와 같은 비행기를 비행 중 조작하는 방법을 고안해낸 사람은 Wright 형제였다. 1903년 12월 17일 최초로 조작 가능한 동력화된 비행에 성공하였다. 그후 몇 년간 이들은 수많은 일반에게 공개된 비행을 했고, 1905년 말에 이르러서는 39km 이상을 비행하였다. 그리고 마침내 1908년 5월 14일엔 최초의 2인승 비행기 비행으로 인정받는 데에 성공하였다.

비행의 방향을 자유로이 조작하는 비행(routine controlled flight)을 처음으로 달성한 비행기는 연식 비행선(non-rigid airship)인 소형 연식 비행선(blimps)이었다. 1901년에 Alberto Santos-Dumont는 기구에 내연기관 엔진을 부착하여 비행선을 만들어, 파리 상공과 에펠탑 주변을 성공적으로 비행하였다. 그리고 이와 같은 조정가능한 비행선(dirigibles)의 설계를 급속히 발달시킨 사람은 독일의 Ferdinand von Zeppelin 백작이었다.

비행기는 무엇보다 군사적 목적에 빠르게 도입되었다. 이를 처음으로 도입한 국가는 1차 발칸 전쟁에 참가한 불가리아였으며, 제1차 세계대전 중에 정찰 및 전투 목적으로 비행기를 사용했다. 제1차 세계대전과 제2차 세계대전 사이의 기간(interwar period)에 비행기는 눈에 띄는 발전을 이루었다. 나무 대신 알루미늄으로 비행기를 만들었으며, 엔진 성능 또한 크게 발달하였다. 비행 거리와 속도 기록에 여러 포상금이 주어지면서, 커다란 혁신이 이루어졌다.

1929년에는 Graf Zeppelin회사의 대형 경식(rigid) 비행선이 최초로 세계일주 비행에 성공했고, 그 해 10월에는 동일한 비행선이 최초의 상업용 대서양 횡단 서비스를 시작했다. 그러나 1937년에 Zeppelin의 Hindenburg호에 엄청난 화재가 발생하여 폭파하면서 (미국 뉴저지주의 정착지에서 36명 승객과 61명 승무원 탑승자 중 13명 승객과 22명 승무원 사망: 역자주) 비행선 시대는 막을 내렸다. 그 뒤로는 1930년대에 개발된 제트 엔진에 의한 비행기에 항공운송이 의존하게 되었다.

1.4.2 1920년대와 1930년대 영국의 항공서비스

1920년대에 영국의 국제 항공서비스는 급격하게 성장했는데, 이는 정부가 Imperial Airways에 운영 독점권을 부여하면서 보조금을 지원하였기 때문이다. 1928년 5월에는 세계 최초로 타 교통수단과의 연결을 고려하여 건설된 국제공항 터미널(purpose-built international air terminal)이 런던 남부 Purley Way 옆에 개통되었다. 처음으로 상업용 여객서비스가 운행된 이 당시에는 비행기의 균형을 맞추기 위해 승객의 중량을 짐과 함께 측정했었다.

한편 1920년대에 국내 항공서비스는 다음의 여러 가지 이유로 발전하지 못하였다. 1) 지상조업시설이나 운항지원이 매우 적절하지 못했으며, 2) 파일럿도 부족했고, 3) 영국의 기상조건은 이와 같은 항공서비스 제공에 적합하지 않았으며, 4) 영국 국민들은 비행기를 타고 여행하는 것을 그다지 신뢰하지 않았으며 비행기 여행을 즐길 수 있도록 충분한 자유시간을 누리지 못했으며(당시까지만 해도 부자들만 비행기를 탄다는 인식이 강했다), 그리고 5) 그 당시에 항공서비스는 기존의 육상교통수단에 비해 특별한 장점을 제공하는 데에 실패했었다.

1930년대에 이르러 위 문제들 중 첫 번째, 두 번째, 그리고 네 번째 문제들이 해결되기 시작하였다. 1931년부터는 국내 항공서비스를 제공하기 위하여 새로운 항공회사가 많이 설립되었다. 1935년에는 거의 수십개의 회사들이 전체 76개 노선을 제공하게 되었다. 1938년에는 유급휴가법(Holidays with Pay Act)이 제정되어, 예전에 가능했던 것보다 훨씬 더 많은 국민이 1주일의 휴가를 즐길 수 있게 되었다. 그러나 1930년대 및 1940년대에는 대다수의 사람들에게 있어서 항공요금은 아직도 감당하지 못할 정도로 비쌌기 때문에, 이 법의 효과는 훨씬 뒤에나 항공회사에게 이익을 부여하게 되었다. 1952년에만 하더라도 비행기에는 오직 한 등급의 자리밖에 없었는데, 이는 1등석이었다.

1930년대에 국내 항공서비스는 언제나 적자였다. 대부분의 수입은 승객들로부터 발생하는데, 계절별로 커다란 차이가 발생했다. 승객의 계절별 큰 변동은 열악한 영국의 기상조건과 야간 비행장비 부족의 요인과 합하여 비행기의 활용을 낮게 하는 결과를 초래하였다. 좌석 점유율(load factor)도 매우 낮아, 피크기간에도 50%를 넘기는 회사가 별로 없었고 그 결과 손익분기점에 도달한 회사는 하나도 없었다. 국내 항공서비스는 다른 교통수단보다 요금은 훨씬 비싸지만, 충분한

편익을 발생하지 못했다. 장거리 서비스, 특히 바다를 건너는 항공서비스만이 통행시간을 충분히 절감할 수 있게 하였다. 만일 더 많은 화물을 운송할 수 있었다면, 항공회사의 수지는 개선되었을 것이다. 그러나 비행기 자체가 무거운 화물을 수송하기에 적합한 형태로 설계되지 않았으며, 화물운송시장에서의 경쟁 또한 매우 치열했었다.

다른 경우와 마찬가지로 항공회사 간 경쟁은 치열하였고, 많은 항공회사들은 규모가 너무 작아 효율적이지 못했다. 그래서 자연적으로 회사 간 합병이 이루어졌다. 1935년 10월에 British Airways라는 보다 효율적인 국내 항공서비스 조직을 창설하기 위해서 Hillman Airways, United Airways, Spartan Airways와 British and Continental Airways 간의 합병이 공고되었다. 그러나 영국 정부가 British Airways를 두 번째의 유럽노선 운영회사로 지정함에 따라 BA는 국내 노선 운영에서 곧 철수했다. 철도회사 또한 점차 치열해지는 경쟁에 대비하여 자신들을 방어하는 하나의 방법으로 많은 수의 항공회사들에 대해 지배력을 확보할 수 있는 지분을 확보하며 합병에 착수했다. 철도회사의 항공시장 참여로 효율성이 일부 개선된 것으로 보이나 항공서비스는 계속 적자와 과잉설비의 상태로 남아 있었다(1.1.3절 참조).

1.4.3 제2차 세계대전 이후

1944년 시카고에서 열린 회의에서 54개국이 국제선 항공에 관한 규칙에 대해 합의했다. 모든 국가는 자기 영공에 대한 통제권을 가지며, 이들 영공을 출입하는 데에는 해당 국가정부의 동의가 필요하다는 것이다. 항공서비스의 특성들을 결정하기 위해 국가 간에 양자간 협정을 맺어야 하는데, 보통 국제항공협회(International Air Transport Association, IATA)를 통해 체결된다. 따라서 정부들은 자국의 항공회사를 경쟁으로부터 보호할 수 있다.

제2차 세계대전의 종말은 상업 항공시대의 서막을 맞이하게 되었다. 초기에는 전쟁에서 사용되었던 군용기가 여객 및 화물운송 비행기로 변경되었다. 수년 내에 많은 회사들이 설립되었고, 이들은 유럽을 교차 운항하는 노선들을 가지게 되었다. 1952년에 영국 국영항공사인 BOAC는 최초의 제트 여객기인 DH Comet기를 도입하였고, 최초의 제트 여객기가 대서양을 횡단하였으며, 그리고 최초의 전세항공사(chartered airline)가 설립되어, 단체 여행이나 군인 수송 등 특정 목적으로 비행기 전체를 임대 계약할 수 있게 되었다. 곧 이어 보잉 707기가 운항되면서, 새로운 상업 항공사시대가 열렸다. 1969년에 보잉 747기가 운항되기 시작했는데, 이는 아직까지도 여지껏 운행된 비행기 중 가장 큰 비행기의 하나이다. 1976년에는 콩코드기가 나오면서, 최초의 대서양 횡단 초음속서비스를 제공했다.

지난 30년 동안 비록 상업용 비행기의 기술혁신은 둔화되었으나, 유럽의 항공시장구조에는 놀라운 변화가 발생되었다. 자유화(liberalization)를 향한 움직임이 더 두드러지면서, IATA는 더 이상 요금수준 결정에 관여하지 않고, 매우 드문 경우의 요금협정에만 정부 승인이 필요하게 되었다. 그러나 무엇보다도 저가항공회사의 등장이 아마도 가장 뚜렷하면서도 광범위한 영향을 미친 변화일 것이다.

1.5 운하

운하는 역사적으로 세계 전역에서 운항이 가능한 강과 바다를 잇는 막중한 문명의 도구 역할을 해왔다. 최초의 운하는 아마도 메소포타미아에서 건설된 것으로 추정되는데, 이는 유프라테스 강과 티그리스 강의 물을 조절하기 위한 것이었다. BC 520～510년에는 Darius 1세가 대운하(Great Canal)를 건설하여 나일 강과 홍해를 연결하였다. 중국도 위대한 운하 건설의 역사를 가지고 있다. 배들이 운하에서 용이하게 오르고 내리면서 운항할 수 있도록 하는 수문(pound lock)을 최초로 발명한 사람은 10세기경의 중국 엔지니어였다. 유럽에서는 1373년에 네덜란드의 Vreeswijk에서 수문이 처음으로 사용된 것으로 추정되고 있다.

유럽에서 수송 목적만을 위해 최초로 건설된 운하는 Naviglio Grande이다. 이는 1179년부터 1209년 사이에 건설되었는데, 성당 건축을 위해 밀라노에 대리석을 운반하기 위한 목적이었다. 이후로 유럽의 운하는 더욱 더 거대해지고 기술적으로 복잡하게 되었다. 1391년에 건설된 Stecknitz운하(독일)는 연장이 36마일로서 Lubeck에서 40피트 올라갔다가, 다시 동일한 높이를 내려가 Elba에 도달한다. 1681년에 건설된 Canal du Midi는 지중해와 대서양을 연결하는데, 150마일의 인공수로와, 3개의 고가수로(aqueduct), 180야드의 터널로 구성되어 있다. 32마일에 걸쳐 206피트 높이가 내려가는 곳도 있다.

영국에서 최초의 운하는 로마가 건설하였는데, 종종 관개를 위하거나 운항가능한 강들을 짧게 서로 연결하기 위한 것이었다. 영국에서 운하가 중요한 교통수단의 하나로서 부각되기 시작한 것은 18세기 중반에 산업혁명이 발생하면서부터이다. 1759년부터 1761년 사이에 James Brindley는 탄광에서 채굴한 석탄을 맨체스터시로 저렴하게 운송하기 원하는 Bridgewater 공작을 위해서 Bridgewater운하를 건설했다. 1761년 7월 17일에 바지선으로 운하를 따라 석탄을 수송한 후에, 말로 끌어 시내까지 석탄을 운반하였다. 영국에서 최초로 강과 전혀 연결되지 않은 운하를 건설한 것으로서, 커다란 성공을 거두었다. Bridgewater 공작의 석탄 가격은 절반으로 줄어 들었고, 운하에 투자한 비용도 몇 년 내에 전부 회수할 수 있었다. 이 운하로 인해 영국 전역 및 다른 나라의 무수히 많은 엔지니어들이 운하 건설을 고려하기 시작했으며, 몇 년 지나지 않아서 다른 운하들이 개통되었다.

초기의 운하들은 폭이 좁게 건축되었기 때문에, 이 운하에 다니는 배들은 narrow boats(가느다란 배)라고 불리게 되었다. 갑문의 길이(length of lock)가 제한되었기 때문에, 배의 용량은 약 30톤으로 제한되었다. 이는 짐마차로 운송할 수 있는 화물의 10배에 달하는 양이지만, 19세기의 철도와 경쟁하기에는 용량이 충분하지 않았다.

1770년부터 1830년 사이에 운하체제가 확충되어 총연장 약 4,000마일에 이르게 되었으며, 많은 회사들이 서로 치열한 경쟁을 벌였다. 운하는 유료도로처럼 이용되었는데, 각자의 보트로 운하를 이용하며 운하 사용료를 지불하였다. 사용료 수입은 운하를 정비하고, 갑문을 일상적으로 조종하는 사람들의 비용으로 사용되었다.

1830년대부터 철도가 운하와 경쟁을 벌이기 시작했다. 운하는 narrow boats로 용량이 제한되었으나, 철도는 더 많은 화물량을 더 빠른 속도로 수송할 수 있었다. 운하회사는 경쟁하기 위해 가격을 대폭 인하하였으나, 이윤이 감소하였다. 보트를 조종하는 사람의 임금 또한 삭감되었기 때문에, 이들은 가족의 생계를 해결하고자 배 위에서 생활하게 되었다. 19세기 중반에는 약 10,000명이 배 위에서 생활하였으며, narrow boats가 치장을 하기 시작한 것은 이 때였다. 1850년대에 운하로 운송되는 화물량은 거의 2/3나 감소하게 되었다. 어려움을 겪게 된 많은 운하회사들은 그 지역의 철도회사에 의해 매입되었는데, 이들은 많은 경우 운하회사를 단순히 폐쇄할 목적으로 매입하였다.

프랑스, 독일, 네덜란드와 같은 많은 유럽 국가들에서 운하가 현대화되었으며, 최대 2,000톤에 달하는 더 많은 화물을 수용할 수 있도록 운하 폭도 확장되었다. 이에 따라 운하 이용이 저렴하게 되어, 철도와도 훨씬 더 효과적으로 경쟁할 수 있게 되었다. 특히 독일과 네덜란드의 운하는 아직도 경쟁력을 갖고 상당한 양의 화물을 운송하고 있으며, 최근에는 운하운송량이 다소 증가하기도 하였다. 그러나 영국에서는 이와 같은 운하 현대화계획은 한번도 시행되지 못했는데, 주된 이유는 정치적 영향력이 강한 철도회사 소유주들이 이와 같은 계획을 저지했기 때문이다. 그 결과 최근의 운하운송화물량은 2억 톤-km의 매우 낮은 수준으로 감소하였다. 단 하나의 예외는 1890년대에 건설되어 해양선박이 도시까지 연결되는 Manchester Ship운하이다.

1900년대 초기부터 영국의 운하네트워크는 폐지되기 시작했다. 전쟁 중에는 운하 이용이 일시적으로 증가하기도 했으나, 장기적으로 운하 이용이 계속 감소하는 것을 막을 수 없었다. 남아있던 대부분의 운하회사는 1947년에 국영화되어, British Waterways공사에 의해 운영되고 있다. 1960년대에는 철도 이외에 화물자동차와의 경쟁에도 직면하게 되어, 운하네트워크는 2,000마일 이하로 축소되었다. 이 시점에서 운하시스템이 여가 목적에 맞도록 기능이 변경되어야 한다는 주장이 제시되었다. 그 후로 수백 마일의 운하네트워크가 복구되었다. 교통혼잡과 대기오염에 대한 관심이 높아짐에 따라, 운하를 화물운송에 또다시 활용하는 가능성에 대한 관심도 최근에 점차 나타나고 있다.

1.6 역사적 교훈

앞에서 설명한 여러 교통수단에 관한 역사적 내용으로부터 현재 및 장래의 유럽 교통에 관해 중요한 교훈을 가져다 줄 수 있는 몇 가지를 관찰할 수 있다.

1.6.1 교통혁신에 대한 내재적인 추구(innate drive)

첫 번째의 명백한 관찰은 인류의 문명화가 시작된 이래, 모든 문화와 사회에서 더 많은 교통혁신을 계속 추구해 왔다는 것이다. 인류는 재화 또는 사람을 한 장소에서 다른 장소로 이동하는 것에 대해서 사회적으로 또한 경제적으로 항상 높은 가치를 부여해 왔다. 속도, 용량, 비용 또는 편의성 측면에서 조금이라도 이동을 향상시킬 수 있는 가능성들은 모두 연구되었으며, 실제로 활용되었다. 이는 앞에서 설명하였던 모든 교통수단을 보면 명백해진다. 비록 지난 30여 년간 항공산업에서 기술적인 혁신은 속도가 감소되었지만, 항공시장구조에는 중요한 발전들이 있었는데, 이는 50년 전에 예측했던 것보다 훨씬 더 다양한 소득의 사람들이 항공여행을 감당할 수 있게 만들었다. 인간은 보다 개선된 교통혁신을 추구하고자 하는 마음을 본질적으로 갖고 있으며, 이는 장래에도 마찬가지일 것이다.

교통혁신을 추구하는 노력은 승객과 교통공급자 모두에게서 나타난다. 새로운 곳을 방문하고 싶고, 더 이색적인 상품을 맛보고 싶고, 다른 문화를 경험하고 싶은 욕구는 항상 존재하는데, 이러한 욕구로부터 더 싸고, 더 빠르며, 더 편리한 여객교통수단에 대한 요구가 항시 존재하게 된다. 역사적으로 볼 때 이러한 분야에서의 발전들은 여객운송회사들에게 이윤을 가져다 주었는데, 특히 승객 통행시간을 감소시킨 발전들이 그러 하였다. 이는 화물운송의 경우도 마찬가지로서, 제품 생산자들은 항시 더 많은 물량을 더 빠르고, 더 신뢰도가 높은 방법으로 운송하고자 하였다. 예를 들어 석탄운송에 대한 열망은 영국의 운하와 철도망을 발전시키는 데에 초기 촉매제가 되었다.

지금까지의 경험으로 볼 때, 교통혁신을 추구하는 노력은 조절될 수는 있지만 결코 멈추어지지는 않을 것이다. 영국에서는 모든 자동차가 도로상에서 빨간 깃발을 휘두르며 걸어가는 사람을 앞에 보내고 뒤따라 가야 한다는 빨간 깃발법(the red flag law)이 제정되어, 19세기에 자동차의 혁신적 발전을 실질적으로 없애버렸다. 그러나 이 법조차도 교통혁신을 멈추는 데에는 실패하였다. 왜냐하면 이 법으로 인하여 엔지니어들의 관심이 자동차에서 철도로 바뀌고 그 결과, 철도는 증기엔진의 개선을 성취하고 더 빠르며 더 신뢰할 수 있는 교통수단이 되었기 때문이다.

1.6.2 정책결정자의 근시안

과거의 정부 교통정책에서 얻을 수 있는 가장 큰 교훈은 법은 매우 중요한 영향을 미치므로, 법을 제정할 때에 매우 판단을 잘하여 결정해야 한다는 것이다. 제1차 세계대전 중에 정부는 교통네트워크를 통제했고, 이는 크게 성공적이었다. 예를 들면 철도의 운영비용은 크게 감소하였으며, 효율성은 향상되었다. 이와 같이 교통에 관해 긴급하면서 당면한 전체적·전략적 목적과 목표를 갖는 것, 즉 전쟁노력을 지원한다는 것은 정책결정자들이 성공적으로 행동하도록 훈련시키는 데 도움이 되었다. 그러나 제2차 세계대전 이후의 철도에 대한 정부통제의 장기적 효과는 부정적이었다.

교통정책을 수립하는 데에는 먼저 그 정책이 미치는 광범위한 효과를 평가하여야 한다. 정책이 미치는 효과는 교통부문에 대한 수요가 매우 크고 관련된 투자의 규모가 크기 때문에 상당히 크다. 하나의 사례로 철도회사들에 대한 요금규제에 관한 법을 들 수 있다. 이 법에 의하면 철도회사는 그들에게 운송요구되는 화물을 전국적으로 사전에 일률적으로 결정된 요금수준에 따라 운송하도록 의무가 부여되어 있다. 이러한 규제는 철도회사들이 제1차 세계대전 이전에 누렸던 독점권을 남용하지 않도록 하기 위한 정책이었다. 그러나 실제로는 손실이 발생하는 화물시장을 교차보조(cross-subsidise)하기 위해 다른 시장(여객시장)에서의 요금을 올려야 했기 때문에, 철도회사는 적정한 이윤(healthy profit)을 유지할 수 없는 구조가 되었다. 결국 철도는 도로와 경쟁할 수 없게 되었고, 결국은 철도가 쇠퇴하고 도로시장만 확대되는 결과를 낳게 되었다.

교통정책을 수립하는 데에는 또한 그 정책이 갖는 장기적 효과를 평가하여야 한다. 교통네트워크상의 특정 수요는 항상 일정한 것이 아니라, 시간 경과에 따라 변화한다. 최초의 철도는 탄광지역에서 경제적으로 발전하는 산업도시의 시장까지 석탄을 운송하는 데 이용되었다. 그러나 머지않아 철도는 한 도시에서 다른 도시로 승객을 수송하는 데에도 이용되었다. 장래에 교통부문이 어디에 필요할 것인가를 정책결정자가 제대로 인식하지 못하면, 현재의 정책은 효과적이지 못하고 낭비적일 것이다. 이를 가장 잘 보여주는 사례가 바로 1950년대에 영국에서 시행한 철도현대화 정책이다. 정부는 많은 화물운송이 이미 화물자동차로 전환되었다는 것을 제대로 인식하지 못하고, 단지 과거와 동일한 형태의 철도네트워크를 유지하는 데에 막대한 투자를 시행했다. 따라서 철도현대화 투자는 대부분 비효과적이거나, 낭비적인 것이 되고 말았다. 프랑스 정부의 선박에 대한 지원책 또한 유사한 데, 이 정책은 범선(sailing vessels)을 선호하여 프랑스의 화물운송(철제선박건조)시장의 경쟁력을 오히려 약화시켰다.

1.6.3 정치 권력에 의한 포획

교통부문에의 운영 참여는 항상 상당한 이윤을 남길 수 있었고, 또한 때에 따라서 운영자는 커다란 사회적 지위도 누릴 수 있었다. 따라서 정치 권력자들은 교통부문에 참여하기를 원했고, 그만큼 정치적인 개인이나 그룹에 의해 포획(capture)되기 쉬웠다. 영국의 철도네트워크 형태는 자신들의 이해관계를 우선시하여 최선의 노선 건설을 저지하는 정치적 권력을 쥔 사람들에 의해 대부분 결정되었다. 그 결과로 철도네트워크는 굴곡지게 되었으며, 이는 장래의 고속열차 개발을 늦어지게 만들었으나, 한편으로는 최근의 틸팅(기울은) 열차 개발을 촉진하였다. 또 다른 정치적 압력의 사례로 영국의 운하를 들 수 있다. 영국 운하는 철도 실력자들의 영향력 때문에 현대화되지 못했고, 결국 운하가 사장되는 결과로 나타났다. 따라서 교통경제학자 및 정책결정자들이 교통정책을 수립할 때에는, 교통 관련 서비스의 발달이 정치적 권력자들에 의해 포획되어 왜곡될 가능성이 있다는 것을 인식하는 것이 필요하다.

1.6.4 경쟁, 합병 그리고 담합

모든 주요 교통수단에서 공통적으로 나타난 현상은 합병(consolidation)이다. 자동차산업은 태동된 직후 많은 공급자들이 치열하게 경쟁하였다. 이는 런던의 버스시장, 화물자동차시장, 국내선 항공시장, 그리고 (어느 정도 낮은 수준이었으나) 철도와 해운시장에서도 마찬가지였다. 자유시장을 주장하는 경제학자들은 이와 같은 경쟁이 바람직하다고 일반적으로 말하고 있다. 경쟁을 통해 생산자들은 경제적 측면에서 더욱 효율적이 되고 향상된 품질과 낮은 가격으로 제품을 공급해, 사회에 편익을 발생시킨다고 믿고 있다. 하지만 교통부문에서는 교통서비스를 제공할 때 발생하는 본질적인 위험 때문에, 이 결론은 다소 수정될 필요가 있다. 이는 20세기 초에 경쟁 하에 있었던 버스운전자들이 취했던 위험한 관행들을 보면, 명확하게 알 수 있다.

이들 모든 교통시장에서 아무런 제약이 없는 경쟁의 시대는 물러 가고 점차적으로 합병의 시대로 옮겨 갔다. 이는 규모(scale), 범위(scope) 및 밀도(density)의 경제를 활용하는 데서 얻어질 수 있는 편익이 현저하게 나타나기 때문이었다. 합병은 또한 화물운송시장이 (생산자가 자사의 제품을 자신이 운송하는 현상 대신에: 역자주) 별개의 사업영역으로 출현하게 만드는 효과도 가져왔다. 다른 사람의 화물을 운송하는 화물자동차운송에 대한 시장이 급격하게 성장했다. 대규모 유류회사와 정기선 운송회사가 자기 소유의 선박량을 감소시키는 대신에 필요한 선박량을 임대하는 최근의 해운운송시장 변화는 이러한 움직임을 잘 나타나고 있다.

합병은 종종 운송회사들 간에 담합(collude)을 하도록 유인을 제공하기도 한다. 담합 협약에 서명하고 카르텔 형성을 통해 운송업자들은 대규모 회사에 흡수되지 않고 스스로의 독립성을 유지하려고 하였다. 런던에서 말이 끄는 미니버스 운송회사는 1820년대 후반에 출범하자마자 곧 협회(association)를 설립하였고, 20세기에 해운동맹시스템(conference system)은 해운시장을 지배하였으며, 독일 해운회사들은 국제 경쟁력을 강화하고자 그들만의 해운조합(shipping union)을 설립하였다.

1.6.5 선도적 개발

실제로 반드시 그렇지는 않지만 또 하나의 흥미로운 역사적 사실은 교통부문에서 선도적으로 개발을 시작한 국가는 오히려 불리할 수도 있다는 것이다. 영국은 산업화를 가장 먼저 달성한 국가였고, 따라서 국가 전체의 철도와 운하네트워크를 개발한 최초 국가이다. (물론 개별 운하들은 다른 유럽 국가들에서 훨씬 먼저 건설되었다.) 교통네트워크는 국가 산업화에 커다란 도움을 주었고 또한 필수적이기도 하였으나, 예상하지 못한 문제점을 장래에 가져 오기도 하였다. 운하를 좁게 건설하다 보니, 갑문에서 처리할 수 있는 배는 좁게 만들어지게 되어 기껏해야 30톤의 용량밖에 가질 수 없었다. 초기에 이 30톤의 용량도 그 당시까지 사용되었던 짐마차의 용량보다는 훨씬 컸지만, 얼마 지나지 않아 대용량을 운송할 수 있는 철도가 나타나자마자 운하는 곧 경쟁력을 잃게 되었다. 그러나 유럽 대륙에서는 엔지니어들이 이러한 문제점을 깨닫고 운하를 더 넓게 건설함으로써 이러한 문제점을 회피할 수 있었고, 이들 운하들은 경제성 측면에서 아직도 철도와 경쟁할 수 있게 되었다.

철도도 이와 유사한 경우라고 말할 수 있는데, 이는 제2차 세계대전의 결과라고 말할 수 있다. 전쟁은 유럽 대륙의 철도네트워크를 거의 폐허로 만들었다. 따라서 이들 철도는 다시 건설되어야 했으며, 이 때 영국 철도의 교훈을 토대로 유럽은 대폭적으로 철도를 개량하였다. 그러나 영국 철도네트워크는 전쟁 피해를 별로 입지 않아, 다시 건설하거나 대폭적으로 개량할 필요가 없었다. 결과적으로 유럽 대륙의 철도는 영국의 선도적인 개발 혹은 시작으로부터 많은 도움을 받았으며, 반면에 영국 철도는 그 결과로 어려움을 겪고 있다.

제 2 장

영국과 유럽에서 교통의 중요성

Chapter 2

2.1 통계자료로 본 중요성

2.1.1 교통의 전반적 중요성

통계자료로 볼 때, 교통부문은 영국 및 유럽 경제에서 개인지출, 고용 및 정부재정지출에서 상당 부분을 차지하는 중요한 부문이다. 교통부문 내의 변화는 사회적 후생에 중대하고 광범위한 영향을 미치게 되므로, 교통부문에 대한 경제학적 이해가 광범위하게 이루어 져야 한다는 것이 중요하다. 이러한 이해를 기초로 한 올바른 토대를 가질 때에만 정책결정자는 가장 효과적으로 교통부문을 발전시킬 수 있고, 또한 불가피하게 발생하는 해로운 변화들의 효과를 사전에 없애거나 최소화할 수 있다. 이러한 이해를 가질 수 있도록 토대를 설정하는 것이 교통경제학자의 역할이다.

〈그림 2-1〉에서와 같이, 영국의 가계부문은 2005년에 교통부문에 1,590.8억 유로를 지출하고 있다. 이 중 대다수인 75%는 개인교통수단인 승용차 등의 구입 및 운영에 지출되었고, 나머지 24.9%는 교통서비스에 지출되고 있다. 〈그림 2-2〉에 나타나는 바와 같이, 교통부문 지출비용은 영국의 총가계지출비용의

■ 그림 2-1 교통부문에의 가계지출비용

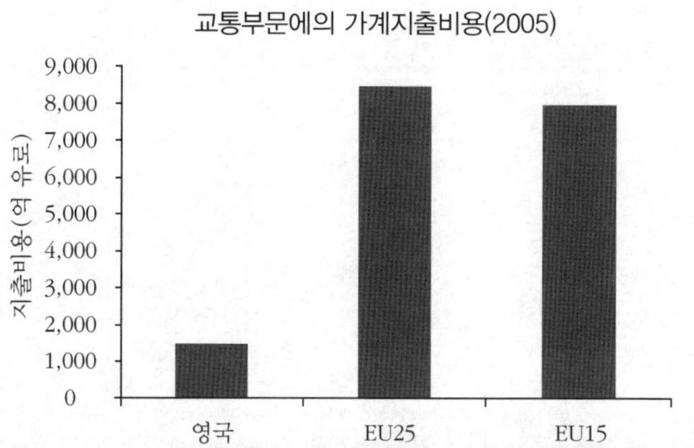

출처: European Commission, Directorate-General for Energy and Transport in Co-operation with Eurostat, Energy and Transport in Figures, 2006.

■ 그림 2-2 총가계지출비용 중 교통지출 비중

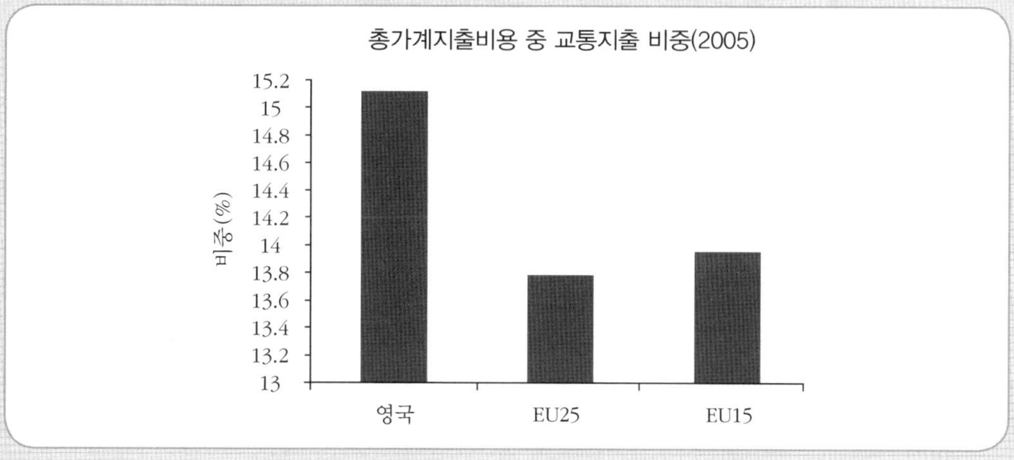

출처: European Commission, Directorate-General for Energy and Transport in Co-operation with Eurostat, Energy and Transport in Figures, 2006.

15%를 차지하여, 가장 큰 비중을 차지하는 항목이다. EU25의 경우도 마찬가지로, 2005년에 교통부문에의 가계지출비용은 8,479.9억 유로에 달하여, 총가계지출비용의 약 13.8%에 이른다. 영국의 교통부문에의 가계지출비용 비중이 EU25보다 좀 더 높으나, 양쪽 모두 교통부문에 상당한 비중을 지출하고 있다.

2005년에 EU의 초기 회원국가들인 15개 국가의 교통부문에의 가계지출비용은 8,097.1억 유로에 달한다. 이는 EU 전체 교통부문 가계지출비용의 거의 대부분을 차지하고 있으며, 평균적으로 총가계지출비용의 약 13.91%에 이른다.

이들 통계자료는 단순한 지표만을 제시하는 데에 그치지 않고, 더 큰 영향을 미치고 있다. 무엇보다 가계지출비용의 상당 부분을 개인교통수단(private transport: 승용차)에 소비하고 있으므로, 개인교통수단부문의 변화는 소비자 신뢰(confidence)에 중요한 영향을 미치고, 이는 결국 광범위한 소비지출에 영향을 미친다. 소비자가 일상적인 통행방법에 익숙해지면, 이를 변경하는 데에는 많은 시간이 소요된다. 이에 대한 첫 번째 이유는 관습의 편리성(ease of habit) 때문이다. 즉 소비자는 새로운 통행방법을 시도하기보다는 기존에 익숙해진 통행방법을 계속 이용하는 것을 더 쉽게 느낀다. 두 번째 이유는 교통에 대한 초기 투자규모가 크기 때문이다. 이미 투자한 자본비용이 매우 크기 때문에, 소비자는 통행방법을 단기간 내에 변경하려고 하지 않는다. 예를 들어 비교적 비싼 자동차를 최근에 새로이 구입하였다면, 이용하지 않고 주차한 채로 그냥 새 차를 놔두는 것을 꺼려 할 것이다. 이러한 두 가지 이유 때문에 개인교통수단에 대한 수요는 비탄력적이며(3.4절 참고), 다시 말해 가격변화에 둔감하다. 개인교통수단 이용가격이 인상되더라도, 소비자는 개인교통수단을 계속 이용하며 대신에 다른 경제부문에 대한 소비를 감소시킨다. 마찬가지로 개인교통수단 이용가격이 가까운 장래에 인상될 것이 예상되면, 소비자는 단기적으로 저축을 증가시킬 것이며 이를 위해 전체 소비지출 규모를 감소시킨다. 이와 같이 교통부문, 특히 개인교통수단에서의 변화는 분명히 경제 전반에 광범위하게 영향을 미치고 있다.

교통부문은 또한 고용에서도 중요한 부분을 차지하고 있다. 2004년 영국과 EU25에서는 각각 1.1백만 명과 8.2백만 명이 교통부문에 종사하고 있다. 교통부문 고용의 분포가 〈그림 2-3〉에 제시되어 있다. 이 중 공로교통(road transport) 부문에 영국 47%, EU25 53%가 종사하고 있으며, 두 경우 모두 공로여객(road passenger transport)부문보다 공로화물(road freight transport)부문에 더 많이 종사하고 있다. 영국 육상교통의 나머지 부문으로 철도에 5%, 운하 및 파이프라인에

■ 그림 2-3 교통부문 고용

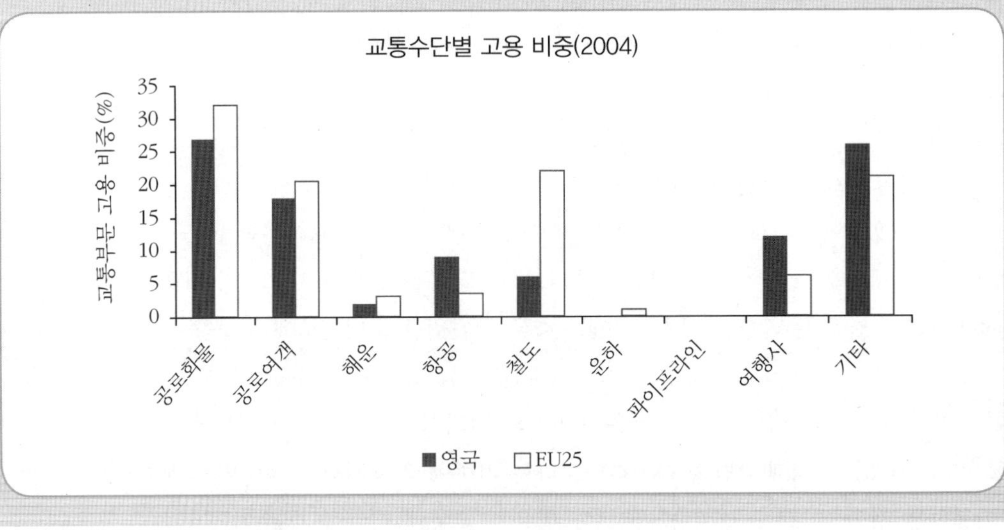

출처: European Commission, Directorate-General for Energy and Transport in Co-operation with Eurostat, Energy and Transport in Figures, 2005.

거의 0%가 종사하고 있다. 2004년에 공로부문 다음으로 높은 고용을 나타내는 부문은 영국과 EU25 모두 화물 취급, 저장, 보관 등 교통지원 또는 보조 등의 기타 부문으로서, 각각 26%와 23%를 나타내고 있다. 여행사와 관광회사 부문이 영국과 EU에서 각각 12%와 6%의 고용을 나타내고 있다. 나머지는 해운과 항공부문에서의 고용이 차지하고 있다.

교통부문은 가계지출비용에서 차지하는 비용이 크기 때문에 광범위한 영향을 미칠 가능성이 있을 뿐만 아니라, 고용효과를 통해서 소비자 신뢰와 전체 소비지출에도 영향을 미칠 가능성이 있다. 교통부문 종사자가 임금 삭감이나 해고를 우려하게 되면, 이들의 전체 소비지출 규모가 또한 감소하게 될 것이며, 이는 경제 전체에 파급되는 효과를 낳게 된다.

마지막으로 통계자료로 본 교통부문의 중요성은 교통부문에 대한 정부의 재정지출 규모를 보면 알 수 있다. 〈그림 2－4〉는 2002/2003년 회계연도에 영국의 중앙 및 지방정부가 교통부문에 얼마를 지출하였는가를 보여주고 있다. 이 연도에 교통부문 총지출은 132.41억 파운드로서, 1년 전보다 22.17억 파운드가 증가하였는데, 1년 전 지출은 2년 전보다 24.37억 파운드 증가하였다. 〈그림 2－4〉에

■ 그림 2－4 교통부문 정부재정지출

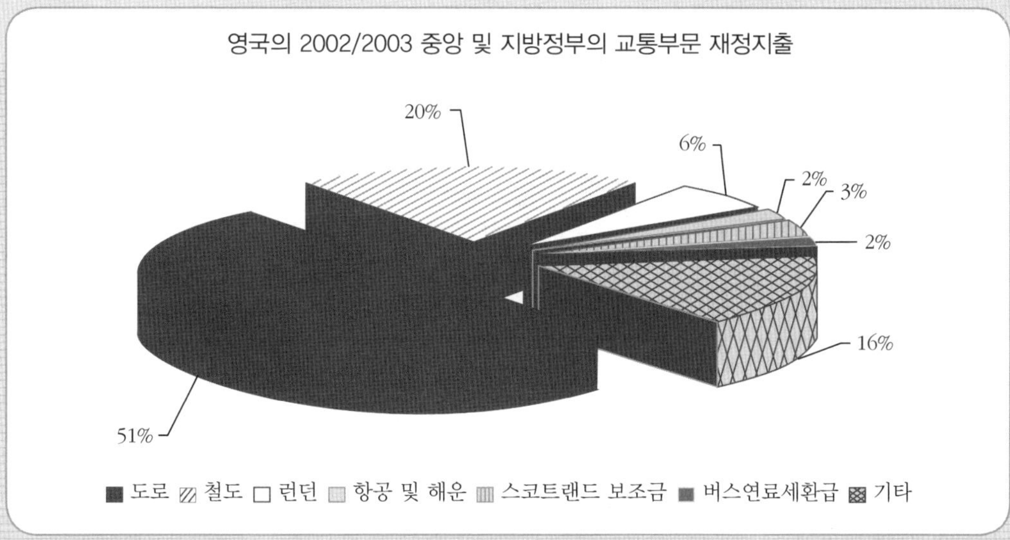

출처: Office of National Statistics, Transport Statistics, 2004.

나타나는 바와 같이, 2002/2003년도에 도로부문에 가장 많은 약 51%가 지출되고 있다. 기타 부문(교통부문 총지출의 16%)에는 명시되지 않은 대중교통 지원 및 할인요금 지원에 가장 많은 20.64억 파운드가 지출되고 있다.

2.1.2 개별 교통수단의 중요성

제1장의 교통역사에 대한 설명에 의하면 교통부문은 전체적으로 크게 확장되어 왔는데, 운하 및 철도의 중요성은 계속 감소하는 대신에 도로 및 항공부문의 중요성은 더욱 더 증가해 왔다. 이러한 추세는 〈그림 2-5〉 및 〈그림 2-6〉에 나타나는 바와 같이 최근에도 계속되고 있다. 전반적으로 볼때, EU25 내에서의 화물운송량은 1995~2005년 연간 약 2.8% 증가하였으며, 1995~2004년 여객통행량은 연간 약 1.8% 증가하였다.

2004년에 EU25 내에서 39,030억 톤-km의 화물이 운송된 것으로 추정되었다. 이 중에서 44.2%는 화물자동차, 39.1%는 해운, 10%는 철도, 3.3%는 내륙 수로(운하), 3.4%는 파이프라인, 0.1%는 항공이 차지하고 있다.

■ 그림 2-5 화물교통수단

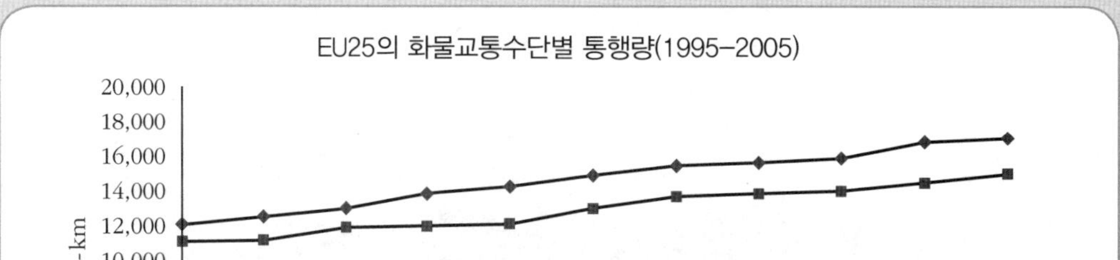

출처: European Commission, Directorate-General for Energy and Transport in Co-operation with Eurostat, Energy and Transport in Figures, 2006.

〈그림 2-5〉에 나타나는 바와 같이, 화물자동차의 중요성은 계속 커져서 그 통행량은 1995년 12,500억 톤-km(총화물운송의 42.1%)에서 2005년 17,240억 톤-km로 증가하였다. 해운통행량 또한 계속 확대되어, 1995년 11,330억 톤-km에서 2005년 15,250억 톤-km로 증가하였다. 이에 따라 1995년 이후 총화물통행량에서 해운이 차지하는 비중이 0.9% 증가하였다. 동 기간 철도화물운송량은 규모 자체는 3,580억에서 3,920억 톤-km로 증가하였으나, 상대적 개념으로 총화물운송량에서 차지하는 비중을 보면 1995년 12.1%에서 감소하였다. 내륙 수로(운하)도 마찬가지로서 화물운송량 자체는 1,170억에서 1,290억 톤-km로 증가하였으나, 총화물운송량에서 차지하는 비중은 다소 감소하였다. 파이프라인과 항공이 총화물운송량에서 차지하는 비중은 거의 변함이 없으며, 따라서 운송량의 절대값은 파이프라인이 1,120억에서 1,310억 톤-km로, 그리고 항공이 19억에서 25억 톤-km로 증가하였다.

여객통행량을 보면, 2004년에 EU25 내에서 5조 610억 인-km(passenger-kilometers)의 통행이 이루어진 것으로 추정되었다. 승용차와 오토바이가 전체 통행거리의 75.9%를 차지하고 있으며, 시내버스 및 시외버스 8.3%, 철도 5.8%, 전차 및 지하철 1.2%를 차지하고 있다. 유럽인들은 각자가 이들 육상교통수단을 이용해 2004년에 평균 10,225km를 통행한 것으로 나타났다. 그리고 전체 통행거리

■ 그림 2-6 여객교통수단

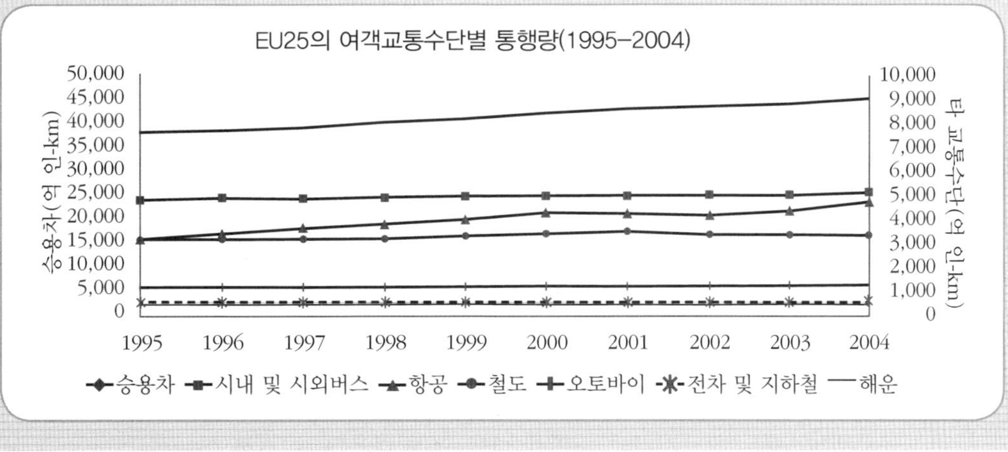

출처: European Commission, Directorate-General for Energy and Transport in Co-operation with Eurostat, Energy and Transport in Figures, 2006.

중 나머지인 8.7%는 항공 7.9%, 해운 0.8%로 나누어진다.

〈그림 2-6〉에 나타나는 바와 같이 통행량이 가장 눈에 띄게 증가한 교통수단은 승용차와 오토바이로서, 20세기 중반부터 시작된 추세가 계속되고 있다. 이들 교통수단의 이용은 1995년 3조 9,070억 인-km에서 2004년 4조 6,010억 인-km로 증가하였다. 이것은 동 기간 중 EU25에서 이들 교통수단 통행량이 총여객통행량에서 차지하는 비중이 0.4% 증가한 것으로 나타난다. 시내버스 및 시외버스통행량은 규모 자체는 4,740억에서 5,020억 인-km로 증가하였지만, 총여객통행량에서 차지하는 비중은 0.94% 감소하였다. 철도, 전차 및 지하철도 유사한 양상을 나타내고 있어서, 통행량 규모 자체는 3,890억에서 4,270억 인-km로 증가하였지만, 비중은 0.50% 감소하였다. 해운승객통행량은 이 기간 중 규모 자체가 550억에서 400억 인-km로 감소하였고, 비중 또한 0.26% 감소하였다. 한편 항공통행량은 3,240억에서 4,820억 인-km로 증가하였고, 비중 또한 1.66% 증가하였다.

2.1.2.1 복합 단위

이 절에서 여객통행량은 인-km로, 화물운송량은 톤-km로 나타내었다. 이들은 두 가지의 개별적 단위를 합한 것이므로, 복합 단위(composite units)라 일컫고 있다. 교통을 분석할 때에 화물의 수량(volume: 톤) 혹은 통행거리(distance: km)를 개별적으로 다루는 것은 큰 의미가 없기 때문에, 복합 단위(톤-km)를 사용하는 것이 중요하다. 매우 많은 여객 혹은 화물수량을 운송하더라도 이들에 대한 통행거리가 단거리인 경우에는, 이들 서비스의 전체적 중요성은 크지 않을 것이다. 마찬가지로 통행거리가 장거리일 지라도 매우 적은 수의 여객 혹은 화물수량을 운송하는 경우에, 이들 서비스의 전체적 중요성은 또한 적을 것이다. 이와 같이 통행여객이나 통행화물의 수량과 통행거리 두 가지를 함께 고려하는 것이 필요하며, 이 때문에 이와 같은 복합 단위가 존재하는 것이다.

2.1.3 국제 비교

교통은 인류 역사를 통하여 중요한 역할을 해 왔으나, 어느 교통수단이 이용되어 왔는지는 시간과 지역에 따라 크게 다르다. 이러한 차이에 대한 이유 또한 매우 다양한데, 몇 가지 예를 들면, 지리적 여건, 자연자원의 부존 여부, 소득, 인류 형태 등일 것이다.

오늘날의 EU25는 미국 및 일본과 유사한 경제개발단계에 있으므로, 이들을 서로 비교해 볼 필요가 있다. 〈그림 2-7〉 및 〈그림 2-8〉에 나타나는 바와 같이, 여객통행량과 화물통행량 모두에서 미국이 EU25 및 일본보다 더 많은 총통행량을 나타내고 있다. 여객통행량에서는 〈그림 2-7〉에 나타나는 바와 같이, 모든 국가에서 승용차가 다른 교통수단보다 압도적으로 많이 이용되지만, 미국의 경우가 특히 그러하다. 미국에서는 철도가 여객통행에 거의 이용되지 않고 있으나, 일본에서는 철도가 훨씬 더 높은 비율로 여객통행에 이용되고 있다. 한편 화물통행량에서는 〈그림 2-8〉에 나타나는 바와 같이, 미국에서 철도가 다른 교통수단보다 더 많은 화물을 운송하고 있는 반면에, EU25와 일본에서는 공로가 가장 많이 이용되고 있다.

이러한 통계자료로부터 미국의 철도네트워크는 EU25와 일본에 비해 전체 교통시설(transport infrastructure)에서 차지하는 비중이 훨씬 더 높을 것이라고 추정할 수도 있다. 그러나 〈그림 2-9〉를 보면, 사실 그 반대라는 것을 알 수 있다. 세 국가 모두에서 철도나 운하에 비해 도로가 더 긴 연장거리를 가지고 있는데, 미국이 도로가 전체 교통시설(연장거리)에서 차지하는 비율에 있어서 가장 큰 값

■ 그림 2-7 여객통행량 국제비교

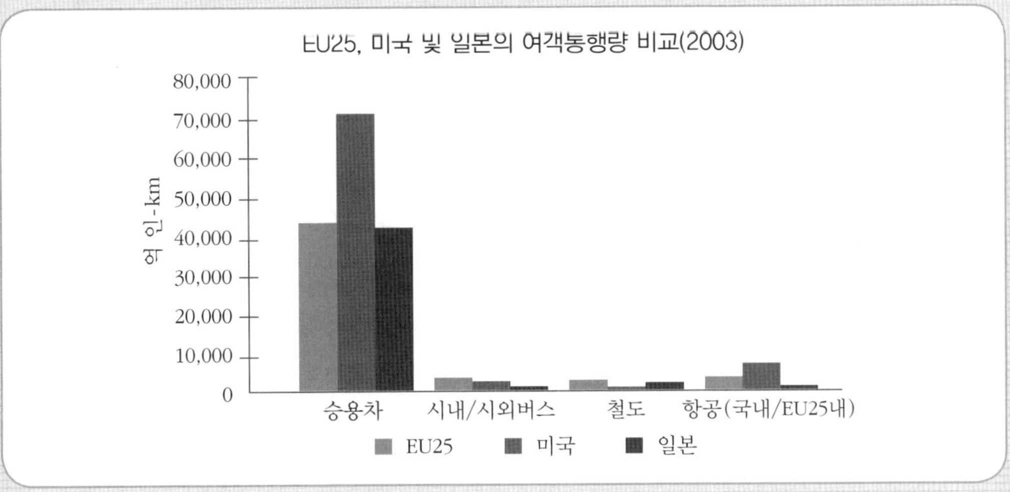

출처: European Commission, Directorate-General for Energy and Transport in Co-operation with Eurostat, Energy and Transport in Figures, 2005.
주: 일본 자료는 2002년 기준.

■ 그림 2-8 화물통행량 국제비교

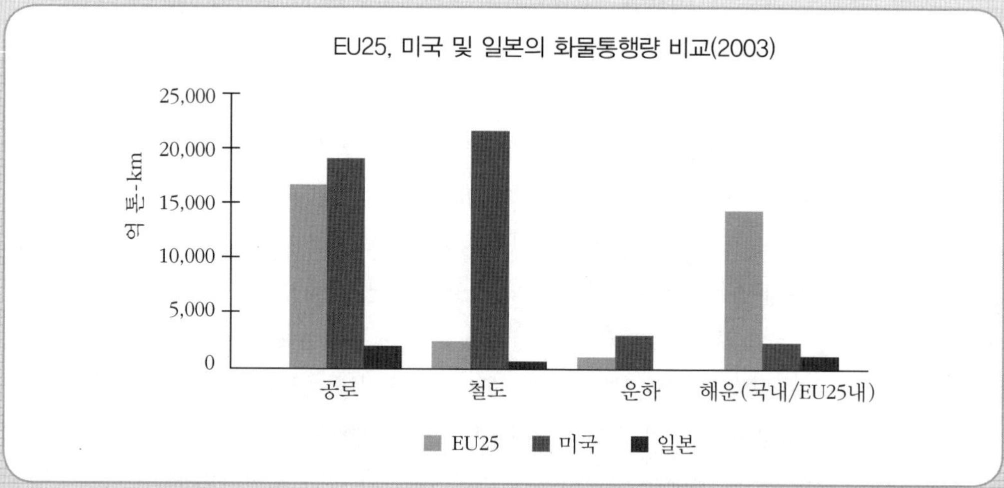

출처: European Commission, Directorate-General for Energy and Transport in Co-operation with Eurostat, Energy and Transport in Figures, 2005.
주: 일본 자료는 2002년 기준.

■ 그림 2-9 교통시설 국제비교

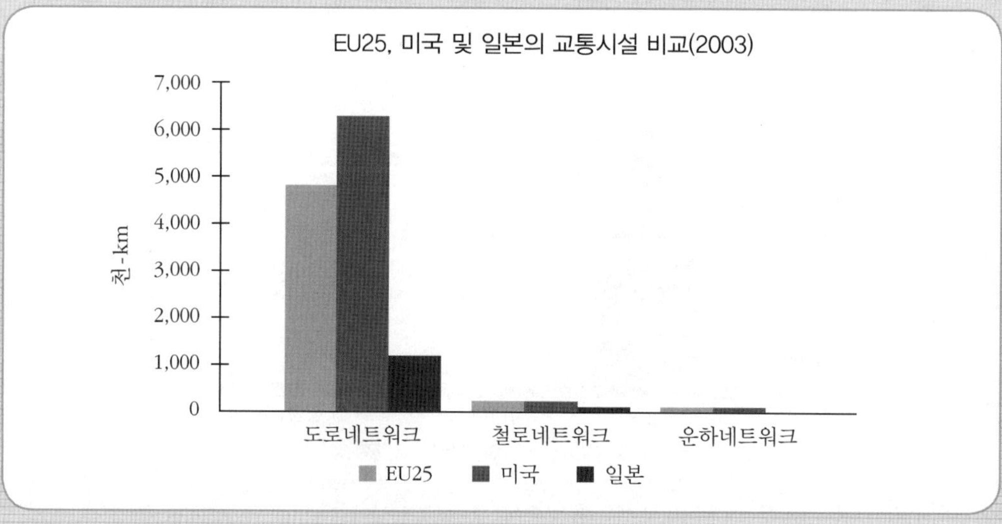

출처: European Commission, Directorate-General for Energy and Transport in Co-operation with Eurostat, Energy and Transport in Figures, 2005.

을 갖는다. (EU25나 일본에 비해 미국은 철도가 전체 교통연장거리에서 차지하는 비율 측면에서는 적으나 전체 화물운송 톤-km에서 철도가 차지하는 비율은 더 크므로, 미국의 철도가 화물운송 측면에서 더 효율적임을 의미함: 역자주)

자동차의 의존도는 인구 1,000명당 자동차대수를 말하는 자동차보유(motorization: 자동차화)의 정도를 세 나라에 대해 나타내는 〈그림 2-10〉을 보면 더욱 명확해진다. EU25와 일본에서는 인구 10명당 4대 혹은 5대의 자동차를 보유하고 있으며, 특히 일본이 EU25보다 더 낮다. 그러나 미국에는 인구 10명당 거의 8대의 자동차를 보유하고 있다. 이러한 상황은 〈그림 2-7〉 및 〈그림 2-8〉에서 예상될 수 있었던 것이다. 일본에서는 여객 및 화물 모두에서 공로통행량이 차지하는 비율이 다른 두 나라에 비해 적은 반면에, 미국에서는 여객통행량에서 공로통행이 차지하는 비율이 다른 두 나라에 비해 훨씬 더 높다.

이와 같은 교통 통계자료의 국제비교를 통해, EU25의 교통부문이 특이한 것이 아니라는 것을 알 수 있다. 다만 EU25에 비해 미국에서는 철도가 화물통행량에 훨씬 더 많이 이용되며, 일본에서는 총통행량 규모가 훨씬 더 작다. 이 세 국가 모두에서 공통적으로 발견되는 것은 여객 및 화물통행량 모두 공로에 상당히 의존하고 있다는 점이다. 이는 경제발전에 따라 불가피하게 나타나는 현상인가?

■ 그림 2-10 자동차대수 국제비교

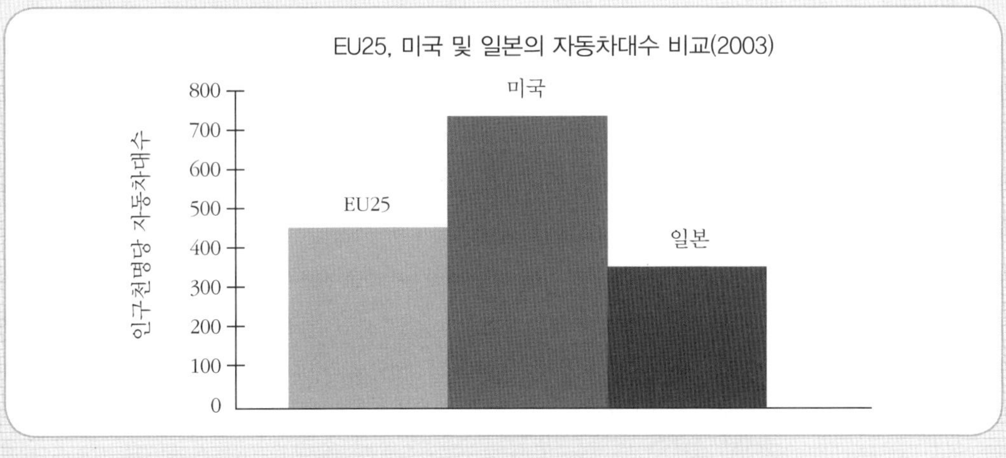

출처: European Commission, Directorate-General for Energy and Transport in Co-operation with Eurostat, Energy and Transport in Figures, 2005.

2.2 교통의 이론적 중요성

2.2.1 파레토 효율

경제학자들이 시장으로부터 얻고자 하는 결과는 파레토 효율(Pareto efficiency)을 달성하는 것이다. 파레토 효율이란 어떠한 가능한 보상이 이루어진다고 해도 다른 사람에게 손해를 입히지 않고서는, 어떤 한 사람에게 이득이 발생할 수 없는 시장 결과를 의미한다. 파레토 효율의 달성을 통해 시장에서 전체 후생 혹은 만족이 최대화된다.

예를 들어 어떤 시장에 두 소비자만 있으며, 두 소비자 간에 배분될 수 있는 특정 생산물의 수량은 4개라고 매우 간단하게 가정한다. 각 소비자는 첫 번째 생산물에서는 10의 만족(명확화하기 위해 효용(utiles)이라고 일컫도록 함)을 얻고, 두 번째 생산물에서는 7.5의 효용, 세 번째 생산물에서는 5의 효용, 네 번째 생산물에서는 2.5의 효용을 얻는다. 이 수치들은 한계효용체감(diminishing marginal utility)의 개념을 반영하고 있는데, 이는 소비자가 생산물 한 단위를 더 소비할 때 얻게 되는 추가적인 만족 혹은 효용은 그 생산물의 소비가 증가할수록 감소한다는 것이다.

예제로 돌아가서, 4개의 생산물 모두가 소비자 A에게 배분된다면, 시장에서의 총만족은 25효용(10 + 7.5 + 5 + 2.5)이 된다. 만일 이 생산물의 4개 중 1개가 소비자 B에게 이전되면, 소비자 A의 만족은 2.5효용만큼 감소하지만 소비자 B는 10효용을 얻게 된다. 따라서 시장에서의 총만족은 32.5효용(10 + 7.5 + 5 + 10)으로 증가하고, 소비자 B가 소비자 A에게 보상할 수 있는데 그렇게 되면 소비자 A의 만족은 다시 25효용이 될 수 있다. 그 결과 소비자 A에게 손해가 발생하지 않으면서 소비자 B는 분명히 7.5효용만큼 이득이 발생하게 된다. 이러한 상황을 시장에서의 파레토 개선(Pareto improvement)이라고 한다. 만일 두 번째로 생산물 1개가 소비자 A에서 소비자 B로 추가로 이전되면, 비록 첫 번째에 비해 크기는 작지만 마찬가지의 파레토 개선이 이루어질 것이다.

두 소비자가 각각 이 생산물을 2개씩 가진다면, 시장에서의 총만족은 35효용(10 + 7.5 + 10 + 7.5)에서 극대화가 된다. 이 때 파레토 효율이 달성되는데, 왜냐하면 어떠한 보상이 이루어진다고 해도 다른 사람에게 손해가 발생하지 않는

한, 두 사람 중 어느 누구에게도 더 이상 이득을 발생시킬 수 없기 때문이다.

하나의 시장 그리고 경제 전체에서 파레토 효율이 달성되기 위해서는 다음 두 가지 조건을 만족시켜야 한다. 첫 번째 조건은 생산적으로 효율적(productively efficient)이어야 한다는 것이다. 즉 생산자가 투입요소를 하나도 낭비하지 않으면서 생산물을 생산한다는 것이다. 다르게 말하면, 주어진 투입요소 하에서 생산이 최대화된다는 것이다. 위의 예에서 생산물을 4개에서 6개로 증가시키는 것이 가능하다면, 두 소비자를 동시에 좋아지게 만들 수 있으므로 생산물을 최대로 증가시키지 않는 현재의 시장은 파레토 효율 상태에 있는 것이 아니다.

두 번째 조건은 배분적으로 효율적(allocatively efficient)이어야 한다는 것이다. 즉 시장이나 경제에서 자원들이 최대의 만족을 유발하는 생산물을 생산하는 데에 사용되고, 또한 이들 생산물은 소비자 만족이 최대화하도록 배분되는 것이다. 배분적 효율성의 이와 같은 측면들 중에서 후자는 위의 예(전체 효용을 극대화하기 위해 소비자 A와 B가 생산물을 2개씩 소비함)에서 이미 설명되었다. 전자의 측면은 이 제품보다 더 큰 효용을 제공하는 다른 종류의 제품이 존재할 수 있다는 것을 고려하면 자명해진다. 만약 이러한 다른 생산물이 존재한다면 이와 같은 다른 생산물을 생산함으로써 파레토 개선이 이루어질 수 있다. 따라서 이와 같은다른 종류의 제품을 생산하지 않는 현재의 시장은 파레토 효율 상태에 있는 것이 아니다.

생산적 효율과 배분적 효율이 모두 달성되기 위해서는, 즉 파레토 효율이 달성되기 위해서는 교통부문이 필요하게 된다. 만일 교통체계의 개선을 통해 생산비용이 감소될 수 있다면, 평균 비용은 낮아질 수 있고 동일한 자원을 사용해서 더 많은 생산물이 생산될 수 있으므로, 결국 그 시장은 생산적으로 더 효율적이 될 것이다. 그리고 이것은 파레토 개선을 가져 올 것이다.

북부지역에 부존하는 자원이 남부지역의 생산에 사용되어 국가 전체의 만족이 증대된다면, 북부지역 자원은 남부지역 생산에 사용되기 위해 남부지역으로 운송되어야 한다. 마찬가지로 남부지역 소비자에게 현재 배분되고 있는 생산물이 북부지역 소비자에게도 배분될 때 파레토 개선이 이루어진다면, 남부지역 생산물은 북부지역 소비자가 소비할 수 있도록 북부지역으로 운송되어야 한다. 이와 같이 생산적 효율성과 배분적 효율성 두 가지 측면 모두를 달성하는 데에, 교통시스템은 막중한 역할을 한다.

효과적이면서 제대로 기능을 발휘하는 교통부문이 없다면, 그 경제는 생산적 및 배분적으로 효율적이지 못하여 전체적으로 파레토 효율을 달성할 수 없다.

2.2.2 집적

오랜 인류 역사를 통해, 사람들은 넓은 지역에 개별적으로 분산되어 생활하는 것보다 한 마음을 가진 사람들로 형성된 지역 공동체를 형성해서 함께 생활하는 것이 더 유리하다는 것을 알게 되었다. 집적(agglomeration)은 경제적 활동의 중심이다. 다르게 말하면 생산과 교역이 밀집되어 있는 지리적 입지(geographic location)라고 말할 수 있다. 유럽에서는 산업혁명이 시작된 이후, 18세기 후반동안 이와 같은 집적의 생성에 대한 요구가 많았다. 현대적 의미의 초기 집적은 일반적으로 특정 산업 주변에 발달한 초기 산업마을들(industrial towns)이었다. 예를 들면 맨체스터나 리버풀은 면직물섬유산업을 중심으로 형성되었다. 보다 최근에 생성된 집적은 Silicon Fen이라 불리는 잉글랜드 동부지역을 말할 수 있는데, 최신 기술산업들이 밀집되어 있다. 이탈리아의 섬유 및 의류산업 또한 집적으로 형성되어 있는데, 유럽에서 가장 규모가 크다. Varese성(province)은 전통적으로 면직물제조에 집중하는 반면에, 인접한 Como성은 실크생산에 집중하고 있다. 이들은 군집(clusters: 클러스터)이라고 불리며, 생산체인의 모든 단계에 속한 생산자들을 포함하기 위해 impannatori라고 알려진 기업가들에 의해 조직되어 있다. (impannatori는 중세기에 흥행하던 부러커의 현대판으로 생산체인의 모든 과정에 대해 가지고 있는 광범위한 실무적 지식을 활용하여 산업고객에게 제품을 소개해 주고 유휴생산설비에 대해 이용할 수 있는 고객을 찾아내고 흥정과정을 중개하는 역할 등을 함: 역자주) 군집이 여기에 속한 생산자들에게 부여하는 외부적 규모의 경제(external economies of scale)로 인하여, 이들 기업의 평균 비용은 영국 기업보다 낮아질 수 있었다. 또한 단기적이기는 하지만, 커져만 가는 중국으로부터의 경쟁을 저지하는 데에 낮아진 기업의 평균 비용이 도움이 되고 있다. (기업체의 규모가 커짐에 따라 생산비용이 낮아지는 내부적 규모의 경제(internal economies of scale)와 달리 외부적 규모의 경제는 개별 기업체의 규모는 크지 않으나 그 기업이 속한 산업의 규모가 커짐에 따라 생산비용이 낮아지는 것을 의미함: 역자주)

집적은 여기에 속한 생산자에게 잠재적으로 커다란 혜택이 발생하게 한다. 집적의 규모가 커질수록, 잠재적 혜택은 더 커지게 된다. 이와 같은 외부적 규모의 경제가 발생하는 원천은 다음과 같다.

- **평판효과(reputation effect)**. 첫 번째 잠재적 편익은 그 지역이 긍정적 평판을 얻게 되어, 여기에 속한 개별 생산자 모두가 이득을 얻게 된다는 것이다. 특정 지역이 품질에 관해 명성을 얻게 되면, 점진적으로 더 넓은 지역의 소비자들이 그 집적에 속한 생산자들과 거래하기를 원하게 된다. 집적과 연관된 평판효과는 하나의 생산자와 연관된 평판효과보다 일반적으로 더 클 것이다.
- **공급자**. 역사적으로 볼 때, 많은 경우 집적은 이미 공급자가 존재하는 지역에 형성되었다. 그러나 이보다 더 역동적인 효과가 발생하는데, 특정 유형의 생산자들이 한 지역에 모이면 이들 기업에 대한 (부품 또는 서비스) 공급자들 또한 그 지역에 입지하기 위해 모여들 가능성이 높다. 왜냐하면 공급사는 운송비용의 절감과 그들의 고객인 생산자들의 요구에 더 잘 대응할 수 있음을 통해 경쟁사에 비해 경쟁 우위를 확보하고자 하기 때문이다. 공급자의 이와 같은 운송비용절감과 우월한 대응능력은 집적에 속한 생산자들에게 커다란 혜택을 발생시켜 줄 것이다.
- **노동자 풀(pooled labor)**. 위에 언급한 것과 비슷한 이유로, 집적에 속한 생산자들이 원하는 기술을 소유한 노동자들은 취업을 위해서 그 지역에 거주하기를 원할 것이다. 최상의 조건을 갖춘 종업원들이 모여들게 되므로, 생산자가 충원할 수 있는 노동자 풀은 향상된다. 이 외에도 생산자들이 종업원에게 요구하는 기술요건이 유사한 경우에는, 종사자들은 공동으로 훈련프로그램에 참여할 수 있게 되어 모든 생산자에게 고용 가능한 노동의 질이 개선될 것이다. 지역 교육기관 또한 그들의 교과과정을 그 지역 생산자들의 요구에 맞추어 맞춤형 교육과정으로 운영할 수 있을 것이다. 왜냐하면 지역 교육기관 출신의 고용자 수를 증가시키겠다는 교육기관의 욕구 때문이기도 하고, 그 지역 생산자들 자신이 상호 도움이 되는 공동 파트너십을 통해 교육기관에 공동으로 요구하기 때문이기도 할 것이다. 이러한 세 가지 가능성들 모두의 효과로 인해 사용 가능한 숙련

노동자 풀이 개선되고, 그 결과로 생산자의 개별 훈련비용이 감소되고, 생산자의 생산성이 증가될 것이다.

- 정보 이전(information transfer). 집적에 속한 생산자들은 지리적으로 서로 인접해 있어서, 지리적으로 분산되어 있는 경우에 비하여 상호 호혜적인 정보 이전이 더 활성화된다. 정보를 공유함으로써 지역 내 모든 구성원은 더 큰 기술적 진보를 이룰 수 있게 되어, 멀리 떨어진 경쟁자에 비해 경쟁력을 강화하는 데에 도움이 된다.
- 기반시설(infrastructure). 유사한 업종의 생산자들이 집적화하게 되면, 공통적인 기반시설의 개발이 촉진되어 모두에게 혜택이 발생된다. 잉글랜드 북동부의 광산지역은 석탄을 도시로 운송하는 철도네트워크가 개발되어 커다란 혜택을 보았는데, 만일 광산이 지리적으로 분산되어 있었다면, 철도네트워크 개발은 덜 경제적이어서 개발될 가능성이 적었을 것이다. 통신네트워크 개발에서도 유사한 효과를 관찰할 수 있는데, 이러한 네트워크로 인하여 집적에 속한 모든 생산자의 비용이 낮아지고 있다.

집적에 속한 생산자는 집적화의 결과로 개발이 촉진되는 교통네트워크로부터 막대한 혜택을 얻게 된다. 그러나 교통의 효과는 이보다 더 큰데, 애초에 효율적인 교통이 갖추어지지 않았다면 집적화 자체가 형성되지 않았을 것이기 때문이다. 생산자의 기능은 주로 재료나 정보를 부가가치가 발생하도록 가공한 후에, 만족할만한 이윤을 남기면서 소비자에게 판매하는 것이다. 집적은 많은 경우 이미 공급자가 존재하는 지역에 형성되고, 집적 생성의 이점의 하나가 이 지역에 공급자가 더욱 더 많이 입지하도록 한다고 관찰되어 왔다. 그러나 소비자까지 그 집적에 입지하는 것은 아니다. 산업혁명 이전에는 지역 간 거래가 일부 이루어지기는 했지만, 각 지역마다 필요로 하는 생산물이나 서비스를 대부분 자체 생산자에게 의존하였다. (따라서 생산자와 소비자가 같은 지역에 위치하였음: 역자주) 반면에 많은 경우 집적에 속한 생산자들의 제품은 소비자들로부터 지리적으로 멀리 위치하게 되었으며, 그 결과 집적화된 지역이 살아남기 위해서는 효율적인 교통시스템이 필요하게 된다. 최종 생산물을 소비자에게 운송할 수 있는 충분한 교통시설이 없으면 집적은 존재할 수 없으며, 따라서 집적에 속한 생산자들에게 잠재적인 혜택도 발생할 수 없다. (원저자는 집적에 속한 기업들에 고용된 종사자들이 통근비용을 절약하기 위해 집적 내 또는 근처에 주거할 것이며 이들 종사자와 이들에게 지역재(local goods)를 판매하는 지역기업 종사자들이 집적에서 생산된 제품의 소비자가 될 수 있다는 도시경제학의 이론을 간과하는 것으로 보임: 역자주)

PART 2

시장경제이론: 개관

영국 Essex 북쪽에 위치한 Saffron Walden은 역사적 시장이다. 매주 화요일과 토요일에 튜더 양식의 목제 건물들로 둘러싸인 광장은 음료 판매대, 생선, 빵, 치즈와 기타 야채과일을 파는 상인들, 그리고 소비자들로 가득 차 있다. 상인들은 대개 옷을 잔뜩 껴 입고 있으며, 배회하는 소비자의 주목을 끌기 위해 필사적으로 노력하고, 소비자는 새로 선보이는 흥정거리를 열심히 찾아 다닌다.

제 2 부

앞의 상황은 사람들이 보통 시장(market)을 생각할 때 처음 떠오르는 이미지이다. 그러나 경제학에서는 이러한 전통적인 개념보다 훨씬 넓은 의미로 시장을 정의하고 있다. 시장은 소비자와 생산자가 재화나 서비스를 교환하기 위해, 즉 거래하기 위해 모이는 장소이다. 다르게 말하면 수요와 공급이 상호 작용을 하는 장소이다. 사실 오늘날에는 장소(place)라는 단어가 신중하게 사용될 필요가 있다. 왜냐하면 인터넷과 전자교역(e－trading)의 발달로 인해 장소가 더 이상 물리적인 공간일 필요가 없게 되었기 때문이다.

이러한 의미에서 보면, 교통부문 전체가 시장들로 구성되어 있다. 기차표와 버스표시장, 자동차와 이들이 소비하는 휘발유시장, 화물운송에 대한 시장이 있으며, 심지어 도로의 가로등 서비스 공급도 하나의 시장으로 볼 수 있다. 따라서 교통부문이 어떻게 기능하는가를 완전하게 이해하기 위해서는, 경제학자는 먼저 개별 시장들의 집합체로서 교통부문을 살펴본 이후에, 개별 시장이 어떻게 작동하는가를 이해하는 것이 필요하다. 이는 교통부문 연구에 미시경제학적 접근방법을 사용하는 것으로서, 제3장부터 제8장까지의 목적이기도 하다.

경제학자는 넓은 의미에서 6개의 상이한 시장구조(완전경쟁, 독점적 경쟁, 과점, 그리고 독점의 4개의 전통적 시장구조와 자연독점과 경쟁가능한 시장(contestable market)의 2개의 최근 새로이 분석되고 있는 시장을 포함함: 역자주)를 정의하고 있는데, 모두가 교통부문에 해당된다. 이들은 산업론(theory of industry)으로 알려져 있는데, 왜냐하면 각 시장 내 기업들(생산자들)의 숫자, 형태 및 행동방식의 차이에 따라 시장의 특성이 대부분 주어지고 있기 때문이다. 한편으로 소비자는 모든 시장에서 동일하다고 가정하여 가볍게 다루기도 하지만, 소비자의 역할이 모든 경제행위의 시작점이라고 주장될 수 있으므로 제 II부에서는 교통수요 분석에서부터 시작하도록 한다.

이와 같이 상이한 시장구조들에 대한 모델은 모두 생산자에게 직접적으로 초점을 맞추고 있으므로, 모든 모델은 생산활동에 대해 가장 중요한 동일한 요소들을 고려하는데, 이는 비용, 수입, 그리고 이윤이다. 그러므로 시장구조모델은 이 세 가지 요소에 의해 구축된다고 할 수 있으며, 따라서 이 세 가지 요소가 제4장에서 소개되고 설명된다. 제2부는 다음으로 이 세 가지 요소들을 종합하여 상이한 시장구조별로 실제 모델을 구축하고, 이 모델들이 현실 세계에서 관찰되는 특성들이 어떻게 나타나는가를 살펴보도록 한다. 이 모델들은 유럽의 교통부문에서의 상세한 관련 사례연구들에 의해 뒷받침될 것인데, 이것은 제1부에서 논의한 역사적 서술을 완전히 현대에 적용시키는데 또한 도움을 줄 것이다.

제 3 장

교통수요

Chapter 3

프랑스의 사업가이자 경제학자인 Jean-Baptiste Say는, 그의 저서 '정치경제에 대한 논술 또는 부의 생산, 분배, 그리고 소비(A Treatise on Political Economy, or the Production, Distribution and Consumption of Wealth, 1803)'에서 공급이 없이는 수요가 존재할 수 없다고 말했다. 이는 Say의 법칙(Say's law)으로도 불리고 있으며, 아직도 이 법칙과 이에 기인한 경제적 관리(economic management)에 대한 결론을 주저함 없이 옹호하는 영향력 있는 공급주의 경제학자들(supply-side economists)이 존재하고 있다. 그러나 경제학계에서 일반적으로 받아들여지고 있는 주장은 그 반대가 맞다는 것이다. 즉 수요가 공급을 야기한다는 것이다. 다시 말하면 기업이 팔고자 하는 상품이나 서비스에 대한 수요가 없으면, 기업가는 기업을 설립하지 않는다는 것이다. 따라서 경제에 공급되는 상품이나 서비스의 범위는 수요 변화에 따라 변화한다는 것이다.

사실 양쪽 주장이 모두 옳다. 수요를 나타내는 소비자와 공급물을 제공하는 생산자 사이에서 동시에 일어나는 상호 작용이 시장을 창출한다.

교통경제학자가 교통부문의 구성요소들을 이해하기 위해서는 먼저 교통수요의 본질을 이해하는 것이 필요하다. 이것이 바로 본 장의 목적이다. 단순화를 위해 본 장에서 말하는 상품(product)이라는 용어는 교통부문에서의 물리적인 상품과 서비스를 모두 총칭하는 것으로 사용한다.

3.1 주요 정의들

사회 전체적으로 우리 모두가 갖고 싶어 하는 것의 목록은 무한하며, 각 개인이 갖고 싶은 것의 목록도 사실 꽤 많을 것이다. 이것은 개념상의 수요(notional demand)라고 알려져 있는데, 경제학자는 이 개념을 거의 사용하지 않는다. 개념상의 수요를 실제로 만족시키는 데에 필요한 자원을 갖고 있지 않기 때문에, 개념상 수요의 대부분은 실질적으로 경제에 전혀 영향을 미치지 못한다. 경제학자가 일반적으로 수요에 대해 언급할 때에는 유효수요(effective demand)를 의미한다. 유효수요란 소비자가 하나의 상품을 주어진 가격에 기꺼이 구입하고자 하고 또한 구입할 능력이 있는 수량을 의미한다. 별도로 언급되지 않는 한, 이 책에서 말하는 수요는 바로 유효수요이다.

세 번째이며 교통부문에서 매우 중요한 수요의 개념은 파생수요(derived demand)이다. 소비자가 그 상품 자체에 가치를 부여하기 때문에 그 상품을 원하는 것이 아니고, 이 상품이 소비자로 하여금 다른 수요를 만족시키는 것을 가능하게 만들기 때문에 소비자가 해당 상품을 원하게 되는 경우이다. 예를 들어 자동차 운전자는 휘발유를 좋아하기 때문에 구매하는 것이 아니고, A지점에서 B지점으로 자동차를 운전하기 위해서는 휘발유가 필요하기 때문에 휘발유를 구입한다는 것이다. 즉 소비자가 정말로 원하는 것은 통행이며, 휘발유는 통행을 가능하게 하기 위해 수요되는 것이다. 파생수요의 다른 예로서, 항공기 운항을 위해 조종사와 승무원을 수요하는 항공회사들과 (비록 수집용 클래식 자동차의 경우는 예외지만) 자동차를 운전하기 전에 우선 자동차를 수요하는 운전자들이 포함될 것이다. 대다수의 여객운송수요(교통수단을 이용한 여행자체를 즐기는 사람들도 있을 것임: 역자주)는 파생수요이고, 화물운송수요는 모두가 파생수요이다.

3.2 수요 결정요인들

수요를 분석할 때에, 하나의 특정 상품에 대한 수요에 초점을 맞추는 것이 일반적이다. 이렇게 되면 수요를 결정하는 가장 주요한 요인은 해당 상품의 가격이고, 따라서 도표를 이용한 분석의 기본 골격을 마련하기 위해 가격에 대한 상품의 수요량(quantity demanded)을 보통 그림에 표시한다. 수요의 법칙(law of demand)은 상품 가격이 상승하면 그 상품의 수요량은 감소하며, 반대로 가격이 하락하면 수요량은 증가한다는 것이다. 이는 역비례하는 수요곡선(inverse demand curve)으로 〈그림 3-1〉과 같이 나타나며, 이제부터 간단히 수요곡선으로 부르기로 한다. 수요곡선에 대한 수학적 설명은 수학적 부록에 제시되어 있다.

초기 가격 P_1에서 그 시장의 소비자들은 그 상품을 Q_1의 수량만큼 수요한다. 가격이 P_2로 하락하면, 소비자는 더 많이 구입하고자 하고 또한 구입할 능력이 있기 때문에 수요량은 Q_2로 증가한다. 이와 같은 수요량의 변화는 오로지 그 상품의 가격 변화에 의해서만 야기되데, 이를 수요곡선 상의 이동(movements along the demand curve)이라고 한다.

수요의 법칙이 존재하는 이유는 두 가지로 설명할 수 있다. 첫째는 소득효과

■ 그림 3-1 수요곡선

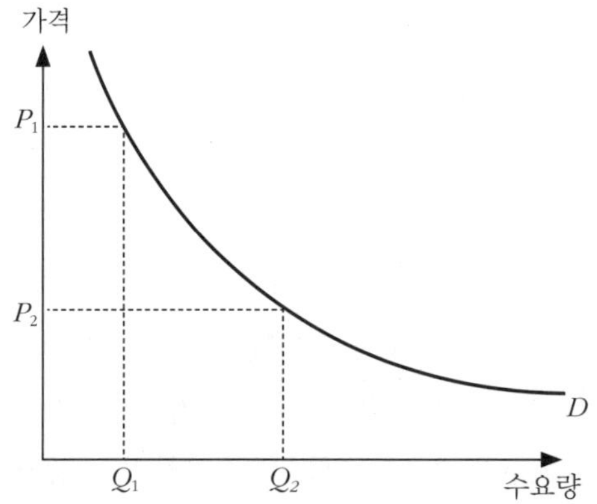

(income effect)이다. 상품 가격이 상승하면, 소비자 소득이 불변이라고 가정하므로 소비자의 구매력은 감소한다. 소비자는 모든 상품에 대해 이전에 구입했던 만큼의 수량을 이제 구입할 수 없다. 이와 같이 가격이 상승한 상품의 수요량에 변화가 나타난다. 수요량 변화는 소비자 소득과 그 소비자가 소비하는 상이한 상품들의 소비량과의 관계에 따라서 양(+)일 수도 있고 음(−)일 수도 있다. 구체적인 내용은 3.4.2절 수요의 소득탄력성에서 다루기로 한다. 통상적으로 소비자가 이전과 동일한 수량을 구입할 수 없기 때문에, 음(−)의 효과를 가질 것이다. 둘째는 대체효과(substitution effect)가 존재한다. 대체효과란 어느 한 상품 가격이 상승할 때, 소비자는 전체 만족수준을 동일하게 유지하기 위해서 상대적으로 더 저렴해진 대체재(substitute products)를 더 구입하는 현상을 말한다. 좀 더 공식적으로 말하면, 대체효과는 소비자의 최종 만족수준을 동일하게 유지하면서, (즉 소득효과를 배제하면서) 가격의 변화에 따라 이루어지는 한 상품의 소비 변화를 의미한다.

여기에서는 설명하지 않지만 다른 미시경제학 교과서에서 설명되고 있는 무차별곡선 분석(indifference curve analysis)은 상품 가격의 상승은 수요량에 관해서 통상적으로 음의 전체 효과를 가진다고 보여 주고 있다. 왜냐하면 대체효과는 항상 음의 효과를 나타내며, 비록 소득효과가 양의 효과인 매우 드문 경우가 나타난다고 하더라도 양의 소득효과보다는 음의 대체효과가 더 크기 때문이다.

대체 및 소득효과에 대한 논리는 반대의 경우에도 똑같이 적용된다. 어느 한 상품 가격이 하락하면, 소비자는 그 상품에 대한 소비를 증가시키기를 원하고 모든 상품을 더 살 수 있는 능력을 갖게 된다. 전자는 이번에는 전보다 상대적으로 더 비싸진 다른 상품들 대신에 이 상품을 더 구매하는 양의 대체효과가 발생하기 때문이고 후자는 양의 소득효과가 발생하기 때문이다. 이와 같은 설명은 본 장의 첫 부분에 제시된 유효수요의 정의와 잘 연결된다. (원저자는 수요의 법칙을 설명하는 위의 토의에서 "음의 효과"는 상품의 구매를 감소시키는 효과로, "양의 효과"는 상품의 구매를 증가시키는 효과로 사용하고 있음에 유의하기 바람. 따라서 원저자는 상품가격 하락은 수요량에 관해서 통상적으로 양의 전체 효과를 가지는 것으로 설명함: 역자주)

이러한 논리는 특히 여객교통수요를 설명하는 데에 쉽게 적용될 수 있다. 또한 화물운송을 상품의 생산과정에 투입하는 요소의 하나로 간주하면 화물교통수요를 설명하는 데에도 마찬가지로 적용될 수 있지만, 이 경우에는 용어 사용에서 커다란 차이가 발생한다. 대체효과에 관하여는 앞에 설명한 바와 마찬가지인데, 단지 이 경우에는 대체효과가 한 투입요소의 가격이 변화할 때 생산자가 전체 생산량을 동일하게 유지하면서 생산에 투입하는 그 요소의 수량을 변화시키는 것으로 정의된다. 큰 차이가 있는 것은 소득효과에 관해서인데, 화물운송의 경우 소득효과가 아니라, 규모 혹은 생산물 효과(scale or output effect)가 존재한다는 것이다. 즉 한 투입요소의 가격이 변화하면, 그 생산자가 판매하려고 하는 생산물 총수량에 변화가 나타나게 되어, 결국 모든 생산요소의 투입량 또한 변화한다는 것이다. 예를 들어 공로화물운송비용이 감소하면, 전체 기업의 잠재적 생산규모가 증가하게 되고, 그 결과 공로화물운송뿐만 아니라, 이제는 전보다 더 많은 수량을 구매하는 것이 가능해진 모든 생산요소의 투입량이 증가하게 된다.

수요의 법칙에는 두 가지 예외가 존재하는데, 기펜재(giffen goods)와 과시소비재(goods of conspicuous consumption)이다. 기펜재는 교통부문에서 발생하는 것으로 기록된 적이 없어 더 설명하지는 않겠지만, 흥미로운 미시경제학적 현상이다. 과시소비재는 가격이 비싸고, 이로 인해 소비자에게 일정 수준의 사회적 지위를 부여하기 때문에 수요가 발생하는 상품이다. 예외적으로 높은 과시소비재의 가격이 하락하면, 이제는 약간 덜 부유한 소비자들까지도 구매할 수 있게 되어 이 상품과 연관되어 있는 사회적 지위가 훼손되기 때문에 가장 부유한 소비자들이 이 상품을 더 이상 구입하지 않을 수도 있다는 것이다. 그러므로 일정 가격 범위 내에서 과시소비재의 가격 하락은 실제로 전체 판매량의 감소를 불러올 수 있으므로, 이런 상품의 생산자는 가격전략을 수립하는 데에 주의를 기울여야 한다. 여객교통부문에서 잠재적인 과시소비재는 최고급 요트나, 워낙 비싸서 웬만한 사람들은 소유하는 것이 불가능한 스포츠카 혹은 제트기 등이다. 그러나 이는 매우 적은 수의 시장에서 최상위 부분의 비교적 적은 부분에만 해당되고, 이러한 현상은 상대적으로 적은 가격 범위에서만 존재하기 때문에 대부분 무시될 수 있다. 이러한 상품에서조차 가격이 계속 하락할 경우에는, 구입할 수 있는 소비자 계층이 분명히 증가하기 때문에 수요량 또한 증가한다. 결국 수요의 법칙은 거의 모든 교통부문에서, 거의 모든 시간대에 성립한다고 볼 수 있다.

한 상품에 대한 수요량을 결정하는 가장 중요한 요인은 소비자가 지불해야 하는 가격이지만, 가격 이외에도 수요량을 결정짓는 여러 가지의 다른 요인들이 있다. 이러한 결정요인들의 대부분은 모든 상품에 공통적인데, 일부는 특정 상품이나 특정 부문에만 해당되기도 한다. 교통부문에서 수요량을 결정짓는 요인에는 다음과 같은 것들이 있는데, 많은 요인들이 상식적으로 인식될 수 있는 것들이다.

- **대체재(substitute products)의 가격, 이용가능성, 그리고 품질.** 대체재는 다른 상품 대신에 구입될 수 있는 상품을 말한다. 대체재의 특성 변화는 대체적 관계에 있는 상품의 수요량에 커다란 영향을 미친다. (미국의 경제학원론 교과서에서는 상품의 자체 가격 이외의 다른 요인들의 변화가 있을 때는 수요량이 변한다는 용어를 사용하지 않고 수요가 변한다고 다른 용어를 사용하고 있음: 역자주) 예를 들어 잉글랜드와 프랑스를 운행하는 페리의 요금이 하락하면, 페리표의 대체재인 Eurostar열차표에 대한 수요량은 감소할 것이며, 페리요금이 인상되면 반대의 결과가 성립한다. 영국에서 운하의 쇠퇴는 이러한 결정요인에 대한 현실적 사실을 역사적으로 잘 보여주고 있다. 더 자주 운행되고, 요금은 싸면서 빠른 철도가 대체재로 제공됨에 따라, 운하를 이용한 통행량이 급격하게 감소하였다. 다음으로는 상대적으로 요금이 싸고 높은 수준의 서비스를 제공하는 도로서비스가 점차 전국적으로 제공되면서, 철도는 많은 통행량을 도로에 빼앗기게 되었다.
- **보완재(complementary products)의 가격, 이용가능성, 그리고 품질.** 보완재는 한 상품을 구입할 때 필수적으로 같이 사용되기 위해 구입하여야 하

는 상품을 말한다. 대체재와 마찬가지로 보완재의 특성 변화는 보완적 관계에 있는 상품의 수요량에 커다란 영향을 미친다. 예를 들어 휘발유 가격이 계속 상승하면, 소비자는 더 이상 필요한 만큼의 휘발유를 구입할 수 없기 때문에 자동차에 대한 수요량은 시간이 흐를수록 감소한다. 마찬가지로 광역철도역에 연계되는 시내버스서비스의 운행빈도와 신뢰성이 높아지면, 장거리 통행에 대중교통을 사용하는 것이 더 편리해지기 때문에 광역철도표에 대한 수요량은 증가할 것이다.

- **소득 변화**. 예컨대, 경제성장이나 소득세 감소 등으로 소비자의 일반적 가처분소득이 증가하면, 대부분의 교통상품에 대한 수요량은 증가하며, 소득의 감소시 반대 현상이 발생한다. 많은 교통활동은 일반적 경제활동의 규모와 밀접하게 연관되어 있기 때문에, 소득효과는 매우 중요하다. 즉 경제활동이 증가하면, 교통수요도 증가한다. 소득은 물가인상률 이상으로 매년 2~3% 더 증가하는 경향이 있다. 이는 소득이 매 23~35년 사이에 2배로 증가한다는 것을 의미하며, 이에 따라 교통수요량도 급격히 증가할 것이다.
- **인구 변화**. 인구가 증가하면, 그 지역 내 교통에 대한 수요량 또한 증가하고, 인구 감소시 반대 현상이 발생한다. 런던 교통청(Transport for London)은 2006년에서 2025년 사이에 런던 인구는 750만 명에서 830만 명으로 증가할 것으로 예상하고 있으며, 이에 따라 런던의 교통체계에 대한 수요는 분명히 증가할 것이다.
- **인기 효과(popularity effect)**. 유행에 뒤처진다거나 건강 혹은 안전에 대한 우려로 특정 교통서비스의 인기가 하락하면, 이 교통서비스에 대한 수요량은 감소하게 된다. 이는 영국의 Hatfield 철도 사고 직후에 나타났는데, 사고의 결과로 기차표에 대한 수요량은 일정기간 동안 감소했다. 미국에서 발생한 2001년 9.11 테러사건 직후에도 항공표 수요량의 감소가 또한 관찰될 수 있었다.
- **운행속도**. 여객과 화물운송 모두의 수요에서 운행속도는 매우 중요한 결정요인이다. 생산자와 근로자는 생산성의 감소나 낭비를 가져오는 요인의 하나인 운송시간을 감소시키기를 원한다. 통근 이외의 다른 목적(social reasons)으로 통행하는 여객들도 통행시간이 목적지에서 즐길 수 있

는 시간을 감소시키는 것으로 생각하는 경우가 많다.

화물운송회사에게 운송시간은 재고비용(inventory cost)을 발생시킨다. 재고비용이란 상품이 곧바로 판매되어 수입이 발생되어서 투자되는 대신에, 운송되고 있음으로 인해 야기되는 비용을 뜻한다. 예를 들어 10,000파운드의 가치를 가진 화물을 운송하는 데에 6개월이 걸린다면, 연이자율이 5%일 때의 연간 재고비용은 500파운드(=10,000*0.05), 6개월간 재고비용은 250파운드이다. 화물운송회사는 운송기간을 3개월 감소시키는데 125파운드를 추가로 지불할 용의가 있을 것이다. (여기에서 화물운송회사는 화물운송을 의뢰한 상품생산회사를 원저자가 잘못 표기한 것으로 사료됨: 역자주)

- **신뢰성(reliability).** 이 또한 여객과 화물수요에 매우 중요한 요인이다. 승객들은 정해진 약속시간에 맞추어야 하고, 화물을 운송회사에 의뢰하는 회사도, 특히 적시(just-in-time) 생산방식의 발달에 따라, 생산납품일자에 맞추어야 한다. 따라서 더 높은 서비스의 신뢰성을 확보하기 위해 승객과 화물생산회사 모두 더 많은 비용을 지불할 의사를 갖고 있다.
- **관료적 절차(bureaucracy).** 문서작업과 행정처리는 시간비용은 물론 불편도 초래한다. 따라서 특정 교통수단에 대한 제약이 더 많아지고 수속절차에 대한 부담이 많아지면 이 교통수단에 대한 수요에 부정적인 효과를 가져 올 것이다.
- **안전.** 특히 최근에 테러사태가 급증함에 따라, 승객들은 교통수단의 안전을 더욱 중요시하고 또한 깊은 관심을 나타낸다. 화물운송회사는 운송 중인 상품의 손실이나 피해를 대비하여 보험에 가입할 수 있으나, 이 경우에도 생산 라인에 차질을 초래하여 더 광범위한 사업 손실을 초래한다. 그 결과 여객 및 화물운송서비스 소비자 모두 어느 교통수단을 이용할 것인가를 결정할 때, 안전 요인을 중요하게 생각한다.

지금까지 교통수요를 결정하는 몇 가지 가능한 결정요인들에 대해서 살펴보았다. 교통수단별로 각 결정요인이 미치는 중요도는 상이하다. 예를 들어 소득 변화는 철도수요보다 버스수요에 미치는 영향이 적을 것이다. 보완재의 가격 변화는 항공시장에서보다 자동차시장에서 더 큰 영향을 미칠 것이다. 여기에서 중요한 것은 교통서비스의 가격이 변하지 않더라도 위에서 언급한 모든 결정요인이 변하면, 이 교통서비스의 수요량은 변화하게 된다. 따라서 이런 변화는 〈그림 3-2〉와 같이 수요곡선의 이동(shifts of the demand curve)으로 나타난다.

〈그림 3-2〉에 나타나는 바와 같이 수요곡선의 바깥쪽 이동(outward shift)은 가격 이외 수요결정요인의 하나가 긍정적으로 변화하는 것을 보여준다. 예를 들어 한 상품 가격이 변하지 않아도 주요한 대체재의 가격이 상승하면, 그 상품의 수요량은 Q_1에서 Q_2로 증가하게 된다. 즉 수요곡선이 D_1에서 D_2로 바깥쪽으로 이동하며, 이는 주어진 가격에서 수요량이 증가하는 것을 뜻한다. 반대는 수요곡선의 안쪽 이동(inward shift)으로서, 수요결정요인의 하나가 부정적으로 변화하여 수요곡선이 안쪽으로 이동하고, 따라서 모든 가격에서 수요량은 감소한다.

수요곡선은 한 상품 가격과 그 상품 수요량의 관계를 그림으로 나타낸 것이다. 즉 수요곡선은 소비자가 지불해야 하는 가격이 변할 때, 수요량이 어떻게 변화하는 지를 보여준다. 수요곡선을 도출할 때에는 상품 가격만이 변화하고 다른 요인은 모두 변화하지 않는다는 것을 가정하고 있다. 이를 다른 조건은 불변하다(ceteris paribus)는 가정이라고 부른다. 이것이 상품의 자체 가격의 변화가 수요곡선 상의 이동으로 보여질 수 있는지에 대한 이유이다. 상품의 가격 이외 다른 수요의 결정요인들 중 하나가 변화하면, 이 가정은 깨지게 되어 결국 수요곡선 전체가 새로운 위치로 이동하게 된다. 이와 같이 상품의 실제 가격 이외의 다른 모든 요인들은 수요곡선의 위치를 결정하고, 가격은 수요곡선 상의 위치를 결정

■ 그림 3-2 수요곡선의 바깥쪽 이동

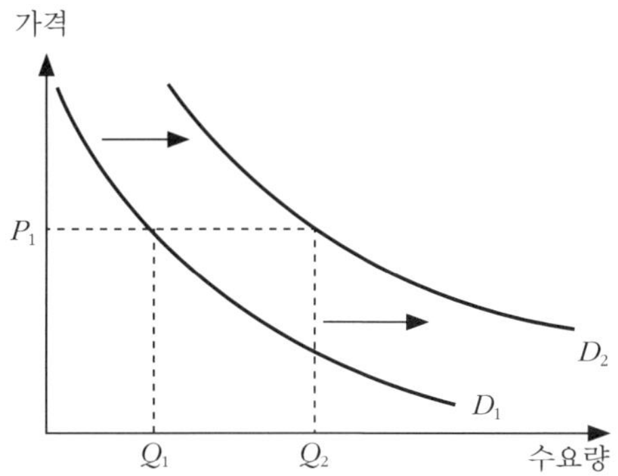

■ 표 3-1 수요 결정요인들의 변화가 수요곡선에 미치는 영향

결정요인	수요곡선의 이동 방향	
	증가할 때	감소할 때
대체재 이용가능성	안쪽	바깥쪽
대체재 가격	바깥쪽	안쪽
보완재 이용가능성	바깥쪽	안쪽
보완재 가격	안쪽	바깥쪽
인기	바깥쪽	안쪽
가처분소득	바깥쪽	안쪽
인구	바깥쪽	안쪽
운행속도	바깥쪽	안쪽
신뢰성	바깥쪽	안쪽
관료적 절차	안쪽	바깥쪽
안전	바깥쪽	안쪽

한다.

위에서 언급한 수요의 다른 결정요인의 변화가 수요곡선에 미치는 효과들은 〈표 3-1〉에 요약되어 있다. 바깥쪽 이동이란 다른 조건이 변하지 않을 때 수요량이 증가하는 것을 의미하며, 안쪽 이동은 수요량이 감소하는 것을 의미한다.

경제학 분석에서 가장 흔히 사용되고 또한 이 책에서도 사용되는 형태의 수요곡선을 Marshall 수요곡선이라고 부른다. 영국 Cambridge대학의 경제학자였으며, 미시경제학의 표준적인 수요와 공급 분석을 개발한 Alfred Marshall의 이름을 따른 것이다. 이 수요곡선은 소득이 일정하다는 특정한 전제에 토대를 두고 있는데, 앞에서 언급한 바와 같이 소득은 수요곡선을 이동하게 만드는 요인의 하나이다. 이외에 두 종류의 수요곡선이 더 있는데, 이 책에서는 사용되지 않는다. 하나는 Hicks 수요곡선으로 효용(후생)이 일정하다는 전제 하에, 가격과 수요량의 관계를 나타낸다. 다른 하나는 Slutsky 수요곡선으로 소비자의 구매력(purchasing power)이 일정하다는 전제 하에, 가격과 수요량의 관계를 나타낸다. 이들 두 수요곡선은 보다 상급의 분석에서 유용하다.

3.3 피크문제

경제학에서는 분석을 단순화하고자 보통 시간이라는 요인을 고려하지 않고 있다. 실제에 있어서 이는 분석기간 동안 시간단위당 제품에 대한 수요량이 일정하다는 것을 의미한다. 그러나 교통경제학에서는 이 가정이 성립될 수 없다. 왜냐하면 교통수요는 1일 시간대별로, 요일별로 또는 월별로 변화하기 때문이다. 각 기간마다 피크수요가 존재하는데, 피크(peak)란 수요가 특히 집중되는 시간을 말한다. 이들 피크는 무작위로 나타나지 않고, 일정한 형태로 나타난다.

본 절에서는 두 가지의 상이하지만 상호 보완적인 도로이용에 대한 수요의 분포에 대해 집중한다. 첫 번째는 도로 상의 여객과 화물교통량(volume of traffic)이고, 두 번째는 도로네트워크 상의 평균 차량속도이다. 그리고 도로 이외 다른 교통부문에서 발생하는 몇 가지 수요의 피크에 대해 설명하고, 마지막으로 피크수요가 교통서비스공급자와 정책결정자에게 의미하는 바에 대해 설명한다.

3.3.1 도로 상의 피크수요

영국에서의 1일 시간대별, 요일별 및 월별 도로교통량은 피크수요의 특성을 분명하게 보여준다. 아래 자료는 영국 전역에 있는 간선 및 지선 도로의 특정 지점들에서 자동계측기로 교통량을 수집한 결과를 보여주고 있다(UK Office of National Statistics(ONS) and Department for Transport(DfT), 2004). 이 자료는 100을 기준수치로 하여 상대적 수치로 변환한 지수형태로 나타나고 있다. 각각의 경우에 있어서 기준선인 100은 분석기간 동안의 평균 교통량을 의미한다.

예를 들어 〈그림 3-3〉은 2000년부터 2004년까지 5년 동안 영국 도로 상의 월별 1일 평균 교통량을 보여주고 있다. 이 경우 지수는 5년 동안의 월별 1일 평균 교통량의 전체 평균 대비 각 월별 1일 평균 교통량의 비율을 말한다. 이 5년 동안의 1월의 승용차와 택시의 교통량 지수는 91인데, 이는 1월의 평균 교통량(1월의 1일 평균 교통량을 5년에 대해 평균한 값임: 역자주)이 분석기간 중 전체 1일 평균 교통량(1일 평균 통행량을 5년에 대해 평균한 값임: 역자주)의 91%에 해당됨을 의미한다. 따라서 〈그림 3-3〉에서 보여진 월별 추세는 5년 동안 매년 발생하고 있는 추세를 대표하고 있다고 할 수 있다.

〈그림 3-3〉에 나타나는 바와 같이 2000~2004년 동안 도로에서 승용차와 택시 수요의 피크는 8월로서, 이때의 교통량은 5년 기간 중 전체 평균 1일 교통량보다 8% 정도 많다. 도로 상의 승용차와 택시 교통량은 1월에 가장 낮고 8월에 가장 높다가 낮아져서, 다음 해에는 다시 유사한 경향을 보이고 있다. 4월에도 약간의 피크가 존재하는데, 이는 학교 휴일이 가장 커다란 요인일 것이라는 것에 대해 실마리를 제공한다. 8월에 최대 피크에 달하는데, 가족과 함께 여름 휴가동안 여행을 많이 하기 때문이며, 이러한 특성은 4월의 부활절 기간에도 정도는 약하지만 역시 나타난다. 또한 계절적인 날씨의 영향도 피크를 일부분 설명한다. 겨

■ 그림 3-3 2000~2004년의 월별 1일 평균 교통량

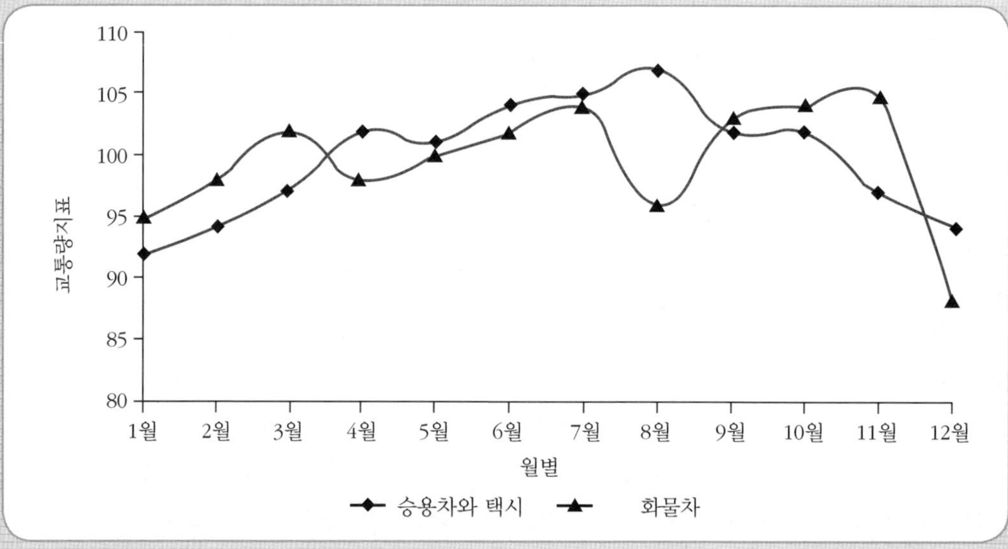

출처: UK Office of National Statistics and the Department of Transport, Transport Statistics Bulletin, Road Traffic Statistics, 2004.

울에는 낮이 짧고 추우며 비가 자주 오기 때문에 사람들은 통행을 하는 대신 따뜻한 실내에 머물기를 선호하며, 여름에는 더 자주 외출하며 저녁에도 바깥에서 시간을 더 보낼 것이다.

영국의 2000～2004년 동안 월별 1일 평균 화물차 교통량은 승용차나 택시와 다르다. 1월에는 역시 교통량이 적은데, 이 경우 전체 1일 평균 교통량의 95%에 달한다. 11월에 피크에 도달하는데, 이후 급격히 감소한다. 주목할 만한 것은 도로 상의 화물차 수요에는 두 개의 작은 최저점(troughs)이 있는데, 이때는 승용차와 택시에 의한 도로이용에 대한 수요가 피크인 4월과 8월이다. 이와 같이 다른 두 상황이 동일한 시기에 발생하는 이유에는 아마도 두 가지 설명이 존재하기 때문일 것으로 판단되는데, 하나는 많은 사람이 휴가를 떠나서 택배수요가 감소하기 때문이고, 다른 하나는 화물차 운전자 역시 가족과 휴가를 떠남에 따라 화물차 운전자 공급이 감소하기 때문일 것이다. 이들 두 수요의 최저점들이 있기 직전의 달들에 작은 피크가 있는 것은 아마도 두 번째 설명이 가장 중요하다는 것을 보여 주는 것 같다. 왜냐하면 회사에서는 운전자가 연차 휴가를 떠나기 전

에 일을 끝마치도록 추가적으로 운송을 요구하기 때문이다. 화물차의 도로이용 수요의 최대 피크는 11월인데, 이는 1년 중 소비가 최고조에 달하는 크리스마스와 새해의 세일과 관련된 상품 운송이 많이 이루어지는 시기이다. 특히 크리스마스 효과는 매우 크다. 2000년 영국의 평균 소매판매량을 기준(=100)으로 하면, 2006년 1월의 판매량은 127이고 꾸준히 증가하여 8월에는 131.2로 나타났으며, 9월에는 130.5로 떨어지다가 12월에 133.5로 연간 피크에 이르도록 상승한다(소매판매량 지표, ONS, 11/6/2007). 영국 경제에서 소매판매량의 12월 피크는 정기적으로 나타나는 현상이며, 이는 교통량에 불가피하게 영향을 미치고 있다.

〈그림 3-4〉는 2000년에서 2004년까지 영국 도로네트워크에서 승용차와 택시, 화물차의 요일별 1일 평균 교통량을 보여주고 있다. 1주일 중 처음 4일 동안 승용차와 택시의 교통량은 이들 차량의 5년간 1일 평균 교통량과 비슷한 수준으로서 거의 일정하다. 금요일에는 교통량이 평균보다 13% 증가하다가, 토요일과 일요일에는 평균보다 각각 8%와 9% 감소한다. 금요일만의 피크는 두 가지로 설명될 수 있다. 첫 번째 설명은 금요일 당일에 귀가하지 않는 통행(linear journeys)의 증

■ 그림 3-4 2000~2004년의 요일별 1일 평균 교통량

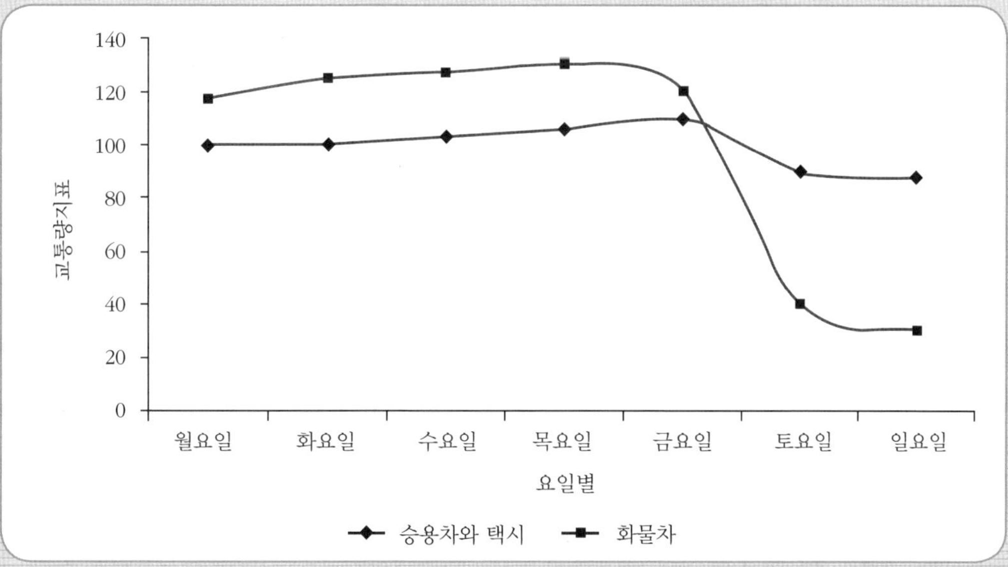

출처: UK Office of National Statistics and the Department of Transport, Transport Statistics Bulletin, Road Traffic Statistics, 2004.

가보다는 당일 귀가하는 통행(circular journeys)의 증가가 더 크기 때문이라고 보는 것이다. 당일 귀가하지 않는 통행은 통행자가 금요일 이후에 귀가 통행을 해야 하기 때문에 다른 요일에 피크를 발생시킬 것이다. 두 번째 설명은 금요일 당일에 귀가하지 않는 통행의 증가가 있는데도, 그들의 귀가 통행이 다른 요일보다 교통량이 훨씬 적은 주말에 이루어져서 주말 통행의 증가가 일어나지 않기 때문이라고 보는 것이다. 아마도 이 두 가지가 혼합된 것이 맞는 설명일 것이다. 주말에 쇼핑이나 여가 통행을 하기 위해서 아마도 금요일에 당일 귀가하는 통행이 다른 요일보다 더 많을 것이다. 그러나 타지 근무자가 주말을 보내기 위해 가족이 있는 집으로 오거나 주말 여행을 떠나기 위해 금요일에 귀가하는 통행 또한 있을 것이다. 그런데 이들은 교통량이 적은 토요일이나 일요일에 돌아오는 통행을 하기 때문에 이들 통행은 주말 통행에 별로 영향을 미치지 않는다는 것이다.

〈그림 3-4〉에 나타나는 바와 같이 5년간 화물차에 의한 도로이용 수요는 평일에는 일정 수준으로 유지되고 있다. 즉 평일의 1일 교통량은 5년간 1일 평균 교통량의 115%에서 130% 사이를 나타낸다. 반면에 주말 1일 교통량은 평일보다 훨씬 낮아, 토요일과 일요일은 5년간 1일 평균 교통량의 각각 43%와 30%에 불과하다. 이는 주중의 근무시간체계와 화물자동차 운전자 또한 주말을 휴식과 충전, 여가와 가사 활동에 사용한다는 점을 고려하면, 당연한 결과이다.

〈그림 3-5〉는 2004년 영국 도로네트워크에서 평일과 주말 승용차의 시간대별 교통량을 보여주고 있다. 먼저 평일에는 도로 상의 승용차 수요에 두 번의 피크가 있다. 첫 번째 피크는 오전 7~9시까지로, 이 시간대의 1시간 교통량은 2004년 1시간 평균 교통량의 170%를 넘는다. 두 번째는 오후 피크로 16~18시까지이며, 2004년 1시간 평균 교통량의 200% 이상을 나타낸다. 이러한 오전 및 오후 피크시간 현상은 주중 하루의 근무시간체계에서 비롯된다. 한편 두 피크시간대 사이, 즉 중간시간대의 교통량은 135% 이상에 머무르고 있다. 그리고 심야시간대인 2~4시에는 고작 5%에 불과하다.

주말에는 승용차의 시간대별 수요 패턴이 달라진다. 토요일의 경우 피크는 정오시간대로서, 이 시간대의 1시간 교통량은 2004년 1시간 평균 교통량의 189%에 달한다. 10~18시까지에는 전반부인 10시 이후에 약간 더 높지만 거의 일정하여 평균 시간당 교통량의 156%를 나타낸다. 이는 주말에 사람들이 늦게 일어나기를 원하고, 평일보다 늦게 통행을 하기 때문이다. 이외에 주말에 여행을 가는

■ 그림 3-5 2004년 승용차의 시간대별 교통량 분포

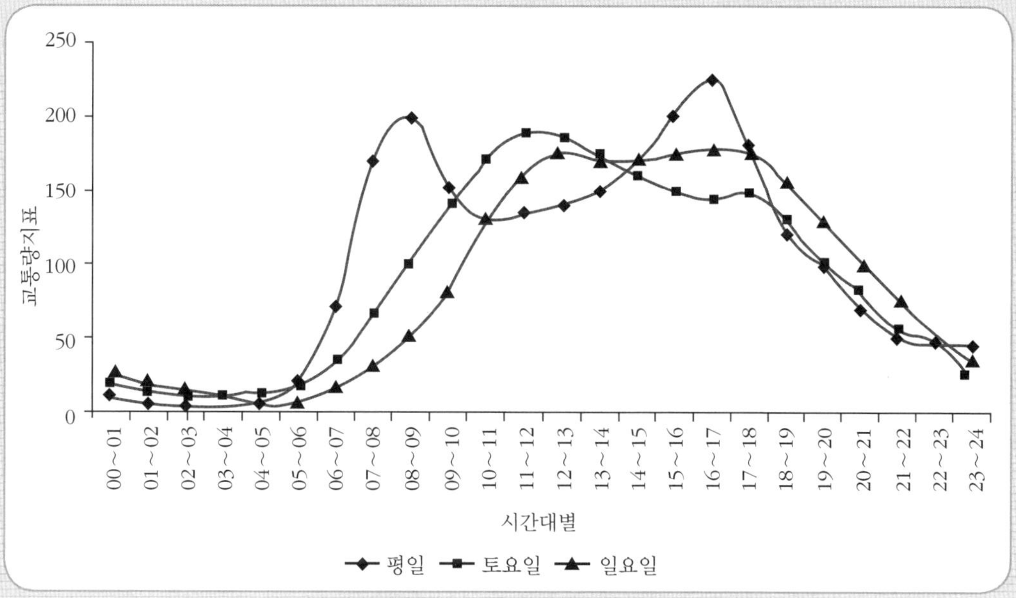

출처: UK Office of National Statistics and the Department of Transport, Transport Statistics Bulletin, Road Traffic Statistics, 2004.

사람들은 더 많은 주말시간을 즐기기 위해서 10시~18시의 시간대 중 좀 이른 시간에 출발할 것이다.

일요일은 오후 늦은 16~17시에 피크가 발생하는 것을 제외하면, 토요일의 수요 패턴과 유사하다. 토요일과 마찬가지로 일요일에도 사람들은 늦게 일어나기를 원한다. 다만 일요일 오후 늦게 피크가 발생하는 이유는 아마 1주일의 요일별 교통량 분포와 연관이 있을 것이다. 즉 다음 날 업무 준비를 위해 일요일 오후 늦게 여행지에서 귀가하거나, 주말을 가족과 보내고 직장 근처의 주거지로 돌아가는 사람들 때문일 것이다.

〈그림 3-6〉은 〈그림 3-5〉와 거의 같은 자료를 보여 주는데 승용차 대신 화물차의 2004년 시간대별 교통량 분포를 보여준다. 시간대 분포가 승용차와 매우 다르다. 평일 새벽 0~4시의 1시간 교통량은 2004년 평균 시간당 교통량의 50% 미만에 그치다가, 오전 첨두시간대(rush hour)가 시작되기 직전인 7~8시에는 시간당 평균치의 190%까지 치솟는다. 이후 16시까지는 이 수준에 계속 머물다가, 16시부터 계속 감소하여 23시 이후에는 시간당 평균 통행량의 50%에도 미

■ 그림 3-6 2004년 화물자동차의 시간대별 교통량 분포

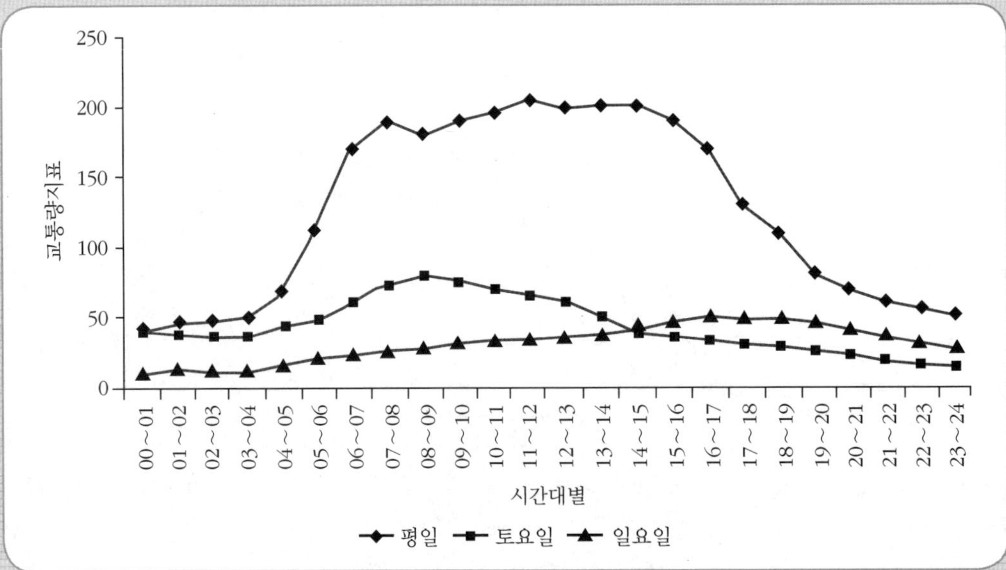

출처: UK Office of National Statistics and the Department of Transport, Transport Statistics Bulletin, Road Traffic Statistics, 2004.

치지 못하게 된다. 매우 많은 부분의 화물통행량은 여객통행량보다 이른 시간에 이루어지는데, 이는 교통혼잡을 피하기 위해서다. 실제로 도로 상의 오전 첨두시간대인 8~9시에는 화물통행량이 다소 감소하는데, 화물차 운전자가 이 시간대의 도로교통혼잡을 피하고자 하기 때문이다.

주말의 화물교통량은 2004년 1시간 평균 교통량에 크게 모자란다. 승용차와 마찬가지로 토요일에는 이른 오전시간대에 교통량이 가장 많으며, 일요일에는 이른 저녁시간대에 피크가 발생한다. 이는 토요일 오전에 그 주의 마지막 운송을 하거나, 일요일 저녁에, 특히 장거리 통행을 시작하려는 화물차 때문이라고 볼 수 있다.

3.3.2 영국 도시의 차량속도

2004년 영국 교통부는 런던을 제외한 영국의 18개 대도시에서 운전자가 조사차량으로 도로를 운전하면서 기록하게 하여, 하루의 시간대별 차량속도를 조사

하였다. 조사 목표는 조사 규모를 적정하게 유지하면서, 각 도시의 모든 주요 도로를 적절히 포함하는 것이었다. 조사 결과가 실제 차량속도를 잘 나타내도록 하기 위해서, 최적속도주행방법(floating car method)을 이용해 조사했다. 이 방법은 운전자가 자기 차를 추월한 차량대수만큼 자신도 다른 차를 추월하도록 운전하는 것이다. 각 도로의 링크에서의 차량대수에 그 링크에서의 평균속도를 곱해 가중치를 부여함으로써, 전체 평균 차량속도가 산출되었다. 이 때 링크란 교차로나 신호등 등 교차지점 2개소 간의 도로구간을 의미한다.

2004년 주요 도로의 평균 차량속도는 피크시간대(7:30～9:30과 16:30～18:30)에는 시속 21.0마일이었고, 비피크시간대(10:30～12:30과 13:30～15:30)에는 시속 25.3마일이었다. 피크시간대에는 5mph 이하 속도에서 거의 30%의 통행시간이 소요되었고, 20mph 이하 속도에서 50% 이상의 통행시간이 소요되었다. 비피크시간대에는 5mph 이하 속도에서 20%의 통행시간이 소요되었고, 20mph 이하 속도에서 40% 이상의 통행시간이 소요되었다.

2004년 조사는 교통부에서 수행한 5번째 조사이므로, 최근 몇 년간의 1일 시간대별 차량속도를 비교할 수 있다. 다만 조사지점(survey networks)이 변해왔기 때문에 5개 조사의 전체 결과에 있어서 일관성의 문제가 있다. 따라서 조사지점이 변하지 않은 도로구간에 대한 결과만을 비교할 수밖에 없다. 그 결과 1999～2000년과 2004년 사이에 피크시간대 평균 차량속도는 0.3mph 감소하였고, 비피크시간대의 평균속도는 변하지 않았다. 이 기간 중 5mph 이하 속도에서 소요된 통행시간 비중은 피크시간대에 증가했으며, 비피크시간대에도 이보다는 적지만 증가했다. 제한속도 근처 속도에서 소요된 통행시간의 비중은 피크 및 비피크시간대 모두에서 감소하였다.

평균 차량속도에 영향을 미치는 요인들은 많다.

- 링크의 도로 형태와 교차지점 간 거리는 중앙 분리된 구간의 비중이 높은 도로일수록 그리고 링크 거리가 길수록, 평균 차량속도는 높을 것이다. 이는 차량이 가·감속하는 데에 필요한 시간이 적게 소요되기 때문이다.
- 보수공사나 사고, 악천후 등 도로 요인(road factors)은 일반적인 통행 조건으로 간주해서, 차량속도 조사에 포함하였다. 비정상적인 사건 발생, 예를 들면 테러 경고나 심각한 홍수 등은 차량속도에 영향을 미칠 수 있

으나, 2004년 조사에서는 이러한 경우가 없었다.

■ 조사에 참여한 운전자들의 행태도 조사 결과에 영향을 미칠 수 있는데, 이를 극복하기 위해 최적속도주행방법을 사용했다.

그러므로 피크와 비피크시간대의 상이한 평균 차량속도에 영향을 미치는 나머지 요인은 교통밀도(traffic density) 밖에 없다. 차량속도 조사 결과는 두 시간대(피크와 비피크)의 상이한 도로이용에 대한 수요와 피크의 문제점에 대해 좋은 증거를 보여주고 있다.

3.3.3 다른 교통부문의 피크수요

피크수요는 도로네트워크에만 국한되지 않고, 다른 교통부문에서도 발생한다.

■ 철도와 지하철네트워크 상의 통근서비스는 낮이나 야간시간대의 서비스에 비해 수요가 훨씬 크다.

■ 시내버스수요는 약간 다른 분포를 나타내는데, 출퇴근시간대에 피크가 발생하는 것은 물론 오후 이른 시간대에도 하교로 인해 작은 피크수요가 발생한다.

■ 공항과 항공서비스의 경우에도 근무시간체계로 인하여 하루 중 특정 시간대나 주중의 특정 요일에 대해 위에서 보여준 것과 유사한 피크수요가 발생한다. 이들 수요는 또한 휴가철로 인해 상당한 계절별 변동이 발생한다. 6월에서 9월 사이 항공수요가 평소 수요보다 큰데, 특히 8월에 피크가 발생한다. 3~4월과 12월에도 방학으로 인해 약간의 피크수요가 발생한다.

■ 페리와 시외버스, 단체휴가여행 서비스도 항공서비스와 비슷한 계절적 피크가 나타난다.

이와 같은 정기적으로 발생하는 피크 이외에, 1회성으로 발생하는 피크(one-off peaks)도 있다. Vienna 국제공항은 최근 몇 년 동안 수요가 증가하여, 2008년 마지막 분기에 새 터미널을 개통하는 공항 확충프로그램을 시행했다.

2006년 전반기에는 거의 790만 명에 달하는 승객들이 이 공항을 이용했으며, 이는 2005년 같은 기간에 비해서 8.1% 증가한 것이다. 이렇게 증가하게 된 이유의 하나는 오스트리아가 EU의 의장국 지위를 수행하고 있었기 때문이다. Vienna Aircraft Handling 항공회사는 이 기간 중에 약 250여 편의 추가 운행을 통해 약 4,600명의 승객을 더 운송했다. 이와 유사하지만 더 짧은 1회성 피크는 국내 및 국제적 수준의 스포츠 및 비즈니스 이벤트에 의해서 나타날 수 있는데, 많은 경우 이런 피크들을 사전에 완전히 예측하기는 어렵다.

3.3.4 시사점

피크수요는 교통 인프라와 서비스의 제공에 있어서 중대한 영향을 미친다. 예를 들어, 정부가 도로를 공급할 때, 1개월, 1일 혹은 1시간의 평균 교통량에 맞추어서 제공할 수는 없다. 이렇게 하는 경우에는 평균보다 훨씬 높은 피크수요를 감당할 수 없기 때문에 심각한 교통혼잡이 발생한다. 반면에 피크수요를 충분히 감당할 정도로 정부가 도로를 공급하면, 비피크시간대에는 도로가 너무 적게 활용됨으로써 자원의 비경제적 사용이 명확하게 나타난다. 전체적으로 효율적이며 경제적인 도로시스템을 구축하기 위해서는 도로이용에 대한 수요의 분포로 인하여 피크시간대에는 어느 정도의 교통혼잡을 감수할 수밖에 없다.

버스, 철도, 페리, 항공 등 모든 교통서비스 제공자들도 유사한 문제에 직면하게 된다. 1개월, 1일 혹은 1시간의 평균 수요만을 만족시킬 수 있는 정도로 서비스를 제공하면, 피크시간에는 공급 부족을 겪을 수밖에 없다. 승객들은 서비스를 받기 위해 기다려야 하고, 피크시간대 요금은 인상될 것이다. 반면에 운영자가 피크수요를 감당하기에 충분할 정도로 서비스를 제공하면, 너무 많은 서비스가 제공되어 비피크시간대의 재차인원은 낮아서 비경제적이 된다. 이들 서비스 요금은 낮아져야 하고, 수익성이 높은 다른 서비스로부터 비효율적인 교차보조(cross-subsidization)를 받아야 하게 될 것이다.

교통서비스 운영자는 보통 절충적 방안을 선택한다. 피크시간대에 더 많은 서비스를 제공하는 경우에는 비피크시간대에 잉여시설로 사용되지 않고 있어 재고비용을 발생시키게 된다. Cole(2005)은 대도시 철도의 경우 철도차량의 60%가 평일 낮과 밤, 그리고 주말에는 대피선(sidings)이나 차량기지에 있다고 말하고 있다. 이외에 비피크시간대에는 유휴 노동력이 발생하고, 피크시간대에만 운영되는 시설은 하루 종일 운영되는 시설보다 훨씬 적게 활용되기 때문에 평균 비용을 상승시키는 결과를 초래하게 된다. 실제로 피크시간 동안에만 추가 서비스를 제공하는 것이 하루 종일 서비스를 제공하는 것보다 훨씬 많은 비용이 발생한다. 따라서 운영자들은 피크수요를 완전히 충족할 수준의 서비스를 제공하지 않으며, 이에 따라 대기시간이 발생하고 차량 내부가 혼잡해지며 요금은 오르게 된다. 이때 요금인상은 추가적인 비용을 충당하는데 필수적이다. 3.4절에 나타나는 바와 같이 피크시간대의 교통서비스수요는 가격에 비탄력적이므로, 요금인상은 운영자에게 실질적으로 수입의 증가를 가져 온다. 이러한 피크시간대 요금인상은 가격차별화(price discrimination)를 실현하는 것이 되는데, 이를 피크요금제(peak pricing)라 부른다. 운영자들은 또한 노후한 차량을 피크시간대에 사용하기 위해 유보해 둘 수 있는데, 이는 감가상각비를 최소화할 수 있을 것이다. 또는 직접 구입할 때 발생하는 고정비를 회피하기 위해 제3자로부터 차량을 임대해서 피크수요를 충당하기도 할 것이다.

3.4 수요탄력성

한 상품의 가격 변화는 그 상품의 수요량에 변화를 초래한다. 마찬가지로, 대체재나 보완재의 가격 변화나 소비자의 가처분소득의 변화도 그 상품의 수요량에 변화를 초래한다. 그러나 경제적 분석을 위해서 경제학자는 이보다 더 명확한 정보가 필요하다. 경제학자는 이와 같은 수요결정요인들 중 하나의 변화에 따라 특정 상품의 수요량이 실제로 얼마나 반응하는가를 계량적으로 추정하는 것이 필요하다. 수요탄력성(elasticity of demand)은 바로 이 경우에 활용된다.

탄력성(elasticity)이란 간단하게 말하면 한 요소의 크기가 다른 요소의 크기 변화에 얼마나 반응하는가를 나타내는 수단이다. 이 경우에 두 요소의 변화는 모두 백분율 개념으로 나타난다. 탄력성을 정의한 일반적 공식은 다음과 같다.

$$\frac{\text{A요소의 백분율 변화}}{\text{B요소의 백분율 변화}}$$

이 공식은 B요소의 크기의 개별 백분율 변화에 대한 (B가 퍼센트 포인트인 대신에 A는 평균 퍼센트라고 정의하고 있기 때문에, 잘못된 것은 아니라고 사료됨: 역자주) A요소의 크기의 평균 백분율 변화를 나타낸다.

이 개념은 어떠한 두 변수에 대해서도 적용할 수 있다는 것을 주지할 필요가 있다. 예를 들어 영국에서의 강우량 변화에 따른 프랑스에서 지내는 휴가일수의 반응도를 추정할 수 있을 것이다. 즉 프랑스 휴가일수의 영국 강우량 탄력성으로, 이때 프랑스 휴가일수는 A요소이고 영국 강우량은 B요소가 된다.

수요탄력성을 추정하면, 특정 상품의 수요량을 결정하는 데에 그 요소가 얼마나 중요한가를 적절히 가름할 수 있게 된다. 추정된 탄력성 값이 0이면 그 요소는 전혀 중요하지 않다고 생각할 수 있는 반면에, 탄력성 값이 크면 클수록 그 요소는 점차 더 중요한 결정요소라고 말할 수 있다. 수요에 영향을 미치는 변수로 보통 분석되는 것이 가격이므로, 여기에서도 가격에 초점을 맞춘다. 그러나 교통부문에서는 서비스의 품질이나 편리성도 매우 중요하므로, 이들 변화의 효과도 탄력성을 이용해 추정될 수 있다.

현실세계는 관측할 수 없는 방법으로 계속 변화한다. 따라서 탄력성 결과는 두 변수 간에 역사적으로 관측된 관계만을 의미하지 않고, 관측되지 않은 변화 또한 발생하여 그 결과에 영향을 미쳤을 수 있다는 것을 명심하여야 한다. 경제학자는 다른 조건은 변화하지 않는다는 가정, 즉 ceteris paribus가정을 설정하여, 이 문제를 해결하고 있다. 그러나 실제로는 다른 변수들에도 변화가 발생하므로, 몇 가지 영향의 효과를 별도로 분리하는 것이 필요하다. 예를 들어 최근에 유류가격이 상승하였는데, 동시에 교통량이 증가하였다. 그렇다고 유류가격에 대한 교통량 탄력성이 양(+)의 값을 나타낸다고 말할 수는 없다. 최소한 두 가지가 발생하였는데, 유류가격이 상승하고, 동시에 가구소득 또한 증가된 것이다. 이 경우 우리는 두 가지 또는 그 보다 많은 별개 현상들의 순효과(net effect)를 관측한 것이다.

3.4.1 수요의 고유 가격탄력성

이는 한 상품 가격의 백분율 변화에 대한 그 상품의 수요량의 반응을 백분율로 나타낸 것이다. 다르게 말하면, 가격의 1% 변화에 대한 수요량의 백분율 변화이다. 수요의 고유 가격탄력성(own−price elasticity of demand)은 다음 식과 같이 나타난다.

$$\text{Ped} = \frac{\text{수요량의 백분율 변화}}{\text{가격의 백분율 변화}}$$

수요의 법칙(law of demand)에 따라, 위 식의 계수는 극히 일부 경우에 수요의 법칙이 깨지는 경우를 제외하고는 항상 음(−)의 값을 나타낸다. 수요의 법칙은 한 상품의 가격 변화와 그 상품의 수요량에 미치는 효과는 역비례관계에 있다고 말하고 있다. 즉, 위 식에서 항상 분자와 분모 중 하나는 양(+)의 값을 갖고, 다른 하나는 음(−)의 값을 갖는다. 그러므로 경제학자는 많은 사람들이 이 사실을 이미 알고 있다고 생각하여, 계수의 음(−)의 값을 생략하고 있다. 그러나 계수 앞에 괄호로 음(−)의 부호를 표시하여 명확하게 하는 것이 바람직하다. (미국의 경제학원론 교과서에서는 수요의 고유 가격탄력성을 항상 절대값을 이용하여 나타내며 음(−)의 부호를 표시하지 않음: 역자주)

수요의 가격탄력성에는 두 가지 다른 형태가 있다. 첫 번째는 일반적인(ordinary) 수요의 가격탄력성이다. 여객교통의 경우에는 가격 변화가 여객수요량에 미치는 소득 및 대체효과(income and substitution effects)의 합을 측정하는 것이며, 화물교통의 경우에는 투입요소의 가격(화물운송요금) 변화가 화물운송수요량에 미치는 규모 및 대체효과(scale and substitution effects)의 합을 측정하는 것이다. 대부분의 가격탄력성은 이를 의미하며, 이 책에서 말하는 가격탄력성 또한 이 의미로 사용된다. 화물교통의 경우 이러한 가격탄력성을 측정하는 것이 더 어려운데, 왜냐하면 개별 투입요소의 가격 변화에 따라 생산자의 생산물이 얼마나 변화하는가도 고려하여야 하기 때문이다. 두 번째는 수요의 보상(compensated) 가격탄력성으로, 가격 변화에 따라 발생하는 순 대체효과만을 측정하는 것이다. 이 개념은 널리 사용되지 않고 있으므로, 여기의 분석에서도 포함하지 않는다.

수요의 가격탄력성을 추정할 때, 교통부문의 상이한 측면들 중에서 어느 것에 중점을 둘 것인가를 결정해야 한다. 먼저 경제 전체의 다른 부문들과 관련해서 교통부문 전체에 대한 수요의 가격탄력성을 살펴 볼 수 있다. 두 번째로는 교통부문 내의 다른 교통수단과 대비하여 개별 교통수단에 대한 수요의 가격탄력성을 살펴 볼 수 있다. 마지막으로 특정 교통수단 시장 내에서 특정 생산자에 대한 수요의 가격탄력성에 초점을 맞출 수 있을 것이다. 이 중에서 여기의 분석에서는 교통부문 내의 개별 교통수단에 대한 수요의 가격탄력성에 중점을 둔다.

이들 상이한 수요의 가격탄력성의 형태들 중 어느 하나에 대해 수요의 가격탄력성 계수 값이 0과 −1 사이를 나타내면, 이는 수요량이 가격 변화에 그다지 영향을 받지 않는다는 것을 의미한다. 이러한 상품은 가격 비탄력적(inelastic)이라고 불린다. 반면에 계수 값이 −1보다 작으면, 예컨대, −1.5 혹은 −2이면, 그 상품은 가격탄력적(elastic)이라고 불린다. 즉 수요량은 가격 변화에 영향을 많이 받는다는 것이다. 마지막으로 계수 값이 −1이면, 그 상품은 수요의 단위(unit) 가격탄력성을 갖고 있다고 불리거나 단위 탄력적(unitary price elastic)이라고 불린다. 즉 가격 변화에 따른 수요량의 백분율 변화는 같은 크기이지만 반대의 부호로 나타난다는 것이다.

한 상품에 대한 수요의 가격탄력성 값은 수요곡선의 기울기(gradient)와 같지 않다는 것을 명심하여야 한다. 수요곡선의 기울기는 절대적 수치를 이용해 계산하지만 탄력성 값은 백분율을 이용해 계산하기 때문에, 두 식은 근본적으로 다르다. 이는 〈그림 3−7〉에 간략하게 나타나 있다.

직선의 수요곡선에서 기울기 값은 항상 일정하지만, 가격탄력성 값은 직선의 수요곡선을 따라 가며 특정하게 변화한다. 직선 수요곡선의 중간지점에서 수

■ 그림 3−7 가격탄력성 값과 수요곡선 기울기의 차이점

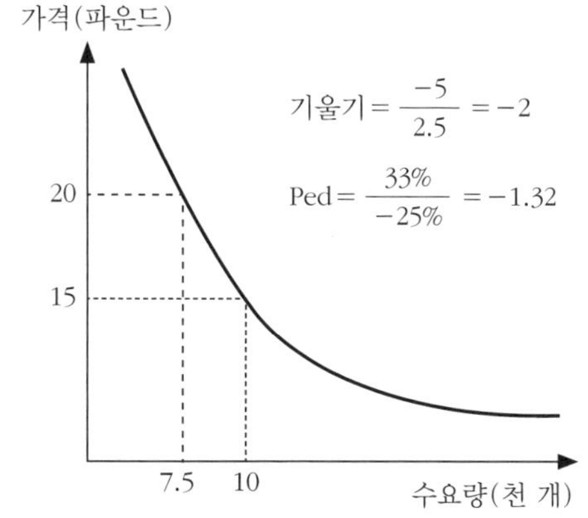

■ 그림 3-8 직선의 수요곡선에서의 수요의 가격탄력성 값

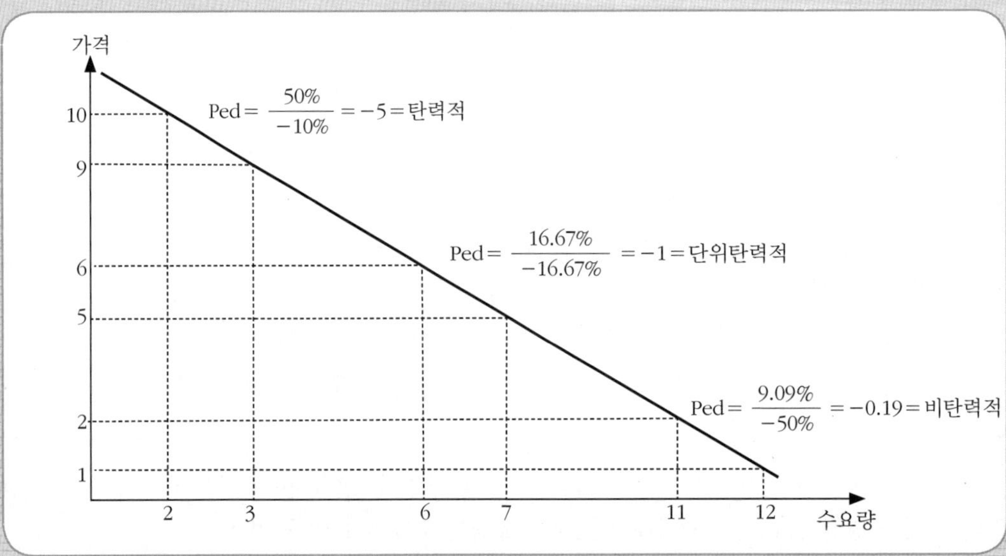

요의 가격탄력성은 항상 1이다. 한편 중간지점의 윗부분에서는 가격 탄력적이고, 아랫부분에서는 가격 비탄력적이다. 이는 중요한 규칙으로 〈그림 3-8〉에 나타나 있는데, 이 그림에서 매번 가격은 하락하고 수요량은 증가한다는 가정 하에서 백분율 변화들이 산출되었다. 이 절에 대한 수학적 부록에서 설명된 바와 같이, 항상 일정한 가격탄력성 값을 갖는 수요곡선을 도출할 수도 있다.

많은 정황에서 절대적 개념의 기울기보다는 탄력성이 더 유용하고 더 많은 의미가 있다. 예를 들어 경제분석가가 버스요금이 승객통행당 5펜스 인상되면 연간 승객통행이 6천만 통행만큼 감소한다고 말했다고 가정해 보자. 이때 절대적 개념의 기울기는 −6/5천만 통행/펜스이다. 이것은 우리가 놀라야 할 정도로 큰 변화를 나타내는 것인가 혹은 작은 변화를 나타내는 것인가? 이것을 평가하기 위해서는 무엇보다 두 변수의 절대적인 혹은 기준(base)이 되는 값을 알아야 한다. 이들 변수가 런던의 버스통행에 관련된 것이어서, 연간 약 18억 통행이 발생하고, 1통행당 평균 요금이 약 50펜스라고 하자. 그러면 버스요금은 10% 인상되고 버스통행량은 3.33% 감소하여, 탄력성 값은 −1/3인 것을 계산해낼 수 있을 것이다.

이 탄력성은 단위가 없는 수치(dimensionless numbers)이며, 규모에 의해 영향을 받지 않는다. 또 전 세계 시내버스의 일반적인 가격탄력성 값이다. 따라서 이 탄력성 값은 도시 규모가 크던 작던, 또 평균 요금이 높던 낮던, 어떤 도시에나 적용될 수 있다. 바로 이것이 기울기에 비하여 탄력성이 갖는 장점의 하나이다.

3.4.1.1 수요의 가격탄력성의 활용

수요의 가격탄력성은 가격 변화에 따른 효과를 나타내므로, 여러 측면에서 매우 유용하게 사용될 수 있다.

- **정책결정자에게.** 특정 상품, 예를 들면 휘발유 소비를 감소시키기 위해 정책결정자가 사용할 수 있는 정책수단은 가격탄력성에 의해서 결정된다. 만일 가격 탄력적인 경우 세금을 일부 증가시켜 가격을 조금 인상하면, 소비가 크게 감소할 것이므로 그 정책수단은 효과적인 것이 된다. 반면에 가격 비탄력적인 경우에는, 가격이 인상되어도 소비는 별로 감소하지 않게 되므로 세금정책은 효과적이지 못하게 된다. 이는 반대의 경우에도 마찬가지로서 정책결정자가 특정 상품, 예를 들면 대중교통수단 이용을 촉진시키고자 할 때, 사용할 수 있는 정책수단도 가격탄력성에 의해서 결정된다. 가격 탄력적인 경우에는, 보조금 지급으로 대중교통의 가격을 일부 인하해도 그 효과는 크게 나타날 것이다. 그러나 가격 비탄력적인 경우에는, 가격을 크게 인하하여도 보조금은 크게 증가하면서도 효과는 별로 나타나지 않을 것이다.
- **교통경제학자에게.** 교통경제학자가 교통부문의 장래 수요를 예측하는 데 있어서 수요의 가격탄력성은 매우 유용할 것이다. 예를 들면 석유는 계속 소비될 것이므로 휘발유는 시간이 지날수록 더욱 더 비싸질 것이다. 이 경우 교통경제학자는 가격탄력성에 대한 연구를 수행하여, 이와 같은 자동차비용의 상승이 승용차 및 버스수요에 미치는 효과를 예측할 수 있다.
- **교통서비스공급자에게.** 공급자의 목표는 보통 이윤극대화라고 가정된다. 이윤은 비용을 초과하는 수입을 말하므로, 공급자는 이윤을 극대화하기 위해 수입을 극대화하고 비용을 최소화하고자 한다. 따라서 가격을 결정

할 때 신중하게 고려해야 하는데, 이 때 가격탄력성이 활용될 수 있다. 이 상품이 가격 비탄력적이면, 공급자는 가격을 인상할 때 수요량이 조금 감소하며 따라서 수입을 증가시킨다는 것을 알게 된다.

예를 들어, 가격탄력성이 −0.5인 경우에 가격을 10% 인상하면, 수요량은 5% 감소한다. 초기 가격이 5파운드, 수요량이 10,000개였다고 가정하면, 초기 수입은 50,000파운드이다. 가격을 5.50파운드로 인상하면, 수요량은 9,500개로 감소하지만 수입은 52,250파운드로 증가한다. 이와 같이 가격 비탄력적인 상품의 수입을 증가시키기 위해서는 가격을 인상하는 것이 바람직하다.

반면에 가격 탄력적인 경우에는 이와 반대가 된다. 수요량은 가격보다 더 큰 비율로 변화할 것이므로, 가격 인상은 수입을 감소시키고 가격 인하는 수입을 증가시킨다.

이때 앞에서 언급하였듯이, 한 상품의 수요에 대한 가격탄력성은 수요곡선 상에서 위치에 따라 변화한다는 것을 기억하는 것이 중요하다. 이는 가격탄력성이 정확하게 산출된다면, 위의 분석은 가격이 적게 변화하는 경우에만 타당하며, 가격이 크게 변화하는 경우에는 반드시 그러하지 않다는 것을 의미한다. 가격이 크게 변화하면 수요곡선 상의 위치를 크게 변화시킬 것이므로, 이 가격 변화는 더 넓은 범위의 가격탄력성을 포함하게 된다. (직선의 수요곡선을 따라 수요곡선의 중간지점의 좌측에서는 수요의 가격탄력성의 절대값이 1보다 크고, 중간지점에서는 가격탄력성이 1이고, 중간지점의 우측에서는 가격탄력성이 1보다 작아진다. 따라서 가격 변화가 매우 커서, 예컨대, 탄력성이 종전의 가격에서는 1보다 컸는데 인하된 가격에서는 탄력성이 1보다 작아지면 수입이 가격 인하의 결과로 증가할지 감소할지 결정할 수 없다는 것을 앞의 문장이 의미함: 역자주)

이제 위의 두 가지의 경우(수입 증가의 경우와 수입 감소의 경우)를 갈라 놓는 벤치마크로서, 수요의 단위가격탄력성의 중요성을 인식할 수 있다. 가격 비탄력적인 경우, 즉 탄력성 값이 0과 −1 사이인 경우에는, 가격 인상은 수입 증가를 가져온다. 그러나 가격 탄력적인 경우, 즉 탄력성 값이 −1보다 작은 경우에는, 가격 인상은 수입 감소를 가져온다. 공급자의 목표가 무엇이든 간에, 수요가 가격 탄력적인지 혹은 가격 비탄력적인지는 공급자에게 매우 중요한 정보이다.

3.4.1.2 수요의 가격탄력성의 결정요인들

상품이 얼마나 가격 탄력적인가를 결정하는 주요 요인으로 5개가 있는데, 이들은 여객교통수요는 물론 화물교통수요에도 적용된다. 그러나 여기에서는 여객교통의 소비자에 중심을 두고 설명한다.

- **소비자 총지출 중의 비중.** 소비자의 총지출 중에서 특정 상품에의 지출 비중이 작을수록, 그 상품은 더욱 더 가격 비탄력적이다. 이는 가격 변화가 소비자에게 거의 영향을 미치지 않아, 소비자가 가격 변화를 쉽게 감당할 수 있기 때문이다.

간단한 사례를 들어보면, 일주일에 한번 인근 시골로 단거리 버스를 타고 가는 사람이 있으며, 왕복요금은 1.50파운드라고 가정한다. 또한 그는 일주일에 한 번 인근 도시로 철도를 타고 가며, 왕복요금은 50파운드라고 가정한다. 이 사람은 매주 총 200파운드를 지출한다. 버스와 철도요금이 모두 50% 인상되면, 버스요금은 2.25파운드, 철도요금은 75파운드가 된다. 소비자의 일주일 총지출 중에서 철도요금은 커다란 비중을 차지하기 때문에, 소비자는 인근 도시로 가는 통행회수를 줄이고자 한다. 반면에 버스요금에 추가적으로 소요되는 75펜스는 소비자가 쉽게 감당할 수 있다. 기차표의 수요량이 가격 변화에 더 큰 영향을 받으며, 따라서 가격 탄력적이다. 가격 인하의 경우에도 똑같은 논리가 적용될 수 있다.

마찬가지로 총통행비용 중에서 특정 통행비용이 차지하는 비중이 특정 통행의 가격탄력성을 결정하는 요인이 된다. 한 교통수단의 이용비용이 전체 통행비용 중에서 차지하는 비중이 작은 경우에는, 이 교통수단 요금의 변화는 전체 통행활동 자체를 변화시키지 않는다. 집에서 호주로 여행하는 경우를 보면, 집에서 인근 공항까지 일단 대중교통수단을 이용한 후에 비싼 항공기를 이용해야 한다. 이때 공항까지의 통행비용은 전체 통행비용 중에서 매우 작은 비중을 차지하기 때문에, 소비자의 전체 여행에 대한 의사결정은 공항까지의 대중교통수단 비용 변화로부터 별다른 영향을 받지 않게 된다. 공로화물운송에 있어서도 이는 마찬가지이다. 석탄과 같이 무게에 비해 가치가 낮은 화물은 컴퓨터 부품과 같이 고부가가치 화물에 비하여 운송요금 변화에 큰 영향을 받는데, 이는 석탄의 경우 운송비용이 전체 생산비용 중에서 차지하는 비중이 꽤 높기 때문이다.

- **중독(addictive).** 상품에 대한 중독 수준이 높을수록, 가격에 더 비탄력적이다. 왜냐하면 소비자는 그 상품을 구입하기 위해서 어떤 가격 인상도 기꺼이 지불하고자 하기 때문이다. 살고 있는 도시 주변을 비행하는 경험에 중독된 2인승 항공기의 소유자인 조종사와 같이 교통부문에도 이러한 사례가 있다고 생각할 수도 있으나, 일반적으로 교통부문에서 중독은 가격탄력성을 결정하는 중요한 요인은 아니다. 일부 사람들은 자동차에 중독되어 있다고 주장하기도 한다.
- **필요의 정도.** 상품에 대한 필요성이 클수록, 가격에 더 비탄력적이다. 예를 들어 런던에 출근하기 위해 철도를 이용하는 통근자는 가끔 여행하기 위해 철도를 이용하는 여행객보다 더 높은 요금에 대해 지불할 용의가 있을 것이다. 통근자는 사무실에 가야 하는 필요성 때문에 더 높은 요금을 받아들이지 않을 수 없지만, 여행객은 다른 방안을 찾는데 더 융통성이 있을 것이다. 교통부문의 상품들에 대해 필요성은 수요의 가격탄력성을 결정짓는 매우 중요한 요인이다.
- **분석기간.** 분석기간이 길면 길수록, 가격에 더 탄력적이다. 통근자의 경우 요금이 인상된 지 1주일 후에는, 대부분은 계속 철도를 이용할 것이므로 철도통행은 가격 비탄력적이다. 그러나 요금이 인상된 지 1년 후에 아직도 다른 교통수단 요금보다 철도요금이 계속 비싼 경우에는, 더욱 더 많은 통근자들이 다른 방안을 찾았을 것이다. 그 결과 철도통행은 시간이 경과함에 따라 가격에 더 탄력적이다.

이러한 시간 지체가 발생하는 이유는 통근자가 요금 인상을 불만족스러워하는 데에 시간이 소요되고, 실제로 다른 방안을 찾아 구체화하는 데에 시간이 소요되며, 또한 철도 이용을 벗어나기 힘들게 만드는 초기비용 또는 매몰비용으로 인하여도 시간이 소요되기 때문이다. 수개월의 정기권 철도티켓이나 연계버스티켓을 이미 구입한 경우를 예로 들 수 있다. 그러나 장기적으로 통근자는 집이나 직장을 옮기는 것을 결정할 수도 있을 것이다.

바로 전에 언급한 초기 비용에 대한 요인은 교통부문에서 매우 중요한 의미를 갖는다. 이는 모든 교통수단들이 소비자로 하여금 상당한 초기 비용을 지불하도록 하기 때문이다. 앞에 언급한 수개월의 정기권을 구입한 경우 이외에, 승용차를 구입한 경우를 예로 들 수 있다. 승용차 이용이 가격 비탄력적인 이유의 하나는, 승용차를 최근에 구입한 경우에 휘발유 가격이 인상되었다고 차고지에 그냥 승용차를 놔두지는 않을 것이다. 많은 사람들은 계속 승용차를 이용하여야 한다고 생각한다. 그러나 시간이 경과하면서 이러한 생각은 점차 약해지는 대신에 다른 교통수단으로 대체하고자 하는 생각은 점차 커지게 되어, 가격에 탄력적이 된다.

- **대체재의 밀접성(closeness of substitutes).** 대체재란 어떤 상품을 대신하여 구입할 수 있는 상품을 말한다. 밀접한 대체재란 가격과 기능 측면에서 모두 매우 유사한 상품이다. 대체하는 상품에 비해 가격이 매우 비싸거나, 다른 상품이 갖고 있는 기능의 일부만 갖고 있는 상품은 밀접한 대체재라고 말할 수 없다.

대체재 수가 많거나 밀접성이 높을수록, 그 상품은 가격 탄력적이다. 가격이 인상되는 경우에 대체해도 만족할 만한 다른 상품이 많으면, 소비자는 기존 상품을 계속해서 구매할 의사가 적게 될 것이기 때문이다. 예를 들어 경쟁이 되는 버스서비스가 없고 도로가 아주 열악한 지역의 농촌 철도서비스는, 경쟁하는 두 개 버스회사가 있고 자동차 이용자를 위한 도로가 잘 갖추어진 지역의 철도서비스보다, 가격에 더 비탄력적이다.

이는 승용차 이용이 가격 비탄력적인 또 다른 중요한 이유이다. 매우 많은 승용차통행이 밀접한 대체재가 없는 곳에서 이루어진다. 버스서비스가 없거나, 버스서비스가 있어도 1시간에 1회만 운행되고 통행시간이 승용차의 2배에 달하는 경우 승용차의 밀접한 대체재가 존재한다고 말하기 어렵다.

3.4.1.3 교통부문의 실제 가격탄력성 값

가격탄력성을 추정하는 데에는 상이한 많은 방법이 적용될 수 있다. 이 책의 목적은 이들 방법을 기술적으로 상세하게 설명하는 것이 아니며, 추정 결과가 의미하는 바를 설명하는 것이 목적이다. 유럽에서 상이한 교통수단에 대한 수요의 가격탄력성 추정은 많이 이루어지지 않았다. 그러나 Oum *et al.*(1990)은 World Bank를 위한 연구논문에서 이들 탄력성이 갖는 값이 가장 가능성이 높은 범위를 설정하기 위해 교통부문의 수요의 가격탄력성에 대한 70개 연구 결과를 조사했다. 이들 연구는 많은 국가를 대상으로 상이한 방법과 데이터를 사용했으며, 일반적인(ordinary) 가격탄력성으로 해석할 수 있다. 그 결과의 일부가 〈표 3-2〉와 〈표 3-3〉에 나타나 있다. 이들 결과는 저자들이 가장 가능성이 높은 범위(most-likely ranges)를 설정하는데 사용한 확신(confidence)의 수준에 근거하여 선정하였다.

〈표 3-2〉는 여객교통수요의 가격탄력성 추정 값을 보여주는데, 네 가지 결론에 다다른다. 첫째 여객교통수요는 다른 때보다 피크에 더 비탄력적임을 분명히 보여준다. 통근을 위해 피크에 통행하는 사람들은 통행의 필요성이 더 높기 때문에, 예상되는 결과이다. 둘째 승용차, 버스와 철도교통수요 간에 가격탄력성은 거의 차이가 없다. 실제로는 철도수요가 아마도 더 비탄력적인 것으로 보인다. 셋째 항공과 철도여객수요의 경우에 여가통행보다 비여가통행이 더 비탄력적이다. 업무를 위해 통행하는 사람들은 여가통행에 비해 통행의 필요성이 더 높기 때문에, 이 또한 예상되는 결과이다. 반면에 여가통행을 하는 사람들은 통행의 필요성이 매우 높지는 않다. 마지막으로 철도통행은 항공통행에 비해 더 비탄력적인데, 이것은 항공통행에 대해 필요성이 상대적으로 낮은 것으로 많은 사람들이 생각하는 것을 반영하는 것 같다.

■ 표 3-2 여객교통에 대한 수요의 가격탄력성 추정치

	탄력성	
	피크	비피크
승용차	0.10 ~ 0.70	0.20 ~ 1.10
버스	0.10 ~ 0.70	0.10 ~ 1.10
철도	0.20 ~ 0.40	≤ 1.00
	여가	업무
항공	1.10 ~ 2.70	0.40 ~ 1.20
철도	1.40 ~ 1.60	0.60 ~ 0.70

출처: Oum *et al.*(1990).
주: 모든 수치는 (-).

Quinet and Vickerman(2004)은 프랑스 고속도로의 통행료가 고속도로 교통량에 미치는 연구를 통해서, 고속도로 이용에 대한 수요의 가격탄력성으로 단기는 -0.96, 장기는 -1.28을 추정하였다. 시간 경과에 따라 다른 대체방안이 개발되므로, 수요는 시간 경과에 따라 더 탄력적이 된다는 또 다른 중요한 결론을 강조하고 있다.

■ 표 3-3 화물운송에 대한 수요의 가격탄력성 추정치

	탄력성
공로	0.70 ~ 1.10
철도	0.40 ~ 1.20
항공	0.80 ~ 1.60

출처: Oum *et al.*(1990).
주: 모든 수치는 (-).

〈표 3-3〉은 화물교통수요의 가격탄력성 추정 값을 보여주는데, 두 가지의 추가적 결론에 다다른다. 첫째 항공의 경우를 제외하

고는 가격탄력성의 중간 값이 −1보다 크므로(절대값이 1보다 작으므로), 모두 꽤 비탄력적이다. (다만 항공의 가격탄력성은 −1보다 약간 작으므로(절대값이 1보다 약간 크므로) 약간 탄력적이다.) 즉 화물교통수요는 가격 변화에 꽤 민감하지 못하다. 둘째 철도화물수요는 가장 비탄력적이고, 항공화물수요는 가장 탄력적이다. 이는 철도에 의한 화물운송은 다른 대체방안이 없기 때문에 가장 필요하다고 간주되는 반면에, 항공에 의한 화물운송은 제2장에서 논의한 바와 같이 아직 중요하다고 간주되지 않기 때문이다.

위 추정결과로부터 도출할 수 있는 가장 주요한 결론은 교통수요는 가격 비탄력적이라는 것이다. 가장 커다란 이유는 교통수요가 파생수요(derived demand)이기 때문이다. 승객은 통행 그 자체를 필요로 하지 않고, 여가, 고용 등 다른 목적 때문에 통행을 필요로 한다. 마찬가지로 상품생산자도 화물운송을 생산과정의 필수적인 부분으로 간주한다. 이와 같이 승객 및 생산자 모두 교통을 필수적인 것으로 간주하고 있다.

3.4.2 수요의 소득탄력성

수요의 소득탄력성(income elasticity of demand)은 소비자의 소득 변화에 따른 수요량의 변화를 말하며, 다음과 같이 정의된다.

$$\text{Yed} = \frac{\text{수요량의 백분율 변화}}{\text{소득의 백분율 변화}}$$

계수 값이 양(+)을 나타내면, 소비자의 소득 증가는 상품의 수요량 증가를 가져오고 소득의 감소는 수요량 감소를 가져온다는 것을 뜻한다. 즉 소비자의 소득이 증가하면, 더 많은 수요가 발생한다는 것이다. 이러한 상품을 정상재(normal goods)라고 부르며, 대부분의 교통부문 서비스는 이에 속한다. 계수 값이 음(−)을 나타내면, 소비자의 소득 증가는 상품의 수요량 감소를 가져오고 소득의 감소는 수요량 증가를 가져온다는 것을 뜻한다. 즉 소비자의 소득이 증가하면, 오히려 다른 대체재를 이용하게 된다는 것이다. 이러한 상품은 열등재(inferior goods)라고 불린다. 자전거를 예로 들 수 있는데, 소득이 증가하면 승용차를 더 이용하게 되는 대신에 자전거는 덜 이용하게 된다.

3.4.2.1 수요의 소득탄력성의 활용

수요의 소득탄력성은 두 가지 측면에서 유용하다.

- **정책결정자 및 교통경제학자에게.** 소득탄력성은 소득 증가가 장래 여러 교통수단 수요에 어떠한 영향을 미칠 것인가를 보여준다. 따라서 정책결정자 및 교통경제학자가 특정 지역에서의 교통혼잡 악화나 여객항공기 편수 부족 등 장래 문제를 예측하고 대비할 수 있게 해준다.
- **교통서비스공급자에게.** 공급자는 현명하게 투자결정을 하고 수요가 증가해서 수익이 발생할 수 있는 사업에 투자하는 것이 매우 중요하다. 이 때 장래 수요는 정확하게 예측되어야 하는데, 소득탄력성은 수요 예측을 도와준다.

3.4.2.2 수요의 소득탄력성에 대한 실제 추정 값

Quinet and Vickerman(2004)은 기존에 수행되었던 소득탄력성 연구 결과에 대해서 아래와 같이 말하고 있다. Johansson and Schipper는 1997년의 연구에서 지난 20년간 12개 OECD 국가의 자료를 이용해서 승용차 보유, 연간 평균 유류소비량, 연간 운행거리, 유류 및 승용차교통량 수요에 대한 소득탄력성을 추정하였는데, 추정 값은 0에서 +1.2 범위에 있다. 또한 Selvanathan and Selvanathan은 1994년의 연구에서 영국과 호주에서 승용차, 대중교통 및 통신 수요에 대한 소득탄력성을 추정하였는데, 추정 값은 +0.5에서 +2.3의 범위에 있다. 두 연구는 여객교통수요가 정상재라는 것을 보여준다. 특히 승용차의 경우 더욱 그러한데, 후자의 연구는 영국과 호주에서 승용차 수요에 대한 소득탄력성은 +2보다 크다고 추정하였다. 이것은 예상한 결과인데, 소득이 증가하면 승객은 유연성 등 추가적인 편익을 누리기 위해 개인승용차를 선호할 것이기 때문이다.

■ **표 3-4 벨기에의 화물운송에 대한 수요의 소득탄력성 추정 값**

	단기	장기
공로	0.89	2.38
철도	1.45	0.45
운하		−0.34

출처: Quinet and Vickerman(2004).

Quinet and Vickerman(2004)은 또한 프랑스 교통부는 국내총생산(GDP)과 톤−km 기준 화물교통량 간의 관계를 분석해서, 상이한 교통수단과 상이한 교통목적에 대한 수요의 소득탄력성으로 보통 +1.2에서 +1.8 범위의 값을 사용하고 있다고 말하고 있다. 한편 Quinet and Vickerman(2004)이 언급하고 있는 Van de Voorde and Meersman(1997)의 연구 결과는 〈표 3-4〉에 나타나는 바와 같이, 벨기에의 화물교통수요에 대한 소득탄력성을 보여주고 있다.

단기적으로 기업의 생산량 확대는 공로보다는 철도화물운송에 더 큰 영향을 미친다. 그러나 장기적으로는 그 반대로 공로에 더 큰 영향을 미친다. 이는 철도운송이 수송용량에 대한 유연성은 더 갖고 있지만, 공로운송이 더 선호된다는 것을 의미한다. 생산량이 애초에 증가하면, 생산자는 일단 철도의 수송용량을 더 확보하는 것이 더 용이하다. 그러나 생산자는 공로로 전환하기 위해서, 점차 공로운송용량을 더 확보할 수 있게 될 것이다. 한편 운하운송은 열등재임을 알 수 있다. 생산자는 생산량이 확대될 때, 운하 대신 다른 운송수단으로 전환하고자 한다. 이는 유럽 특히 영국에서 운하운송이 쇠퇴한 것에 대한 이유를 설명한다.

3.4.3 수요의 교차탄력성

수요의 교차탄력성(cross elasticity of demand)은 다른 상품의 가격 변화에 따른 한 상품의 수요량 변화를 말하며, 다음과 같이 정의된다.

$$\text{Xed} = \frac{\text{A상품 수요량의 백분율 변화}}{\text{B상품 가격의 백분율 변화}}$$

서로 다른 상품 간의 관계를 보여주므로 교차탄력성은 중요한 탄력성이다. 계수 값이 양(+)을 나타내면, B상품의 가격 인상은 A상품의 수요량 증가를 가져온다는 것을 뜻한다. 두 상품은 대체재(substitute)로서, 소비자는 원래 상품 대신 다른 상품을 소비한다는 것을 의미한다. 반면에 계수 값이 음(−)을 나타내면, B상품의 가격 인상은 A상품의 수요량 감소를 가져온다는 것을 뜻한다. 이는 두 상품이 보완재(complementary products)라는 것을 의미한다. 계수 값이 0을 나타내면, 두 상품은 서로 아무런 관계도 없다는 것을 의미한다.

예를 들어 승용차 이용을 감소시키기 위해, 도시 내 버스요금은 낮게 유지되어야 한다고 종종 주장된다. 실제로 이 정책의 효과는 버스요금에 대한 승용차 이용수요의 교차탄력성에 달려 있다.

3.4.3.1 수요의 교차탄력성에 대한 실제 추정 값

■ 표 3-5 교통 수요의 교차탄력성 추정 값

교통수단	교차탄력성 값
철도-트럭(화물)	−0.18 ~ +0.50
트럭-철도(화물)	−0.62 ~ +0.84
철도-운하(화물)	+0.15 ~ +0.20
운하-철도(화물)	+0.61 ~ +0.86
항공-버스(여객)	−0.02 ~ −0.01
버스-항공(여객)	−0.12 ~ −0.05
항공-철도(여객)	+0.01 ~ +0.04
철도-항공(여객)	+0.08 ~ +0.51
버스-철도(여객)	−0.47 ~ −0.21
철도-버스(여객)	−1.18 ~ −0.17

출처: Oum *et al.*(1990).

앞의 3.4.1.3절에서 설명하였듯이, 교통 부문의 수요탄력성 추정에 관한 가장 광범위한 조사를 통해서 Oum *et al.*(1990)은 교차탄력성 추정 값의 범위를 제시하였다. 〈표 3-5〉는 이들 중의 일부를 보여주고 있다.

〈표 3-5〉에 나타나는 바와 같이, 상이한 교통수단 간에 상이한 관계를 나타내고 있다. 화물교통의 경우 철도와 공로는 대체재이나, 철도와 운하는 보완재이다. 이는 철도와 운하가 환적(transshipment)에 이용됨을 의미하며, 한 화물통행에 두 수단이 모두 사용된다는 것이다. 따라서 한 교통수단 요금이 인상되면, 다른 교통수단에 대한 수요도 감소하게 된다. 여객통행의 경우 버스와 철도는 대체재이며, 항공과 버스도 매우 미약하지만 대체재이다. 반면에 항공과 철도는 보완재이다. 이는 승객이 한 통행에 항공과 철도를 모두 이용한다는 것을 의미한다. 따라서 한 교통수단의 요금 변화는 다른 교통수단의 수요량에 반대 영향을 미친다. (〈표 3-5〉의 교차탄력성의 부호는 앞의 절에서 언급된 것과 반대되는 부호를 보이고 있음: 역자주)

3.5 시장가격

수요곡선은 수요와 공급을 다루는 미시경제학의 핵심인 가격결정모형의 절반에 해당된다. 제2부의 개요에서 언급한 바와 같이, 시장은 소비자와 생산자가 거래하기 위해 함께 모이는 장소이다. 그러므로 시장에서 가격이 어떻게 결정되는 가를 이해하기 위해서는 소비자와 생산자의 상호 작용을 분석하는 것이 필요하다. 이것이 바로 수요공급모형이 하는 역할이다.

유효공급(effective supply)은 주어진 모든 가격에서 생산자가 기꺼이 공급하고자 하며 또한 공급할 수 있는 수량을 의미한다. 공급의 법칙(law of supply)은 가격이 상승하면 공급량 또한 증가한다는 것이다. 다르게 말하면, 생산자가 시장에 더 많이 공급하도록 하기 위해서는 더 높은 가격을 받도록 하는 것이 필요하다. 따라서 공급곡선은 〈그림 3-9〉에 나타나는 바와 같이, 우상향(upward-sloping)하는 형태를 갖게 된다. 이에 대해서는 4.3.3.1절에서 상세히 설명될 것이다. 여기에서 말하고자 하는 것은 특정 생산량 이상으로 생산량을 계속 증가시키면 비용이 점차 증가하게 되므로, 생산자가 수익을 유지하기 위해서는 더 높은 가격이 부과되어야 한다는 것이다.

수요곡선은 주어진 모든 가격에서의 수요량을 나타내므로, 결국 소비자가 원하는 것을 나타낸다. 가격이 상승하면, 소비자는 적은 수량의 상품을 구입하고자 하고 또 구입할 수 있을 것이며, 가격이 하락하면 반대의 현상이 발생할 것이다. 마찬가지로 공급곡선은 특정 생산량을 공급하도록 생산자를 유인하는데 필요한 가격을 나타내므로, 결국 생산자가 원하는 것을 나타낸다. 시장가격은 바로 수요곡선과 공급곡선의 상호작용으로 결정되며, 이는 〈그림 3-9〉의 균형점(point of equilibrium)으로 나타난다.

P_1보다 가격이 높으면, 초과 공급이 발생하여 생산자는 초과되는 재고를 팔기 위해 가격을 낮추려고 할 것이다. 한편 P_1보다 가격이 낮으면, 초과 수요가 발생하여 소비자는 상품을 구입하고자 서로 경쟁하여 가격이 오르게 만들 것이다. 이러한 가격 변화에 대한 두 가지 압력은 마침내 균형점에 이르게 될 때까지 계속 작용할 것이다. 균형가격에서는 초과 공급이나 수요가 없으므로, 가격 변

■ 그림 3-9 시장가격

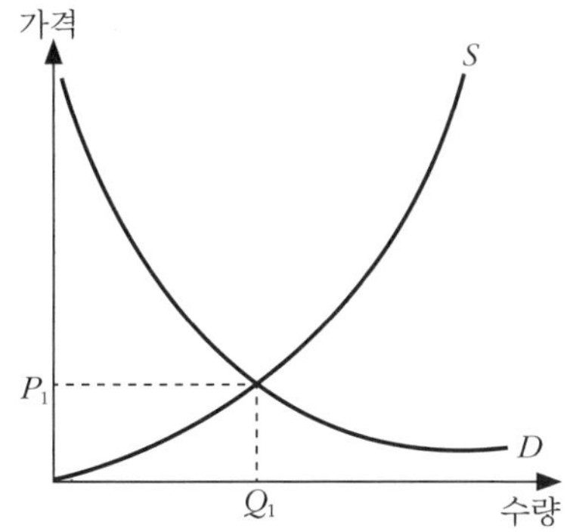

■ 그림 3-10 수요곡선 이동의 효과

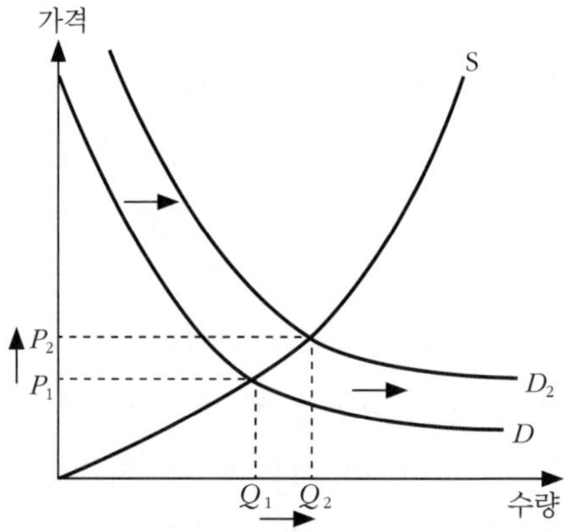

화에 대한 압력도 더 이상 존재하지 않는다. 시장의 모든 초과 공급이나 수요를 없애는 가격이므로, 이 가격은 시장청산가격(market-clearing price)이라고도 불린다.

3.2절에서 언급한 수요결정요인에 변화가 발생하면, 어떤 효과가 나타나는가를 살펴본다. 항공화물의 신뢰성이 개선되거나 수입업자의 이윤 증가로 항공화물 수요곡선이 바깥쪽으로 이동하면, 초기 균형가격인 P_1에서는 초과 수요가 발생한다. 따라서 가격은 경쟁으로 인해 새로운 균형가격인 P_2로 상승하고, 이 점에서 시장의 힘들은 다시 균형을 찾게 된다. 〈그림 3-10〉에 나타나는 바와 같이 수요 증가는 항공화물량을 Q_1에서 Q_2로 증가시켰으며, 가격도 또한 증가시켰다.

마찬가지로 공항의 안전문제나 해운운임의 커다란 인하로 항공화물 수요곡선이 안쪽으로 이동하면, 초기 가격에서는 초과 공급이 발생한다. 항공화물공급자는 가격을 인하하고 이에 따라 서비스공급량을 감소시킴을 통해 여유용량을 채우고자 할 것이다. 새로운 균형이 얻어질 때까지, 항공화물의 가격과 수량은 모두 감소된다.

3.6 시장후생

시장후생(market welfare)의 개념은 특정 시장에서 소비자와 생산자가 얻는 만족도를 측정하는 것으로서, 이를 계량화하기란 쉽지 않다. 시장후생은 객관적 사실보다는 주관적 의견이나 느낌 등 가치판단(value judgement)을 상당부분 포함하고 있으므로, 정확하게 계량화하는 것은 불가능하다고 생각될 수도 있을 것이다. 그러나 시장이론의 가장 중요한 공헌 중의 하나가 시장후생의 계량화를 달성하는 객관적 방법을 제시하고 있다는 것인데, 이것이 현대의 경제성 평가기법의 기초를 이루고 있다.

후생 혹은 가치의 개념은 소비자 및 생산자 주권(sovereignty)의 개념을 토대로 한다. 시장균형에서 소비자에게 가격은 추가적인 한 단위를 소비하기 위해 기꺼이 지불하고자 하는(willing to pay) 가격을 나타낸다. 동일한 예산으로 구매하기로 선택할 수 있는 모든 다른 상품에 대비하여 소비자가 이 상품에 대해 부여하는 가치에 대한 소비자의 자체적 판단이다. 한편 시장균형에서 생산자에게 가격은 추가적으로 한 단위를 생산하는 데에 소요되는 비용과 동일하다. 이런 의미에서 가격이 한 상품의 가치에 대한 생산자의 자체적 판단을 나타낸다고 할 수 있다. 균형점에서는, 정의 자체에 의해, 소비자와 생산자의 상품 가치에 대한 관점은 동일하다. 서로 균형을 이루고 있으므로, 불일치가 발생하지 않아 이를 변경할 이유가 없다. 그러므로 균형점을 살펴 봄으로써 사람들이 상품에 대해 어떤 가치를 부여하는지에 대해 객관적이고 일관성 있는 견해를 알 수 있게 된다. 그러나 실제로는 많은 이유로 인하여 이러한 상품의 가치에 대한 단순한 견해는 수정되어야 한다. 이와 같은 수정을 적절히 하는 것은 교통경제학자의 탁월한 능력을 필요로 한다. 그러나 경쟁시장에서의 균형은 아무튼 앞으로 설명하게 될 분석의 기초를 이루고 있다.

수요곡선은 상품의 일정한 수량에 대해 기꺼이 지불하고자 하고 또 지불할 수 있는 금액을 나타낸다. 가격 이외의 다른 수요결정요인에 변화가 없는 한, 가격이 하락해야만 소비자는 이 상품의 더 많은 수량을 소비하고자 한다. 시장균형에 이르기 전까지는, 소비자는 기꺼이 지불하고자 하고 또 지불할 수 있는 수준만큼 전액 지불할 필요가 없다. 왜냐하면 이와 같은 수량에 대해 수요곡선으로 나타나는 가치보다 시장가격이 적기 때문이다. 예를 들면, 〈그림 3-11〉에 나타나는 바와 같이 첫 상품단위를 소비할 때 소비자가 지불하고자 하는 가격은 P_2이지만, 실제로는 시장가격인 P_1만을 지불한다. 이러한 두 가격 차이를 이 상품단위에서의 소비자잉여(consumer surplus)라고 부르며, 수요곡선과 시장가격 사이의 전체 면적을 시장 전체의 소비자잉여라고 부른다. 소비자가 지불할 용의가 있는 최상의 가격은 상품으로부터 얻는 만족도와 동일한 가격일 것이므로, 소비자잉여는 소비자의 후생을 나타내는 것이라고 말할 수 있다. 즉 소비자가 지불할 필요가 없는, 상품으로부터 얻게 되는 추가적인 만족을 말한다.

공급곡선을 이용하여, 마찬가지로 생산자후생에 대해서도 설명할 수 있다. 공급곡선은 생산자가 시장에 상품을 기꺼이 공급하고자 하고 또 공급할 수 있는 가격을 나타낸다. 그러나 시장균형에 이르기 전까지 생산자는 이들 상품수량에 대해 공급할 용의가 있는 최저가격수준보다 실제로 더 높은 가격을 받는다. 〈그림 3-11〉에 나타나는 바와 같이 첫 상품단위를 생산할 때 생산자가 받고자 하는 가격은 P_3이지만, 실제로는 시장가격인 P_1을 받는다. 이러한 차이를 이 상품단위에서의 생산자잉여(producer surplus)라고 부르며, 공급곡선과 시장가격 사이의 전체 면적을 시장 전체의 생산자잉여라고 부른다. 이것이 생산자후생을 나타낸다고 할 수 있는데, 그 이유는 생산자가 상품으로부터 받고자 하는 최저수준 이상을 받는 것이므로, 초과 소득을 나타내기 때문이다. 실제로 잠시 생각해 보면 생산자잉여는 가변비용(variable cost) 이상의 초과 수입 혹은 영업이윤(operating

■ 그림 3-11 시장후생

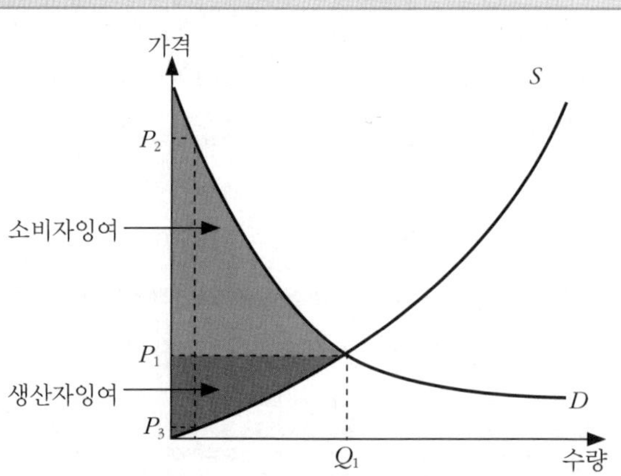

profit)과 같다는 것을 알 수 있다. 결국 생산자잉여는 기업의 소유자 혹은 주주에게 귀속되므로, 누군가에게 발생하는 편익이라고 볼 수 있다.

전체 시장후생(total market welfare)은 소비자잉여와 생산자잉여의 합으로 보여질 수 있다. 상이한 시장균형들에 대해 상이한 사회후생의 수준을 나타내므로 전체 시장후생은 매우 유용한 분석수단이다. 따라서 이것은 수요곡선의 이동을 야기하는 변화들의 후생효과를 소비자와 생산자 각각에 대해서는 물론 전체 시장에 대해 보여 주는데 사용될 수 있다.

3.7 시장반응: 2001년 9.11사태가 저가항공사에 미친 효과

Simon Caldor는 그의 훌륭한 저서 '첨가물 없음: 하늘에서의 저비용 혁명의 진실: No Frills: The Truth behind the Low-Cost Revolution in the Skies(2006)'에서 미국에서 2001년 9월 11일의 테러 공격이 전통적인 항공회사들에게 얼마나 커다란 영향을 미쳤는가를 설명하고 있다. 테러 발생 이후 4일 동안 어떤 항공기도 미국에서 출발할 수 없었으며, 런던 공역 또한 항공기가 급격하게 감소하여 매우 조용하였다. 9월 14일 보잉사는 25,000명의 인력 감축을 발표했고, 그 다음 주에는 Virgin Atlantic사 1,200명, Aer Lingus사 1,600명, British Airways사 5,000명의 인력 감축이 뒤따라서 발표되있다. 영국여행사협회는 다음 해 여름휴가여행 예약이 전년도에 비해 50% 감소하였다고 발표했다.

전통적인 항공사에 대한 수요가 크게 감소했다. 따라서 항공유류인 케로신수요가 감소하여, 가격이 하락했다. 공항도 이전에 경험하지 못했던 만큼 공항사용료를 대폭 인하할 수 있다고 발표했다. 아일랜드의 주요 공항운영사인 Aer Rianta는 새로 취항하는 항공사에게 3년 동안 공항사용료를 받지 않겠다는 광고까지 했다. 이러한 비용 감소로 인하여 저가항공사는 이전보다 낮게 항공요금을 책정할 수 있게 되어, 〈그림 3-12〉에서와 같이 공급곡선이 바깥쪽으로 이동하게 되었다.

그러나 동시에 승객은 항공여행을 더욱 두려워하게 되었다. 이는 특히 여름 피크 이후의 계절적 승객 감소와 같이 작용해서, 〈그림 3-12〉에서와 같이 저가항공사의 수요곡선은 안쪽으로 이동되었다.

테러 발생 직후에 저가항공사는 항공요금의 대폭 인하를 통해 높은 탑승률

■ 그림 3-12 9.11사태가 저가항공사에 미친 효과

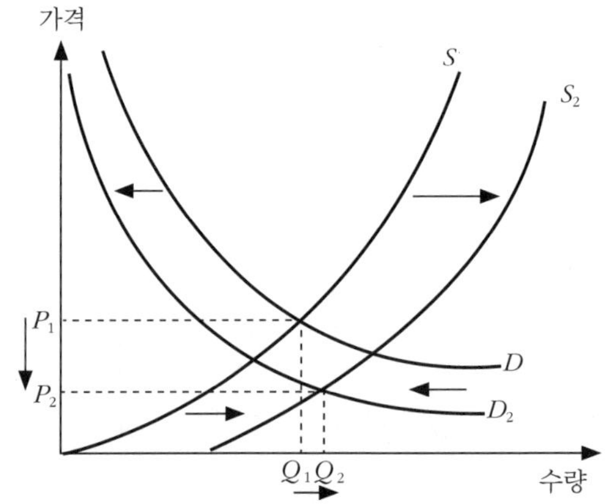

유지의 목표를 달성할 수 있었다. 실제로 Ryanair사는 더 많은 직원을 채용했고, easyJet사는 1개월 이후 기존 항공사들이 포기한 유럽 공항의 슬럿을 구입하기 위해 자본금 지분을 확대하겠다고 발표했다. 이러한 확대는 〈그림 3-12〉에서 보여지는 바와 같이 공급곡선을 수요곡선보다 더 크게 이동시킨 것의 결과이다. 가격이 이윤마진이 축소될 정도로 인하되었을 텐데, 이와 같은 이윤마진의 축소는 〈그림 3-12〉에서 생산자잉여 혹은 영업이윤의 감소로 보여진다. 반면에 소비자는 가격이 인하되고 더 많은 항공노선이 운항됨으로써 편익을 얻게 되었는데, 이것은 소비자잉여의 증가로 보여진다.

테러의 장기적인 효과는 세계적인 경기 침체를 우려한 기업들이 비용을 절감하기 위해 저가항공사를 더 많이 이용함으로써 저가항공수요를 증가시켰고 지금도 증가시키고 있다는 것이다. 또한 전통적인 항공사들의 불가피한 구조조정의 이점을 살려서, 저가항공사는 경쟁력을 계속 더욱 강화해 나가고 있다.

3.8 벽지의 낮은 수요 문제

벽지지역의 수요를 충족시키기 위해 대중교통서비스를 제공하는 것은 항상

많은 문제점을 불러 일으켜 왔다. 특히 인프라 건설비가 매우 높아 비용은 크게 발생하지만, 서비스 재차율은 낮아 수입은 적다. 즉 이들 서비스는 문자 그대로 '비경제적(uneconomic)'이다. 그러나 이들 수요는 엄연히 존재한다. 벽지 주민이 통근과 쇼핑은 물론 학교와 의료센터에도 가야하고, 사교 활동도 해야 한다.

이러한 문제점은 다음 네 가지 원인 때문에 최근에 더욱 악화되었다. 첫째, 승용차 이용이 더 증가하면서, 대중교통서비스수요는 감소하였다. 그러나 대중교통수요가 완전히 없어지지는 않았다. 그 결과 모든 서비스의 재차율은 이전보다 더욱 더 비경제적이게 되었다. 둘째, 원인은 대도시 광역화가 진전되면서 농촌 인구는 더욱 감소하여, 서비스 재차율은 더 악화되었다. 셋째, 도서관, 극장, 우체국 등 공공서비스는 점차 도시센터에 더 집중되어, 개인교통수단이 없는 농촌 주민은 대중교통서비스를 더 필요로 하게 되었다. 마지막으로 고령화가 진행됨에 따라 노인들은 걷거나 자전거를 이용할 수 없게 되어, 대중교통에 더 의존하게 되었다. 특히 뒤의 두 가지 원인은 앞의 두 가지 원인에 의해 유발된 문제를 더욱 악화시켰다. 즉 대중교통 이용자는 점차 더 감소되었으나, 감소된 이용자는 이제 대중교통에 더욱 의존하게 되었다.

벽지 교통서비스 제공은 정책결정자에게 매우 어려운 문제이다. 적자 서비스를 제공하는 데에 소요되는 공공투자가 후생효과가 큰 다른 부문에 사용될 수 있을 것인데, 이 경우에도 비경제적 서비스 제공은 정당화될 수 있는 것인가? 혹은 다른 방안이 없는 것일까? 서비스 제공에 대한 선거민의 지지는 항상 매우 강력하다. 이는 아마도 기존의 벽지 마을을 유지해야 한다는 향수 때문일 수도 있고, 벽지에 거주하는 주민에 대한 동정심일 수도 있다. 벽지 주민에 대한 이동성 보장, 즉 이들이 공공서비스에 접근할 수 있도록 하는 것은 매우 중요하다. 벽지 지역에 대한 대중교통서비스가 제공되지 않으면, 이들 지역은 황폐해질 가능성이 있으며, 이는 사회 전체적으로도 큰 손해이다. 이와 같은 외부편익이 아마도 벽지에의 대중교통서비스 제공을 정당화할 것이다(9.1절 참조). 아무튼 이는 떨쳐버릴 수 없는 문제로서, 어떤 해결방안이 필요하다. Nash(1982)는 파트타임 근무와 자원봉사 인력을 활용하고, 그리고 소형 차량을 이용함으로써 유연성 확보, 높은 운행속도 유지, 각 커뮤니티의 필요에 따른 맞춤형 서비스를 제공해야 한다고 말하고 있다. 소형 차량은 대형 차량이 접근할 수 없는 노선까지도 접근할 수 있을 것이다.

제 4 장

시장, 비용 그리고 수입

Chapter 4

4.1 주요 정의들

생산이 이루어지기 위해서는 절대적으로 필요한 것이 네 가지가 있는데, 이들은 생산요소(factors of production)라고 불린다.

- **토지**. 이는 물리적인 토지뿐만이 아니라, 석탄, 물 등 생산에 필요한 모든 자연적 원재료까지를 말한다.
- **노동**. 생산에 필요한 근로자를 말한다.
- **자본**. 로봇팔 혹은 컴퓨터 시스템 등 생산에 필요한 모든 인공의 자원(man-made resources)을 말한다. 자본의 한 하위 요소(sub-component)가 금융자본(financial capital)인데, 이는 생산이 이루어지기 위해 필요한 투자이다. (통상적으로 경제학에서는 금융자본을 자본에 포함하지 않고 오로지 물리적 자본만을 포함하는데 원저자는 금융자본까지 포함하고 있어 통상적 경제학의 정의에 어긋나고 있음: 역자주)
- **기업가정신(entrepreneurship)**. 이는 기업심(enterprise)이라고도 하는데, 생산과정을 정착시키는 데에서 발생하는 위험을 부담하는 것을 말한다. 다른 세 가지 요소들을 조직화하는 것으로 볼 수 있다.

승용차나 오토바이와 같은 물리적 재화이든 버스나 철도와 같은 서비스이든, 모든 생산은 위의 네 가지 요소를 모두 필요로 한다. 〈표 4-1〉은 버스서비스 제공을 예로서, 생산요소를 설명하고 있다.

분석 대상이 되는 기간과 관련해서 두 가지의 중요한 다른 정의가 필요하다. 단기(short run)는 최소한 하나의 생산요소가 고정되어 있는 기간으로 정의할 수 있다. 물리적인 특성 때문에 가장 고정되어 있을 가능성이 높은 생산요소가 토지인데, 토지는 근로자 숫자나 장비 등 다른 생산요소에 비하여 확충하는 것이 훨씬 어렵기 때문이다.

반면에 장기(long run)는 모든 생산요소가 가변적(variable)이 되는 기간을 말한다. 생산자가 공장 면적을 증가시키고 싶은 경우, 장기에서는 자유로이 증가시킬 수 있다. 이는 다른 생산요소의 경우에도 마찬가지이다.

■ **표 4-1 버스서비스 제공을 위한 생산요소**

생산요소	버스서비스 제공 사례
토지	유류, 물, 차고지용 토지
노동	운전자, 정비사, 사무직 근로자
자본	버스, 정류장, 사무시설
기업가정신	위험부담, 투자 및 다른 요소의 조직화

4.2 특성별 비용 분류

비용은 생산자가 생산 활동을 계속하기 위해 지불하여야 하는 것이다. 비용은 일반적으로 세 가지로 분류된다.

4.2.1 고정비용

고정비용(fixed costs, FC)은 생산량의 많고 적음에 관계없이 일정하게 발생하는 비용을 말한다. 생산을 전혀 하지 않을 때에도, 생산자는 고정비용을 지불해야 한다. 예를 들면 공로화물운송회사는 하루에 5회를 운행하든 10회를 운행하든 관계없이, 회사본부 사무실 임대료를 일정하게 지불해야 한다.

4.2.2 가변비용

가변비용(variable costs, VC)은 생산량 수준에 따라 변화하는 비용을 말한다. 위에서 예로 든 공로화물운송회사의 경우 운행회수가 두 배로 증가하면, 유류비는 증가할 것이다. 또한 더 많은 화물차를 운영하기 위해서는 더 많은 토지가 필요하게 되어, 회시본부 사무실비용과는 달리 운영과 관련된 도지비용은 통상적으로 변화하게 된다.

4.2.3 준가변비용

준가변비용(semi-variable costs, SVC)은 일정 생산량 범위에서는 비용이 고정되지만, 이 한계를 벗어나면 비용이 변화하게 된다. 새로운 범위에서 다시 한계에 달할 때까지, 비용은 다시 고정될 것이다. 공로화물운송회사는 3명의 운전자를 고용해 하루에 10회의 배달을 할 수 있다. 그러나 11회를 배달하기 위해서는 운전자를 1명 더 고용해야 한다. 이와 같이 하루에 10회까지 배달하는 데에는 인건비가 고정되어 있으나, 이 이상 추가로 배달할 때에는 인건비가 새로운 금액으로 갑자기 증가한다.

■ 그림 4-1 비용 형태

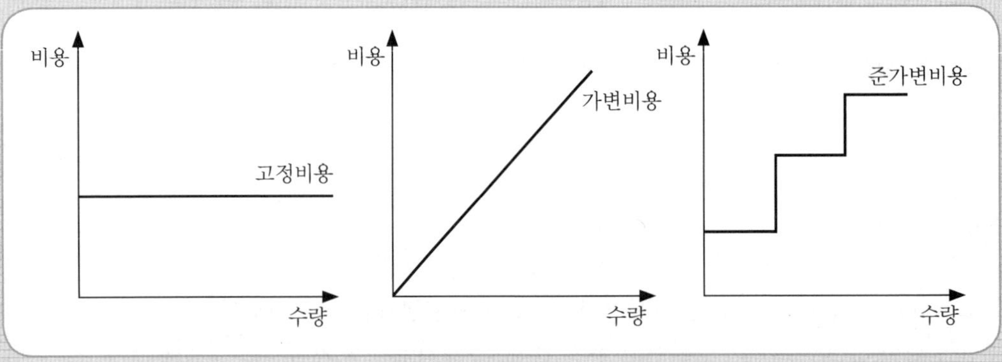

■ 표 4-2 주요 교통수단에 대한 비용 구조

	고정비용	가변비용	준가변비용
승용차	• 자본시설비 • 보험료 • 도로세 • 감가상각비	• 연료비 • 오일비 • 수리비	• 타이어, 배터리 등 부품비
철도	• 자본시설비 • 노반시설비 • 보험료 • 일반관리비	• 연료비 • 수리비	• 부품비 • 인건비
항공	• 자본시설비 • 보험료 • 일반관리비	• 연료비 • 수리비 • 착륙료 • 기내서비스 제공비용 • 승객공항세(영국)	• 부품비 • 인건비
버스	• 자본시설비 • 보험료 • 일반관리비	• 연료비 • 수리비 • 면허세	• 부품비 • 인건비
해운	• 자본시설비 • 보험료 • 일반관리비	• 연료비 • 수리비 • 항만사용료 • 선내서비스 제공비용	• 부품비 • 인건비

세 가지의 상이한 비용 형태는 〈그림 4-1〉에 나타나 있다. 주요 교통수단에 대한 비용구조가 〈표 4-2〉에 나타나 있다. 이 때 각 교통수단의 생산량은 승객-거리인 것으로 가정한다. 모든 교통수단에 나타나는 공통적인 특성은 고정비용이 매우 크다는 것이다.

4.3 규모별 비용 분류

비용 특성이 아닌 생산 규모에 따라 비용을 분류하는 것도 중요한데, 이 또한 세 가지 형태로 분류된다.

4.3.1 총비용

총비용(total cost, TC)은 모든 비용을 합하여 얻어지는 비용이다.

$$TC = FC + VC + SVC$$

4.3.2 평균비용

평균비용(average cost, AC)은 생산량 1단위당 비용이다. 총비용을 생산량으로 나눔으로써, 간단하게 산출된다.

$$AC = \frac{TC}{Q}$$

이는 평균총비용(average total cost, ATC)으로서, 평균고정비용과 평균가변비용으로 구성된다. 생산량 변화에 따라 평균비용이 어떻게 변화하는 가를 알기 위해서는, 이와 같은 구성요소를 이해하는 것이 중요하다. 평균고정비용(average fixed cost, AFC)과 평균가변비용(average variable cost, AVC)은 각각 독자적으로 산출될 수도 있다.

4.3.2.1 단기 평균비용

생산량이 증가하면, 단기적으로 평균고정비용은 감소한다. 이는 고정비가 더 많은 생산량에 배분되기 때문이며, 〈그림 4-2〉는 이를 보여주고 있다.

그림에서 볼 수 있는 바와 같이 생산자가 생산량을 100단위에서 200단위로 2배로 증가하면, 총비용은 3,000파운드에서 4,000파운드로 증가하지만 평균비용은 30파운드에서 20파운드로 감소한다. 평균비용이 감소하는 것은 순전히 고정비가 이전에 비해 2배로 증가된 생산량에 배분되기 때문이다.

생산량 증가가 가져오는 평균비용 감소효과는 생산량이 적을 때에는 매우 강하다. 그러나 생산량이 더욱 증가하게 되면, 고정비용이 강하게 더 많이 배분될 수 없으므로 결국 평균비용 감소효과는 적어진다. 위의 예제에서 생산량이 300단위로 증가하면, 총비용은 5,000파운드로 증가하여 평균비용은 16.7파운드로 감소한다. 이는 3.3파운드의 감소로서, 이전에 생산량을 100단위 증가하였을 때의 10파운드 감소에 비하여 적어진 것을 알 수 있다.

결론적으로 평균고정비용은 생산량 증가에 따라 감소하지만, 감소비율은 점차 낮아지게 된다. 이러한 단기 평균고정비용곡선의 형태는 〈그림 4-3〉에 나타나 있다.

한편 평균가변비용은 평균고정비용과는 다르게 생산량의 변화에 반응한다. 생산자가 전혀 생산활동을 하지 않을 때, 가변비용은 0이다. 생산자가 처음 1단

■ 그림 4-2 평균고정비용의 감소

투입량

고정비＝2,000파운드

변동비＝10파운드/단위

Factory

생산량

100단위
TC＝FC+VC＝2,000+(10×100)
TC＝2,000+1,000＝3,000
AC＝3,000/100＝30파운드/단위

200단위
TC＝FC+VC＝2,000+(10×200)
TC＝2,000+2,000＝4,000
AC＝4,000/200＝20파운드/단위

위를 생산할 때에는 일정 수량의 원재료, 노동 등이 사용되어야 하므로, 가변비용은 증가한다. 생산자가 두번째 단위를 생산하기 위해서는 가변비용을 추가적으로 증가시킬 필요가 있다. 가변비용은 2배로 증가하게 되고, 이때는 평균가변비용은 일정하게 된다. 그러나 생산자가 더욱 더 효율적이게 된다면, 가변비용은 2배 이하로 증가하게 되고 평균가변비용은 감소할 것이다.

생산을 계속 확대하면, 생산요소의 하나는 단기에서 고정되어 있기 때문에 평균변동비용은 결국 증가하게 된다. 생산량을 증가시키기 위해 다른 생산요소들은 증가하나, 고정되어 있는 생산요소는 점진적으로 가변요소들의 생산증대효과를 감소시킨다는 것이다. 이와 같은 현상은 〈그림 4-3〉에서 생산자가 노동과 자본은 자유롭게 증가시킬 수 있으나, 토지는 단기적으로 고정되어 있다고 가정함으로써 설명될 수 있다. 이 가정은 현실과도 부합된다. 생산 초기단계에서 생산자는 노동과 자본을 증가시켜 생산량을 증가시킬 수 있으며, 이때는 토지가 생산활동을 전혀 방해하지 않는다. 그러나 공장이 꽉 들어차게 된 이후에 추가적으로 노동과 자본을 증가하면, 기존의 근로자와 기계장치는 실제로 방해를 받게 되어, 전체적인 효율성은 낮아지게 된다. 결국 추가적인 노동과 자본은 감소되는 생산량 증가(diminishing increase in output)를 가져오게 된다. 반대로 말하면, 생산자가 일정하게 생산량을 증가시키기 위해서는, 추가적인 노동과 자본을 더욱 증가시켜야 하고, 이는 결국 평균비용을 증가하게 만든다.

■ 그림 4-3 단기 평균고정비용곡선

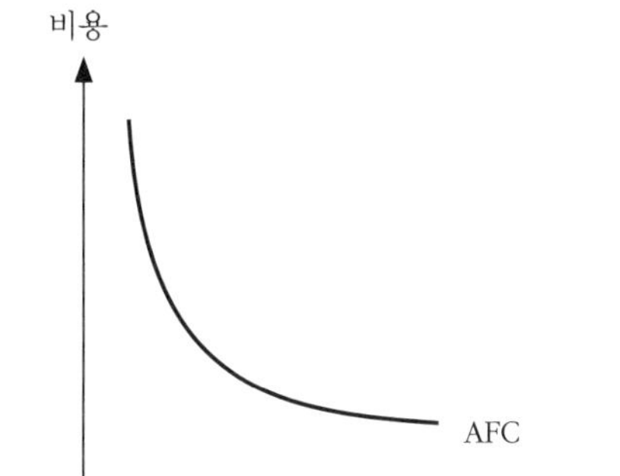

이러한 효과로 인하여 생산 확대에 따라 단기 평균가변비용은 증가하며, 이는 〈그림 4－4〉의 단기 평균가변비용곡선에 나타나 있다.

생산자가 초기에 생산을 확대하면, 평균고정비용의 감소효과가 지배적이게 된다. 그러나 생산이 점차 더욱 확대되면, 평균고정비용의 감소효과는 적어지는 대신에 평균가변비용의 증가효과가 점차 더 강하게 된다. 이 두 효과를 합한 것이 〈그림 4－5〉에 나타나는 바와 같이 단기 평균비용(short run average cost, SRAC) 곡선이 U자 모양을 가지게 만든다. 이 곡선의 최하점에서 생산자는 생산효율적(productively efficient)이 되어, 이 때 최소평균비용으로 생산할 수 있다. 실제로 일정한 생산량 범위에서 생산자가 생산효율적이 되는 경우에는 결국 평균비용곡선이 평평해지는데, 이러한 평평한 곡선에서 가장 생산량이 적은 지점을 최소효율규모(minimum efficient scale)라고 부른다. 왜냐하면 이 지점에서 생산자는 생산효율적으로 최소의 생산량을 생산하기 때문이다.

단기에서 생산자는 고정된 생산요소로 인해 주어진 특정 단기 평균비용곡선에 국한되게 된다. 그러므로 생산자는 이 곡선 위에서만 생산량을 결정하여야 한다. 그러나 장기적으로는 생산자가 모든 생산요소를 변경할 수 있게 되어, 완전히 새로운 단기 평균비용곡선으로 이전할 수 있게 된다. 단기 평균비용곡선들이 어떠한 형태로 놓여지는지에 따라 장기 평균비용곡선의 형태가 결정된다. 즉 장기 평균비용곡선은 단기 평균비용곡선들을 둘러싸게 되며, 이를 포락공리(envelope theorem)라고도 부른다.

■ 그림 4－4 단기 평균가변비용곡선

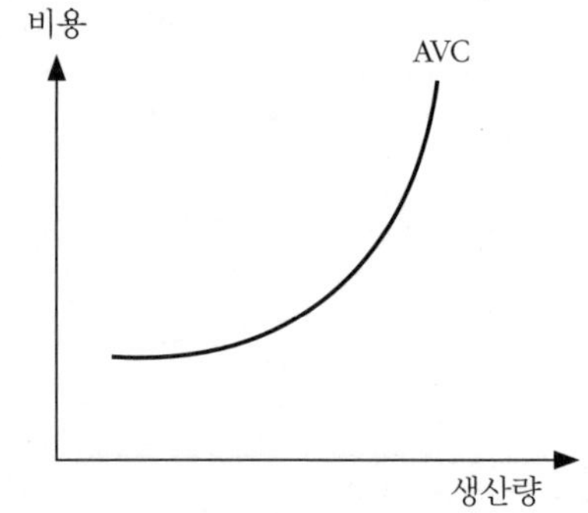

■ 그림 4-5 단기 평균비용곡선

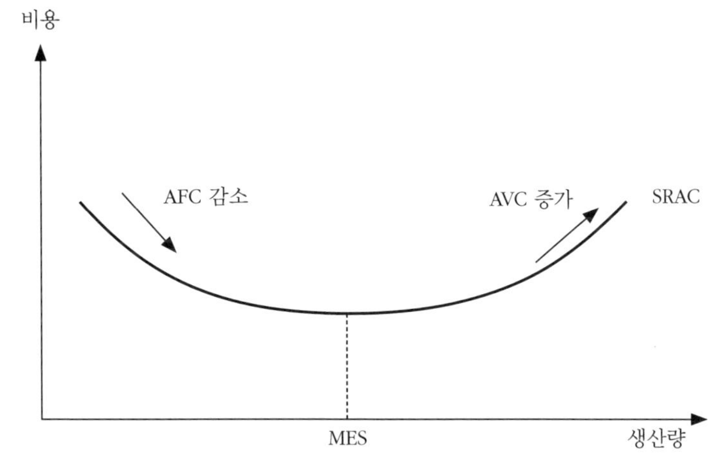

4.3.2.2 장기 평균비용

〈그림 4-6〉에 나타나는 바와 같이 장기 평균비용곡선(long run average cost, LRAC)도 U자 모양을 이루며, 단기 평균비용곡선들은 그 안에 위치하게 된다. 장

■ 그림 4-6 장기 평균비용곡선

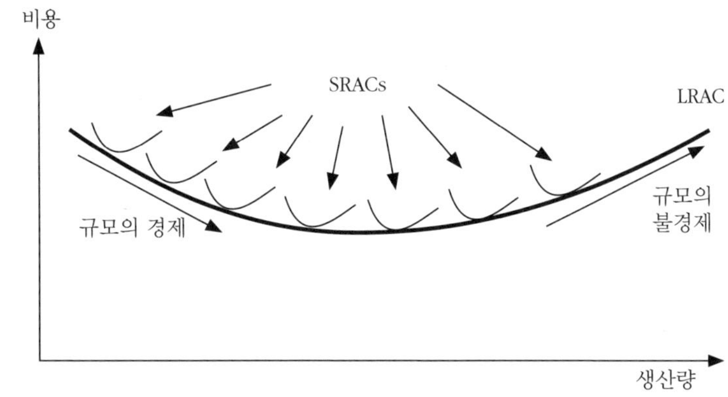

기 평균비용곡선이 이러한 형태를 갖는 것은 평균고정비용의 감소와 평균가변비용의 증가 효과 때문이 아니라, 규모의 경제(economies of scale)와 규모의 불경제(diseconomies of scale) 때문에 그러하다. 이들은 생산 확대에 따라 장기 평균비용이 전자는 감소하는 경우로 그리고 후자는 증가하는 경우로 각각 정의될 수 있다. 이와 같은 결과들이 발생하기 위해서는 모든 생산요소들이 가변적이어야 하므로, 이들은 장기적인 효과를 나타낸다.

4.3.2.3 규모의 경제와 규모의 불경제

규모의 경제를 발생시키는 요인으로 다음의 몇 가지가 있다.

- **기술적 규모의 경제(technical economies of scale).** 생산 규모를 확대할 때, 생산자는 더 크고 더 효율적인 자본을 사용할 수 있으며, 이때 1단위당 평균비용은 감소된다. 이것은 더 크고 더 효율적인 교통수단을 사용하는 것을 가능하게 하는 용량을 포함한다. 2,000갤런의 액체를 운송하는 탱커의 운행비용은 1,000갤런 탱커 2척의 운행비용보다 적다. 더 커다란 탱커를 사용함으로써, 갤런당 비용은 낮아진다. 이에 대한 하나의 이유는 저장용량을 2배로 증가시키기 위해서, 탱커에 사용되는 재료를 2배로 증가시킬 필요는 없기 때문이다. 실제로 더 큰 탱커를 만들 때에 작은 탱커들의 2개 끝단은 필요 없게 된다. 〈그림 4-7〉에 나타나는 바와 같이 컨테이너 용량을 2배로 확대할 때에 음영 처리된 두 개의 끝단은 필요 없게 되어, 재료비 및 경비가 절약된다. 저장용량은 외부표면적의 증가보다 훨씬 빨리 증가하나, 재료비와 마찰 손실은 외부표면적과 비례적으로 증가한다. 더욱이 이 예에서 하나의 엔진만 필요하다. 물론 이 하나의 엔진이 더 큰 파워를 갖추어야 하겠지만 2개의 작은 엔진보다 더 경제적일 것이다. 마찬가지의 논리가 수요가 높은 항공시장들에서 지속적으로 항공기가 대형화하는 현상을 가져 왔다. 예를 들어 싱가포르항공사는 2007년 10월부터 2층이며 4개 복도가 있고 3등급으로 구분된 525인승의 에어버스 380의 상업 운행을 시작했다. 1974년 5월에 상업 운행을 시작했던 2개 복도가 있는 228~254인승의 A300과 비교하면, 그 크기가 얼마나 큰 가를 알 수 있다. A300은 2007년 7월에 생산이 중단되었다.

일부 교통서비스를 포함한 공익시설(public utilities)에서 기술적 규모의 경제가 발생하는 또 다른 요인은 네트워크의 특성에서 비롯된다. 전선(wires), 파이프라인 및 운행노선 등 네트워크를 이용해 제공되는 서비스의 경우에, 신뢰성과 다양성을 포함하는 일정 기준의 서비스를 제공할 때에 발생하는 총비용은 많은 경우 서비스를 받는 고객의 수가 증가하는 것보다 적게 증가한다.

기술적 규모의 경제는 순수하게 기술적인 요인에서 비롯되어, 근본적으로 발생하며 이들의 존재에 대해 논란의 여지가 없다. 반면에 아래에 언급되는 다른 형태의 규모의 경제는 덜 근본적이며, 이의 존재 여부에 대해서도 일부 논란이 제기되고 있다.

- **관리적 규모의 경제(managerial economies of scale).** 생산자가 생산 규모 및 평판을 확대해 나가면, 최상의 간부 및 근로자를 더 많이 스카우트하고 충원할 수 있게 될 것이다. 이들 개인에게는 물론 더 높은 임금을 지급해야 하지만, 그들이 가져오는 효율성 향상으로 적은 인원만을 고용하는 것이 가능해지면 결국 평균비용이 감소될 수 있다.

■ 그림 4-7 기술적 규모의 경제

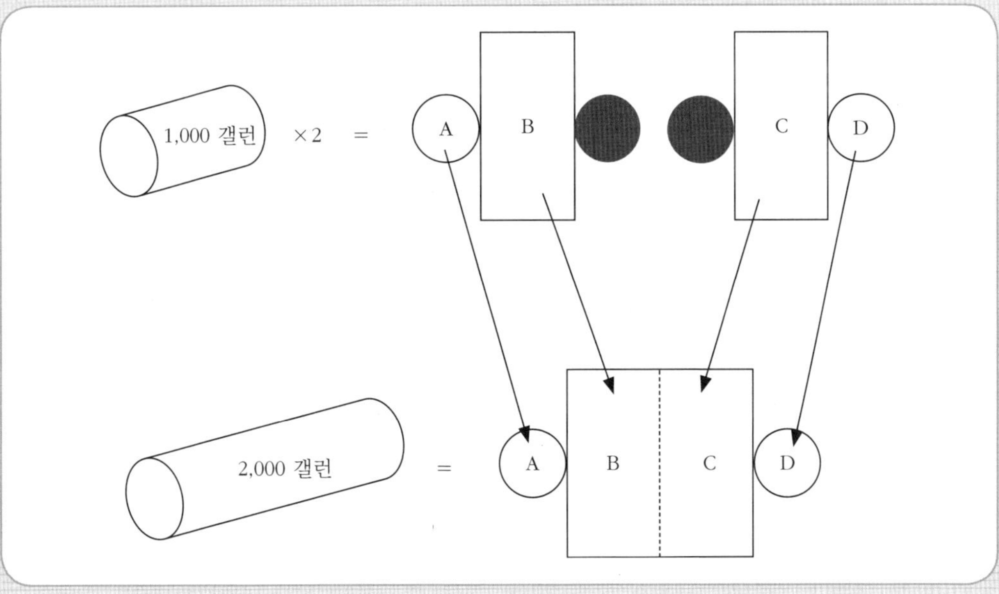

- **마케팅적 규모의 경제(marketing economies of scale).** 생산 규모가 확대되면 생산자는 원재료를 대량으로 구입할 수 있게 되어, 공급자와의 가격 협상에서 더 큰 힘을 발휘할 수 있다. 공급자는 대량 구매자인 생산자와 계속 거래하기를 원하므로, 공급단가를 낮추기 위한 협상에 기꺼이 응할 것이고, 이에 따라 생산자의 평균비용은 낮아질 것이다. 이는 슈퍼마켓에서 6개 들이 음료수를 살 때와 마찬가지이다. 생산자는 소비자가 1~2개보다 6개를 구입하기를 원하므로, 낱개보다 6개 들이를 살 때의 1개당 가격을 싸게 책정한다.

  마케팅적 규모의 경제는 또한 광고비를 더 많은 생산량에 배분시키는 경우도 포함하는데, 생산량 1단위당 광고비를 낮추게 된다. 서로 다른 생산자가 상호 협력하는 경우에 관리비용에도 동일한 결과가 발생하는데, 상호 협력을 통해 관리상의 중복을 막을 수 있게 되어, 생산자 각자가 지불해야 하는 비용을 낮출 수 있게 될 것이다.
- **재무적 규모의 경제.** 은행 및 다른 금융기관들은 일반적으로 대규모 회사에게 대출해 주는 것이 위험이 적은 것으로 보여지기 때문에, 이들에게는 기꺼이 대출해 주고자 한다. 따라서 소규모 회사에게는 취득이 불가능한 재원 조달이 대규모 회사에게는 가능해진다. 금융기관은 대규모 회사에게는 낮은 금리로 대출해 주는데, 그 이유는 금융기관이 대규모 회사들이 자기 은행을 주거래 은행으로 삼아 주기를 간절이 원하기 때문이고 또한 대규모 회사는 대출금을 변제하리라는 것을 더 확신하기 때문이다. (대출에 대한 이자율은 일반상품의 가격과 동일하다.) 이자율은 또한 금융기관이 불량한 투자를 걸러내는 수단의 역할을 한다. 높은 위험을 가진 생산자는 그들이 장래에 금융기관에 대출상환의 문제를 야기할 가능성이 있다는 것을 인지하면 높은 이자율을 받아들이기를 꺼릴 것이다. 낮은 금리는 결국 대규모 생산량을 가진 대규모 회사가 이자를 훨씬 더 많이 지불해야 하는 소규모 회사에 비해 낮은 평균비용을 가지게 될 것임을 의미한다.

위에 언급한 모든 효과로 인하여 생산 규모가 확대됨에 따라 장기 평균비용은 낮아지게 된다. 그러나 이러한 효력이 점차 약해지고 규모의 불경제가 지배하기 시작하여, 장기 평균비용이 높아지게 되는 경우도 발생한다. 규모의 불경제가 발생하는 요인으로 다음 몇 가지가 있다.

- **관료주의(red-tape).** 생산자의 규모가 커짐에 따라 생산의 다른 모든 부서들과의 조정이 더 어려워지게 되어, 서류작업과 행정 업무의 규모가 불가피하게 증가하게 된다. 이러한 관료주의는 양식을 작성하고 체크를 하는 데에 시간을 소비하게 만들어, 생산자가 비효율적이게 만들고 결국 평균비용의 상승을 초래한다.
- **의사소통의 문제(communication troubles).** 생산자의 규모가 확대될수록, 관리자는 중간관리자에게 명령을 전달하거나 근로자로부터 반응(feedback)을 청취하는 것이 점차 어려워진다. 앞의 두 가지 사항 중 첫째 사항은 명령이 제대로 이행되지 않거나 왜곡되는 경우를 야기할 수 있다. 둘째 사항은 관리자가 근로자 요구에 덜 민감하게 반응하게 만들 수 있어, 근로자의 불만족은 높아지고 근로 의욕이 상실되는 경우를 야기할 수 있다. 이 두 가지 사항 모두 규모가 큰 생산자의 평균비용을 상승하게 만들 수 있다.

4.3.2.4 범위의 경제와 밀도의 경제

규모의 경제가 생산량이 확대될 때 장기 평균비용곡선이 낮아지는 현상이라면, 범위의 경제(economies of scope)는 네트워크 규모가 확대될 때 평균비용이 낮아지는 현상을 말한다. 이때 모든 생산요소가 가변적일 필요는 없으므로(원저자는 '모든 생산요소가 고정될 필요는 없으므로'라고 적고 있으나 착오인 것으로 생각됨: 역자주), 범위의 경제는 단기적 현상일 수도 있다. 생산자가 매우 많은 노선 및 운영센터를 갖는 서비스를 제공할 때, 다른 조건이 변하지 않는 한(ceteris paribus) 장기 평균비용은 낮아질 수 있다. 이는 생산자가 하나의 통행을 여러 통행으로 분리하고, 이와 같이 분리된 통행들을 가능한 한 최대로 통합하는 환적을 잘 활용함으로써 가능해진다. 이와 같은 환적은 위탁통합(consignment consolidation)이라고도 알려져 있다. 예를 들면 3개 노선을 운행하는 화물운송회사가 있고, 이들 노선은 모두 A시에 종점이 있고 시발점은 B, C, D시라고 가정하자. 단순한 방법은 각 시발점에서 출발해 종점까지의 각기 다른 3개 노선을 별개의 차량으로 운행함으로써 운송의무를 수행하는 것이다. 다른 대안의 방법은 3개 시의 시발점과 종점 A시 사이에 위치한 네번째 도시인 E시를 지정하고, 3개 시발점에서 E시로 3개의 완전히 별개의 운행을 하게 만든다. 일단 3개 시발점에서 E시로 각기 운행이 이루어진 다음에, E시에서 A시까지는 별개의 대형 차량을 이용해 한 번에 운행하게 하는 것이다. 물론 이런 운행방법을 수행하기 위해서는 대형의 네번째 차량을 구입하여야 하므로, 더 큰 고정비용이 발생하게 된다. 그러나 대형 차량의 적재율(loading factor)이 높기 때문에 발생하는 가변비용의 감소로 인해 시간이 흐르면서 대형 차량 구입비는 회수되고도 남을 것이다. 지점 E시에서 종점 A시까지의 통합운행된(amalgamated service) 거리가 전체 운행거리에서 차지하는 비중이 크면 클수록, 가변비용의 절감은 더 커질 것이다.

위의 전략은 여객과 화물교통 모두에 적용될 수 있다. 이러한 사례는 항공회사, 유럽의 해운회사, 그리고 영국의 장거리 버스시장에 대한 전통적 조직체제에서 볼 수 있다(8.3.1절 참조). 영국의 우편 또한 유사한 사례를 제공하는데, 많은 우편물은 일단 지역별 분류센터로 운송된 이후에, 여기에서 최종 주소지로 소규모의 배달들이 이뤄진다.

범위의 경제의 이점은 환적의 정도가 증가할수록 점차 적어지게 된다. 환적이 많아질수록 더 자주 상·하역 작업이 필요하게 되어, 점차 장기 평균비용의 감소효과는 상쇄된다. 또한 환적이 많아질수록 굴곡노선(circuitous routes)이 점차 증가하게 되어, 이 또한 장기 평균비용의 감소효과를 상쇄한다. 마지막으로 환적이 많아질수록 소비자에게는 더 많은 운송시간비용이 부과된다. 화물을 차량에 가득 적재하거나 승객이 가득 승차하여 다음 단계 통행을 하여야 하므로, 화물이나 승객이 더 많이 도착될 때까지 그리고 차량에 적재될 때까지 승객이나 화물은 운영센터에서 더 오랜 시간을 기다려야 하므로, 서비스 운행빈도는 점차 낮아진다. 시간은 매우 중요한 수요결정요인이므로(3.2절 및 4.4절 참조), 증가하는 시간비용은 점차 수요를 감소시켜 범위의 경제로 인한 이점을 잠식하게 된다.

또한 법적인 요인과 물리적인 요인 등 환적의 정도를 외생적으로 제한하는 요인도 있다. 차량의 최대적재량을 제한하는 법률이 종종 있으므로 가능한 환적의 정도는 제한될 수 있다. 도로 폭, 교량 높이, 활주로 길이 등 교통시설 규격 때문에도 물리적인 차량 크기는 제한된다.

환적을 통해 이점이 발생하는 또 다른 요인은 밀도의 경제(economies of density) 현상이다. 이는 현재 자본이 더욱 강도 높게 사용됨으로써 평균비용이 감소하는 것이다. 규모의 경제와 마찬가지로, 현재 주어진 자본이 더욱 강도 높게 사용됨으로써 고정비가 더 많은 소비자에게 배분되는 것이다. 규모의 경제와 밀도의 경제의 미묘한 차이점은 밀도의 경제에서는 자본이 고정되어 있으나, 규모의 경제에서는 자본의 증가를 통해 비용감소의 혜택을 즐길 수 있다. 따라서 밀도의 경제는 단기적인 현상이다.

4.3.3 한계비용

한계비용(marginal cost, MC)은 생산량 1단위를 추가적으로 생산할 때 발생하는 추가적인 총비용을 의미한다. 예를 들면 1,504단위를 생산하는 총비용이 2,300파운드이고 1,505단위를 생산하는 총비용이 2,320파운드이면, 1,505번째 단위를 생산하는 한계비용은 20파운드이다.

한계비용은 평균비용과 명확한 관계를 갖고 있다. 평균비용이 하락하면, 한계비용은 평균비용보다 반드시 낮다. 왜냐하면 평균을 감소시키는 유일한 방법은 이보다 적은 수치를 더해야만 가능하기 때문이다.

〈그림 4-5〉와 〈그림 4-6〉에서 단기와 장기 평균비용곡선은 초기에는 우하향하나, 단기의 경우 평균고정비용의 감소 그리고 장기의 경우 규모의 경제 효과의 감소로 인해 평균비용곡선들은 점차 평평해진다. 한계비용은 이 생산량 범위에서는 반드시 평균비용보다 낮아야 한다. 그러나 한계비용과 평균비용의 차이는 감소한다. 평균비용의 감소 크기가 적어짐에 따라 한계비용이 평균비용보다 낮은 정도는 점차적으로 약해져야 할 것이다.

평균비용이 상승하면, 반대 현상이 나타난다. 이 경우에는 한계비용이 평균비용보다 반드시 높은데, 왜냐하면 평균을 증가시키는 방법은 이보다 더 큰 수치를 더해야 하기 때문이다. 〈그림 4-5〉와 〈그림 4-6〉에서 평균비용곡선이 최저점을 지난 후에, 평균비용은 점진적으로 더 빠르게 증가하고 있음을 보여준다. 이 생산량 범위에서 한계비용은 평균비용보다 더 높아야 한다. 평균비용이 증가하기 위해서는 한계비용은 더 크게 증가하여야 한다.

단기와 장기의 평균비용곡선들의 최저점에서 한계비용이 평균비용과 동일해져야 한다는 결론을 얻게 된다. 이런 결론은 합리적인데 그 이유는 평균비용을 불변하게 하는 방법은 이와 동일한 수치를 더해야 하는 것이기 때문이다.

■ 그림 4-8 한계비용과 평균비용의 관계

생산량	총비용	한계비용	평균비용
0	1	0	0
1	8	7	8
2	15	7	7.5
3	21	6	7
4	28	7	7
5	36	8	7.2
6	45	9	7.5

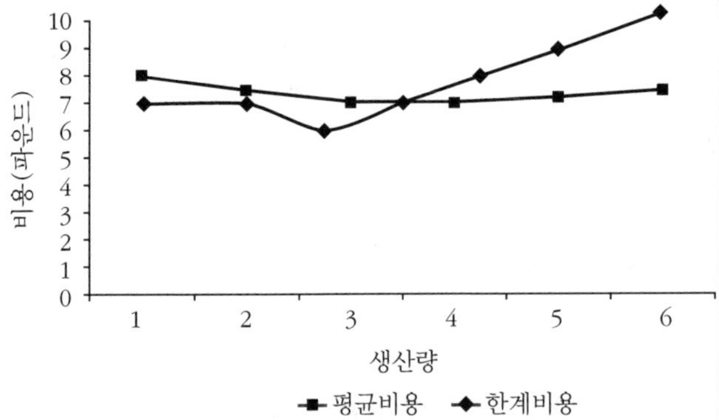

결과적으로 단기와 장기의 한계비용곡선들은 평균비용곡선 아래에서 시작하여 곧 빠른 속도로 증가하기 시작하면서 평균비용곡선의 최저점을 통과한다. 〈그림 4-8〉은 평균비용과 한계비용의 관계에 대해 간단한 예제를 보여주고 있는데, 이 관계에 대한 간단한 수치상의 예제도 함께 보여 주고 있다.

생산활동을 시작한 이후의 첫 단위에 대해 한계비용은 평균비용과 같아야 하며 따라서 평균비용곡선과 한계비용곡선의 출발점은 같아야 한다고 종종 가정되기도 한다. 그러나 생산활동이 시작되지 않더라도 생산자는 생산설비를 갖추기 위해 고정비용을 지불해야 하기 때문에, 이 주장은 옳지 않다. 따라서 고정비용은 이론적으로 비용곡선에서 0단위를 생산할 때의 한계비용으로 간주할 수 있다. 생산의 첫 번째 단위의 한계비용은 이 단위를 생산하는 데에 발생한 가변비용이기 때문에, 이미 지급된 고정비용을 가변비용에 추가로 포함하고 있는 평균비용보다 적게 된다.

지금까지 분석한 평균총비용곡선 대신에 평균가변비용곡선(average variable cost curve)을 그림에 나타내면, 후자는 한계비용곡선과 동일한 지점에서 출발하여야 할 것이다. 왜냐하면 첫 번째 단위에 대해 평균가변비용은 한계비용과 동일하기 때문이다. 이는 분석을 복잡하게 만들기 때문에, 여기에서는 생략하도록 한다. 그러므로 〈그림 4-8〉에서 첫 번째 단위에 대해 평균비용곡선은 한계비용곡선보다 더 큰 것으로 나타나 있다. 또한 0단위에 대해 한계비용과 평균비용을 논의하는 것은 적절하지 않다는 것을 보여주기 위해서, 〈그림 4-8〉의 y축과 두 곡선 간에는 일정한 간격이 나타나고 있다.

4.3.3.1 한계비용과 공급곡선

한계비용은 생산량 1단위를 추가적으로 생산할 때 발생하는 추가적인 비용이므로, 한계비용을 모두 합하면 생산의 총가변비용이 된다. 〈그림 4-8〉의 예를 살펴보면, 처음 5단위의 한계비용을 모두 합하면 35파운드가 된다. 이 예에서 고정비용과 가변비용만 발생하고 있다고 가정하면, 다양한 비용들을 계산하는 공식은 다음과 같다.

$$TC = FC + VC$$

처음 5단위를 생산하는데 발생하는 총비용은 36파운드이다. 생산량과 관계없이 지불되어야 하는 비용으로, 생산량이 0일 때에도 지불되는 비용인 고정비용은 1파운드이며, 이것은 0단위에 대한 총비용이 1파운드인 것으로 보여지고 있다. 따라서 총가변비용은 다음과 같다.

$$TC = FC + VC$$
$$36 = 1 + VC$$
$$VC = 35$$

이것은 다섯 번째 단위까지의 생산량에 대한 한계비용의 합계로 앞에서 얻어진 35파운드와 동일하다.

다르게 말하면, 일정한 생산량 수준까지의 한계비용곡선 아래에 있는 면적의 합이 그 수준의 생산량을 생산하는데 발생하는 가변비용이며, 〈그림 4-9〉에 나타나 있다.

단기적으로 생산자는 총수입이 가변비용을 최소한 충당할 수 있는 수준까지는, 다르게 말하면 가격이 한계비용과 최소한 같아지는 수준까지는 기꺼이 생산하고자 한다. 따라서 한계비용곡선은 또한 공급곡선이다. 왜냐하면 한계비용곡선은 모든 주어진 가격들에 대해 공급자가 기꺼이 생산해서 시장에 공급하려는 생산량을 보여주기 때문이다. (경제원론교과서에서는 평균가변비용곡선의 최저점 위에 있는 한계비용곡선의 일부만이 기업의 단기공급곡선이 된다고 설명하고 있음. 가격이 평

■ 그림 4-9 가변비용을 나타내는 한계비용곡선

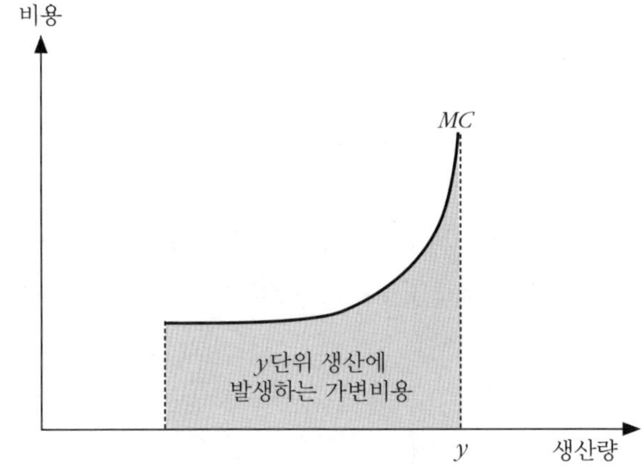

균가변비용곡선의 최저점보다 낮으면 공급량은 한계비용곡선상에 존재하지 않고 0의 생산량을 가질 것임: 역자주)

4.4 교통부문에서 중요한 기타 유형의 비용

지금까지 논의한 비용 부류 이외에도, 교통경제학을 공부하는데 중요한 다섯 가지 기타 유형의 비용 형태가 있는데 이것들을 여기에서 간단히 설명한다.

4.4.1 기회비용

자원은 여러 가지 잠재적인 용도에 사용될 수 있다. 예를 들면 하나의 토지 축은 수많은 용도 중에서 신규 철도나 신규 고속도로로 사용될 수 있다. 정부 투자재원은 신규 공항터미널의 건설이나 기존 철도네트워크의 보수유지에 사용될 수 있다. 중요하지만 종종 고려 대상에서 빠지는 경향이 있는 자원인 시간은 업무를 수행하거나 여가 목적의 통행을 하는 데에 사용될 수 있다.

기회비용(opportunity cost)은 하나의 경제적 결정의 결과로 포기된 차선의 대안(second-best alternative)을 말한다. 위의 첫 번째 예에서 토지축이 신규 고속도로 건설에 사용됨으로써 차선의 대안이 이곳에 놓여질 수 있었던 철도라면, 이때의 기회비용은 철도이다. 왜냐하면 철도가 건설될 기회가 없어졌기 때문이다. 기회비용은 교통경제학에서 중요한 개념으로서, 이 책에서 수없이 언급될 것이다.

4.4.2 시간비용

교통은 항상 시간을 소비하므로, 교통관련 의사결정을 할 때 종종 이용자가 가장 먼저 고려하는 비용이 시간비용이다. 3.2절에서 논의한 바와 같이 통행시간은 업무나 여가시간의 감소와 직접 관련되므로, 승객은 통행시간을 매우 중시한다. 통행시간이 오래 소요될수록 재고비용이 증가하므로, 제조업체 또한 통행시간을 매우 중시한다. 소요된 시간을 말하는 시간비용(time costs)은 승객의 교통수단 선택을 좌우하기도 하는데, 승객은 통행시간을 절감하기 위해서 종종 비교적 상당히 많은 금액을 지불할 용의를 가진다.

4.4.3 특정비용, 공동비용, 공통비용

많은 경제부문에서 특정 소비자가 비용을 직접적으로 부담한다. 헬스장에서 운동을 하다가 발생한 부상의 치료비용은 운동을 한 사람이 부담한다. 주택을 치장하는데 발생하는 비용은 주택소유자가 부담한다. 이는 특정비용(specific costs)에 관한 두 가지 사례로서, 특정 소비자에게 직접적으로 부담지울 수 있는 비용을 말한다. 교통부문에도 특정비용이 발생하는데, 예를 들면 항공기에 화물을 적재하는 비용이다. 그러나 교통부문에는 다른 부문에 비하여 공동비용이나 공통비용이 매우 많이 발생한다.

공동비용(joint costs)은 하나의 상품 제공이 반드시 다른 상품의 제공을 초래하는 경우를 말한다. 대표적으로 왕복통행을 들 수 있다. 외곽방향 통행을 제공하면, 반드시 반대방향 통행도 제공된다. 이때의 왕복통행 비용은 공동비용이다. 이와 같은 순(true) 공동비용의 경우 두 상품이 고정된 비율(왕복통행서비스)로 제공되기 때문에 한 상품만 구매할 때에도 비용은 달라지지 않는다. 따라서 두 상품이 합쳐진 공동비용만이 알려졌을 때, 한 상품의 비용이 얼마인가를 결정할 수 없다. 따라서 특정 소비자에게 공동비용을 완전하게 부담시키기는 것은 불가능하며, 가격전략을 매우 복잡하게 만든다.

공통비용(common costs)은 하나의 상품이 여러 소비자에게 제공되는데, 여러 부류의 소비자들에게 제공되기 때문에 그 부담비율을 명확하게 알 수 없는 비용이다. 예를 들면 도로는 승용차, 버스, 화물차의 운전자가 여타의 이용자와 함께 이용하고 있다. 이때 도로제공비용의 일정 부분을 각각에게 적절히 부담시키는 것이 가능하다. 예컨데, 도로표면의 마모와 손상은 모두는 아니지만, 대부분이 차량축 하중에 관련됨으로써, 이를 토대로 각각에게 부담시키면 된다. 그러나 조명비용, 비탈면절개비용, 그리고 차선도색비용을 어떻게 도로 사용자 각각에게 부담시킬 것인가? 공동비용과 마찬가지로 공통비용은 가격전략을 매우 복잡하게 만든다. 사실 이러한 공통비용이 존재하기 때문에 중앙정부는 통상적으로 도로네트워크를 제공하여야 한다고 말하고 있다.

4.5 수입의 분류

생산자에게 비용 다음으로 중요한 부분이며, 따라서 기업이론의 두 번째 부분은 수입이다. 수입(revenue)은 재화나 서비스를 구입하는 소비자로부터 기업에게 유입되는 돈을 말한다. 비용과 마찬가지로 수입은 생산규모에 따라 분류될 수 있는데, 비용처럼 세 가지 다른 방법으로 수입을 살펴 볼 수 있다.

4.5.1 총수입

총수입(total revenue, TR)은 소비자가 재화나 서비스를 구입함으로써 생산자에게 유입되는 전체 화폐금액을 말한다. 생산자가 모든 소비자에게 재화나 서비스를 동일한 가격(P)에 판매한다고 가정하면, 총수입은 단순히 가격에 판매량(또는 수량, Q)을 곱한 것이 된다. 예를 들어 한 택시회사가 200명의 승객에 서비스를 제공했고, 모두가 도심에서 철도역까지 개별적으로 통행했으며, 요금은 한 통

■ 그림 4-10 총수입/한계수입/평균수입의 관계

생산량	한계수입	평균수입	총수입
0	–	–	0
1	4	4	4
2	2	3	6
3	–	2	6
4	−2	1	4
5	−4	–	0

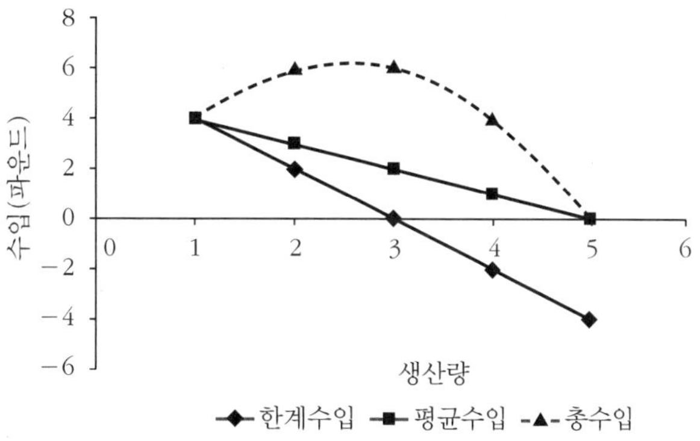

행당 5파운드라고 하면, 택시회사의 총수입은 1,000파운드가 된다.

$$TR = P \times Q = 5 \times 200 = 1{,}000\text{파운드}$$

총수입은 생산자가 지불하여야 하는 비용을 고려하지 않으므로, 이윤이 아님을 인식해야 한다. 이는 단지 수입만을 말하며, 이윤에 대해서는 4.6절에서 설명하도록 한다.

총수입곡선은 〈그림 4－10〉에 나타나 있다. 뒤집어진 U자 모양(inverted-U shape)을 취하고 있는데, 이에 대한 이유는 아래에서 설명될 것이다.

4.5.2 평균수입

평균수입(average revenue, AR)은 생산량 1단위당 수입을 말하며, 총수입을 생산량으로 나눔으로써 산출된다.

$$AR = \frac{TR}{Q}$$

생산자가 모든 생산물을 동일한 가격에 판매한다면, 평균수입은 단순히 가격과 동일하게 된다.

수요의 법칙(law of demand)은 상품 자체를 변화시키거나 다른 외생적 요인에 의존하거나 혹은 변화시키지 않으면서 수요량을 증가시키기 위해서는 가격, 즉 평균수입을 인하하여야 한다고 말한다. 따라서 〈그림 4-10〉에 나타나는 바와 같이, 수입-생산량을 나타내는 그림에서 평균수입곡선은 우하향한다.

4.5.2.1 평균수입곡선과 수요곡선

평균수입곡선은 각 생산량 수준별로 벌어들인 평균수입을 보여준다. 생산자는 통상적으로 생산물의 각각 단위에 대해 동일한 가격을 부과하므로, 평균수입은 생산자가 설정하는 가격이라고 볼 수 있다. 따라서 평균수입곡선은 가격과 생산량 간의 관계를 보여주며, 이는 바로 수요곡선이다. 다만 차이는 평균수입곡선은 생산 측면에서 이들(가격-수량) 간의 관계를 본 것이고, 수요곡선은 소비자 측면에서 이들 간의 관계를 본 것이다.

4.5.3 한계수입

한계수입(marginal revenue, MR)은 생산물 한 단위를 추가적으로 생산, 판매해서 얻게 되는 추가적인 총수입을 말한다. 예를 들어 3,211개의 생산물을 판매한 총수입이 6,422파운드이고 3,212개의 생산물을 판매한 총수입이 6,424파운드이면, 3,212개째 단위를 판매한 한계수입은 2파운드이다. 생산자가 생산량에 관계없이 동일한 가격에 판매한다면, 한계수입은 가격과 동일하게 된다.

한계수입은 또한 평균수입과 명확한 관계를 갖고 있는데, 이를 이해하는 것이 중요하다. 수입-생산량을 나타내는 그림에서 한계수입곡선은 우하향하고 있으며, 해당되는 평균수입곡선보다 가파른 기울기를 갖고 있다. 〈그림 4-10〉에서와 같이 평균수입곡선이 직선인 경우에는, 한계수입곡선의 기울기는 평균수입곡선 기울기의 정확히 2배가 된다. 이는 생산자가 한 단위를 추가로 판매하기 위해 가격을 인하할 때 여지껏 판매한 상품의 모든 단위에 대해 가격을 인하해야 하기 때문이다. 이것은 마지막 단위를 생산하고 판매하여 얻는 수입인 한계수입은 이전에 판매된 모든 단위에 대해서 발생하는 수입의 감소금액을 빼야 하기 때문에 한계수입은 평균수입보다 반드시 낮다는 것을 의미한다. 한계수입은 처음에는 얼마동안 양(+)의 값을 나타내나, 가격이 더욱 하락하면서 더 이상의 가격 하락은 오히려 생산자 총수입을 감소하게 만드는 지점에 도달하게 된다. 이 지점에서 한계수입은 음(−)이 되고, 이 지점은 평균수입곡선의 중간에 위치하게 된다. 〈그림 4−10〉은 이를 보여주고 있다.

단순하게 하기 위해 평균수입곡선은 직선으로 그려졌으며 평균수입과 생산량은 1대1 비례관계를 가진다. 각 생산단위별 총수입은 새로운 생산량에 새로운 가격을 (이제까지 판매된 모든 수량에 대하여도 가격이 새로운 가격으로 낮추어졌을 것임) 곱하여 산출되는데, 〈그림 4−10〉은 이들 수치를 한계수입과 함께 보여주고 있다. 한계수입이 음(−)으로 변경되는 지점은 세 번째 단위를 생산할 때이며, 이는 첫 번째 생산량에서 시작하는 평균수입곡선의 중간 지점이다. 그 결과로 총수입곡선은 뒤집어진 U자 모양을 갖게 된다. 총수입은 한계수입이 음(−)으로 변경되기 이전까지 생산량 증가에 따라 처음에는 증가하는데 체감적으로 증가한다. 한계수입이 음(−)으로 변경되는 지점에서부터 총수입은 감소하기 시작하는데 체증적으로 감소한다. (원저자는 〈그림 4−10〉에 함께 제공된 도표에서 0단위의 생산량에 대해 한계수입과 평균수입이 0인 것으로 표시하고 있으나 이런 표현은 도표 위에 보여진 그림에 비추어 볼때 맞지 않음. 이들은 정의할 수 없는 수치로 0대신에 '−'로 표시되어야 할 것임: 역자주)

수요곡선이 직선이든 곡선이든 상관없이, 수요의 가격탄력성으로부터 한계수입을 산출할 때에 사용할 수 있는 유용한 공식이 있다.

$$\text{한계수입} = \text{가격} \times \left(1 + \frac{1}{\text{탄력성}}\right)$$

요금이 200파운드이며 가격탄력성이 −2(아마도 여가통행이라 가격 탄력적임)인 런던−뉴욕 간 항공권이 판매된다고 가정하자. 위 공식에 의하면 항공권을 한 매만 더 판매할 수 있을 정도로 가격을 인하할 때 얻게 되는 추가적인 수입은 $200 \times (1+(1/-2)) = 100$파운드가 된다. 티켓 한 매를 더 판매함으로써 거의 200파운드를 얻게되지만, 그 이전까지 판매했을 모든 항공권의 요금을 인하함으로써 100파운드를 잃게 된다. (이 경우를 수치로 설명하면 다음과 같음. 가격탄력성이 −2이므로 이제까지의 티켓 판매량이 100매라고 가정하면 101번째 티켓(약 1%의 수량증가)을 판매하기 위해 요금을 1파운드 인하(약 0.5%의 요금인하)해야 할 것임. 1파운드의 요금인하는 이제까지 판매한 100매의 티켓에 대해 100파운드의 수입손실을 가져올 것임: 역자주)

4.6 이윤극대화와 기타 목표들

지금까지 기업이론 분석의 구성요소들을 설명하였으므로, 앞으로는 여러 장에 걸쳐서 기업이론들 자체에 대해서 분석할 수 있게 되었다. 그러나 기업이론 분석에 앞서 생산자의 목표는 무엇인가에 대해 고려해 보는 것이 필요하다.

신고전경제학(neoclassical economics)에서 생산자의 목표는 이윤극대화라고 가정하고 있다. 이를 위해 생산자는 한계비용(MC)을 한계수입(MR)에 일치시키는 것이 필요하며, 이는 이윤극대화조건(profit-maximising condition)이라고 불린다. 〈그림 4-8〉과 〈그림 4-10〉을 보면, 왜 그러한 가를 알 수 있다. 생산량이 적은 경우 한계수입곡선은 한계비용곡선보다 크게 되어 이윤이 발생하므로, 생산자는 이들 수량을 생산해야 한다. 그러나 두 곡선은 점차 수렴하여 그 차이가 감소하게 되는데, 이는 생산량 증가에 따라 한계이윤(marginal profit)이 하락하는 것을 의미한다. 그러나 두 곡선이 교차할 때까지 한계이윤은 양(+)의 값을 갖는다. 따라서 생산자는 비록 한 단위를 추가 생산할 때마다 추가적 이윤은 점차 감소하지만, 이 모든 수량이 추가적 이윤에 공헌하므로 생산자는 이 모든 수량을 생산해야 한다. 생산자는 한계수입이 한계비용과 같아지는 생산량 수준 이상으로는 생산하지 않아야 한다. 왜냐하면 이때부터 한계수입이 한계비용보다 적어지게 되는 그림의 부분에 돌입하게 되어, 한계이윤이 음(−)이 되기 때문이다. 이때의 추가적인 생산은 총이윤을 감소시킨다. 결국 이윤을 극대화하려는 생산자는 한계수입이 한계비용과 같아지는 수준까지 그리고 이 수준을 포함하는 수준까지 모든 수량을 생산해야 한다. 그러나 그 이상은 생산하지 않는다.

생산자의 목표는 일반적으로 이윤극대화라고 가정되는데, 왜냐하면 이는 기업의 실제 행태를 가장 잘 나타내고 있다고 보기 때문이다. 교통부문에는 택시회사 같은 소규모 개인유한회사(private limited company)부터 공로화물운송회사 같은 중규모 주식회사(public limited company)를 거쳐, 대규모 항공회사 같은 거대한 다국적회사에 이르기까지 다양한 생산자가 있다. 이들 다양한 사업부류의 각각은 최소한 부분적으로는 모두 이윤을 극대화하고자 한다. 소규모 개인유한회사들은 운영을 유지하기 위해서 이윤이 발생하여야 한다. 중규모 및 대규모 주식회사들은 인수합병을 받아들이겠다는 것을 무기로 기업조직을 위협하는 주주에게 배당금을 지급하기 위해서 이윤이 발생하여야 한다. 이와 같이 이윤극대화는 앞으로 설명되는 이론들을 위해서 적합한 가정으로 받아들여 질 수 있다.

이윤극대화 가정은 고전경제학파(classical economists) 시대에 일반적인 기업 환경이었던 기업자본주의(entrepreneurial capitalism)의 경우에 특별히 잘 들어맞는다. 이 패러다임에서 기업의 소유자는 전략적인 의사결정을 하는 자로써 전통적인 생산자들(producers)이었다. Griffiths and Wall(2000)은 제2차 세계대전 이후 생산자의 조직에 이윤극대화 목표의 장점을 약화시키는 많은 중대한 변화가 발생하였으며, 이 변화들은 생산자가 정확히 누구인지를 식별하는 것이 어렵게 만들었다고 설명하고 있다. (따라서 이 절의 나머지 부분에서 기업(business)이라는 용어는 인간의 의사결정자가 아닌 광범위하게 생산 단위를 뜻하는 것으로 사용된다.) 첫째, 유한 책임을 갖는 무수한 주주가 소유하는 대규모 주식회사가 출현함에 따라, 소유(ownership)의 성격이 변화되었다. 둘째, 많은 주주가 매일 기업활동을 경영하는 것이 불가능해지게 되자, 이사회를 구성하여 이 기능을 수행하게 함으로써 통제(control)의 성격도 변화하였다. 이러한 두 가지 변화는 이전에는 없었던 소유와 통제의 분리(divorce of ownership and control)가 나타나게 했으며, 이 패러다임이 바로 경영자본주의(managerial capitalism)이다. 셋째, 기업의 조직체계는 더욱 복잡해지고 계층화(hierarchical)되어, 최고경영자가 조정하기가 어려워지게 되었다. 넷째, 기업규모가 확대되자, 이제는 기능적 부문들(전문경영인들)과 기업이 어떻게 운영되어야 하는가에 관심을 가진 (개인이나 그룹의) 주주들 간에 의견 충돌의 가능성이 훨씬 더 높아졌다. 마지막으로 인터넷이 발달했을지라도, 최근의 기업환경에서 기업을 통제할 수 있는 사람들이 필요로 하는 모든 정보를 획득할 수 있게 되는 것이 불가능하게 되었다. 따라서 고전경제학자들은 무한책임을 갖는 개인이나 소수의 기업 동업자들이 기업을 직접 소유하고 강력하게 경영하는 것을 목격했겠지만, 이제는 상황이 전혀 달라졌다. 경영자가 기업 소유자와는 다른 목표를 추구할 가능성이 있으며, 경영자는 기업 조직체계나 주주 간에 존재하는 충돌에 의해 제약을 받는 목표를 추구해야 하는 경우도 있을 것이며, 그리고 경영자가 이윤극대화를 추구하는 데에 필요한 정보를 획득할 수 없는 경우도 발생할 것이다.

특히 마지막에 언급한 정보획득의 어려움은 이윤극대화에 관한 신고전학파의 가정을 비판하는 핵심이 되어 왔다. 이러한 비판은 특별히 오스트리아 경제학

파에 의해서 주도되었는데, Anderson and Ross(2005)는 기업 경영자는 한계비용과 한계수입곡선을 정확히 알 수 없다고 말하고 있다. 실제로 이들 곡선들을 정확히 구축할 수 있다고 할지라도, 이들은 동시에 존재하지 않기 때문에 동일한 비용-수량 그림에 그려질 수 없다는 것이다. 일반적으로 기업은 생산물을 판매하기 전에 이미 비용을 지불하나, 제품의 생산이 이루어지기 전에 이 제품의 판매계약을 체결하기도 한다. 어느 경우이든 간에 기업은 항상 장래에 대한 인식을 토대로 의사결정을 하여야 하는데, 장래에 대한 인식은 항시 불완전하다. 시간과 불확실성의 효과 때문에 경영자가 한계비용을 한계수입에 일치시키는 것은 불가능하다. 따라서 한계비용을 한계수입에 일치시키는 것은 실제로 적용 가능하지 않다고 말하고 있다.

기업조직에 대한 이러한 변화와 현실에서 신고전학파의 가정을 실제로 적용할 수 없다는 인식 때문에 기업목표에 관한 비교적 새로운 이론들이 개발되었다. 이러한 새로운 이론들은 한편으로는 대안적인 새로운 최종 목표라고 고려될 수도 있으나, 다른 편으로는 이러한 새로운 이론들이 이윤극대화를 최종 목표로 삼고 이 목표의 달성을 위해 추구하는 과정 중에 경영자가 중점을 두어야 하는 실제적이고 실현 가능한 목표라고도 볼 수 있다. 노트르담 대학 경제학과에서 유발되어 널리 알려진 의견분열에서 알 수 있는 바와 같이 이에 대한 논쟁은 아직도 경제학 전문가들의 일부 그룹 내에서 활발히 계속되고 있다(Anderson and Ross, 2005).

4.6.1 수입극대화

이는 William Baumol(1959)에 의해서 개발되었는데, 경영자는 기업의 매출수입(sales revenue)극대화를 목표로 설정한다고 주장한다. 이를 목표로 하는 이유는 다음과 같다.

- 소비자는 수입이 감소하는 기업을 부정적으로 볼 수도 있다. 그 결과 매출은 더 감소하게 되어, 악순환효과(vicious cycle effect)가 발생하게 된다.
- 금융기관은 수입이 감소하는 기업은 대출금을 갚지 못할 가능성이 높을 것이라는 우려 때문에 이들 기업에 돈을 대출해 주기를 꺼려할 수 있다.

이렇게 되면 경영자의 재원조달은 더욱 어렵게 되어 기업의 확장 기회를 더욱 제한한다. 또한 대출을 받더라도 더 높은 이자율을 요구하므로, 평균비용은 증가하게 된다.

- 부품이나 서비스 공급자들은 수입이 감소하는 기업과는, 계약 체결에 따른 불확실성과 위험이 증가하므로, 같이 일하거나 계약을 체결하는 것을 꺼려한다.
- 수입 감소는 이 기업의 종업원 수의 감축을 초래할 수 있는데, 이에는 상당수의 경영자들이 포함될 수 있다.
- 경영자의 급여나 기타 비금전적인 혜택은 기업의 수입과 관련되는 경우가 많다.

이윤극대화 조건이 한계비용과 한계수입을 일치시키는 것인 반면에, 매출수입극대화 조건은 한계수입이 0인 때의 생산물 수준을 생산하는 것이다. 이 수준보다 적은 생산량들은 양(+)의 한계수입을 가지고 총수입의 증가를 가져오므로, 이들 수량들을 생산하여야 한다. 반면에 이 수준보다 큰 생산량은 음(−)의 한계수입을 가지고 이들 수량들이 생산되면 총수입의 감소를 가져 올 것이다(4.5.3절 참조).

실제로 수입극대화의 경우에는 이윤극대화가 목표인 경우보다 더 낮은 가격을 부과하는 것이 필요하다. 세일이나 할인을 통해 재고를 처리하는 전략을 사용하기도 한다. 더 많은 마케팅을 하기 때문에 평균비용이 증가하더라도 더 많은 생산량을 판매하는 것이 목표이므로 수입극대화 하에서는 마케팅이 더 많이 행해 질 것임을 알 수 있다.

경영자의 목표가 수입극대화라고 할지라도, 이 목표에 이윤에 대한 제약 조건이 수반되어야 할 것임을 경영자들은 충분히 인식하고 있다. 예를 들면 장래의 수입 증가를 위해 경영자는 일정 수준의 투자를 확보하는 것이 필요하다. 이에 대한 자본은 내부적으로 유보된 이윤(retained profit)을 통해 조달하거나 혹은 외부적으로 금융기관을 통해 조달하게 된다. 어느 경우이든 일정 수준의 이윤이 확보되어야 가능하며, 특히 후자의 경우 외부 투자를 유치하기 위해서는 더욱 그러하다.

4.6.2 경영자 효용극대화(managerial utility maximization)

Williamson(1963)은 경영자가 매출액 이외의 다른 것을 극대화하기 위해 추구하는 요소들이 무엇인가를 소개함을 통해 Baumol의 모형을 더욱 확대시켰다. Williamson의 모형은 경영자는 업무에서 얻게 되는 만족(혹은 효용)을 극대화한다고 주장하고 있다. 이때 만족은 다음과 같은 요소들에 의해 결정된다. 급여, 직장보장, 권력, 지위, 권위, 전문가로서의 수월성(professional excellence)으로, 반드시 동일한 가치를 갖거나 완전히 독립적일 필요는 없다고 말하고 있다(Williamson, 1963). 경영자는 이윤극대화보다 경영자비용(managerial expenditure)이라고 불리는 이들 요소에 돈을 지출하기를 원한다. 예를 들면 경영자는 더 많은 종사자를 관리하는 것이 더 큰 권위를 누리는 것이라고 생각해서 더 많은 부하직원을 고용하고자 한다. 또한 경영자는 직장에서 더 큰 위력발휘를 할 수 있을 것이라는 생각 하에, 종업원의 업무의욕을 최적화하는 데에 필요한 수준 이상으로 종업원 시설을 개선하는 데에 투자를 하고자 한다.

Williamson 또한 이윤제약조건이 경영자 효용극대화에 수반되어야 함을 충분히 인식하고 있다. 장래의 효용 개선을 위해서도 투자재원이 필요한데, 앞에서 언급한 바와 같이 일정 수준의 이윤이 발생하여야 한다. 이러한 이윤제약조건 하에서 앞에서 언급한 모든 요소들에 대해서 얻어진 한계효용(marginal utility)이 동일할 때, 경영자효용은 극대화될 수 있다. 이 경우에 첫째로 더 이상 경영자비용을 지출하는 것은 효용을 개선하지 못하는데, 그 이유는 이윤제약조건이 지켜지지 않게 되기 때문이다. 둘째로 기존에 지출된 경영자비용을 이들 요소들 사이에 재배분하는 것도 효용을 개선하지 못한다. 그 이유는 이미 각각의 요소에 대한 한계효용이 동일하기 때문이다. (만일 요소들 간의 한계효용 동일화에 대한 조건이 지켜지지 못하게 되면 경영자효용 극대화가 이루어지 못할 것임: 역자주)

경영자 효용극대화가 우선시되는 기업은 생산효율적(productively efficient)이지 못한데, 그 이유는 생산에 필요한 이상으로 과잉하게 배정된 비용들이 있을 것이기 때문이다. 경영자들은 시장여건이 악화되면, 삭감될 것에 대비하여 비용에 여분을 마련해 두기 때문에 과잉지출이 발생하는 것이다.

4.6.3 성장극대화

Robin Marris(1964)는 좀 더 동태적인 접근방법을 취하며, 경영자는 장기적 측면, 즉 기업의 성장률에 중점을 둔다고 주장한다. 다시 말하면, 중요한 것은 기업이나 소속 부서의 현재 규모가 아니라, 기업이나 부서가 확장하고 있는 비율이라는 것이다. 이는 경영자가 기업 내에서 누리고 있는 권력과 지위를 결정하는 주요한 요소가 될 수 있다. 소유주 또한 경영자가 얼마나 효과적인가 판단하기를 원하고, 이에 따라 경영자 보수를 결정할 수도 있다. 이상적으로 소유주는 전체 이윤 규모에 대한 기여도 측면에서 경영자 성과를 평가하기 원한다. 그러나 이는 너무 어려우므로, 기업의 활동 규모에 대한 경영자의 기여도가 종종 대리변수(proxy variable)로 대신 사용된다. (즉 경영자도 이윤극대화에 대한 경영자의 기여도 대신 기업의 규모(성장)에 경영자의 기여도를 경영자 성과에 대한 평가기준으로 사용함: 역자주)

경영자는 자신의 직장보장에 대해서도 깊은 관심을 갖는데, 이는 적대적인 합병(hostile acquisition) 위협으로 인하여 위태로워질 수 있다. 이러한 돌발사태에 대비하여 자신을 보호하기 위해서 경영자는 주주들에게 만족할만한 배당금을 지급하는 것이 필요하다. 이러한 필요성은 기업의 성장과 자신의 직장보호 사이 교환관계(trade-off)를 발생시킨다. 성장률을 높이기 위해 투자를 증가시키는 것이 필요하나, 이 경우 주주에 대한 배당금 지급은 감소하게 된다. 투자 증가를 통하여 장래에 지속적으로 지불되는 배당금이 현재의 배당금 감소를 상쇄하고 남을 정도로 증가할 것이라고 주주들이 설득되면, 현재의 배당금 감소를 처음에는 기꺼이 감수할 수 있다. 그러나 유사한 결정에 대해서 주주들이 불만족해 하는 시점이 언제인가 올 것이며, 이때는 기업의 주식가치가 감소하고 적대적 합병의 확률은 증대된다. 경영자는 이러한 주식가치에 대한 제약(share value constraint)조건 하에서 성장률의 극대화를 추구해야 한다.

4.6.4 행태이론

기업목표에 관한 고전적 이론과 위에서 서술된 세 가지의 대안적인 새로운 이론들 모두 일정한 이윤제약조건 하에서 특정 요소를 극대화하는 것을 토대로 하고 있다. 반면에 행태이론은 기업의 조직체계를 고려함으로써 기업목표를 설명하고자 하는 지금까지와는 다른 접근방법을 사용하여 개발되었다.

이 방법은 Simon(1959)에 의해서 최초로 제시되었는데, 기업은 서로 다른 이해관계자(stakeholders) 그룹의 복잡한 집합체라는 인식에서 출발한다. 이들 각 그룹은 상이한 목표를 갖는다. 예를 들면 주주는 단순히 그들의 투자에 대한 좋은 수익만을 원하므로, 기업은 이윤을 극대화해서 배당금 지급을 극대화하기를 원한다. 반면에 종업원은 급여의 극대화 및 기업 내 근무조건의 개선을 원한다. 따라서 기업의 전체 목표는 서로 다른 그룹 간의 상호작용의 결과로 나타난다. 그러므로 극대화보다는 타협(compromise)이 지배하게 될 것이다.

Simon은 기업의 가장 주요한 목표는 무엇보다도 생존(survival)이고, 구체적인 실제적 목표는 이 기업에 이해관계를 갖는 각각의 그룹을 만족시키기 위해서 고안된다고 주장한다. 이는 만족화(satisficing)라고 불린다. 최종적인 결과는 다른 이론들과 반드시 달라야 할 필요는 없으나, 다만 처음부터 특정 요소를 극대화하는 것이 아니라 협상, 목표 설정, 그리고 만족시킴의 사이클을 반복하는 과정을 통해 최종 결과를 달성해 나간다는 것이다. (만족화(satisficing)라는 용어는 노벨상 수상 경제학자인 Herbert Simon에 의해 1957년에 명명(coined)되었는데 이것은 특정 변수, 예컨데 이윤에 대해 어떤 최소한의 수준을 달성하려고 노력하지만 이 변수의 극대화를 성취하려고 노력하지는 않는 행태를 말한다. 기업의 행태이론에서 기업은 이윤을 극대화하려고 노력하지 않고 이윤제약조건을 만족시키기 위해 최소한의 꼭 필요한 이윤수준을 성취하려고 노력한다. 일단 이 이윤수준을 성취하면 기업의 우선순위는 다른 목표들을 성취하려는 것으로 바뀐다고 주장한다: 역자주)

Cyert and March(1963)는 Simon의 주장을 더 발전시켜, 기업은 기업의 목표에 동의하고 있는 이해관계자 그룹의 연합(coalitions)으로 구성된다고 제시하고 있다. 이러한 연합들은, 그때그때에 주어진 기업환경에 따라 개별 이해관계자의 의견이 변화하게 되므로, 정태적(static)이 아니다. 어느 한 시점에서 한 기업 내 연합들은 기업목표를 결정하기 위해, 서로 흥정하는 과정에 있을 것이다. 기업이 처해 있는 환경에 따라, 연합 내의 어느 그룹이 지배적이게 되느냐 하는 것도 시간에 따라 변화하므로, 기업목표 또한 계속 변화한다. 경영자의 역할은 주어진 시점에서 서로 다른 연합 간 마찰을 해소하는 목표를 설정하는 것이다. 이 경우에 기업의 생존을 위험에 빠뜨리지 않도록 단 하나의 연합 그룹도 소외되어서는 안 된다.

4.6.5 보다 넓은 이타적 목표

지금까지의 분석은 기업 내 구성원의 이익만을 추구하는 기업목표들에 집중하였다. 그러나 좀 더 넓은 이유로 존재하는 기업들의 경우도 있다. 예를 들면 공공의 필요성을 만족시키고자 하는 기업도 있고, 다음에 설명할 City Splint와 같이 환경보호를 기업목표의 근간으로 설정하는 기업도 있다.

많은 교통운영회사들은 이윤을 추구(for-profit)하는 조직으로 설립되지는 않는다. 이들은 지방 및 중앙정부와 같은 정부당국의 요구에 따라야 하는데, 정부의 법률들은 이들이 공공의 이익에 따라(in the public interest) 운영하여야 한다고 규정하고 있다. 교통운영회사들은 특정 제약 하에서 운영해야 하는데, 가장 통상적으로 전반적인 재정에 관한 특정 제약이 주어진다. 전형적으로 이 제약은 해당 정부의 예산으로 지원받을 수 있는 최대한의 운영손실을 포함한다. 영국의 경우, 지방정부의 시내 버스와 전차운영공사, 철도 인프라 제공자인 영국철도시설공사(Network Rail), 모든 중앙 및 지방정부의 도로가 여기에 해당된다. 여기서 제기되는 흥미로운 이슈는 공공의 이익(the public interest)이라는 추상적 표현에 대해 실천적인 해석을 어떻게 할 것인가이다. 그러나 이윤극대화가 목표인 기업에게 중요한 것과 마찬가지로 이들에게도 순수입(net revenue)의 결정이 중요하다는 것이 분명하다.

4.6.5.1 영국의 City Splint 우편물탁송회사

City Splint는 영국 제일의 우편물네트워크회사로서, 34개 서비스센터를 갖추고 13,000개 이상의 다양한 회사들에게 도시 내 및 전국, 국제 우편물서비스를 제공하고 있다. 이 회사는 Institute of Transport Management에 의해서 2004년 우편물서비스부문 최고상을 수상했으며, 이전에도 European Courier Company 상을 비롯하여 여러 부문의 상을 수상하였다. City Splint는 공표된 기업목표의 하나로 환경을 매우 중시하고 있으며, 그 결과 다음과 같은 성과를 달성하였다.

- 1,200대가 넘는 보유 차량의 구성에 관해 적절한 결정을 취했다. 환경교통협회가 2002년 올해의 자동차 중의 하나로 선정한 Smart 차량 여러 대를 2003년에 도입했다. 현재 15대를 운행 중에 있으며, 점차 더

확대해 나갈 계획이다. 런던에서 가장 많은 자전거를 보유하고 있으며, 자전거 사용으로 절약된 휘발유 리터를 보여주는 차량마일리지 절약보고서(Mileage Savers Report)를 고객에게 제공하고 있다. 마지막으로 전기 및 하이브리드 차량을 도입할 목적으로, 현재 이들을 시험 운행하고 있다.

- 배출가스를 관리하고 감축하는 과정을 찾아내겠다는 집념을 갖고, 이 회사가 배출하는 CO_2량을 보여주는 배출가스보고서를 매월 작성하고 있다.
- 회사의 모든 활동에 자원 재생을 의무화하고 있다. City Splint는 대부분의 서비스센터가 현재 모든 사무실의 폐지 및 프린터 카트리지를 재생하고 있으며, 나머지 센터도 곧 그러할 계획이라고 말한다.
- 폐지 및 프린터 카트리지 발생량을 감소시키기 위한 의사소통수단으로, email과 website를 사용하고 있다. City Splint는 2005년에 앞으로 사용할 email 주소를 얻기 위한 노력으로 고객과 교신하는 프로그램을 운용하기 시작하였다. 또한 전자송장작성시스템을 도입하려 한다.
- 재생용지나 환경품질기준에 맞는 재료로부터 생산된 용지만을 구입하고 사용하겠다고 선언하고 있다.
- 회사의 환경전략을 검토, 운영하기 위해 풀타임 환경전문가를 고용했다. City Splint는 또한 ISO: 14001:2004 환경관리시스템 기준에 맞는 경영시스템을 개발해서 시행할 것을 공표했다. (ISO: 14001:2004 환경규제는 기업체 자신이 경제적 목적과 환경적 목적을 조화시키며 두 가지 모두를 달성할 수 있는 환경관리시스템을 개발하는 것을 허용하는 구조이다. 이 규제는 자발적이며 기업체는 환경을 향상시키기 위해 사용하는 방법을 자유로이 선택할 수 있다. 다양한 기업들은 환경성과성취 방법과 기준을 독립적으로 개발하고 ISO: 14001의 규제를 이행하는 것으로 간주된다: 역자주)

4.6.6 이윤극대화에 대한 증거와 중요성

Griffiths and Wall(2000)은 실제 기업목표들에 대한 연구들을 광범위하게 조사한 결과를 발표했다. 이 조사에서 얻은 전반적인 결론은 위에 설명한 다양한 이론들의 각각에 대해 지지하는 증거가 존재한다는 것이었다. 이와 같은 결론은 조사 대상 기업조직들이 매우 많았고 다양했다는 점을 고려하면 아마도 예상했던 결과일 것이다.

뒤의 장들에서 설명되는 바와 같이 교통부문은 대부분 상대적으로 소규모인 기업들로 구성된다는 사실 때문에 교통부문의 경우 상황이 더 복잡해 질 수 있다. Quince and Whittaker(2003)는 기술부문에 속해 있는 153개 중소기업의 경영자들을 대상으로 조사했다. 조사 대상기업의 평균 역사는 18.5년이고 매출액은 1.6백만 파운드이며, 종업원 수는 27명이었다. 3가지 유형의 목표가 이 조사에서 존재하는 것으로 밝혀졌다. 첫째, 기업을 설립한 동기로 가장 많은 지지를 받는 이유는 독립(autonomy)과 자기발전(advancement)이었다. 이때 후자는 소득의 발전을 포함하는 것이므로 이윤극대화(profit maximization) 목표를 지지한다고 볼 수 있다. 둘째, 가장 강력하게 지지를 받은 개인적인 목표는 성공적인 기업을 창조하는 것이었다. 이 또한 이윤극대화 목표를 지지한다고 주장될 수 있다. 개인적 만족(personal satisfaction)의 목표는 이 보다 적은 지지를 받았다. 마지막으로 대부분의 응답자는 기업의 성장목표(growth objective)도 지지하고 있다.

실제로 모든 기업은 다양한 목표를 공표하고 있으며, 많은 경우에 넓은 의미의 윤리적 이슈도 목표에 포함하고 있다. 그러나 이들 모두는 생존하기 위해서 혹은 주주를 만족시키기 위해서 이윤극대화를 목표로 설정하고 있다. 사실 이윤극대화는 지금까지 언급한 모든 이론에서 어떠한 형태로든 인식되고 있다. 결론적으로 기업은 다른 목표들을 공표하고는 있지만, 모든 기업경영의 중심에는 이윤동기가 자리 잡고 있다. 따라서 경제학자가 기업목표로 이윤극대화를 가정하는 것은 합리적이라고 할 수 있다.

사실 이윤극대화는 실제적으로 점차 다시 더 중요해지고 있다. Williamson(1975)은 1920년대 이후 기업조직체계의 변화를 분석하였는데, 단일사업체계(unitary)에서 다사업부서체계(multidivisional structures)로 변화되었다고 말하고 있다. 첫 번째는 U자 형태의 체계로서 기업은 하나의 간결한 사업체계를 갖추고 있는데, 전체 조직을 통솔하기 원하는 최고경영자로부터 길게 내려 오는 명령체계를 가지고 있다. 두 번째는 M자 형태 체계로서 실제 기업은 몇 개의 작은 사업부서로 나뉘고, 각 사업부서는 별도의 경영자에 의해 관리된다. 이 조직체계에서 최고경영자는 전체 조직을 관리할 필요가 없는 대신에, 각 사업부서의 성과를 모니터링

하는 데에 집중한다. 작은 사업부서들은 행태이론에서 제기되는 압박(예컨대 주주로부터의 주식가치유지에 대한 압력: 역자주)을 받지 않을 수 있으며, 가장 빠른 이윤 성장을 달성하는 사업부서는 추가적으로 자원을 배분받을 수 있으므로 이러한 기업조직체계는 전통적인 기업체계에 존재하는 이윤이 아닌 목표를 추구하고자 하는 최고경영자의 행태로부터 발생하는 많은 어려움을 극복하는 데에 도움이 된다. 이와 같은 조직체계의 변화는 교통부문에도 해당되는데, General Motors는 1920년대에 이러한 조직혁신을 선도하였으며, 이후에 London Transport와 같은 회사들에 의해서 계속적으로 도입되었다.

경영자는 한계비용과 한계수입을 일치시키고자 한다는 신고전주의의 공식은 현실 세계에는 실제로 맞지 않지만, 하나의 모형으로서 장래를 예측하는 데에는 유용하다. 이것(예측하는데 유용하다는 것)은 경제적 모형에 대해 가장 중요한 판단기준이라고 주장될 수 있는데, Friedman(1953) 명제(thesis)라고 불리고 있다. 또한 이윤극대화는 기업들에게 존재하는 유일하게 중요한 목표는 아니지만, 앞으로 설명하게 될 분석의 효과를 최적화하는 유일한 목표이다. 또 이 하나의 목표에만 집중하는 것이 분석을 간결하게 한다.

4.7 시장구조

다음에 논의되는 5개 장에서는 이번 장에서 설명한 이론적 도구를 사용해서 다양한 시장구조(market structures)를 분석하며, EU 교통부문에 이를 적용시켜 본다. 경쟁 강도(spectrum of competition)에 따라 4개의 전통적인 시장구조가 존재하는데, 완전경쟁(perfect competition)은 경쟁이 가장 극심한 극단에 위치하고, 순수독점(pure monopoly)은 경쟁이 전혀 없는 극단에 위치한다. 그 중간에는 〈그림 4－11〉에 나타나는 바와 같이 독점적 경쟁(monopolistic competition)과 과점(oligopoly)이 있다. 그리고 최근에 분석되는 두 시장구조로서, 자연독점(natural monopolies)과 경합시장(contestable markets)이 있다. 이들은 경쟁 강도를 나타내는 그림에는 실제 맞지 않지만, 교통부문을 완전히 이해하기 위해서는 반드시 필요하다.

■ 그림 4-11 경쟁 강도

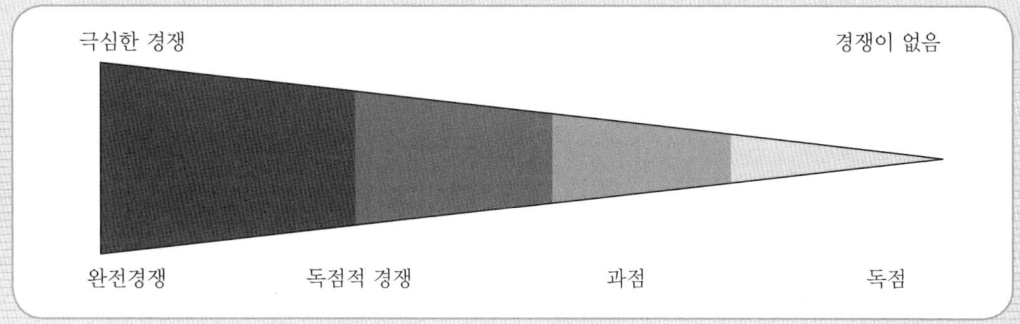

제 5 장

경쟁과 경합시장

Chapter 5

5.1 가정들과 모형

완전경쟁은 3.5절의 단순한 수요와 공급의 분석에 의해 보여진 시장구조로서, 자유시장경제학의 근간을 이루고 있다. 완전경쟁은 아래의 몇 가지 엄격한 가정을 토대로 하고 있다. (제3장에서 이미 설명한 바와 같이 상품(products)은 재화와 서비스 모두를 나타내는 것으로 정의한다.)

- 수없이 많은 소규모의 생산자와 소비자가 있다. 따라서 각자는 시장의 극히 적은 부분만을 차지하므로, 시장가격에 절대적으로 전혀 영향을 미칠 수 없다. 그들은 시장에서 결정된 가격을 그대로 받아들일 수밖에 없으므로, 가격수용자(price takers)라고 불린다.
- 시장에 공급된 모든 상품은 완전히 동질적(homogeneous)이다. 즉 그것들은 모든 측면에서 동일하다.
- 공급자는 시장에의 진입과 퇴출이 완전히 자유롭다. 즉 진입과 퇴출에는 어떠한 장애물(barriers)도 없다.
- 시장 내에서 완전한 정보(perfect information)가 제공된다. 즉 모든 소비자와 생산자는 언제든지 다른 사람들이 시장에서 무엇을 하고 있는지를 완전히 알고 있다.
- 자유롭게 상품을 이동할 수 있어서, 상품의 공급은 시장의 힘(market forces)에 즉각적으로 반응한다.

이러한 시장구조는 〈그림 5-1〉에 나타나 있다. 완전경쟁에서는 수많은 생산자와 소비자가 있어서, 시장을 나타내는 패널 A와 개별 기업을 나타내는 패널 B가 있다.

앞에서 언급한 바와 같이 생산자와 소비자는 매우 많아, 아무도 시장에 힘을 미칠 수 없다. 그 결과 가격은 순전히 시장의 힘에 의해서, 즉 수요와 공급의 상호작용에 의해서 결정된다. 〈그림 5-1〉의 P_1과 같이 시장가격은 시장에 어떠한 초과도 발생하지 않도록 하는 수준에 존재함을 의미한다(3.5절 참조). 또한 패널 B에서 보여지는 바와 같이 이 가격은 모든 개별 생산자가 받아들여야 하는 가격이다.

개별 기업의 수요곡선이 수평인 이유는 수요량이 가격에 완전탄력적(per-

■ 그림 5-1 완전경쟁

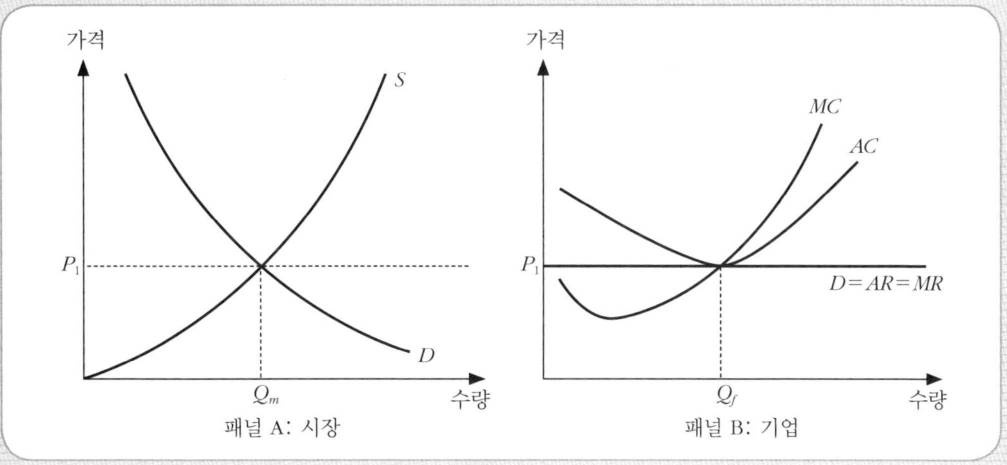

fectly price elastic)이기 때문이다. 시장의 모든 상품은 동질적이므로, 소비자는 어느 생산자가 상품을 공급하는가에 대해서 무관심하다. 또한 모든 정보를 갖고 있고 시장에서의 상품이동은 매우 자유롭기 때문에, 소비자는 항상 가장 싼 공급자로부터 구입할 수 있다. 즉 소비자는 서로 경쟁하는 생산자가 제시하는 모든 가격을 알고 있으며, 어디에서나 상품을 자유롭게 구입할 수 있다. 이는 모든 생산자가 가장 싼 가격으로 상품을 판매하여야 한다는 것을 의미하고, 이 가격이 바로 시장에서 결정되는 가격 P_1이라는 것이다. 생산자가 P_1보다 높은 가격을 설정하면, 모든 고객을 경쟁자에게 빼앗길 것이다. 생산자가 P_1보다 낮은 가격을 설정하면, 가격은 비용을 충당할 수 없게 되어 생산자는 곧 폐업을 하게 될 것이다.

완전 탄력적인 수요곡선의 결과로, 생산자가 공급하는 모든 상품은 주어진 가격 P_1에 판매된다. 추가적인 한 단위 판매는 생산자 총수입에 P_1만큼을 더 발생시키고, 따라서 한계수입(marginal revenue)은 이 가격과 계속 동일해진다. 마찬가지로 어떠한 생산수준에서도 평균수입(average revenue)은 총수입을 생산량으로 나누면 되는데, 평균수입 또한 가격과 동일해진다. 그러므로 〈그림 5-1〉에 나타나는 바와 같이 한계 및 평균수입곡선은 주어진 가격에 수평이 되어 수요곡선과 동일해진다.

이윤을 극대화하기 위해서는 생산자는 한계비용(marginal cost)을 한계수입에 일치시켜야 한다. 〈그림 5－1〉에서 생산자는 시장가격 P_1에 Q_f만큼의 생산물을 시장에 공급할 것이다. 〈그림 5－1〉에서 Q_m으로 나타나는 시장총공급량(total market supply)을 도출하기 위해서는 개별 생산자의 공급량을 단순히 합하기만 하면 되며, 이를 수평적 합산(horizontal summation)이라 부른다.

5.2 정상 및 비정상이윤

이윤을 회계학적으로 간단하게 정의하면, 비용을 초과하는 수입을 말한다. 그러나 경제학적으로 보면, 이는 너무 간단한 정의이다. 4.1절에서 언급하였듯이, 생산활동을 위해서는 네 가지 요소가 반드시 필요하다. 각 요소를 고용함에 따라 대가를 지급하게 된다. 물리적 토지에는 지대(rent)가 지급되고, 다른 원재료들에는 가격을 지급해야 한다. 자본도 임대료(rent)가 지급되고, 노동에는 급여를 지급하며, 기업가에게도 정상이윤(normal profit)을 지급해야 한다 정상이윤은 기업가가 영업활동을 계속하는 데에 필요한 최소한의 이윤이다. 이윤수준이 정상이윤 이하로 하락하면, 기업가는 노력을 쏟을 가치가 없다고 생각하여 기업을 더 이상 운영하려고 하지 않는다. 따라서 정상이윤은 생산자에게 비용으로 간주된다. 정상이윤은 기한이 도래한 임대료, 자본에 지급해야 하는 자본비용, 그리고 종업원이 요구하는 급여 등과 같이 생산자가 반드시 지급해야 하는 것이라고 볼 수 있다.

정상이윤은 비용이므로, 한계 및 평균비용곡선에 포함된다. 〈그림 5－1〉에서 생산자는 P_1가격에 Q_f 단위를 생산함으로써 비용을 충당하고 있는데, 이는 정상이윤만이 발생하고 있으며 그 이상은 발생하지 않는다는 것을 의미한다. 이는 시장이 균형상태에 있을 때 존재할 것이라고 완전경쟁모형이 암시하는 상황이다.

정상이윤을 초과하는 수입을 비정상이윤(abnormal profit)이라고 말한다. 만일 비정상이윤이 발생한다면 이것을 개별 생산자에 대해 설명하는 그림(〈그림 5－2〉의 패널 B)에서 면적으로 나타낼 수 있다. 완전경쟁 하에서 비정상이윤은 짧은 기간에만 존재하는데, 이에 대해서는 다음 절에서 설명하도록 한다.

이윤에 관한 경제학적인 정의는 절대적 개념으로서, 모든 비용을 제외한 순수입을 말한다. 회계학은 경제학과는 다른 문제들을 다루기 때문에 이윤(profit)

에 대한 정의 또한 다르다. 특히 회계학에서는 생산자가 투자한 재무적 자본(financial capital)에 대한 상환비용을 빼지 않고 이윤을 정의하고 있다.

5.3 조정 메커니즘

위에서 설명한 가정들로 인하여, 〈그림 5-1〉에 나타나는 바와 같이 시장 균형상태에서 벗어나는 경우는 오래 지속되지 못한다. 〈그림 5-2〉는 완전경쟁 시장에서 불균형상태가 발생하는 경우를 보여주고 있다. 시장가격 P_1은 개별 생산자의 평균비용보다 높다. 이때 생산자는 이윤을 극대화하여 비정상이윤을 얻게 되며, 〈그림 5-2〉의 음영으로 처리된 면적으로 나타나 있다. 비정상이윤은 단기간에만 발생하는데, 그 이유는 시장 외부에 있는 기업들이 시장 내의 기존 생산자가 비정상이윤을 얻는 것을 알게 되어 그들도 시장에 자유롭게 진입해 비정상이윤을 얻고자 하기 때문이다. 추가적인 생산자가 시장에 진입하므로, 시장총공급은 증가한다. 시장공급곡선이 바깥쪽으로 이동하므로 시장가격은 하락한다. 시장가격이 평균비용과 같아져서 비정상이윤이 없어져 〈그림 5-1〉의 상태에 다다를 때까지, 시장가격은 계속 하락할 것이다. 이 지점에서 더 이상의 생산자가 시

■ 그림 5-2 단기적인 시장불균형

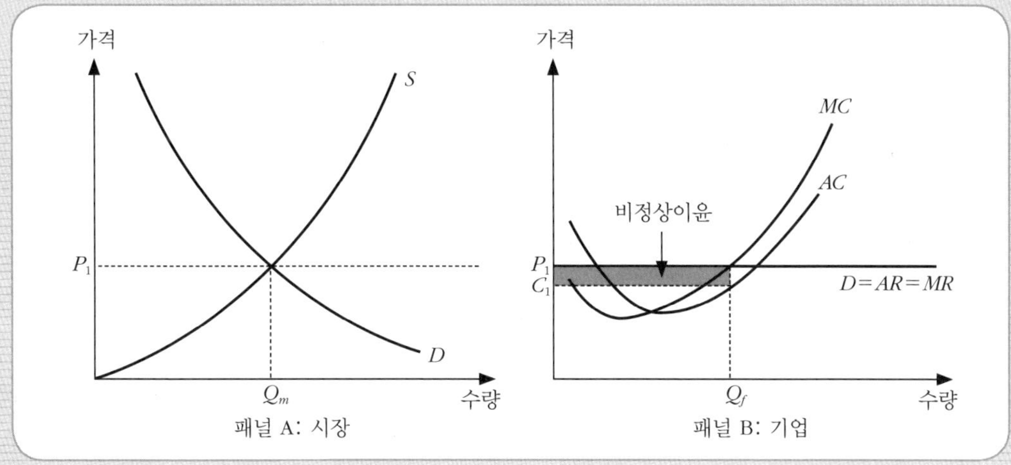

장에 진입하지 않게 될 것이므로 조정 메커니즘은 정지하게 된다. 왜냐하면 더 이상 공급이 증가하면 가격이 하락하여 생산자는 손실을 보게 되기 때문이다.

가격이 너무 낮아 개별 생산자가 손실을 보게 되는 경우에는, 반대의 조정 메커니즘이 작용한다. 시장 진출과 퇴출이 자유로우므로, 일부 생산자는 더 이상 생산활동을 하지 않고 시장을 떠난다. 이에 따라 시장공급은 감소하고 시장공급 곡선은 안쪽으로 이동하게 되어, 가격은 상승한다. 가격이 생산자의 평균비용과 같아질 때까지, 즉 비용이 충당될 때까지, 이러한 조정 메커니즘은 계속되어 〈그림 5-1〉의 균형상태로 시장을 신속하게 되돌려 놓는다.

5.4 효율성

효율성(efficiency)은 시장구조가 주어진 최적기준을 얼마나 만족시키는가에 관해서 경제학자가 말할 때 사용하는 용어이다. 그러므로 특정 시장구조가 바람직한가를 평가하는 방법이다. 2.2.1절에서 설명한 바와 같이 효율성에는 세 가지 형태가 있는데, 본 절에서 좀 더 설명해 보기로 한다.

이 절의 논할때 전반적으로 생산자가 무능하게 경영을 하여 낭비가 발생하는 경우는 없다고 가정한다. 즉 모든 생산요소를 더 적게 투입하면서 현재와 동일한 생산량을 생산하는 것이 불가능하다고 가정한다. 그러므로 우리가 그린 비용곡선은 가능한 가장 싼 방법에 의해서 주어진 생산량을 생산하는 비용을 나타낸다. 이는 중요한 단순화 개념인데, 경제학문헌에서 x-비효율성(x-inefficiency)이라고 불리는 중요한 현상을 나타낸다. 실제로 많은 정부정책은 x-비효율성과 같은 유형의 실패로 끌고 간다고 비판을 받고 있다. 예를 들어 정부가 교통서비스를 제공할 때에는 종종 상업적 경쟁으로부터 압력을 받지 않기 때문에 경영자는 게으르게 되고, 따라서 이보다 적은 비용으로 더 좋은 결과를 도출하는 것이 가능할 수 있게 된다고 주장하고 있다.

5.4.1 생산효율성

생산효율성(productive efficiency)은 현재의 평균비용 수준이 가능한 최저의 평균비용과 비교할 때 어떠한가를 말한다. 그러므로 생산효율적인 생산자 혹은 시장은 평균비용곡선이 최저인 지점에서 운영되는 기업 혹은 시장을 말한다(4.3.2.1절 참조). 다르게 말하면, 생산효율적인 생산자 혹은 시장은 주어진 자원으로 생산량을 극대화하는 기업 혹은 시장을 뜻한다.

5.4.2 배분효율성

개념적으로 배분효율성(allocative efficiency)은 기업보다 넓은 의미의 시장이나 더 광범위한 경제에 가장 잘 적용된다. 배분효율성은 자원이나 상품을 배분하는 방법을 말하고 있는데, 주어진 배분을 시장에서 효용수준이 극대화되는 배분과 비교할 때 어떠한가를 말하고 있다. 그러므로 배분효율적인 시장은 소비자가 가장 높은 가치를 부여하는 것을 생산하도록 자원을 배분하고 사용하는 시장이며, 또 이렇게 생산된 상품을 이 상품의 소비로부터 가장 효용을 많이 얻는 사람들에게 배분하는 시장이다.

배분효율성이 달성되는 경우는 가격이 한계비용과 동일한 때라고 더 공식적으로 정의할 수 있다.

$$P = MC$$

이미 언급한 바와 같이, 단순한 시장균형의 관점에서 볼 때, 소비자가 하나의 상품에 대해 기꺼이 지불하고자 하고 또한 지불할 수 있는 가격은 소비자가 상품에 대해 부여하는 가치를 나타낸다고 말할 수 있다. 그리고 한계비용은 그 상품의 특정단위를 생산하는 데 필요한 추가적인 생산요소의 비용이다. 가격이 한계비용보다 높으면, 생산자는 소비자로부터 너무 많은 돈을 받는 것이므로 그 상품은 과소 소비될 것이다. 반대로 가격이 한계비용보다 낮으면, 생산자는 추가적인 단위에 대한 비용을 충당할 만큼의 수입을 받지 못하는 것이므로 그 상품은 너무 많이 소비될 것이다.

배분효율성은 공기업이 공공의 이익(public interest)을 위해 공급한다고 말할 때, 공공의 이익에 대한 합리적인 정의가 무엇이어야 하는가에 대한 단서를 제공해준다. 공기업은 예산이 허락하는 한, 가격을 한계비용과 일치시키고자 노력해야 할 것이다.

5.4.3 파레토 효율

파레토 효율(pareto efficiency) 또한 보다 넓은 시장이나 경제수준 전반에 가장 잘 적용된다. 파레토 효율은 하나의 시장 내에서 실제로 얻게 되는 효용 총량이 취득 가능한 최대 효용과 비교할 때 어떠한가를 말하는 것이다. 파레토 효율적인 시장은 다른 사람에게 손해를 입히지 않고서는 어떤 한 사람이 더 좋아질 수 없는 상황을 말한다. 이는 시장에서 총잉여(total surplus)가 극대화되는 경우로서 그림으로 나타낼 수 있다(3.6절 참조).

파레토 효율은 생산효율성과 배분효율성이 모두 달성되는 상황이다. 시장이 생산효율적이 아닌 경우에는, 자원을 더 개선된 방법으로 사용함으로써 소비자가 원하는 상품의 생산량을 증가시켜 전체 후생은 증가될 수 있다. 마찬가지로 시장이 배분효율적이 아닌 경우에는 자원과 상품을 재배분하여 가장 높은 가치를 부여하는 상품을 더 생산하고 이들 상품을 이 상품의 소비로부터 가장 많은 효용을 얻는 사람에게 배분함으로써 전체 후생은 개선될 수 있다.

5.4.4 완전경쟁과 효율성

자유시장주의 경제학자들이 시장의 자유화와 경쟁정책의 시행을 지지할 때 내세우는 가장 강력한 논거는 이들 정책이 시행되어야 시장은 완전경쟁모형 시장에 더욱 근접하게 되고, 따라서 위에서 언급한 세 가지 형태의 효율성이 모두 만족된다는 것이다.

완전경쟁시장은 치열한 경쟁을 통하여 모든 생산자가 비용만을 충당하는 수준의 시장가격을 수용하도록 훈련시키기 때문에 생산효율적(productively efficient)이다. 〈그림 5-1〉에 나타나는 바와 같이, 가격은 생산자 평균비용곡선의 최저점과 만난다.

상품에 가장 높은 가치를 부여하는 소비자가 가장 높은 가격을 기꺼이 지불하고자 하고 또 지불할 수 있다고 가정하면, 완전경쟁시장은 또한 배분효율적(allocatively efficient)이 된다. 이들 소비자는 시장수요곡선의 왼쪽에 위치하고 있으며, 따라서 실제로 상품을 소비하는 사람들이다. 상품을 소비하지 않는 사람들은 수요곡선의 오른쪽에 위치하고 있으며, 시장가격을 지불하면서 구입할 만큼 상품의 효용이 그들에게 충분히 높지 않기 때문에 상품을 구입하지 않는다. 이와 같이 전체 효용이 극대화되도록 시장은 상품을 배분한다. 〈그림 5－1〉은 개별 생산자가 Q_f만큼 생산할 때, 가격은 한계비용과 같아지는 것을 보여주고 있다.

완전경쟁에서는 생산효율적이고 배분효율적이므로, 또한 파레토 효율적이기도 하다. 이는 〈그림 3－11〉에 나타나 있는데, 이러한 수요와 공급조건 하에서 총잉여가 극대화된다. 이 조건에서 소비자잉여나 생산자잉여, 그리고 시장 후생이 극대화되지 않고 있는 획득 가능한 면적은 없다. 수요곡선이나 비용곡선 중의 하나가 이동하지 않는 한 생산자에게 손해를 발생시키지 않으면서 소비자에게 이득을 발생시킬 수는 없으며, 그 반대도 마찬가지이다. 수요곡선이나 비용곡선 중의 하나가 이동하는 경우에는 시장에 새로운 조건이 형성되어 파레토 효율의 새로운 상황을 창출하도록 시장은 적응해 나갈 것이다.

교통혼잡과 차량정체현상이 왜 바람직하지 않은가는 이들의 현 상황을 개선시킬 수 있는 여지가 있다는 측면에서 이해할 수 있다. 이들 가격이 너무 낮게 설정되어 있어서, 초과수요가 발생하는 것이라고 볼 수 있다. 운이 좋아서 빨리 서비스를 제공받은 사람이 그 서비스에 가장 높은 가격을 지불하고자 하는 사람이 아닐 수 있다. 더 높은 가격을 부과하면, 그 시설에 가장 높은 가치를 부여하는 사람들이 이용할 것이고, 이로 인한 추가적인 수입은 가격 인상으로 더 이상 시설을 이용하지 않는 사람들을 보상하기에 충분할 것이다. 그 결과 이론적으로는 모든 사람들이 좋아질 것이다. 거의 마술과도 같이, 그 시설의 경제적 가치는 증가된다. 이에 대해서는 제16장에서 다시 논의하기로 한다.

5.5 기본모형

완전경쟁모형의 가정은 너무 제약이 많기 때문에, 교통부문에서 실제로 완전경쟁시장을 그대로 나타내는 경우는 거의 없다. 실제로 교통부문에서는 높은 초기 투자비 때문에 시장진입에 장애가 발생한다. 인터넷 확대로 어느 정도 나아지기는 했지만 소비자나 생산자 모두가 시장 내 다른 생산자가 어떤 결정을 하는지를 정확하게 모르기 때문에 소비자나 생산자가 모든 정보를 완전하게 알 수도 없다. 또한 물리적 자본이 처음에 어디에 입지하는지가 매우 중요하기 때문에 교통부문에서 상품이나 서비스의 완전히 자유로운 이동도 보장되지 않는다. 예를 들면 프랑스의 화물운송회사는 네덜란드 운송회사와 크게 경쟁관계에 있다고 볼 수 없다. 이러한 이유와 이보다는 덜 하지만 현실과는 상이한 나머지 가정들로 인하여, 완전경쟁모형은 제대로 작동하지 않는다. 설사 작동한다고 해도, 시장이 균형상태로 회복하는 데에 매우 오랜 시간이 소요된다.

그렇다고 완경경쟁모형이 중요하지 않거나 쓸모없다고 말하는 것은 아니다. 완전경쟁모형에서 파레토 효율이 달성되므로, 이상적인 시장이라고 말할 수 있다. 완전경쟁모형은 현실에 가까운 다른 모든 시장과 비교될 수 있는 벤치마크 대상으로 사용될 수 있다. 또한 파레토 효율이 달성되는 시장구조의 중요한 특성을 보여주므로, 이들이 실제로 교통시장에 존재하기 위해서 어떠한 정책이 필요한가를 도출할 수 있다. 이러한 시장구조를 만듦으로써, 사회 전체에 편익이 발생하는 효율성 개선이 달성될 수 있다. 이러한 이유로 인하여 완전경쟁모형은 기본모형(fundamental model)이라고 불린다.

5.6 교통부문 사례연구: 비정기 해운시장

해운교통은 EU로 수입되는 모든 상품의 90%를 담당하고 있어, 유럽의 교통부문에서 매우 중요한 위치를 차지하고 있다. 해운시장은 세 부문으로 구분된다. 첫째는 정기선시장(liner market)으로, 상대적으로 부피가 작은 화물을 사전에 정해진 노선에 따라 정기적으로 운송한다. 그러나 정기선해운회사는 최근에 점차 벌크화물을 더 운송하고 있다. 둘째는 벌크시장(bulk market)으로, 상대적으로 운행빈도가 적게, 보통 1척당 연간 6～12회를 운행하면서 동질의 대규모 화물을 운송한다. 대부분 에너지 관련 화물인 석탄, 석유 등의 운송이 해당된다. 셋째는 특수시장(specialised market)으로, 특수하게 설계된 선박이나 상·하역장비, 부두시설 등을 이용해 더 효과적으로 벌크화물을 운송하는 것이다. 뒤에 언급한 두 시장은 모두 비정기적으로 서비스가 제공되므로 비정기 해운시장(tramp shipping market)이라 불린다.

5.6.1 동질적 상품을 제공하는 다수의 소규모 생산자들

〈그림 5-3〉에 나타나는 바와 같이 2004년 EU15에는 1,451개의 해운회사가 있어서 정기선, 벌크선, 특수선, 심해선 등 총 8,323척의 선박을 보유하고 있다. 이 중에서 1/3 이상의 회사는 1척 만을 보유하고 있으며, 1개 회사만이 200척 이상인 261척을 보유하고 있다. 1개 회사당 평균 보유대수는 단지 6척에 불과하다.

3개 해운시장별로 차이는 있지만, 각 시장별로 회사들 간에는 치열한 경쟁이 발생하고 있다. 벌크시장의 경쟁이 특히 치열한데, 이는 제공되는 서비스가 동질적이며, 개별 선박을 경쟁단위로 볼 수 있으며, 회사들은 가격수용자이기 때문이다. 특수시장은 덜 경쟁적인데 회사 숫자가 많지 않으며, 대부분의 선박은 특수 설계되어 동질성이 적기 때문이다. 그러나 많은 화물은 특수 선박이 아닌 일반 선박으로도 운송될 수 있으므로, 이 시장에는 높은 경합성(contestability)이 존재한다고 볼 수 있다.

■ 그림 5-3 2004년 유럽 해운회사의 선박 보유대수

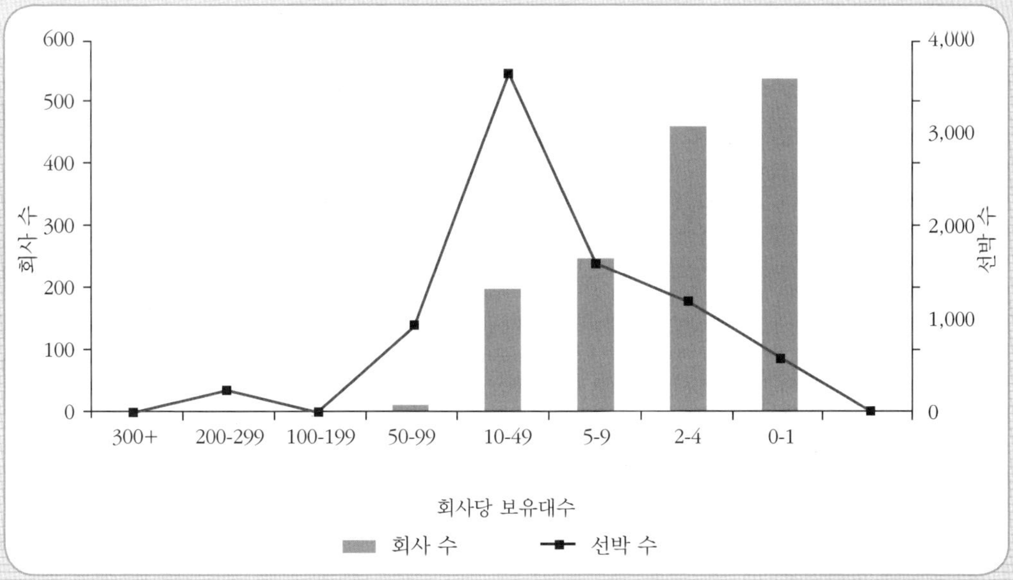

5.6.2 자유로운 진입과 퇴출

해운시장에 진입하기 위해서는 회사가 어느 정도의 자본금을 갖는 것이 필요하다. 또한 선박을 구입하여야 하는데, 석유운반선의 경우에는 1억 달러를 초과할 정도로 매우 비싸다. 이는 시장진입의 장애요인이 될 수도 있으나, 선박에 대한 저당권을 설정하면 선박전문상업은행에서 차입할 수 있으므로 장애요인이 많이 완화될 수 있다.

새로운 회사가 해운시장에 진입하는 것을 도와주는 다양한 서비스가 있다. 선박관리회사는 선박을 관리해주고, 선박중개인은 선박임대와 수입금 징수를 담당하고 클레임까지 처리해주며, 매매중개인은 선박의 구입 및 판매를 대행해주는 것 등이다. 이러한 다양한 서비스가 있어서 새로운 해운회사가 해운시장에 진입하는 것은 상대적으로 용이하다.

마찬가지로 기존 해운회사가 시장을 퇴출하는 것도 용이하다. 20년까지 사용될 수 있는 선박은 매매중개인의 도움을 받아 중고선박시장에서 판매 또는 구매될 수 있다.

5.6.3 정보

비정기 해운시장에 관한 정보는 매우 잘 알려져 있어서 이 시장을 매우 투명하게 만들며, 소비자와 생산자는 상대방이 무엇을 할 것인지를 쉽게 알 수 있고 이들 정보에 근거하여 의사결정을 내릴 수 있다. 수입과 자산 가격에 대한 정보는 선박중개회사들을 통하여 매일 발표되고, 이 정보는 시장에 널리 유포되고 있다. 상이한 선박유형별로 운영비용 또한 널리 알려져 있어서 의사결정을 내리기 위해 필요한 현재의 이윤수준도 쉽게 추정할 수 있다.

5.6.4 서비스의 이동

해운회사가 제공하는 서비스는 지리적으로 이동이 가능하다. 유럽의 한 국가에 있는 소비자는 다른 국가의 회사가 제공하는 서비스를 자유롭게 소비할 수 있다. 따라서 지리적으로는 매우 넓으나, 하나의 시장이라고 볼 수 있다. 수요변화에 따라 공급이 이동될 수 있도록 보장해 주므로, 서비스의 이동가능성은 완전경쟁모형에서 중요하다. 이와 같은 비정기 해운시장에서의 유연성은 〈그림 5-4〉에 나타나는 바와 같이 선적서비스가 다양한 방법으로 구매될 수 있기 때문에 더욱 강화된다.

〈그림 5-4〉에 보여진 다양한 선택권들은 모두 각각의 장·단점을 가지고 있다. 예를 들면 선박을 임대(chartering)하면, 세 가지 장점이 발생된다. 첫째, 화주는 선박 소유를 원하지 않을 수 있는데, 이는 선박 소유를 위한 기술력을 갖고 있지 못하거나, 선박을 구입할 돈이 없기 때문이다. 둘째, 규모의 경제로 많은 선박을 소유한 선박소유주에게 비용이 적게 발생하는 경우에는, 임대비용이 소유비용보다 장기적으로 더 적게 소요되기도 한다. 이것이 석유회사들이 1960년대에 시간 기준 임대방식(time-chartered)으로 많은 화물을 운송한 이유이다. 셋째, 투기 및 시세차익 이득(speculative or arbitrage gains)을 가져올 수도 있다. 한 회사가 일정 기간 선박을 임차(period-charter)한 후에 운행단위로 선박을 타 회사들에 임

■ 그림 5-4 비정기 해운시장에서 제공 가능한 서비스

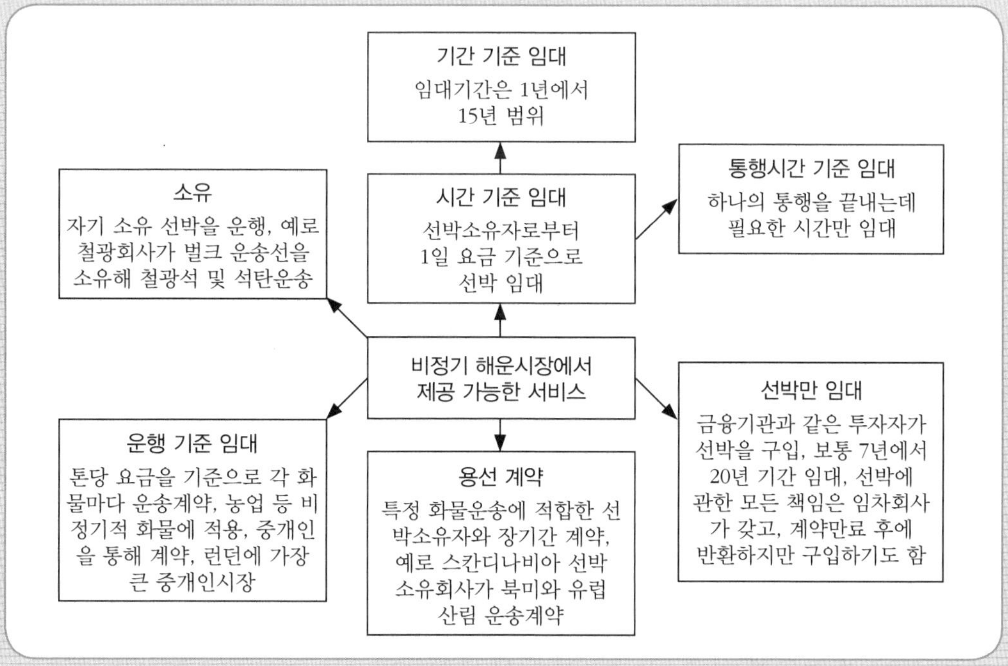

대(voyage-charter)하여 이윤을 남길 수도 있다.

5.6.5 시장변동

해운산업에서의 투자결정은 시간적 지연을 가져온다. 특히 신규 선박을 구입하는 데에는 대부분의 경우 발주 후 건조를 하기 때문에 많은 시간이 소요된다. 이러한 특성으로 인하여 해운시장에는 변동이 계속되고, 장기적으로는 안정된 균형상태에 도달하지 못하게 된다. 이러한 상황이 〈그림 5-5〉에서 설명되고 있는데, 거미집이론(cobweb model)을 적용하고 있다.

먼저 지점 1과 4에서 시작해 보기로 한다. 이 경우 수요에 비해 공급용량이 부족하기 때문에 시장에서는 이윤이 발생한다. 그러므로 해운회사는 추가 용량을 확보하고자 중고선박시장을 알아본다. 소비자는 서비스를 제공받고자 서로 경쟁하고, 공급자는 중고선박을 구입하는데 돈을 소비하면서 단기균형을 이루기 위해 시장가격은 상승한다. 중고선박 수요가 증가함에 따라 중고선박 가격이 상승하므로, 해운회사는 신규 선박을 구입하고자 발주한다. 그러나 선박을 인도받는데 시간이 소요되고, 인도 시점에는 시장에 초과공급이 발생하는데, 지점 2와 3이 이를 보여주고 있다. 이윤은 소멸되고, 단기균형을 이루기 위해 시장가격은 하락한다. 경쟁력이 약한 회사는 시장에서 퇴출되고, 경제적 수명을 다한 선박은 폐기된

■ 그림 5-5 거미집이론

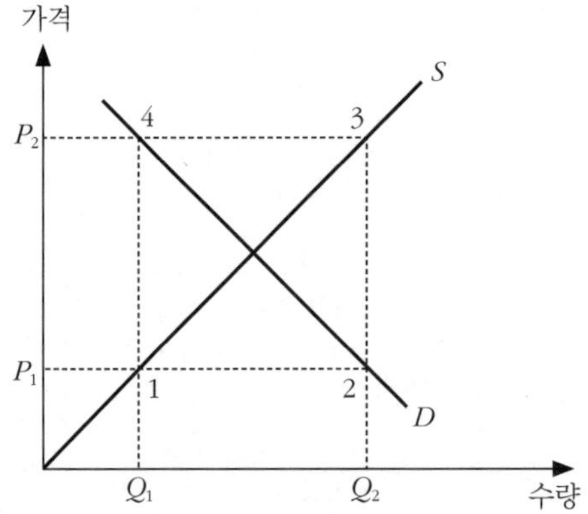

다. 이는 시장공급량을 감소시켜 다시 원래 사이클 위치로 되돌아간다. 이와 같이 해운시장은 장기적으로 안정적인 균형상태에 도달하는데 실패하고, 효율적인 회사만 시장변동에서 생존할 수 있게 되므로 공급회사들의 생산효율성(productive efficiency)은 보장된다.

위와 같은 시장변동은 해운시장에서 최근에 계속 나타나고 있다. 19세기 말에 해운을 통한 무역 규모가 계속 증가하자, 정기선해운회사들은 추가 용량 확보에 많은 투자를 했다. Derek Aldcroft(1974)는 1914년의 세계 선박 보유대수는 1900년에 비하여 70%나 많았다고 말하고 있다. 더 크고 더 효율적인 신규 선박이 대부분 건조되었을 때에는(신규 선박이 더 크고 효율적이었다는 것이 상황을 오히려 악화시켰음) 수요 증가는 이미 끝나고 오히려 정상적인 때보다도 감소했다. 너무 많은 선박이 운행되었기 때문에 가격과 이윤은 수직으로 하락했고, 당시의 해운 불경기를 더 악화시켰다. 경쟁력이 약한 회사는 시장에서 퇴출되고 낡은 선박은 폐기되어 사이클을 다시 시작하게 만들었다. 1919~1920년에 해운산업이 과다하게 낙관되었던 것도 유사한 현상이라고 말할 수 있다.

〈그림 5-5〉에서는 시간이 흘러도, 사이클의 진폭은 증가하거나 감소하지 않는 것으로 그려져 있다. 그러나 시간이 흐름에 따라 진폭이 점차적으로 증가하는 것으로 그려질 수도 있다. 이 경우 시장의 역학(dynamics)이 불안정하기 때문에 시장균형은 존재하지만 결코 달성될 수 없는데, 이를 확산하는 거미집이론(diverging cobweb model)이라 부른다. 한편 시장의 역학이 안정적인 경우에는 시간이 흐름에 따라 진폭은 감소해서 시장이 균형상태에 도달하게 되는데, 이를 수렴하는(converging) 거미집이론이라 부른다. 그러나 이 경우에도 세계적으로 여러 사건들이 발생해 계속 수렴을 방해할 것이고, 이에 따라 진동(oscillations)현상 또한 결코 멈추지 않을 것이다.

5.7 경합시장

1970년대 후반 및 1980년대 초반에 William Baumol(1982a, 1982b, 1986)은 전통적인 시장구조에 딱 들어맞지 않는 시장이 존재한다고 주장하였다. 이 시장은 완전히 경쟁적이지는 않지만, 비정상이윤이 발생하지도 않는다. 그는 경합시장이론(theory of contestable markets)을 제시하여 이와 같은 시장을 설명하려고 하였는데, 미국의 국내선 항공산업에 처음 적용하였다.

경합시장의 가장 중요한 특성은 시장진입에 장애물이 없으며, 특히 매몰비용(sunk costs)이 없다는 것이다. 그러므로 시장에는 항상 새로운 생산자가 진입할 수 있다는 실제적인 위협이 존재한다는 것을 의미한다. 기존 생산자에게 비정상이윤이 발생하고 있으면, 새로운 생산자가 시장에 진입하여 더 낮은 가격에 판매하며 비정상이윤을 빼앗아 가고자 할 것이다. 사실 이는 치고 빠지는 경쟁(hit-and-run competition)위협이다. 이 경우 생산자는 시장에 진입하여 기존 생산자보다 낮은 가격을 설정하여 존재하는 비정상이윤을 취득한 이후 시장을 떠난다. 그런데 매몰비용이 있으면 시장진입을 어렵게 해서 경쟁이 억제되므로, 매몰비용이 발생하지 않는 것이 이 이론에서 중요하다. 이러한 위협 때문에 기존 생산자는 좀 더 완전경쟁에 가깝게 행동할 수밖에 없다. 기존 생산자는 생산효율적이어야 잠재적인 시장진입자와 경쟁할 수 있다. 그래서 경쟁적인 가격을 설정하여 정상이윤만을 얻음으로써, 치고 빠지는 경쟁이 발생하지 않도록 한다. 그 결과 이 시장구조는 완전경쟁을 나타내는 〈그림 5-1〉에 의해 설명될 수 있다.

경합시장과 완전경쟁시장의 차이점은 경합시장에서는 얼마나 많은 생산자가 실제로 존재하느냐는 문제 되지 않는다는 것이다. 시장 내에 실제 경쟁자가 있는 것보다는 새로운 경쟁자의 시장진입 위협(threat) 때문에 기존 생산자는 경쟁적인 행태로 행동하도록 길들여진다는 것이다.

경합적인 시장이 형성되기 위해서는 다음의 세 가지 추가적인 요소가 충족되어야 한다.

- 새로운 생산자는 기존 생산자와 동일한 기술을 가질 수 있다.
- 기존 생산자는 충분한 재원을 갖고 있지 않아, 가격전쟁에서 새로운 생산자가 설정한 가격보다 즉각적으로 더 낮게 가격을 설정할 수 없다.
- 브랜드 충성도(brand loyalty)는 낮기 때문에 소비자는 가격 변화에 즉각적으로 반응해서 가장 싼 가격에 상품을 제공하는 생산자로부터 구입한다.

이들 요소가 만족되지 않으면 기존 생산자는 새로운 생산자보다 이점을 갖게 되므로, 치고 빠지는 경쟁은 실제적인 위협이 되지 않아 시장은 경합적이지 못할 것이다.

5.7.1 비정기 해운시장

비정기 해운시장(tramp shipping market)은 5.6절에서 언급한 바와 같이 벌크 시장과 특수시장의 두 가지로 구분된다. 그러나 이들 시장은 운송되는 화물 품목에 따라 다양한 하부시장들(sub-markets)로 나누어질 수 있다. 예를 들면 에너지 관련 제품(전체 물동량의 70%를 차지), 산림제품, 금속제품, 화학제품, 자동차 등으로 세분화된다. 이들 화물의 상당 부분은 다른 하부시장에 속한 선박들에 의해서도 운송될 수 있기 때문에 특정 하부시장에는 상대적으로 적은 숫자의 해운회사만 있지만, 이들은 경쟁적으로 행동할 수밖에 없다.

액체가스와 같은 일부 특수 해운시장에서는 경쟁자의 시장진입이 더 어려운데, 이들 화물의 운송은 특수 설계된 장비를 사용하면 훨씬 더 효율적이기 때문이다. 그러나 이들 시장의 많은 경우도 시장진입이 상대적으로 용이하기 때문에 경합적이라고 볼 수 있다. 액체가스 운송시장이 하나의 예인데, 253척의 선박을 보유하는 43개 회사만이 존재하고 있다. 이와 같이 운송되는 화물 품목에 따라 구분되는 비정기 해운시장은 경합시장의 좋은 사례라고 볼 수 있다.

제 6 장

독점

Chapter 6

6.1 정의 및 시장진입 장애

독점은 완전경쟁과 정반대되는 시장구조이다. 비록 영국 정부는 시장점유율이 25% 이상인 기업은 독점력의 이점을 행사할 수 있는 위치에 있다고 간주하고 있지만 순수독점(pure monopoly)은 시장에 오직 하나의 생산자만 있는 경우이다.

독점적 지위를 유지하기 위해서는 시장진입에 커다란 장애(strong barrier to entry)가 있어야 하는데, 다음과 같은 것들이 있다.

6.1.1 초기비용

교통부문에서 초기비용은 시장진입에 커다란 장애가 된다. 대부분의 교통시장에서는 초기에 일정 규모의 자본투자가 필요하다. 항공산업에 진입하기 위해서 일정 대수의 항공기를 구입하거나, 택시산업에 진입하기 위해서 면허 취득이 필요한 것 등이다. 종종 초기비용은 매우 높아, 잠재적인 시장진입자에게 커다란 장애요인이 된다. 특히 필요한 재원을 조달할 수 없거나, 이것이 불가능하지는 않더라도 많은 노력이 필요한 경우에도 그러하다. 이와 같은 상황을 인식하고 정부 정책은 장애를 낮추려고 노력할 수 있다. 1993년 법에 따라 영국 국철이 민영화되었을 때, 영국 정부는 여객철도운영회사 간에 경쟁을 촉진시키기를 원했다. 따라서 정부가 철도차량을 소유하는 3개 회사(ROSCOs)를 설립하여 여객철도운영회사는 이들로부터 철도차량을 임대해 서비스를 제공할 수 있도록 하였다. 그러므로 철도차량을 구입하기 위해 필요한 막대한 재원을 조달할 필요가 없었다. 항공산업에는 항공기와 엔진을 소유하는 매우 전문화된 회사가 있어서, 이들로부터 항공기를 임대해서 운영하는 회사와는 구분이 되었다. 따라서 새로운 항공서비스를 제공하고자 하는 사람은 하나 혹은 그 이상의 항공기를 임대해 운영하는 데에 아무런 어려움이 없어졌다. 그러나 철도와 항공서비스의 경우 운영 면허권을 취득하는 것에 관해서는 아직도 시장진입 장애가 있다.

6.1.1.1 Air Scotland

Air Scotland는 그리스의 전세항공기회사인 Electra Airlines와의 합작으로 2002년에 Dhia Al-Ani에 의해 설립되었다. 스코틀랜드 최초의 저가항공사로 출발하여, 처음에는 스코틀랜드 내 글라스고우와 에든버러에서 스페인의 6개 도시를 운항하였다. 잉글랜드 내의 공항에서 출발하는 다른 경쟁적인 저가항공사와 달리, 스코틀랜드에서 직접 출발하여 인근 도시가 아닌 주요 도시에 도착하는 점을 마케팅하였다.

항공사 설립에는 막대한 비용이 소요된다. 무엇보다 항공기를 임대하거나 구입하여야 한다. Air Scotland의 경우에는 초기에 보잉 757-200 두 대로 시작하였다. 다음으로 운영 면허권을 취득하여야 하는데, 영국의 경우 이를 위해서는 상당한 금액의 자금을 조달할 수 있다는 증거를 제시하도록 Civil Aviation Authority가 요구하고 있다. 또한 공항 관련 비용, 인건비 및 마케팅 비용도 발생한다. Dhia Al-Ani는 이들 비용을 충당하고 초기 5개년 사업을 시작하는 데에 4천 7백만 파운드를 투자하였다.

2003년 3월에 두 대가 정기노선 취항을 시작한 이후에 많은 어려움을 겪었으며, 결국은 소유권이 변경되었다. 현재는 Greece Airways의 면허로 10개의 영국 공항, 특히 글라스고우와 맨체스터에서 8개의 지중해 도시 및 아테네를 운항하고 있다.

6.1.2 매몰비용

매몰비용은 공급사가 시장에 진입할 때에는 반드시 발생하지만, 시장에서 퇴출할 때에는 회수할 수 없는 비용을 말한다. 막대한 자본에 대한 초기 투자비용이 발생하는 교통부문시장에서는 서비스 폐지에 따라 투자자본을 매각하면 투자비를 상당 부분 회수할 수 있으므로, 매몰비용이 크게 발생하지는 않는다. 그러나 교통서비스를 제공하기 위해서는 운영 면허권 및 마케팅 비용이 반드시 필요한데, 이에 대한 매몰비용은 크게 발생한다.

6.1.3 브랜드 충성도

교통시장에는 꽤 명성을 갖추고 있는 공급자도 많이 있다. 예를 들면 Eddie Stobart는 영국 내 가장 큰 물류회사로 800대의 트럭과 1억 4천만 파운드 이상의 매출실적을 갖고 있다. 이 회사는 2005년에 Tesco물류센터와 처음으로 계약을 맺었다. 화물차시장에 신규로 진입하려는 공급자에게는 이와 같은 기존의 경쟁자가 시장진입에 장애가 된다. 브랜드 충성도 및 이미지의 중요성은 British Airways의 브랜드 재설정 사례를 통해서 더 자세히 설명될 수 있다.

6.1.3.1 British Airways의 이미지 개편

British Airways는 당시 기준 대비 70% 증가한 5천 1백만 명의 승객을 2005년에 운송한다는 목표를 달성하기 위해 1997년에 대대적인 이미지 개편을 시도하였다. British Airways는 무엇보다 영국에서 출범한다는 이유로 인해 승객들로부터 고고하다는 인상을 받아서 그 결과 실질적인 브랜드 충성도가 부족한 것으로 나타났다. 이러한 이미지를 생동하고 우호적이고 세계적인 항공회사의 이미지로 변화하고자, 50명 이상의 예술가에게 전통적인 유니온 잭 주제를 대체하는 새로운 디자인을 제안해 주기를 부탁하였다. 또한 기존의 화살 모양의 로고를 추상적 디자인으로 대체하고, 어두운 파란 색체를 밝은 색체로 대체하고, 직원 유니폼을 더 밝고 부드럽게 만드는 작업도 착수하였다. 회사 이름에서 영국을 없애는 것까지도 고려하였으나, 이는 최종적으로 받아들여지지 않았다.

너무 급격하게 변화하면 그동안 이 항공회사에 충성적이었던 영국 승객까지 감소할 것이라는 우려가 당시에 제기되었다. 이것이 아마도 회사 이름은 그대로 유지하고, 빨간색, 하얀색, 파란색을 디자인 어딘가에 포함하기로 결정한 이유일 것이다.

이러한 이미지 개편작업에는 약 6천만 파운드가 소요될 것으로 추정되었는데, 항공사의 이미지를 변화시키고 브랜드 충성도를 확보하기 위해서 가치 있는 작업이라고 생각되었다.

6.1.4 반경쟁적 행동

이는 시장에서 경쟁을 없애기 위해 시도되는 여러 행동들을 말한다. 많은 유형의 행동이 있으나, 다음 몇 개의 사례만 들어본다.

6.1.4.1 교차보조(cross-subsidization)를 통한 포식자 가격

여러 시장에 속해 있는 하나의 공급자가 한 시장에서 얻은 비정상이윤을 이용하여 다른 시장에서 경쟁자를 퇴출시키기 위해 일부러 낮은 가격을 유지하면서 발생하는 손실을 충당하는 경우를 말한다. 공급자는 포식자 가격(predatory pricing)으로 인한 손실을 뒷받침하기 위해 자체의 비축해 둔 재원을 사용할 수도 있다. 경쟁자가 일단 시장에서 퇴출되면, 지배적인 공급자는 시장지배력을 사용하여 가격을 인상할 수 있으며, 소비자는 높은 가격을 지불하는 수밖에 없다. 그러나 이런 정책은 나중에 초과이윤이 발생하더라도 경쟁자가 즉각적으로 다시 시장에 진입하지 않을 것이라고 믿을 수 있는 정당한 이유가 있는 경우에만 합리적이다.

6.1.4.2 계약을 통한 수직적 제약(vertical restraints)

생산자가 원자재공급자나 제품판매대리점을 통제할 수 있어서 경쟁자가 시장에서 제대로 활동할 수 없는 경우를 말한다. 이러한 통제는 독점거래계약(exclusive dealing contracts)을 통해서 이루어지는데, 원자재공급자나 제품판매대리점이 이 생산자의 경쟁자와 거래하지 않겠다고 동의하는 경우에만 생산자가 이들 공급자나 대리점과 거래하겠다고 계약하는 것이다. 또한 계약서에 경쟁을 제한하는 부수적인 조건을 부과하기도 한다. 예를 들면 자사제품딜러에게 자사의 제품 중 한 부류의 상품을 동시에 구매하는 경우에만 다른 부류의 상품을 판매할 수 있도록 공급하거나(tied sale: 역자첨가), 하나의 지역시장의 딜러가 타 지역시장에서 거래하는 것을 금지하는 것이나. 이를 통해 각각의 시장 모두에서 최고의 가격을 유지할 수 있게 된다.

6.1.4.3 흑색 선전(negative branding)

생산자가 언론을 통해 소비자에게 경쟁자에 대한 부정적 편견을 심어 놓는 것이다. 경쟁자가 소비자를 착취한다든지, 또는 비윤리적인 관행을 하는 것으로 사실이 아닌 비방을 통해서 이루어질 수 있다.

6.1.4.4 담합(collusion)

기존 생산자들이 서로 협력하는 계약을 체결해 카르텔을 형성하는 것이다. 잠재적인 경쟁자가 시장에 성공적으로 진입할 수 없도록 낮은 가격을 설정하거나, 생산량을 감소해서 가격을 자의적으로 높은 수준으로 설정하는데, 후자는 3.5절에서 논의한 바와 같이 공급곡선을 안쪽으로 이동시키는 결과를 초래한다. 또한 시장을 분리해서 각자 지역별로 독점력을 행사함으로써 생산자가 소비자를 착취하는 것이다.

이와 같은 행위들은 6.4절에서 논의하겠지만 EU집행위원회(EC)의 경쟁정책에 어긋나는 불법 행동이다. British Airways(BA)와 Virgin Atlantic(Virgin) 간의 상호비방에서 위의 담합행태의 각각에 대한 비방 사례들이 실제로 행해졌다.

6.1.4.5 반경쟁적 행동 사례: British Airways와 Virgin Atlantic 간의 불화

BA에 의한 대서양 항공노선의 독점을 저해하기 위해 Virgin이 출범한 이후, 두 항공사 간에는 극심한 경쟁이 발생하여 반경쟁적 행동이라는 주장들이 여러 차례 제기되었다.

1990년대 초반에 Virgin은 풋내기 항공사인 자기 회사가 장래에 심각한 경쟁자가 되도록 발전하는 것을 방해하기 위해서 BA가 치사한 반칙을 사용한다고 비난하였는데, 다음과 같은 주장들이었다.

- 티켓 호객꾼을 이용해 공항에서 값싼 요금을 제시하여 Virgin 승객을 뺏어오고, Virgin 승객 리스트를 입수해 이들에게 특별 요금을 제시하였다.
- Virgin 대신에 BA를 권장하도록 여행사에게 압력을 가했다. EU집행위원회는 후에 BA가 이러한 여행사들에게 반경쟁적 보너스를 지급하였다는 사실을 발견하였다.
- Virgin 승객이 탑승하는 후속 BA 항공편을 지연시켜 소비자가 Virgin 항공기를 불편하게 느끼도록 만들었다.
- Virgin에 불리한 사실이나 정보를 언론에 흘렸다.
- 불공정하게 유리한 노선 운항을 신청하였다. 예를 들면 Gatwick-Denver 노선을 새로 신청하고 CityFlyer를 인수하겠다고 신청하였다. BA의 프랜차이즈인 CityFlyer는 런던 Gatwick공항에서 영국 및 북유럽 공항을 운행했는데, 이를 BA가 인수한다면 Gatwick공항에서의 지배력이 더 강화되었을 것이다. 1997년에 런던 공항에 취항하는 가장 큰 두 개 회사는 BA와 CityFlyer로서, 운항편수의 28.6%와 12.8%를 각각 차지하였다.

각 항공사는 명예훼손죄로 상대방을 고소했으며, BA는 법률비용으로 총 3백만 파운드를 지출했으며, 사과와 함께 61만 파운드의 손해배상금을 지급했다.

2006년 6월에 Virgin의 고발 후 행해진 영국 공정거래위원회와 미국 법무부의 대서양 노선의 경쟁에 관한 조사에서 BA가 요금을 고정(price fixing)시킨 행동에 연루되어 있다는 판정을 받았다. 이 조사는 특히 대서양 노선 항공사들 간에 항공유류부가요금(fuel surcharge)에 대한 담합 여부 가능성에 초점이 맞춰졌다.

항공사는 항공연료의 비용인상에 대해 보상받기 위해서 2004년부터 항공유류부가요금을 계속 인상하며 부과해왔다. 항공유류부가요금은 매 구간마다 부과되므로 하나의 통행 중 환승하는 경우에는 항공유류추가요금을 2번 지불해야 한다. BA는 다른 항공사들과 담합해서 항공유류추가요금을 인상하였다는 것으로서, 2004년 5월부터 2006년 4월까지 항공유류추가요금을 7차례 인상하여 하나의 장거리 통행의 경우 2.50파운드에서 35파운드로 인상되었다.

Virgin도 물론 항공유류부가요금을 이 같은 규모로 인상하였지만, 6.4절에서 설명될 EU집행위원회의 관대정책의 혜택을 받고자 또한 제재와 고소로부터 면제를 받고자, Virgin은 유럽 화물항공시장에서 항공유류부가요금 담합에 관한 초기의 조사 이후 즉각적으로 공정거래위원회에 통보했다고 주장하였다.

BA의 유죄가 성립되는 경우에는, 매출액의 10% 혹은 전 세계 노선에 대해 부정행위가 인정되면 8억 5천만 파운드의 벌금이 부과될 수 있다. 또한 승객으로부터 소송을 당하게 되며, 유럽에서 가장 붐비는 런던 Heathrow공항에서 지배적 권리를 잃게 되고, 영국 기업법에 의해 주된 경영인들은 형사적 처벌을 받을 수도 있다.

6.1.5 규모의 경제

생산자 규모가 커져서 경쟁자보다 훨씬 낮은 평균비용곡선으로 생산할 수 있는 경우에는, 경쟁자가 경쟁할 수 없을 정도의 낮은 가격을 유지할 수 있다. 따라서 새롭게 시장에 진입하는 것이 매우 어려우며, 이러한 사실이 사전에 알려져 있다면 시장진입은 무엇보다도 효과적으로 억제된다. 규모의 경제에 관해서는 4.3.2.3절에서 이미 상세하게 설명하였다.

6.1.6 특허 및 면허

특허(patent)는 어떤 기업을 경쟁으로부터 일정 기간 법적으로 보호해 주는 것으로 특허기간 동안은 비정상이윤을 얻는 것이 허락된다. 특허는 기술적 진보에 대한 인센티브로서 신기술을 사용하는 생산자에게 보통 주어진다. 면허(license)도 그 효과는 특허와 유사하지만, 해롭거나 불필요한 경쟁을 감소시키거나 특정 서비스에 대한 투자를 촉진시키기 위한 목적으로 주어진다.

6.2 모형

본 절에서는 순수독점 하의 시장을 가정하여 설명하도록 한다. 이는 좀 더 명확한 분석을 하고, 정반대되는 시장구조인 완전경쟁모형과 비교를 하기 위한 것이다. 여기에서의 분석은 좀 덜 극단적인 독점에 대해서도 적용될 수 있으나, 다만 그 결론이 좀 완화되어야 할 것이다.

경쟁이 전혀 없으므로 순수독점 하의 생산자는 제품에 부과하는 가격을 결정할 수 있다. 즉 가격결정자(price maker)이다. 가격 대신에 생산자는 판매하는 수량을 결정할 수도 있으나, 기존의 수요조건을 따라야 하므로 가격과 수량 두 가지 모두를 결정할 수는 없다.

순수독점이므로 시장과 개별 생산자에 대해 단지 하나의 그림만이 존재한다. 그 이유는 시장에 대한 그림이 개별 생산자의 그림을 완전히 대표하기 때문이다. 생산자는 P_m가격에서 Q_m단위만큼 생산함으로써 이윤을 극대화할 수 있다. 이는 최소한 정상이윤을 충분히 얻을 수 있는 수준일 것이다. 그렇지 않으면 생산자는 생산활동을 그만둘 것이다. 그러나 이는 실제적으로 비정상이윤까지도 얻을 수 있는 수준일 것이다. 이런 상황이 〈그림 6-1〉에서 보여지고 있는데, 비정상이윤은 음영 부분으로 나타나고 있다.

시장구조가 독점이든 완전경쟁이든 간에 비용구조, 즉 비용곡선은 동일하다고 가정하면, 두 시장구조의 결과(outcome)를 직접 비교하는 것이 가능하다. 〈그림 6-1〉에서와 같이 한계비용곡선은 공급곡선과 동일하고 평균수입곡선은 수요곡선과 동일하므로, 완전경쟁 하의 균형은 P_{pc}가격에서 Q_{pc}단위만큼 생산하는 것

■ 그림 6-1 독점

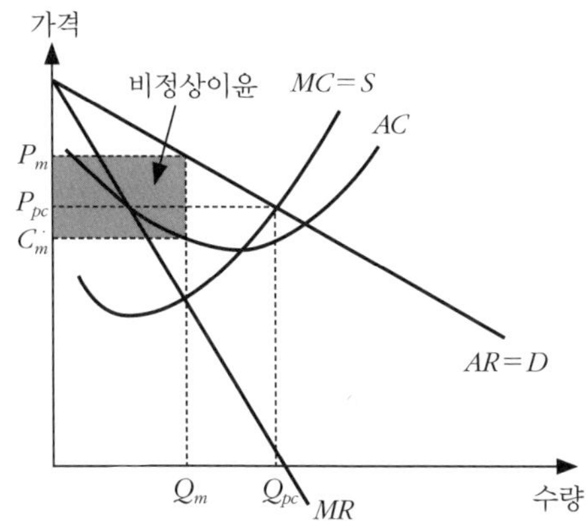

이다. 그러므로 독점 하의 가격은 완전경쟁에 비해 높을 것이고, 생산량은 적을 것임이 명확해진다.

독점생산자는 경쟁이 거의 혹은 전혀 없기 때문에 기존 생산물을 혁신하거나 새로운 혹은 개선된 생산물을 시장에 내놓으려는 인센티브가 부족하다. 그 결과 독점 하에서는 가격이 높을 뿐만 아니라, 생산물의 품질 또한 낮으며 시간 흐름에 따라 점차 더 낮아지게 된다. 이와 같이 독점시장구조는 소비자에게 장기적으로 부정적인 효과를 낳는다.

〈그림 6-2〉는 독점 하에서 시장의 효율성 수준을 보여주고 있다. 첫째, 생산자는 평균비용곡선의 최저점에서 생산하지 않으므로 시장은 생산효율적(productively efficient)이지 못하다. 둘째, 가격은 그 생산수준에서의 한계비용보다 높은 지점에서 결정되므로 시장은 배분효율적(allocatively efficient)이지도 못하다. 이는 생산자가 너무 높은 가격을 부과함으로써 효율성 측면에서 너무 적게 생산되고 소비된다는 것을 의미한다.

독점의 이와 같은 행태에 대한 이유는 생산자잉여(producer surplus)와 이에 따른 생산자후생을 증가시키기 때문이다. 완전경쟁에 비해 생산자잉여는 X 면적만큼 증가하는 대신에 Y 면적만큼 감소한다. X가 Y보다 훨씬 크기 때문에 높은 가격으로 인하여 생산자잉여는 크게 순증가한다. 그러나 비용 또한 발생하는데, 이 비용은 소비자후생이 X 면적과 Z 면적만큼 감소함으로써 소비자가 부담한다.

■ 그림 6-2 독점의 효율

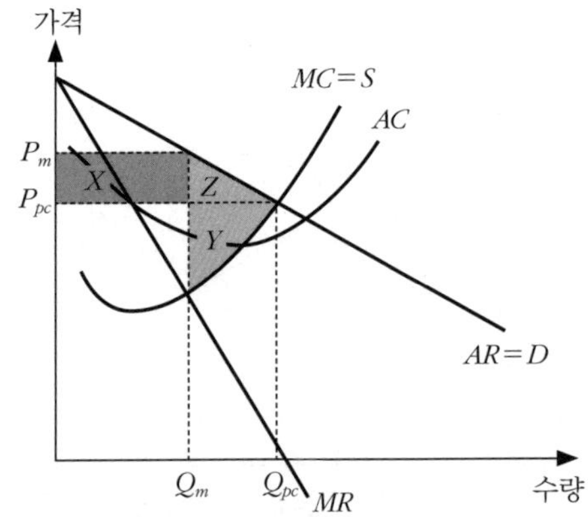

전체적으로는 X 면적이 소비자에게서 생산자로 단순히 이전(transfer)되었으며, Y 면적과 Z 면적만큼의 완전한 손실이 발생되었다. 그리고 이러한 손실은 독점의 자중후생손실(deadweight welfare loss of monopoly)이라고 불린다. 그러므로 독점시장은 파레토 효율적(Pareto efficient)이지 못한데, 왜냐하면 후생손실을 없애면 다른 거래자에게 손실을 발생시키지 않으면서 한 거래자에게 이득이 발생할 수 있기 때문이다. 이윤극대화를 하는 독점은 비효율적인 시장결과(market outcome)를 초래하게 된다.

이러한 결과를 다르게 표현하면 이윤=수입−비용이므로, 한 단위를 추가로 판매할 때 얻게 되는 수입이 그 추가단위의 생산비용과 동일할 때에만 이윤이 극대화된다. 그렇지 않은 경우에는 생산자가 변화를 통해 이득을 증진하는 것이 가능해진다. 다르게 말하면 이윤극대화 조건은 한계수입(marginal revenue)=한계비용(marginal cost)이다. 또 다르게 말하면,

$$P \times \left(1+\frac{1}{\varepsilon}\right) = MC$$

여기에서 P는 가격, ε은 탄력성, MC는 한계비용을 말한다.[1] 탄력성이 −2이면,

1 중급미시경제학교과서에서 설명되는 바와 같이 $dTR/dQ = d(P \times Q)/dQ = P \times (dQ/$

가격 = 2 × 한계비용

이 이윤극대화의 규칙은 탄력성이 −1보다 작을 때에만, 즉 수요가 가격탄력적인 경우에만 성립한다는 것을 명심해야 한다. 수요가 가격비탄력적(예컨대, −0.5)이면, 생산자는 이윤을 극대화할 수 없게 된다. 왜냐하면 가격을 올리면 수입은 증가하고 (수요가 가격비탄력적이면 가격과 수입은 양(+)의 관계가 있음: 역자주) (총)비용은 가격 증가시 거래량이 감소하여 감소하기 때문이다.

6.3 가격차별화

독점생산자는 가격결정자이므로 완전경쟁의 경우보다 더 높게 가격을 설정할 뿐만 아니라 잠재적으로는 가격차별화(price discrimination)전략도 취할 수 있다. 가격차별화란 동일한 상품에 대해 상이한 소비자에게 상이한 가격을 설정하는 것을 말한다. 세 가지 형태의 가격차별화가 있으며, 교통부문에서는 세 가지 모두 사용되고 있다. 가격차별화를 적용하는 목적은 하나의 가격만 적용할 때 얻어지는 이윤의 극대치보다 더 큰 이윤을 발생시키기 위함이며, 또한 가능한 최대한으로 소비자잉여를 생산자잉여로 전환시켜 생산자후생을 극대화하기 위한 것이다.

6.3.1 완전가격차별

첫째 형태는 완전 혹은 1급 가격차별(perfect or first-degree price discrimination)이며, 〈그림 6−3〉에 나타나는 바와 같이 이 가격차별은 이 가격차별화전략을 적용하는 생산자에게 편익을 가져다 준다는 것을 가장 명확하게 보여준다.

완전가격차별은 상품의 각각의 단위에 가장 높은 가치를 부여하는 소비자, 즉 가장 높은 가격을 기꺼이 지불하고자 하는 소비자에게 판매하는 전략이다. 〈그림 6−3〉에서 예를 들면, 첫째 단위는 P_1가격에 소비자에게 판매하지만, 셋째 단위는 이보다 낮은 P_3가격에 판매하는 것이다. 이와 같이 모든 개별 소비자가

$dQ) + Q \times (dP/dQ) = P + Q \times (dP/dQ) = P[1 + (Q/P) \times (dP/dQ)]$이고 Elasticity(e) = $(dQ/dp)/(Q/P)$이므로 $1/e = (Q/P) \times (dP/dQ)$이며 따라서 $MR = P \times [1 + (1/e)]$임.

■ 그림 6-3 완전가격차별

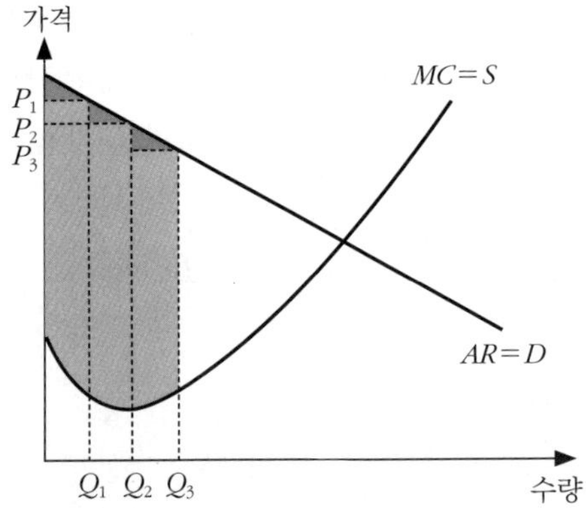

상품의 각각의 단위에 부여하는 가치와 동일하게 가격을 지불하므로 이론적으로 생산자는 소비자잉여 전체를 생산자잉여로 전환시키는 것이 가능하다. 이것은 〈그림 6-3〉에서 음영의 사각형들이 처음 3개 단위를 판매함으로써 얻는 생산자잉여이고 소비자잉여로는 조그만 삼각형들만 남아있게 된다는 사실에 의해 보여진다.

교통부문에서 완전가격차별은 중고자동차에 대한 민간시장에서 나타난다. 판매자는 사고자 하는 사람과 개별적으로 협상해서 가장 높은 가격을 지불하고자 하는 사람에게 팔게 된다.

6.3.2 2급 가격차별(second-degree price discrimination)

이는 초과용량가격(excess capacity pricing)전략이라고도 불린다. 뒤늦은 소비자에게 남아있는 용량을 판매하기 위해 낮은 가격을 부과하고 이들의 판매로부터 추가적인 수입을 얻는 전략이다. 〈그림 6-4〉는 이 전략이 어떻게 이루어지는가를 보여주고 있다.

한계비용은 생산량이 어떤 생산량수준인 Q_{fc}에 도달할 때까지는 일정하지만, 이후에는 새로운 수준으로 크게 증가한다고 가정한다. 이에 대해서는 비용에 관한 정의에 의해 설명된다. 고정비용(fixed costs)은 생산활동을 하지 않더라

■ 그림 6-4 2급 가격차별

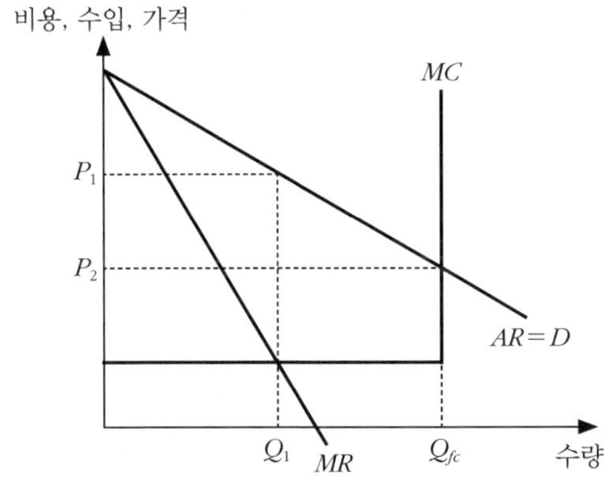

도 사업을 시작하기 위해서 발생한다. 그러므로 첫 번째 단위의 한계비용은 오직 이 단위의 생산에 관련된 변동비용(variable cost)만을 포함한다. 전체 용량인 Q_{fc}에 도달할 때까지 추가되는 생산물 각 단위에는 고정된 금액의 비용만 발생한다. 그러나 용량 이상으로 생산하기 위해서는 추가적인(고정비용의) 지출이 필요하게 되어, 이때 추가적 단위에 대한 한계비용은 훨씬 높은 수준으로 매우 크게 증가한다. 그러나 이후의 한계비용은 다시 하락하여 이전과 동일한 고정된 변동비용으로 돌아간다. 이러한 패턴은 반복되지만, 4.3.3절에서 설명한 이유들(규모의 비경제)로 인하여 한계비용곡선은 점진적으로 우상향하게 된다.

생산자는 P_1가격에 Q_1단위를 판매함으로써 이윤을 극대화하게 된다. 그러나 $Q_{fc}-Q_1$만큼의 유휴용량(excess capacity)이 발생하며, 이들을 공급하는 데에는 미미한 추가비용만 발생한다. 만일 유휴용량에서 생산된 상품에 대해서 생산자가 한계비용보다 높은 가격에 판매할 수 있다면, 비록 이 가격이 P_1보다 낮을 지라도 생산자 이윤은 증가할 것이다. 따라서 수요곡선이 보여주는 바와 같이 소비자가 기꺼이 지불하고자 하는 최대 가격인 P_2에 생산자는 판매하게 될 것이다. 이와 같은 방법으로 생산자는 동일한 상품을 상이한 소비자에게 상이한 가격으로 판매하는 것이므로 가격차별에 해당된다.

이러한 이유로 항공 및 시외버스서비스의 경우 탑승 직전에 판매하는 티켓에 가격할인을 하게 된다. 시외버스차량을 임대하거나 구입해서 보험에 가입하고, 노선운영권을 취득하고 유류를 구입하며, 또한 운전자와 관리직원을 고용하는 것과 관련해서 초기비용이 발생한다. 이들은 사업을 처음에 시작할 때에 발생하는 비용으로서 생산물을 하나도 생산하지 않아도, 여기에서는 승객을 전혀 수송하지 않아도 발생한다. 따라서 첫 번째 승객을 수송하는 데에 발생하는 한계비용은 이 승객을 운송하는데 발생하는 변동비용, 즉 그 승객에게 티켓을 판매하는데 필요한 관리비용만을 포함한다. 두 번째 승객을 수송하는 데에 발생하는 한계비용도 마찬가지이며, 이는 세 번째 및 네 번째 승객은 물론 버스 좌석이 다 채워질 때까지 한계비용은 마찬가지이다. 그러나 첫 번째 버스가 채워지는 때부터 승객을 한 명 더 수송하기 위해서는 버스를 한 대 더 임대하거나 구입해서 보험에도 가입하고, 노선운영권과 유류도 더 구입하고, 또한 운전자와 관리직원도 더 고용해야 하므로, 한계비용은 높은 수준으로 매우 크게 증가한다. 그러나 이후에는 이미 추가적인 고정비용이 이미 지출되었으므로 추가적으로 승객을 수송하는 데에는 변동비용만이 발생하며 한계비용은 다시 이전과 동일한 수준으로 하락하며, 이러한 패턴은 반복된다.

첫 번째 버스가 50인승이라면 버스회사는 예를 들어, 30파운드의 요금에 처음 35장의 티켓을 판매하며 이윤을 극대화할 수 있다. 이때 얼마간의 이윤을 벌어 올 수 있는 15개 좌석을 빈 상태로 운행하기 보다는 출발 직전에 나머지 티켓을 할인해서 판매하여 버스좌석을 채우려고 할 것이다.

6.3.3 3급 가격차별

3급 가격차별(third-degree price discrimination)에서는 생산자가 소비자의 수요특성에 따라 시장을 상이한 부문(segments)으로 분리할 수 있고, 각 부문별로 상이한 최적 가격을 결정할 수 있다. 이는 〈그림 6-5〉에서 설명되고 있다. B부문의 소비자는 매우 가격탄력적이지만, C부문의 소비자는 훨씬 더 가격비탄력적이라고 가정한다. 이때 생산자는 각 부문을 상이한 시장으로 보고, 각 부문에서 이윤을 극대화하려고 할 것이다. C부문에서는 소비자가 가격 변화에 상대적으로 반응을 하지 않으므로 가격이 높게 설정되는 반면에 소비자가 가격 변화에 커다란 반응을 하는 B부문에서는 가격이 낮게 설정된다. A부문 소비자의 가격 변화에 대한 반응은 B와 C부문의 중간이므로 가격 또한 중간수준으로 결정한다.

■ 그림 6-5 3급 가격차별

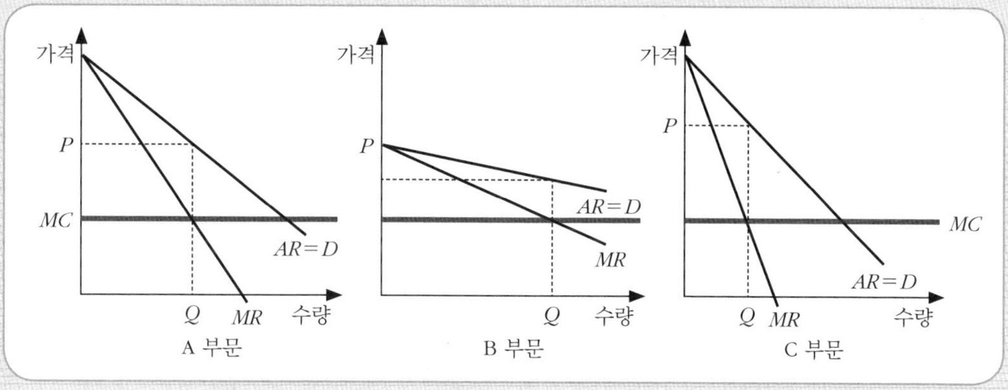

〈그림 6-5〉에서와 같이 C부문의 판매량은 B부문의 판매량보다 적다. C부문의 소비자는 가격비탄력적이므로 B부문보다 그 숫자가 적으며, 틈새시장과 같은 형태라고 볼 수 있다.

생산자는 두 가지 방법으로 시장을 분리할 수 있다. 첫 번째 방법은 신원을 증명하여야 하는 별도 그룹으로 시장을 분명하게 분리하는 것이다. 하나의 예로 시내버스회사가 어린이 및 노인연금생활자를 별도의 시장으로 분리하는 것으로, 이들은 불확실한 경우에 신원을 증명하여야 한다. 버스회사는 이들이 경제활동을 하는 성인보다 가격에 탄력적이라는 것을 알고 있어서 할인요금을 적용하며, 이들은 낮은 요금으로 인해 혜택을 보게 된다.

생산자가 시장을 분리할 수 있는 두 번째 방법은 자체적 선택의 전략(self-selection strategy)을 사용하는 것이다. 생산자는 단순히 몇 개의 조건을 제시하는데 이러한 상이한 조건들이 자체의 정체를 나타내도록 만들 것이며, 소비자들은 이 중에서 어느 부분에 속할 것인가를 스스로 선택할 수 있도록 하는 것이다. 하나의 예로 유럽 내에서 운항하고 있는 항공회사를 들 수 있다. 금요일과 월요일의 항공요금은 주중(화수목)요일의 요금에 비해서 훨씬 비싼데, 왜냐하면 금요일과 월요일에 항공기를 타려는 승객은 대부분 직장을 갖고 있어서 주중에는 직장이 있는 곳에 가있어야 하기 때문이다. 반면에 주중요일에 항공기를 타려는 승객은 직장을 갖고 있지 않을 것이며 그들은 가격 변화에 더 민감하여 그들의 수요는 더 가격탄력적일 것이다.

두 번째 방법은 교통서비스 요금이 왜 구입한 시기에 따라서 상이한가에 대해서도 설명을 해준다. 사전에 티켓을 예매하는 승객은 종종 커다란 할인을 받아 혜택을 보는 반면에, 마지막에 티켓을 예매하는 승객은 꽤 비싼 가격을 지불해야 한다. 여가통행자는 사전에 회사에 휴가를 신청해야 하므로 또한 이에 맞추어 오래 전에 티켓을 예매할 수 있으나, 업무통행자는 기업환경이 변화함에 따라 출장이 임박해서야 티켓을 예매하게 된다. 여가통행자의 수요는 업무통행자의 수요보다 더 가격탄력적이다, 이와 같은 사실을 유리하게 이용하여 교통서비스 공급자는 시간에 따라 요금을 변경함으로써 더 많은 이윤을 확보할 수 있다.

한계수입과 한계비용을 일치시킴으로써 이윤을 극대화하는 공식은 가격차별에 의해서 이윤이 더 커질 수 있다는 것을 보여준다. 생산자는 시장을 두 개 부문으로 분리할 수 있다고 가정한다. 한계수입과 한계비용을 일치시키는 이윤극대화 공식은 각 시장(each market)에서 다음과 같이 적용된다.

$$P_1 \times (1 + \frac{1}{\varepsilon_1}) = MC_1$$

$$P_2 \times (1 + \frac{1}{\varepsilon_2}) = MC_2$$

따라서 비록 한계비용은 크게 변화하지 않더라도 수요의 가격탄력성이 상이하다는 것을 유리하게 이용하기 위해 가격을 달리 책정할 수 있다. 상대적으로 가격비탄력적인 시장에서는 비용이 별로 차이가 없다고 할지라도 가격은 상대적으로 비싸진다.

동일한 공식을 다음과 같이 다르게 표현할 수도 있다.

$$\frac{P_1 - MC_1}{P_1} = -\frac{1}{\varepsilon_1}$$

$$\frac{P_2 - MC_2}{P_2} = -\frac{1}{\varepsilon_2}$$

이는 유명한 역탄력성 공식(inverse elasticity rule)으로 가격이 한계비용을 상회하는 비율은 탄력성에 역비례한다는 것이다. 그러므로 가격탄력적인 시장에서 가격은 한계비용과 거의 동일하다. 그러나 탄력성이 1에 가까우면, 예를 들어

−1.1이면 (이 공식은 시장이 탄력적인 경우에만 적용됨을 기억할 것) 기업은 시장지배력을 사용하여 가격을 한계비용보다 훨씬 높게 결정할 것이다. 이러한 이유로 부호를 바꾼 가격탄력성의 역수는 종종 독점력을 나타내는 데에 사용된다. 다음에 설명하는 바와 같이 경쟁에 관한 법률에서 시장지배력을 갖고 있는 기업은 우위적 지위(dominant position)를 갖고 있다고 말한다. 우위적 지위를 갖는 것은 불법적이지 않지만, 우위적 지위를 남용하는 것(abuse a dominant position)은 불법적이다. 왜냐하면 우위적 지위를 남용해서 가격을 한계비용 이상으로 올리면, 비효율(inefficiency)이 초래되기 때문이다.

6.3.3.1 Eurostar의 3급 가격차별

3급 가격차별의 가장 간단한 사례로서 잉글랜드와 유럽 대륙을 연결하는 독점 철도회사인 Eurostar를 들어본다. 〈그림 6−6〉은 2006년 6월 27일에 구입한 Brussels에서 Lille까지 구입 다음 날에 떠나서 하루 뒤에 돌아오는 왕복티켓요금을 보여주고 있다.

두 등급의 티켓 사이에 커다란 가격 차이가 나고 있다. 일반석보다 비즈니스석 요금이 19파운드 비싼 대신에, Brussels에서 신속한 체크인을 받고, 좌석마다 전기 코드가 설치되어 있고, Brussels에서 비즈니스 라운지서비스를 이용할 수 있으며, 열차 내 좌석에서의 풀서비스 식사와 음료수, 신문 및 잡지서비스를 받을

■ 그림 6−6 Eurostar 티켓요금

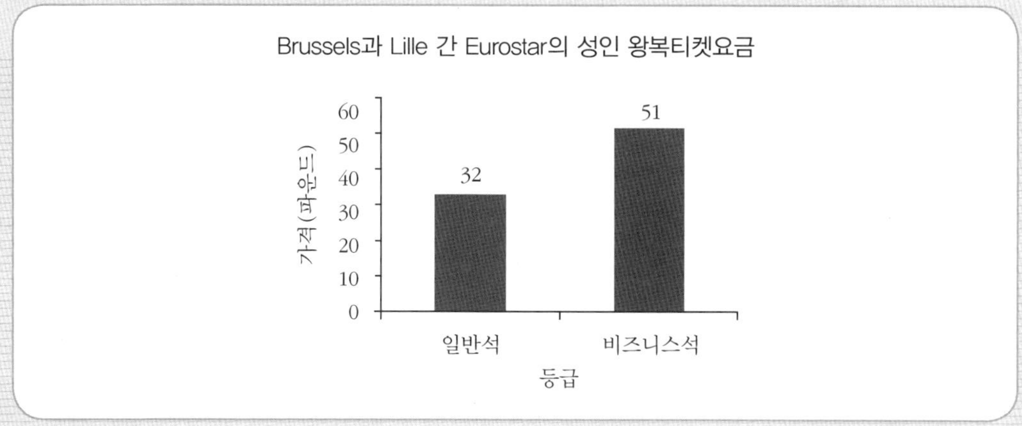

수 있다. 그러나 이들 부가적인 서비스가 두 도시 간 승객이 통행하는 목적으로 티켓이 구매된다는 상품의 본질을 변경시키지는 못한다. 그러므로 철도회사는 사실 동일한 서비스를 상이한 가격에 상이한 소비자그룹에 판매하는 것인데, 이는 각 부문의 수요탄력성이 상이하기 때문에 가능한 것이다. 비즈니스부문은 일반부문에 비해서 훨씬 더 가격비탄력적이며 따라서 일반등급부문보다 가격 인상에 덜 민감하다.

철도회사는 여기에서 자체적 선택의 전략을 적용하는데, 신속한 체크인 수속, 전기 코드와 신문 제공이 직장을 가지고 있는 여행자가 자기 신분을 나타내도록 할 것이라고 믿고 있다. 그리고 회사가 요금을 지불하는 사람들은 이러한 부가적인 서비스에 더욱 이끌릴 것이라고 생각한다. 반면에 자기가 요금을 부담하는 사람들, 따라서 가격에 더 민감한 사람들은 이러한 부가적인 서비스를 위해 19파운드를 더 지불할 가치가 없다고 결정할 것이다.

6.3.3.2 항공사의 3급 가격차별화

8.3절에서 설명되는 바와 같이 유럽 항공산업은 지리적 노선을 토대로 규모가 작은 수많은 시장으로 구성되어 있다. 예를 들면 잉글랜드와 남부 프랑스 혹은 남부 아일랜드와 스코틀랜드를 연결하는 항공시장 등이다. 이들 개별 시장은 새로운 항공사가 진입하면서 점차 과점(oligopoly)시장이 되고 있다. 목적지에 대해 승객들이 특별한 선호도를 갖고 있지 않는 넓은 지역을 서비스하는 항공시장은 분명히 여러 가지 노선 대안을 제공하는 소수의 항공사로 이루어진 과점시장이라고 말할 수 있다. 생산자가 어느 정도의 시장지배력을 가질 수 있기 때문에 과점에서는 가격차별을 적용할 수 있다. 특히 시장지배력이 높으면 높을수록, 더 많은 가격차별을 적용할 수 있다.

〈그림 6－7〉은 2006년 11월 15일 제네바와 로마 간 KLM항공의 일반석 요금이 기간에 따라 어떻게 변화하고 있는가를 보여준다. 요금은 스위스 프랑(CHF)으로 책정되어 있는데 항공유류세, 공항세, 그리고 서비스요금을 포함하는 고정된 96스위스 프랑을 포함하고 있다. 출발일이 다가옴에 따라 요금은 점차 비싸지고 있는데, 이는 출발 직전에 예약하는 사람들은 업무통행자이거나 반드시 출발해야 하는 여가통행자로서, 이들은 더 높은 가격을 지불할 용의가 있을 가능성이 높다는 것을 유리하게 이용하고 있는 것이다.

■ 그림 6-7 기간별 KLM항공의 일반석 요금

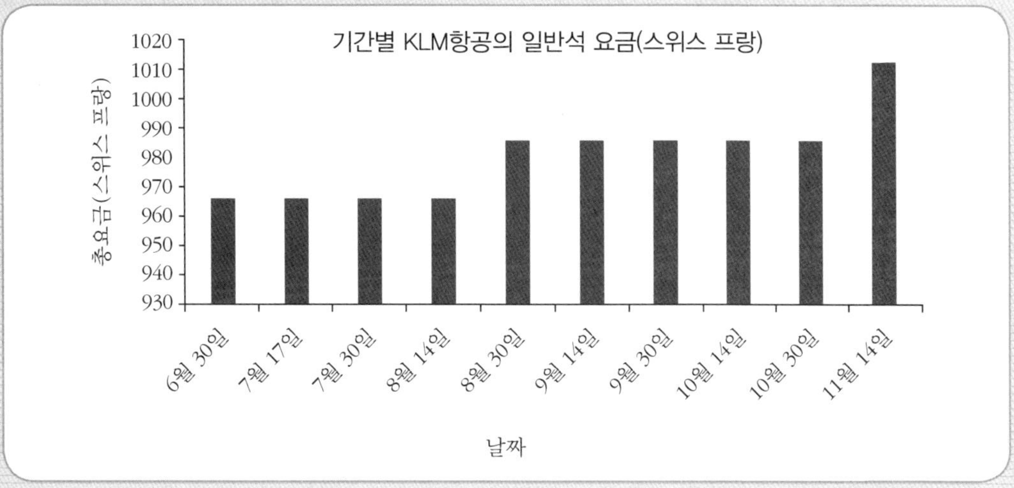

6.4 판매수익률관리

판매수익률(yield)은 소비자들이 실제로 지불한 액수이기 때문에 판매수익률관리(yield management)는 간혹 3급 가격차별과 혼동되고 있다. 그러나 이들 간에는 미묘한 차이가 있다. 3급 가격차별은 소비자의 다양한 수요가격탄력성을 토대로 하고 있으나, 판매수익률관리는 상이한 상품에 대한 수요량의 차이를 토대로 하고 있다. 항공, 철도, 버스, 페리회사 등 교통서비스 공급자는 종종 좌석판매량을 모니터하기 위해 분석전문가를 고용한다. 잘 판매되는 좌석은 명백히 수요가 많은 것이므로 공급자는 수입을 극대화하기 위해서 요금을 인상할 것이다. 이는 단순히 공급자가 공급과 수요를 활용하는 경우이다. 즉 수요가 증가하거나 바깥쪽으로 이동하면 가격은 인상된다. 반대로 잘 판매되지 않는 좌석은 명백히 수요가 적은 것이므로 수요를 증가시키기 위해서 요금을 인하할 것이다. 이런 상황에서 요금이 인상되기 이전에 티켓을 구입한 소비자는 구입을 지연한 소비자와 다른 요금을 지불했다. 그러나 이는 3급 가격차별화와는 다른데, 왜냐하면 이들 소비자들 간에 티켓에 대한 수요탄력성이 반드시 상이할 필요가 없기 때문이다.

실제로 교통서비스 공급자는 3급 가격차별과 판매수익률관리의 두 가지를 모두 활용한다. 공급자는 통행수요는 출발일이 다가올수록 가격에 더 비탄력적이 된다는 것을 알고 있으므로 기본요금(base price)을 인상하기로 계획한다. 교통서비스 공급자에 의해 고용된 분석전문가는 실제 수요를 모니터하고 실제 수요수준에 반응하여 이들 기본요금을 변화시킨다. 기대했던 수준보다 실제 수요가 많으면 기본요금을 인상하고, 반대인 경우에는 기본요금을 인하한다. 3급 가격차별과 판매수익율관리전략 모두를 활용함으로써 교통서비스 공급자는 수입을 더 증가시킬 수 있게 된다.

6.5 유럽의 경쟁정책

경쟁정책(competition policy)은 시장이 가능하면 완전경쟁모형에 최대한으로 근사하게 작동하도록, 따라서 독점의 부정적 결과가 최소화되도록 수립된다.

■ 그림 6-8 EU집행위원회의 경쟁정책

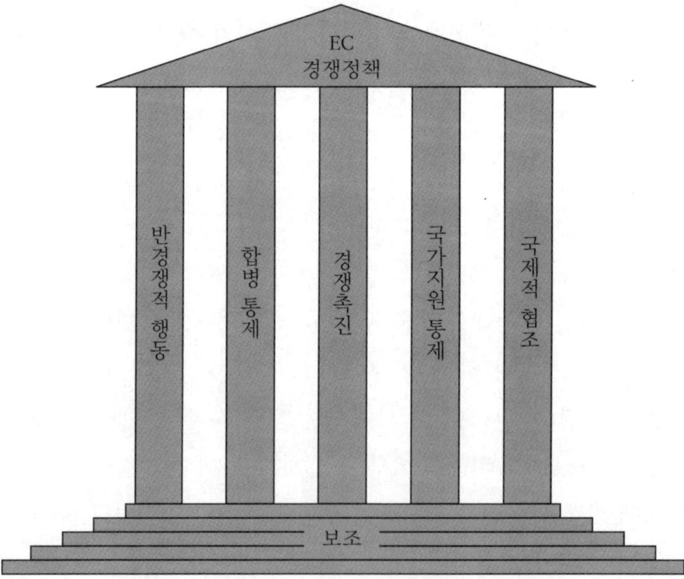

이때 독점의 부정적 결과란 소비자에게 높은 가격과 낮은 품질의 상품이 제공되고, 시장 전체에는 비효율이 발생하는 것을 말한다. EU집행위원회(European Commission)의 경쟁정책은 〈그림 6-8〉에 나타나는 바와 같이 5개의 지지하는 요소들(strands)을 근거로 하고 있다. 이들 요소들은 보조(subsidiarity)의 개념을 토대로 집행된다. 보조의 원칙(principle of subsidiarity)이란 경쟁정책은 가능하면 개별 회원국 내에서 집행되며, 다만 이들 정책이 한 국가 이상에 영향을 미치는 경우에만 보조적인 측면에서 EC가 간섭한다는 것을 의미한다.

셋째와 넷째 요소인 경쟁촉진과 국가지원 통제는 제12장에서 상세하게 분석될 예정이므로 여기에서는 나머지 3개 요소에 대해서만 논의하기로 한다.

6.5.1 반경쟁적 행위

6.1절에서 상이한 유형의 반경쟁적 행위(anti-competition behavior)와 독점적 지배력을 갖는 목적으로 기업들이 사용하는 방법들에 관해서 설명하였다. EC경쟁정책의 첫째 요소는 반경쟁적 행위를 최소화하는 데에 그 목적이 있으며, 이는 2개 부분으로 구분된다.

첫째, EC조약 제81조는 해로운 담합(harmful collusion)을 불법으로 간주하고 있다. 가격 고정(price fixing), 생산량 제한, 시장분할(division of market)에 관한 협약은 시장의 이익에 반하여 작동할 수 있으므로 금지하고 있다. 그리고 EC는 카르텔을 쉽게 발견하기 위해서 관대정책(leniency policy)을 도입했는데, 이는 카르텔의 존재를 EC에 처음 알려주는 카르텔 멤버에게는 처벌을 면제해 주는 것이다. 6.1절에서 언급된 BA와 Virgin 간의 경쟁에서 실제로 관대정책이 적용되었다.

한편 제한적이지만 실제적으로 유익한 협약도 있으므로 EC는 상세한 블록면제규정(block exemption regulations)을 설정하였다. 이 규정은 특정 범위의 협약이 허용되기 위하여 달성되어야 하는 조건들을 명시하고 있다. 현재 블록면제협약은 R&D, 전문화, 기술이전 및 배분 등에 관한 협약을 포함하고 있는데, 특히 자동차 산업에 적용되어 왔다.

둘째, EC조약 제82조는 포식자가격책정(predatory pricing)과 계약을 통한 수직적 제약(vertical restraints)을 포함하여 시장지배력의 남용을 금지하고 있다. 이 법의 집행 사례의 하나로 Volkswagen AG와 Michelin을 들 수 있다.

이 정책 요소는 확고하게 보완(subsidiarity)의 원칙(EC는 개별 국가가 효과적으로 다룰 수 없는 기능만 수행함)을 토대로 하고 있다. EC 내 개별 회원국은 경쟁위원회를 갖고 있어서 조사하고 EC조약을 집행할 권한을 갖는다. 그러므로 기업에게 필요한 정보를 제공하도록 요구할 수 있으며, 불시에 조사도 할 수 있다. 그러나 기업이 한 국가만이 아닌 EU의 문제에 해당되면, EC는 조사와 집행에 대해 동일한 권한을 갖는다. 이 정책을 위반해 유죄 판결을 받는 생산자는 연간 매출액의 10%까지 벌금이 부과되고, 법적 비용을 지불하며, 불법적인 협약은 종료된다. 이렇게 얻게 된 수입은 EC의 예산에 편입되어 EU를 재정 지원하게 된다. 이 법이 EU에 일관되게 적용되고 또한 조사가 중복되지 않도록 하기 위해 각국의 경쟁위원회와 EU집행위원회는 유럽경쟁네트워크를 통해 서로 협력하고 있다.

6.5.1.1 Volkswagen AG와 Michelin

하나의 유럽시장이 확산되면서 많이 줄어들고는 있지만, 아직도 자동차 가격은 EU 내에서 많은 차이를 나타내고 있다. 자국 내 자동차 가격이 높아서 이태리에서 구입하려는 독일과 오스트리아 소비자에게 이태리 딜러가 자동차를 판매하지 못하도록 한 Volkswagen AG에게 1998년에 유죄 판결이 내려졌다. 이는 계약을 통한 수직적 제한의 형태로 EC조약 제82조를 위반한 것으로 판단하여 제조회사에 9천만 유로의 벌금을 부과하였다.

2001년에 프랑스 타이어 제조업체인 Michelin은 딜러가 자사 타이어에 의존하게 만듦으로써 경쟁사와 거래하는 것을 저지하기 위해 리베이트와 보너스를 지급한 것에 대해 유죄 판결을 받았다. 이는 특히 대형차량 타이어시장에서 50% 이상의 점유율을 가진 시장지배력을 남용한 것으로 판단되었다. EC는 2천만 유로의 벌금을 부과하였다.

6.5.2 합병 통제적

합병(merger)은 둘 혹은 그 이상의 기업을 합법적으로 통합하는 것이다. 합병은 기업 간 상호 합의 하에 혹은 적대적 인수(hostile takeover)에 의해서 이루어진다. 동일한 생산단계에 있는 기업 간 통합하는 수평적 합병(horizontal merger)이 이루어지기도 하고, 동일한 생산단계에 있지 않은, 예를 들면 제조업체가 딜러를 통합하는 수직적 합병(vertical merger)도 이루어진다.

합병은 통합된 생산자가 규모의 경제를 보다 효과적으로 활용할 수 있게 됨으로써 생산적 효율성(productive efficiency)에 향상을 가져올 수 있다는 측면에서 긍정적일 수 있다. 그러나 일부 합병은 시장지배력을 갖게 되는 생산자를 만들어 시장지배력을 남용함으로써 경쟁을 저해할 위험이 발생할 수 있다. 일정 규모 이상의 합병을 조사하고 통제하여 시장지배력이 발생할 가능성을 없애는 것이 EC 규제 139/2004를 제정한 목적이다.

만일 두 기업이 EU 내 한 국가에 있다면, 합병이 EU시장 내의 경쟁을 저해하지 않기 때문에 해당 국가의 경쟁위원회에 맡긴다. 그러나 두 기업이 한 국가 이상에 있고, 연간 전 세계 총매출액이 50억 유로 이상이며 EC 내 매출액이 2억 5천만 유로 이상인 경우에는, EC가 조사하게 된다. 규모가 작은 경우에도 해당 국가의 경쟁위원회가 EC에 위임할 수 있다. 제안된 합병이 EU 내 경쟁을 크게 저해할 것으로 예상되면, 합병은 금지된다. 비록 주 사무소가 EU 밖에 소재할지라도 이 규정은 EU에 영향을 미치는 모든 기업의 합병에 적용된다.

제안된 합병의 90% 이상은 EC조사가 시작된 이후 25일 내에 승인을 받았다. 90일에서 125일까지 더 이상의 조사가 시행된 합병의 대부분은 조건부로 승인을 받았다. 이는 합병은 승인되었지만, 통합된 생산자는 시장 피해를 감소시키기 위해 일정한 조치를 취해야 한다는 것을 의미한다. 예를 들면 통합회사의 일정 부분이나 특정 기술의 특허를 경쟁자에게 매각함으로써 이들이 좀 더 효과적으로 경쟁할 수 있도록 하는 것이다.

6.5.2.1 TotalFina와 Elf Aquitaine의 합병

이 두 기업은 프랑스 시장 내의 주요 석유제품 제조업체로서 이들의 합병 제안은 신중하게 검토되었다. 이들은 합해서 프랑스 고속도로 주유소의 약 60%를 운영하고 있으며, LPG의 주요 공급업체이다. 이들이 통합되면, 시장지배력을 이용하여 개별 석유유통업체의 가격을 상승시킬 수 있을 것이라고 판단하였다. 따라서 EC는 프랑스 고속도로 주유소 70개소를 포함한 영업활동의 상당 부분을 매각한다는 조건부로 합병을 승인하였다.

6.5.3 국제적 협조

앞에서 설명한 바와 같이 비록 비EU국가에서 설립된 기업일지라도 기업의 활동이 EU에 영향을 미치는 경우에는 EC의 경쟁정책을 따라야 한다. 이와 같은 경우와 아울러 EU에서 설립된 기업일지라도 EU 이외의 국가에 영향을 미치는 기업은 비EU국가의 경쟁 관련 법규를 따라야 한다는 사실은 EC가 국제적 협조를 하도록 만든다.

경쟁 관련 법규를 갖고 있는 국가 내지 지역은 100개 이상에 달하며, 이들은 거의 모두가 국제경쟁네트워크(International Competition Network, ICN)와 같은 포럼에 적극적으로 참여하고 있다. 그러므로 EC가 이들 국가와 협력하는 첫 번째 방법은 무엇보다도 이 포럼에서 제대로 된 역할을 수행하는 것이다. EC는 개별적 수준에서도 비EU국가들과 공조를 하는데, 특히 동일한 상황을 조사하는 경우에, 상반된 조사 결과를 제시하는 것을 피하기 위하여 비EU국가들과 협력한다.

6.6 영국의 대중교통차량(버스) 운영

대중교통서비스차량(public service vehicle, PSV, 즉 버스 및 대형버스)산업은 영국 대중교통분야에서 가장 중요한 역할을 하고 있다. The Commission for Integrated Transport(June 2004)는 2002/2003년의 버스여객통행량이 약 44억 명으로서 해당 연도의 철도여객통행량 20억 명에 비하여 훨씬 많다고 말하고 있다.

그럼에도 불구하고 대중교통차량(버스)시장을 정의하는 것은 쉽지 않다. 서비스 특성 측면에서, 대중교통차량시장이 독립적으로 별도로 존재하는지 또는 광범위한 공로교통시장의 단순한 일부이기 때문에 무수히 존재하는 대체교통수단의 하나라고 간주해야 하는지에 대해 논쟁이 있다. 지리적 측면에서, 버스시장의 지리적 경계가 어디인지도 불분명하다. 여기에서는 영국 경쟁위원회가 정의한 바에 따라 버스시장은 독립적으로 별도로 존재한다고 가정한다. 이 정의를 따른다면, 버스에 대한 밀접한 대체재가 없으므로 버스통행에 대한 시장수요는 상대적으로 가격에 비탄력적일 것이다. 버스시장은 지리적 특성 측면에서 2개로 구분된다. 하나는 지역 내 시장(local market)으로 지자체 행정구역 내를 운행하는 것이고, 다른 하나는 전국적 시장(national market)으로 전자를 포함한다. 이와 같은 지리적 시장구분에서는 지역 내 시장(도시 내 버스시장)에 대해서 결정적으로 중점을 두게 되는데, 왜냐하면 동일한 지역에서 동일한 노선을 운행하는 경우에는 회사 간에 직접적인 경쟁이 발생하기 때문이다.

〈그림 6−9〉에 나타나는 바와 같이 버스산업은 3개의 하위 시장으로 구분된다. 정기서비스(scheduled services)는 사전에 정해진 시간에 정해진 노선을 따라서 정해진 정류장에 정지하는 차량이다. 지역 내 서비스는 시나 군의 행정구역 내를 운행하고, 2002/2003년 여객통행거리의 45%를 차지하고 있다(The Commission for Integrated Transport, June 2004). 반면에 광역서비스(distance services)는 시나 군의 경계를 오가면서 운행한다. 비정기 전세서비스(non−scheduled charter services)는 특정 통행을 위해서 개별적으로 차량을 임대하여 운행한다.

2002/2003년 영국에는 1,800개의 민간 버스회사와 17개의 지자체 버스회사가 있었다. 전국적으로는 First, Arriva, Stage Coach, Go−Ahead, National Express 5개의 대규모 회사가 대부분의 승객을 운송하고 있었기 때문에 전국 버스시장 근로자의 약 80%와 매출액의 70%를 차지하고 있다. 이러한 과점(oligopoly)현상은 지역 내 대중교통차량(버스)시장을 고려할 때 더욱 심각해진다. 위의 5대 회사는 전국 버스시장을 지배하고 있지만, 이들 회사 모두가 각각의 지역 내 시장에서 커다란 점유율을 나타내지는 않는데, 이것은 이들 회사가 서로 다른 도시의 버스시장에 집중하고 있다는 것을 의미한다. 결국 각 도시의 버

■ 그림 6−9 버스산업의 구조

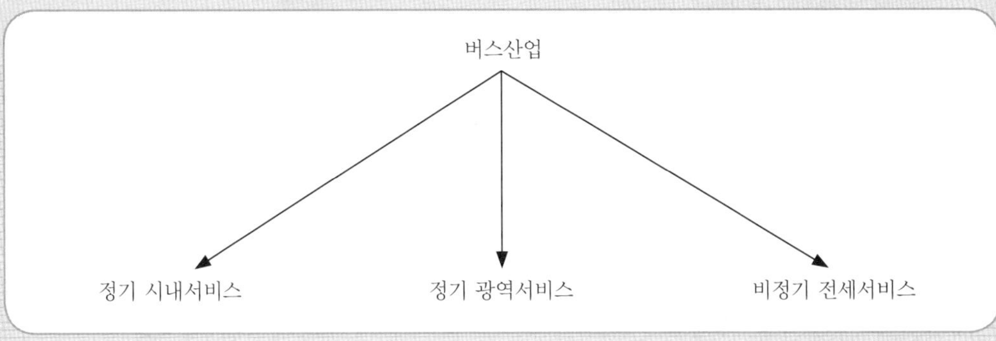

스시장은 독점화되어 있다는 것을 의미하며, 이는 National Economic Research Associates가 공정거래위원회에 1997년 12월에 제출한 보고서의 사례 연구에서도 결론으로 제시되어 있다.

이러한 지역 내 버스시장에서의 독점화(monopolization)는 시장진입에 대한 장애로 인하여 지속되고 있다. 소규모 회사의 시장진입은 예외적인 상황에서만 성공할 수 있다. 대규모 회사의 시장진입은 성공할 가능성은 더 많지만 행해지는 경우가 훨씬 드물다. 시장진입에 대한 장애요소로 5가지가 있다.

- **공급 측면의 규모의 경제.** 대규모 회사는 소규모 회사에 비하여 신형 차량을 훨씬 싸게 구입할 수 있으며, 신형 차량의 유지비는 적게 들기 때문에 대규모 회사의 차량유지비는 적게 소요된다. National Economic Research Associates는 공정거래위원회에 1997년 12월에 제출한 보고서에서 대규모 회사는 초기자본비용을 약 20%까지 절감할 수 있는 것으로 추정하였다. 따라서 5개 대규모 회사는 전국적인 면에서 규모가 크기 때문에 각각의 지역 내 버스시장에서 상당한 이점을 갖고 있다.
- **수요 측면의 규모의 경제.** 지역 내 버스시장에 있는 대규모 회사는 왕복할인요금제도나 그 지역 내에서의 같은 회사의 다른 모든 버스에 무료로 탑승할 수 있는 환승티켓제도(network tickets)를 도입하여 승객을 더 유치할 수 있다. 그러므로 새로 진입하는 소규모 회사는 제공하는 서비스 숫자에 비해 시장점유율이 대규모 회사보다 더 작은 경우가 발생하게 된다.
- **기존 회사의 경쟁적 대응.** 각 버스노선은 별개의 시장으로도 볼 수 있는데, 이는 기존 회사가 소규모의 신규 시장진입자에게 효과적으로 대응하기 위해 그들의 다른 많은 시장을 활용할 수 있다는 것을 의미한다. 이와 같은 목적을 달성하기 위해 기존 회사는 요금이나 서비스 특성을 매우 빠르게 조정할 수 있다.
- **서비스 차별화의 부족.** 신규 시장진입자가 서비스를 차별화하거나 기술혁신을 통해 운영비를 감소시키는 것은 매우 어렵다.
- **평판.** 기존 회사가 신규 시장진입자에게 공격적으로 또한 효과적으로 대응하였다는 평판 또한 시장진입에 중요한 장애요소로 작용한다.

비정기 전세버스시장에는 5개 대규모 시외버스회사 중에서 National Express만이 참여하고 있으며, 나머지는 수많은 소규모 회사로 이루어져 있다. 70% 이상의 회사가 50명 이하를 고용하고 있으므로 이 시장은 독점적 경쟁시장(monopolistically competitive market)이라고 볼 수 있다.

위에서 언급한 특별한 시장진입에의 장애요소 이외에도 3개 버스시장의 각각에서 버스회사를 운영하기 위해서는 면허권을 취득하여야 한다. 차량을 임대하거나 구입하여야 하며, 보험에도 가입하여야 한다. 필요한 운전자와 관리직원도 충원하여야 하고, 또한 필요한 마케팅도 시행하여야 한다. 이와 같은 면허권은 1800년대 중반부터 의회법에 의해서 지자체에서 발급해 왔다. 1930년에 Traffic Commissioners가 설립된 이후로는 8인승을 초과하는 자동차의 규제권이 지자체에서 Traffic Commissioners로 이양되었다. 반면에 8인승 이하의 자동차는 런던을 제외하고는 지자체의 관리를 받았다. 런던에서는 최근까지 도시경찰의 관리를 받았으나, 런던시장에게 귀속된 이후에 지금은 Transport for London으로 통합되었다.

1930년에서 1985년 사이에 Traffic Commissioners는 면허대수에 대해서 엄격한 수량통제(quantity licensing)를 하였다. 따라서 기존의 버스 및 철도서비스와 경쟁하는 새로운 서비스에 대한 운영 면허권을 취득하기가 매우 어렵거나 불가능하였다. 요금 또한 규제되었다. 그러나 1986년에 런던 이외의 도시에서 버스에 대한 규제는 전면적으로 철폐되었다. 따라서 면허대수에 대한 수량 제한은 사실상 없어졌으며, 남아있는 규제도 요금이나 서비스 수준보다는 안전을 목표로 하고 있다.

버스운영 면허권은 화물차운영 면허권과 마찬가지로 해당 지역의 Traffic Commissioners에게 신청할 수 있다. 화물차운영 면허권 신청에 대한 상세한 내용은 7.3절에서 설명될 것이다. 좋은 평판과 전문적인 자격을 갖추어야 하고, 화물차와 마찬가지로 적합한 재원조달계획과 차고지 및 정비시설을 갖추어야 한다. 제안된 사무소 소재지를 언론에 광고할 필요는 없으나, 버스운영 면허권은 차량앞 유리에 부착되어야 한다. 면허권 색깔은 국제용은 녹색, 국내용은 파란색, 소형 차량은 주황색이며, 차량에 대한 면허가 아니기 때문에 여러 차량에 옮기면서 부착할 수 있다. 차량에 면허권을 부착하지 않고 운행하는 것은 명백한 불법이지만, 화물차는 면허권이 발급되기 전 28일 동안은 운행할 수 있다.

버스차량 운행 면허권 신청에는 화물차운행 면허의 경우와 비슷한 비용이 발생하며, Traffic Commissioners는 신청서 내용을 판단하여 발급을 결정하고, 두 면허 간에 비슷한 결정재량을 갖는다. 면허권 신청이 받아들여지면 면허권자는 필요한 차량을 획득하여야 한다. 53/55인승 신형 시외버스는 비싸서 28만 파운드에서 40만 파운드에 달하기 때문에 비록 신규 75인승 2층 시외버스가 다소 비싸지만, 이들 53/55인승 시외버스들은 인기를 잃고 있다. 신형 2층 시내버스는 약 18만 파운드이고, 소형 1층 버스는 9만 파운드에서 12만 파운드이다. 새로운 시장진입자는 중고버스를 구입할 가능성이 높은데, 10년이 된 관광버스로 사용되었던 양호한 품질의 중고버스는 6만 파운드 이상이고 20년이 된 중고버스는 1만 파운드 이상이다. 이와 같이 초기자본비용이 많이 소요되므로 버스 임대가 보편화되고 있는데, Arriva, First Group과 Stagecoach와 같은 대규모 회사도 버스를 임대해 운영하고 있다.

National Express는 운영하는 노선의 대형버스를 직접 소유하지 않고, 별도 회사와 노선을 운영 계약하고 있다. 이때 5년 이하 차량을 운영하도록 요구하고 있지만, 오히려 많은 회사들이 차량 연식을 속이기 위해서 개인 번호판을 이용하거나 Northern Ireland에 등록된 차량을 사용하고 있다. 이 방식은 많은 관광회사에 의해서도 사용되고 있어서 WA Sheerings나 몇몇 소규모 회사만 자기 소유 차량을 갖고 운영하고 있다. 실제 노선운영자는 이름과 주소를 차량 하단에 25mm(1인치) 크기로 반드시 써야 하며, 이는 법적인 글자표기(legal lettering)라고 불린다. 이는 기존 회사에는 편리한 방법이지만, 신규 진입자에게는 별로 실질적이지 못하다. 그러나 신규 진입자가 시장에서 쉽게 기반을 마련하는 데에 잠재적으로 도움이 된다.

결론적으로 화물차시장과 마찬가지로 버스시장 진입을 위한 비용은 많이 소요되고, 금융기관은 잠재적 진입자에게 대출을 잘 해주지 않아 버스시장 진입은 어렵다. 또한 관료주의로 인하여 면허권 발급은 쉽지 않고 비용도 소요되어 비정기 전세버스시장은 독점적 경쟁에 있다고 말할 수 있다. 이 시장구조에 대한 상세한 설명은 제7장에서 논의될 것이다. 본 절에서 더 중요한 점은 도시 내 버스시장에 진입하는 데에는 추가적인 여러 장애요소가 있으므로 사실 도시 내 버스시장은 독점과 다름없다는 것이다.

6.7 자연독점

자연독점(natural monopoly)은 오직 하나의 생산자만 지속될 수 있는 시장이다. 보통 초기자본비용이 너무 많이 소요되어 시장에서 발생하는 모든 운영수입을 하나의 생산자가 취득하여야 하는 시장이다. 이러한 시장에서 경쟁이 발생하는 경우, 모든 생산자는 정상이윤을 확보하는 것이 어려워 모두가 시장을 떠나고, 결국 전혀 공급이 이루어지지 않게 된다. 사실 일부 자연독점기업은 이보다 더 상황이 안 좋아서 하나의 생산자만 있다고 하더라도 생산을 계속하도록 하기 위하여 정부가 보조금을 지급하기도 한다.

가장 간단한 예로 철도를 들 수 있다. 노반시설을 건설하여야 하고, 기관차 및 객차를 구입하거나 임대하여야 하므로 철도의 초기자본비용은 막대한 규모에 달한다. 두 기업이 경쟁한다면, 동일한 노선이 두 개 건설되고 동일한 기점과 종점을 가진 서비스가 두 개 운행되는 상황이 발생한다. 그러면 수요와 수입을 나누게 되어 어느 하나도 지속될 수 없는 상황이 되므로 두 기업 모두 생산활동을 할 수 없게 된다. 그러므로 철도서비스가 제공되기 위해서는 하나의 생산자가 모든 수입을 갖도록 하는 것이 필요하다.

〈그림 6-10〉에서는 이윤극대화 생산량 수준에서도 한계비용곡선이 계속 하락하고 있는 것을 보여주고 있다. (한계비용이 평균비용보다 낮다는 것이 중요하지

■ 그림 6-10 자연독점

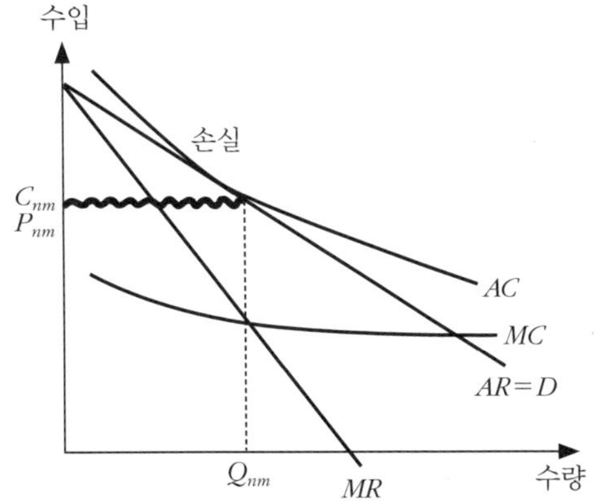

한계비용이 계속 하락한다는 것은 중요하지 않음. 한계비용이 증가할지라도 평균비용보다 낮으면 자연독점이 발생함: 역자주)

$MC=MR$ 인 이윤극대화 생산량 수준에서도 생산자에게 손실이 발생하게 되므로 생산자는 시장을 떠나야 한다는 것을 보여준다. 이 경우가 자연독점인데, 그 이유는 하나의 생산자밖에 존재할 수없는 상황이며, 특별히 이 상황에서는 생산자에게 정부가 보조금을 지급해 주는 경우에만 계속 운영될 수 있다. 만일 두 기업이 수입을 나누게 되면 상황은 더욱 악화될 것이다.

초기에 막대한 자본비용이 투입되는 많은 시장을 가지고 있는 교통부문에서는 많은 경우 자연독점의 시장구조가 형성된다. 이와 같은 상황은 또한 국유화하거나 정부가 규제를 시행하고, 정부가 개입해서 보조금을 지불하여야 한다는 주장에 대해 정당성을 제공했다.

자연독점산업에서 평균비용이 계속 하락하는 경우에는 둘 이상보다는 하나의 공급자만 있는 것이 항상 더 싸게 공급할 수 있으므로 두 개 이상의 기업 대신에 하나의 기업이 존재하는 것이 공공의 이익에 부합할 것이다. 그러나 하나의 공급자만 있으면 시장지배력이 너무 커지고 그대로 방치하면 공급자는 공공의 이익을 저해하는 방향으로 지배력을 행사하게 된다. 이러한 어려운 문제로 인하여 (유류운송) 파이프, 전기, 철도 등 네트워크 서비스의 제공은 민간 독점기업에 의해 행해지되, 이들에 대해서는 독립적인 규제를 하는 제도가 발전하게 되었다.

제 7 장

독점적 경쟁

Chapter 7

7.1 모형과 결과

독점적 경쟁(monopolistic competition)의 시장구조는 독점과 완전경쟁의 중간 형태라고 볼 수 있다. 유사하지만 동일하지 않은 상품을 시장에 공급하는 수많은 회사가 존재한다. 시장진입에 장애는 있지만 완전히 금지하지 않기 때문에 진입과 퇴출하는 회사로 인해 시장에는 항시 유동성(fluidity)이 존재한다.

완전경쟁에서는 시장진입에 장애가 전혀 없어서 잠재적 시장진입자는 비정상이윤(abnormal profit)이 발생하는 즉시 시장에 진입해 즉각적인 경쟁으로 이윤을 소멸시킨다. 그러나 독점적 경쟁에서는 시장진입에 장애가 있어서 잠재적 시장진입자는 즉시 시장에 진입하지 못한다. 이는 생산자는 단기적으로 비정상이윤을 얻을 수 있다는 것을 의미하며, 따라서 독점적 경쟁의 단기 시장구조는 6.2절에 언급한 독점의 단기 시장구조와 동일하다. 그러나 시장진입을 완전히 금지하고 있지는 않기 때문에 새로운 생산자는 비정상이윤의 시장신호(market signal)에 점차적으로 반응하며 시장에 진입한다. 이에 따라 그 시장에 속한 각 기업이 독차지 할 수 있는 소비자의 비율은 감소하고, 각 생산자의 평균수입(수요)곡선은 안쪽으로 이동하여 이윤극대화 생산량에서 평균비용곡선과 접하게 될 때까지 가격은 하락한다. 이는 〈그림 7-1〉에 나타나 있으며, 장기적으로 P_{mc} 가격에서 각 생산자가 정상이윤만을 얻게 되는 수준인 Q_{mc}수량에서 시장은 균형을 이룬다. 이

■ 그림 7-1 독점적 경쟁의 장기 균형

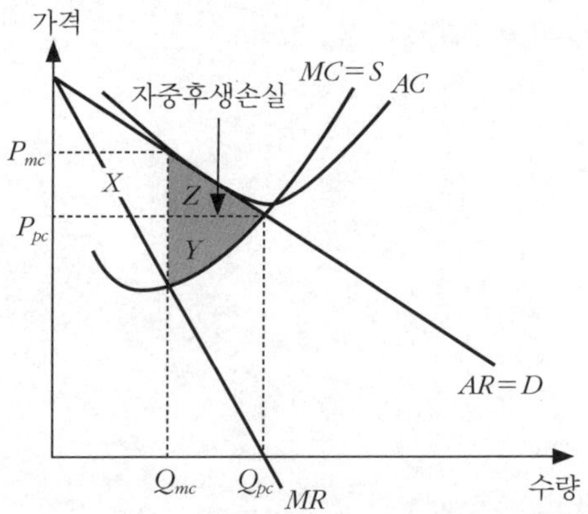

지점에 도달한 이후에 새로이 시장에 진입하는 경우에는 손실이 발생하기 때문에 생산자는 더 이상 시장에 진입하지 않는다.

생산자 규모의 차이로 독점적 경쟁에서의 비용곡선과 완전경쟁에서의 비용곡선이 매우 다르기 때문에 이것이 동일하다고 가정하는 것은 합리적이지 않지만, 이 두 시장구조의 비용곡선이 동일하다고 가정한다면, 두 시장의 결과를 비교해 볼 수 있다. 〈그림 7-1〉에 나타나는 바와 같이 완전경쟁시장에 비하여 독점적 경쟁시장에서의 가격은 높은 반면에 생산량은 적다.

독점적 경쟁 하의 생산자는 완전경쟁에서와 같은 경쟁의 압박이 많지 않으므로 생산효율적(productively efficient)이지 않다. 〈그림 7-1〉에서와 같이 생산자는 평균비용곡선의 최저점에서 운영되고 있지 않다. 생산효율적인 수준보다 적게 생산하기 때문에 더 높은 가격을 부과시킬 수 있다. 가격 P_{mc}는 한계비용보다 높기 때문에 소비자는 너무 높은 가격을 지불해야 함을 의미하며, 이는 결국 배분효율적(allocatively efficient)이지도 못하다는 것을 말한다.

생산자는 생산자잉여(producer surplus)를 증가시키기 위해서 이와 같이 행동한다. 완전경쟁 하의 생산자잉여에 비해 면적 Y를 잃는 대신에 면적 X를 얻게 되어 상당한 순이득이 발생한다. 이 이득은 소비자잉여가 면적 X와 Z만큼 감소하는 데에서 비롯된다. 그 결과 총시장후생은 자중후생손실(deadweight welfare loss)인 면적 Y와 Z만큼 감소한다. 이 시장구조는 분명히 파레토 효율적이지 못하다. 왜냐하면 후생손실을 없앤다면 다른 사람에게 손실을 발생시키지 않으면서도 당사자 중 한 사람에게 이득을 발생시킬 수 있기 때문이다. 그러나 이러한 효율성 손실은 독점의 경우만큼 크지는 않다. 왜냐하면 독점적 경쟁이 독점보다는 그래도 완전경쟁에 더 가깝기 때문이다.

7.2 경쟁

완전경쟁에서 공급되는 상품은 동질적(homogeneous)이므로, 유일하게 발생할 수 있는 경쟁은 가격경쟁뿐이다. 독점적 경쟁에서도 가격경쟁이 발생하므로 생산자는 장기적으로 정상이윤을 가져오는 가격 이상으로 높은 가격을 부과할 수 없다. 높은 가격을 부과한다면, 새로운 생산자가 시장에 진입하여 경쟁으로 비정상이윤을 말소시킬 것이다.

그러나 독점적 경쟁에서 공급되는 상품은 동질적이지 않기 때문에 브랜드 경쟁(brand competition) 또한 발생한다. 생산자는 자사의 제품을 경쟁자들의 상품으로부터 차별화하려고 노력한다. 소비자가 일정 부분 타사 제품에 비해 좀 다른 상품이라고 생각하면, 이 제품의 생산자는 효과적으로 넓은 시장 내에서 틈새시장 독점력(niche market monopoly)을 가질 수 있게 된다. 단기적으로는 이와 같은 시장지배력을 이용해 더 높은 가격을 부과해 비정상이윤을 얻을 수 있으나, 이것은 경쟁자가 나타나서 경쟁으로 비정상이윤을 말소시킬 때까지만 가능하다.

생산자가 단기적으로 독점력을 확보하여 비정상이윤을 얻을 수 있는 몇 가지 방법이 있는데 이들 모두 독점적 경쟁시장에서 취해지고 있다.

- **광고**(advertising). 가장 확실한 방법은 마케팅을 활용해서 경쟁자로부터 차별화하는 이미지를 형성하는 것이다.
- **상품 개발**(product development). R&D에 투자해서 자사의 제품이 시장 내 경쟁자가 갖지 못하는 특성을 갖는 것이다.
- **특허 보호**(patent protection). 경쟁자와 다른 상품을 일단 개발하면, 그 제품에 대한 특허를 받아 일정 기간 법적인 보호를 받는 것이다.

7.2.1 Reliant Robin 사례

Reliant Robin은 상품차별화에 대한 하나의 좋은 사례를 보여준다. 삼륜차는 Reliant Motors Ltd.에 의해 1935년부터 면허 생산되어 온 차량들 범주에 속한 하나의 제품이었다. 그러나 1973년에 Reliant Robin이 출시되었는데 오토바이 면허만 가진 사람들도 운전할 수 있다는 점에서 자동차 시장 내의 다른 제품들로부터 크게 차별화 되었다. 광고는 바로 이 점을 강조하고 또 적은 돈으로 운행할 수 있는 가치있는 자동차라는 것을 광고하였다. Reliant Robin은 다른 일반적인 자동차가 할 수 없는 저소득계층의 소비자를 목표로 하였으며, 이 틈새시장에서 독점력을 가질 수 있게 되었다. 이러한 특수시장 내에서도 그들의 이미지를 더욱 더 차별화하기 위해 Robin Motors는 Standard Robin, Super Robin, Robin Van 등 다양한 Robin 모델을 출시하였다.

그러나 불행하게도 프로젝트는 기대했던 것만큼 성공하지 못했다. 소비자의 소득수준이 계속 증가하고 모든 사람들이 일반자동차 운전면허를 갖게 됨에 따라, 삼륜자동차에 대한 수요는 감소하였다. 회사는 여러 번 다른 사람에게 인수되었고, 결국 2001년 2월에 더 이상 Robin을 생산하지 않기로 공식 발표하였다. 그러나 이것이 끝이 아니고 2001년 4월에 B&N Plastics는 Reliant 면허로 Robin을 다시 생산하겠다고 발표했지만, 제작의 어려움을 겪게 되었다. 오늘날에는 Robin 자동차는 실제 운행을 위해서보다는 수집가들을 위한 자동차가 되고 있다.

7.3 EU와 영국의 공로화물운송시장

EU의 공로화물운송시장은 독점적 경쟁시장을 보여주는 하나의 좋은 사례이면서 매우 중요한 시장의 하나이다. 부가가치 측면에서 공로화물운송시장은 EU25의 육상교통부문(공로교통과 기타 육상교통 포함)에서 가장 높은 비중인 64.4%를 차지하고 있다. 그리고 공로화물운송부문은 (해상화물운송 포함) 전체 화물운송 교통부문 부가가치의 절반을 차지하고 있다.

〈그림 7-2〉는 공로화물운송시장이 운송 물동량 측면에서 계속 크게 증가하여 1995년 1,248십억 톤-km에서 2004년 1,600십억 톤-km 이상으로 증가하

■ 그림 7-2 EU에서 공로를 이용한 화물운송량의 증가

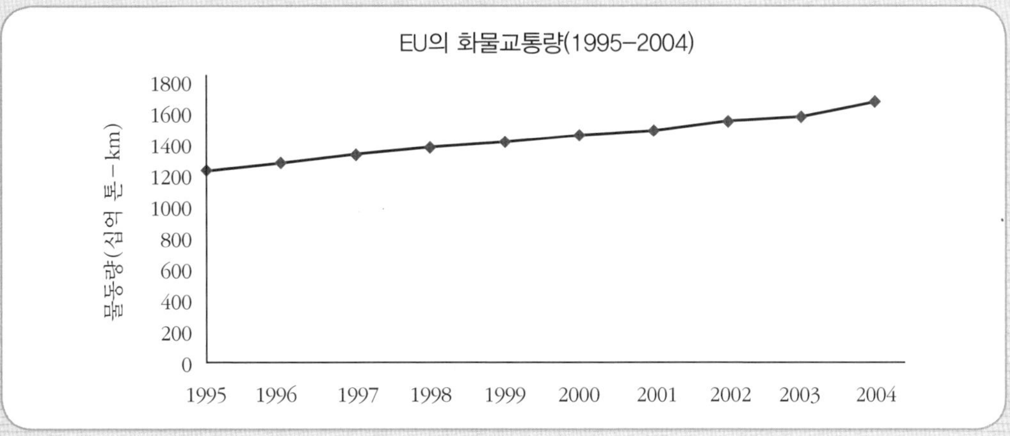

였음을 보여주고 있다. 따라서 2.1.2절에서 언급한 바와 같이 모든 교통수단을 이용하여 운송한 전체 화물물동량 중에서 공로화물운송이 차지하는 비중이 1995년 42.1%에서 2004년 44.3%로 증가하였다.

운송화물의 수량이 증가한 것 이외에 공로화물운송회사 또한 매우 다양화(diversified)되었다. 공로화물운송회사는 이제는 더 이상 단순히 화물만 운송하지 않으며, 물류서비스(logistics services)나 창고서비스를 제공하는 일에 경쟁하고 있다. 적절한 원재료와 최종 제품을 정확한 시간에 정확한 장소에 운송함으로써 제조회사의 공급과 배달체인을 조직화하는 서비스를 제공하는 제3자 물류회사(third-party logistics company)도 등장하였다. 이러한 다양화 및 서비스 차별화 경쟁은 기업이 시장지배력을 확대하고자 노력하는 과정에서 발생하는 것이라는 바로 독점적 경쟁모형이 예측하고 있는 결과이다.

공로화물운송회사를 설립하기 위해서는 운영 면허권을 획득하고, 차량을 구입하거나 임대하여 보험에 가입하고, 운전자와 관리직원을 채용하며, 어느 정도의 마케팅을 하는 것이 필요하다. 이러한 비용은 크기 때문에 공로화물운송시장 진입에 분명히 장애요소로 작용하지만, 시장진입을 완전히 가로막고 있는 것은 아니다. 이러한 사실은 2003년 그리스와 폴란드를 제외한 EU에 485,220개의 공로화물운송회사가 있는 것만 봐도 알 수 있다. (룩셈부르크와 몰타는 2002년 자료이고, 벨기에는 2001년 자료이다.) 이는 시장진입 장애가 넘을 수 없는 것이 아니라는 사실을 나타내며, 바로 독점적 경쟁의 하나의 특성을 보여준다.

영국의 공로화물운송시장을 더 분석하면, 이러한 사실들이 더 상세히 나타난다. 영국 공로화물시장에의 진입은 엄격하게 통제되고 있는데, 이는 1930년에 도로교통법이 제정된 이후부터이다. 이 법의 제정으로 몇 개의 교통위원회(Traffic Commissioners)가 탄생하였으며, 이들의 주요 임무는 공로화물 및 여객운송회사에게 면허를 발급하고, 버스회사에게 면허를 발급하고 요금을 규제하는 것이다. 전국적으로 7개의 위원회(Commissioners)가 있으며, 아직도 면허를 발급하고 공공청문회(Public Inquiry: 이 산업 내에서는 PI로 알려짐)로 불리는 자신들만의 기강법정(disciplinary court)을 열고 있다. 운영회사들은 일말의 두려움을 갖고 이들의 결정을 지켜보는데, 왜냐하면 이 기관은 자신이 재판관, 배심원 그리고 판결결과의 집행인까지 모든 역할을 혼자서 다하기 때문이다.

운영 면허권을 얻기 위해서 면허 신청자는 다음 조건을 충족시켜야 한다.

■ 좋은 평판(good repute)을 갖고 있어야 하는데, 이는 일련의 과속위반을 포함하여 중대한 전과가 없어야 한다는 것을 의미한다.

■ 전문적인 자격(professionally competent)을 갖고 있어야 한다. 이는 회사 내 직원 중 한 명은 화물운송전문가 자격증(Certificate of Professional Competence in Road Haulage)을 갖고 있어야 한다는 것을 의미한다. 이 자격증은 영국 교통부로부터 위탁 계약을 받아 Oxford, Cambridge and Royal Society of Arts Examination Board(OCR)가 시행하는 두 가지 시험 중 하나를 통과하면 취득할 수 있다. 하나는 국내 자격증이고, 다른 하나는 국제 자격증이다. 시험의 내용과 형태에 관한 것은 EC의 위원회지침(Council Directive) 98/76/EC에 엄격하게 규정되어 있는데, EU 회원국 간에 시험 내용의 난이도에 큰 차이가 없게 하는데 초점을 맞추고 있다.

국내 자격증(National Certificate)을 취득하기 위해서는 3개 시험을 모두 통과해야 한다. 법규 및 상업에 관한 배경(또는 기초, context or core)시험, 국내 공로화물운송에 관한 시험, 국내 공로화물운송 실제 사례(case)에 관한 시험이다. 국제 자격증을 취득하기 위해서는 추가로 국제 공로화물운송에 관한 시험도 통과해야 한다. 전국의 600개소에서 매년 4회 시험을 치루고 있다. 운송교육회사는 신청자들이 시험을 통과하는 것을 지원하고 있다. 예를 들면 국내 자격증을 취득하는 데에 도움이 되는 5일 교육코스를 가르치는 전문교통서비스는 550파운드를 받고 있다. 시험을 보는 데에도 175파운드가 소요된다. 시험수준은 A수준과 동등하다고 볼 수 있다. 최근 국내 자격증시험의 평균 합격률은 〈그림 7-3〉에 나타나 있다. 2004년 9월에는 거의 66%에 달하였으나, 2006년 3월에는 55.18%로 낮아졌다. 동일한 기간의 국제 자격증에 대한 추가 시험의 합격률은 41.2%에서 58.9%로 나타나고 있다. 많은 응시자가 불합격하는 것이 명백하다. 이들은 다시 시험을 치뤄야 하며, 이때 응시료를 다시 지불하며 필요한 경우에는 교육코스를 다시 수강하기 위해 수강료를 지불해야 할 것이다.

■ 적합한 자금력(adequate finance)을 갖고 있어야 한다. 신청자는 차량을 구입한 이후에 소요되는 재원을 충분히 조달할 수 있다는 것을 보여주어야 한다. 실제로 첫 차량에는 6,200파운드, 추가적인 차량 1대당 3,400파운드의 자금여력이 소요된다.

■ 그림 7-3 국내 공로화물운송자 자격증시험의 최근 평균 합격률

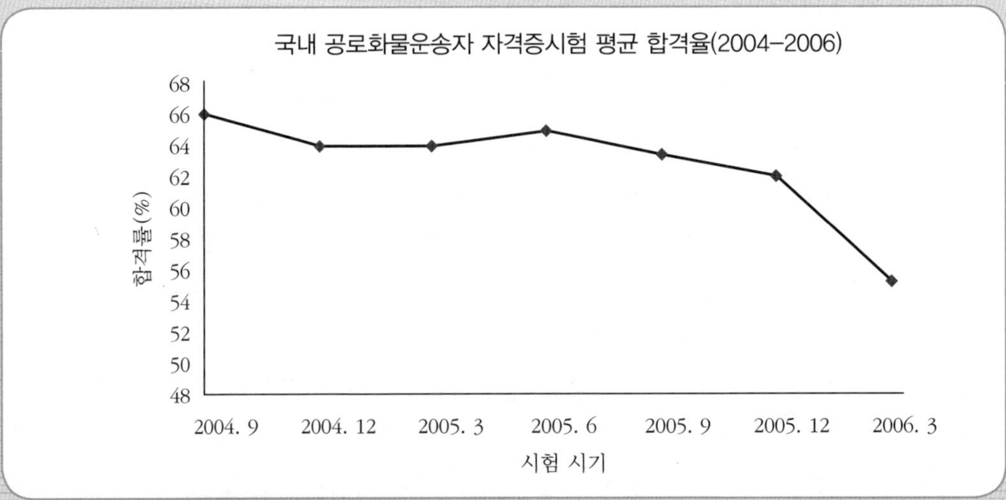

출처: The Oxford, Cambridge and Royal Society of Arts Examination Board (OCR).

- 영업소(operating center)를 갖추어야 하는데, 이곳에는 운영 면허에서 허용된 모든 차량을 충분히 주차시킬 수 있는 차고지가 확보되어 있어야 한다.
- 정비시설을 갖추어야 하는데, 이것은 상업적인 자동차 정비업소나 이의 대행업소와 법적 구속력이 있는 정비계약을 체결하는 형태도 가능하다.
- 지역신문에 제안된 장소를 영업소로 사용한다는 사실을 광고하고, 이 광고에서 지역주민들에게 환경문제로 반대를 제기하는지를 물어야 한다. 이와 같은 광고의 비용은 지역별로 큰 차이를 나타낸다. 공고 내용은 법으로 엄격하게 규정되어 있어서 구두점이라도 하나 생략되면 교통위원회(Traffic Commissioner)가 다시 광고하도록 요구할 수 있다.

면허신청서가 일단 작성되면, 신청과정을 시작하기 위해 215파운드의 수수료와 함께 제출한다. 이에 대한 상세한 내용은 교통위원회(Traffic Commissioners)가 발행하는 신청과 판결(Applications and Decisions)에 공표되어 경찰, 지역당국, 운송회사 조직(employers organization), 해당 산업 노조 등 법적으로 인정된 반대할 권리를 가진 자들이 읽을 수 있도록 한다. 이들 모두는 반대할 수 있는 권한을 가지고 있는데, 만일 이들이 이 신청 내용에 반대하는 경우, 교통위원회는 세 가

지 조치를 취할 수 있다. 첫째는 반대 의견을 기각할 수 있는데 이것은 거의 발생하지 않는다. 또는 결정을 하기 위해 청문회(public inquiry)를 연다. 신청자는 청문회에서 변호사를 통해 대변될 수 있는데, 교통전문 변호사는 시간당 280파운드 이상 소요되기 때문에 경비가 많이 들게 된다. 비용을 싸게 하는 방법도 있기는 하다. 둘째는 교통위원회가 위원회 사무실에서 신청자와 회의를 개최하여 결정하는 것이고, 이때에도 신청자는 변호사를 통해 대변될 수 있다. 마지막으로 교통위원회가 면허 발급을 거부하는 것이고, 이 경우에는 신청자가 청문회 개최를 요청할 수 있다. 신청자에게 아무런 문제도 발견되지 않으면, 면허는 보통 9주 내에 발급되며 이때 336파운드가 추가로 납부된다. 그러면 차량 1대당 면허권을 구입해야 하는데, 연간 44파운드를 지불하거나 혹은 5년분으로 180파운드를 지불할 수 있다. 신청자는 신청절차를 추진하는 것과 관련해서 전문적 교통서비스(Professional Transport Services)와 같은 컨설턴트의 도움을 받기도 하는데, 비교적 단순한 면허를 얻는 경우에 약 400파운드의 비용이 별도로 소요된다.

신청서가 성공적으로 받아들여져 면허가 발급되면, 이제 운행할 차량을 확보하여야 한다. 신형 화물차는 대당 6만 파운드에서 12만 파운드까지 소요되지만, 대부분의 운영자는 1만 파운드에서 6만 파운드인 중고화물차를 구입한다. 중고화물차시장에서 차량 가격을 결정하는 요인은 연식과 차량상태이다. 한편 일부 운영자는 제3의 방안으로 차량을 임대하기도 하는데, 신규 회사는 아직 좋은 신용상태를 확보하지 못했기 때문에 회사를 처음 시작하는 경우에는 이러한 방안이 거의 적용되지 않고 있다.

지금까지의 설명을 종합해 보면, 화물차시장에의 진입에는 많은 비용이 소요된다고 결론지을 수 있다. 그렇다고 하여 시장진입 장애를 극복할 수 없는 정도는 아니다. 비정기해운시장과 마찬가지로, 필요한 자금만 있다면 이들 진입 장애는 극복될 수 있다. 불행하게도 은행과 다른 금융기관은 공로화물운송사업에 진입하고자 하는 벤처기업에 종종 대출해 주는 것을 꺼리는데, 이는 실패할 확률이 높기 때문이다. 예를 들어 차량이 결함으로 도로변에 정차하고 있는 것이 발견되면 운행금지통지서(prohibition notice)가 발부되는데 이렇게 되면 견인까지도 불허된다. 이러한 중대한 통지서가 한번 혹은 사소한 통지서가 여러 번 발부되면, 운영자는 청문회에 불려진다. 이 경우에는 운영자 면허기간이 단축되거나, 면허가 일시 정지되거나 취소될 수 있다. 이러한 면허 제한행위가 발생하면, 회사는 도산할 확률이 높아지는데, 이러한 사태는 모든 회사에게 발생할 수 있다. 2005년 2월 영국의 최대 화물운송회사인 Eddie Stobart는 동부교통지역(Eastern Traffic Area)에서 면허가 취소되었다. 약 6개월 후 이 회사는 교통위원회를 설득하여 새 면허를 발급받았지만, 그 기간 동안 동부지역에 등록된 차량은 운행할 수 없었다. 대신에 이 회사의 동부지역 모든 화물운송은 다른 지역 차량들에 의해 이뤄졌는데, 이들 차량은 일정한 시간 간격을 가지고 등록된 주소지로 돌아가야만 했다. 은행의 초과인출허용장치(overdraft facilities)의 경우와 마찬가지로 적절한 안전장치(security)가 없으면 이 지역 차량의 일시적 부족현상을 타 지역의 차량으로 메꾸는데 한계가 있다.

지금까지 살펴본 바와 같이 공로화물운송시장에의 진입에는 관료주의, 면허제도, 재원조달의 어려움을 갖는 자본비용, 매몰비용 등의 장애요소들이 있다. 그러나 공로화물차협회나 화물교통협회의 회원은 전문적 교통서비스(Professional Transport Services)와 같은 컨설턴트의 도움을 받을 수 있어 유리하며, 따라서 시장진입이 금지되어 있는 것은 전혀 아니다. 이러한 사실은 공로화물운송시장의 운영자 숫자와 규모에 잘 나타나 있다. 〈그림 7－4〉에서와 같이, 2004/2005년에 영업용 공로화물운송사업에 발급된 면허 수는 101,900개이다. 이는 1993/1994년에 비해 23,200개 감소하였지만, 계속 상당히 많은 수이다. 2004/2005년의 1개 운영자당 화물차 보유대수는 3.9대로서, 1993/1994년의 3.2대에 비해 약간 증가하였으나 아직도 매우 작은 평균 보유대수이다. 〈그림 7－5〉는 보유대수 규모별로 면허를 발급받은 전체 운영자의 구성을 보여준다. 월등하게 가장 많은 48,220개 운영자는 단 1대의 화물차만을 보유하고 있으며, 그 다음으로 많은 15,800개 운영자는 2대를 보유하고 있다. 300개 운영자만이 101대 이상 500대 이하를 보유하고 있으며, 501대 이상을 보유한 운영자는 거의 없다.

이와 같은 시장진입에 대한 장애가 주어진 상황에서 굉장히 많지는 않지만 상당히 많은 숫자의 소규모의 공급자가 있고 동질적이지 않은 서비스로서 제품차별화와 브랜드 마케팅도 있으며 단기적으로는 비정상이윤의 발생가능성이 있다는 것 등을 볼 때, 영국, 그리고 더 넓게 EU 전체에서 공로화물운송시장은 분명히 독점적 경쟁시장의 하나이다.

■ 그림 7-4 영국의 공로화물운송시장의 보유대수별 구성

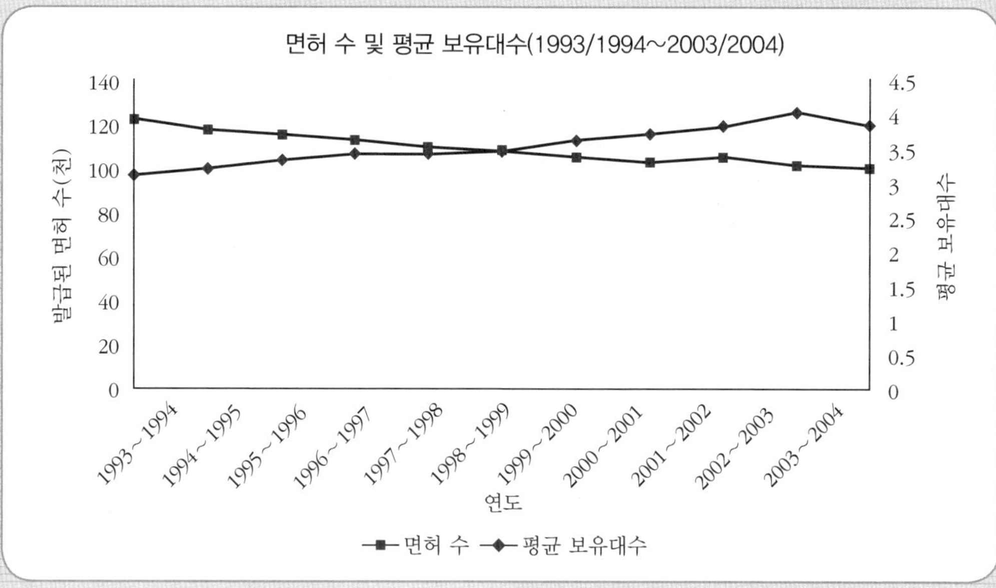

출처: UK Department of Transport 2006.

■ 그림 7-5 영국의 화물차 운영자당 보유대수

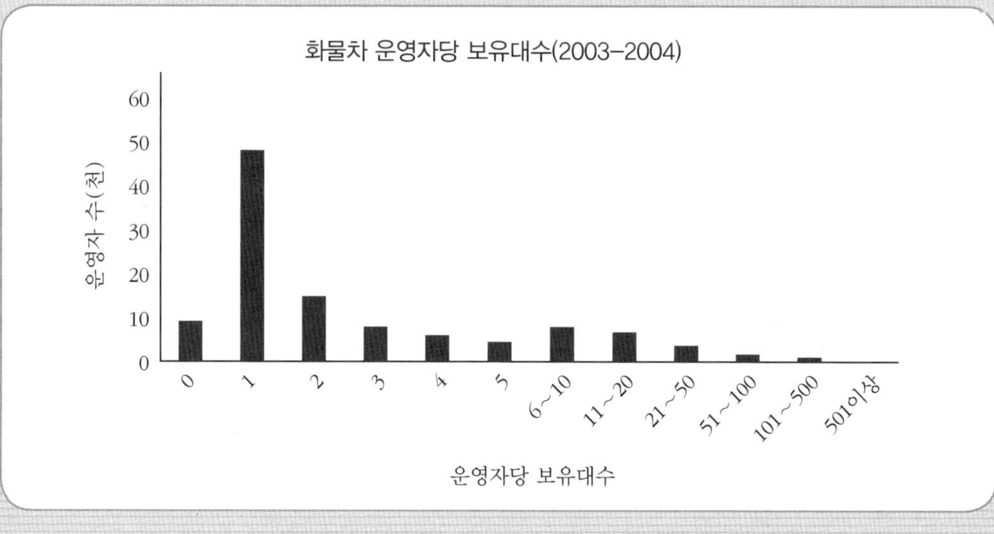

출처: UK Department of Transport 2006.

7.4 Leicester시의 택시시장

택시시장은 지역 특성적(location specific)이다. 따라서 국가 전체적 관점에서 택시시장을 보는 것은 적절하지 않다. 특정 지역마다 택시시장은 일반택시(hackney carriages)와 임대택시(private hire) 두 가지의 상이한 운영유형으로 대부분 구성된다. 본 절에서는 Leicester시의 사례를 중심으로 일반택시와 임대택시 각각에 대한 하부시장(sub-market)을 하나씩 살펴보기로 한다. 여기에서 논의하게 되는 모든 구체적인 사항은 영국 전체나 EU 전체에 반드시 동일하게 적용되지는 않는다.

일반택시는 주로 택시 정차대에서 대기해서 승객을 태운다. 일반택시사업을 하는 데에 운영자면허가 필요한 것은 아니지만, 시 당국에 일반택시로 등록된 차량을 운전하는 데에는 일반택시 운전자면허가 필요하다. 그러나 Leicester시는 한정된 택시대수에만 면허를 주고 있으며, 이 차량에는 택시미터를 부착해야 하고 이 미터는 〈표 7－1〉과 같은 현행 요금스케줄에 맞도록 조정되어야 한다. 택시요금스케줄은 매 18개월마다 혹은 일반택시협회의 요구에 따라 변경 여부가 검토된다.

■ 표 7－1 2006년 Leicester시 경계 내의 택시요금

	요금(파운드)		
	기본요금 (switch-on)	매 115m마다 거리요금	매 25초마다의 대기시간요금
주간: 월요일~토요일 (6:00~22:00)	2.20	0.10	0.10
심야: (22:00~-6:00)	2.70	0.10	0.10
일요일	2.70	0.10	0.10
공휴일	2.70	0.10	0.10
12월24일, 31일(6:00~21:00)	5.20	0	0
12월25일, 26일, 1월1일 (6:00~21:00)	5.20	0	0
12월24일, 25일, 31일, 1월 1일, 2일 (21:00~6:00) 및 12월26일 (21:00~자정 0:00)	5.70	0	0
더럽힌 행위에 대한 부과 (soiling charge)		50.00	

출처: Leicester City Council.

시 경계를 벗어나는 통행의 택시요금은 승차하기 전에 운전자와 승객이 협상하여 결정된다. 사전에 요금이 협상되지 않은 경우에는 위의 요금표의 기준에 위해 산정된 요금 이상을 초과할 수 없다.

위의 요금표는 Leicester시 의회(Council)가 적절하다고 인정하는 요금 이상으로 택시사업운영자가 받지 못하게 하

기 위한 것이다. 〈그림 7－6〉은 이러한 가격상한제(price ceiling)가 어떻게 작용하는가를 보여준다. 자유시장 하에서는 P_1가격에 Q_1만큼의 통행이 구매될 것이다. 그러나 시 의회는 이 가격이 너무 높다고 판단하여 가격상한제로 P_c를 설정하고 모든 운영자는 미터기를 이에 맞도록 적절히 조정할 것을 요구한다. 이 가격은 자유시장에서 결정되는 가격보다 낮기 때문에 이 요금에서 운행 중인 택시보다 더 많은 사람들이 타려고 하는 초과수요가 발생한다. 이런 상황에서 사람들은 택시 정차대에서 원하는 것보다 더 오래 기다려야 한다. 후생측면에서 보면, 〈그림 7－6〉에 나타나는 바와 같이 면적 A만큼의 생산자잉여가 소비자잉여로 전이된다. 반면에 시 당국이 가격에 개입함으로써 면적 B와 C만큼의 손실이 발생하는데, 이는 가격개입으로 인한 자중후생손실(deadweight welfare loss)이다. 면적 B는 소비자 손실이지만 면적 A가 이보다 크므로 가격개입으로 인해 소비자에게는 순편익이 발생한다. 이것이 가격개입의 목적이다. 면적 C는 생산자 손실로, 결국 생산자에게는 A와 C만큼의 손실이 발생하여 생산자는 후생이 감소한다. 전체적으로는 자중후생손실이 발생하므로 결국 사회전체에는 손실이 발생하여, 더 이상 파레토 효율적이지 못하다. 시 의회는 승객에게 소비자잉여의 증가를 가져다주기 위해서 이 결과(자중후생손실)를 수용할 용의가 있는 것이다.

시 의회는 일정한 택시대수에게만 면허를 발급하고자 하기 때문에 일반택시(hackney carriage)시장은 공급량제한(supply restraint) 하에 또한 운영되게 된다.

■ 그림 7－6 가격상한제

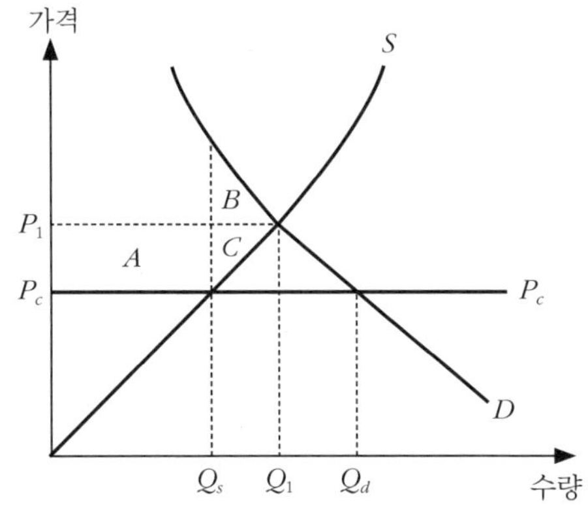

이 공급제한은 〈그림 7-7〉에서 공급곡선(S_c)의 수직 부분으로 나타나고 있다. 공급량 제한이 시장공급량에 영향을 미치기 위해서는 자유시장 하에서 결정되는 공급량보다 적은 수량이 공급되도록 하여야 한다. 이는 〈그림 7-7〉에서 자유시장에서의 균형공급량 Q_1보다 적은 수량 Q_2에서 공급량 제한이 이뤄지는 것으로 나타나고 있다.

공급량 제한으로 인하여 시장가격이 P_1에서 P_2로 상승하는 것을 〈그림 7-7〉은 명백히 보여주고 있다. 공급량 제한은 소비자후생을 자유시장에서 얻을 수 있는 수준 이하로 감소시키게 된다. 이것은 시 의회가 가격상한제를 공급량 제한과 동시에 부과해야 한다는 주장에 힘을 실어 준다.

가격과 공급량 모두에 시 의회가 개입하는 것은 처음 보기에는 불필요한 것처럼 생각된다. 가격상한이 바르게 설정되면, 공급량은 자동적으로 원하는 수준인 Q_2로 감소할 것이다. 그러나 문제는 정책결정자가 가격 변화에 따라 공급량이 얼마나 변화할 것인가를 완벽하게 추정하는 것은 실제로 가능하지 않다. 즉 시장의 공급곡선을 완벽하게 구성할 수 없다. 그러므로 단순히 가격상한제에만 의존하는 것은 시장공급량을 우연에 맡기는 것과 같으므로 공급량을 확실하게 결정하기 위해 가격과 공급량 모두에 개입하는 것이 필요하다. 이와 같이 하는 것이 시장개입을 위한 조사와 면허제 운용이 커다란 부담이 되지 않고, 비용도 많이 발생하지 않도록 만드는데 있어 중요하다.

■ 그림 7-7 공급량 제한

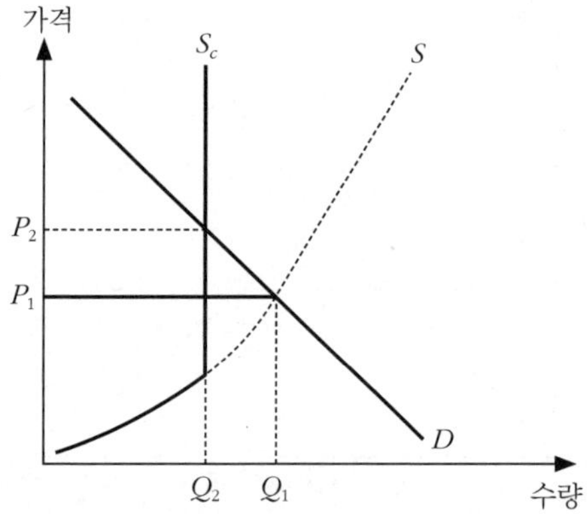

반면에 임대택시(private hire) 운영자는 일반택시와 달리 사전 예약에 의해서만 승객이나 화물을 운송할 수 있다. 임대택시사업을 하기 위해서는 다음 몇 가지 면허를 취득하여야 하며, 이들 면허는 모두 매년 검토된다.

■ 임대택시사업 소재지로 토지 및 건물 등에 대한 면허가 필요하다.
■ 사업용 차량은 모두 임대택시 면허를 받아야 한다.
■ 모든 운전자는 일반택시와 임대택시 운전자면허를 받아야 한다. Leicester시는 임대택시 혹은 일반택시 하나에 대해서만 면허를 발행하는 대신에 두 가지 차량 모두를 운전할 수 있는 겸용 운전자면허를 발행하고 있다.

임대택시사업을 설립하는 데에 소요되는 비용은 그 사업소에서 운행되고 있는 택시대수에 따라 상이하다. 1대에는 340파운드, 2대에서 20대까지는 405파운드, 그 이상은 478파운드가 소요된다.

임대택시 요금은 일반택시와 달리 상한선이 정해져 있지 않으므로, 승객과의 협상에 의해서 자유롭게 요금을 결정한다. 요금수준은 매년 조사되며, 시 당국에 불만이 접수된 경우에는 언제든지 조사할 수 있다.

2006/2007년에 166개의 임대택시운영회사가 Leicester시에서 광고하고 있다. 그들은 약간 차별화된 매우 다양한 서비스를 제공하고 있는데 장애자를 위한 특수 택시, 비싼 차량을 이용한 고급 택시, 6인 이상 대형 택시, 학교나 공항으로 승객을 운송하는데 전문화된 택시, 운전사가 여성인 것을 보장하는 택시 등을 포함하고 있다. 이들 택시요금은 또한 모두 각양각색이다.

시장에는 많은 공급자가 있어서 약간씩 차별화된 서비스를 제공하며, 광고에 많은 비용을 투자하며, 요금이 상이하며, 또한 면허제나 사용료 지불 등의 형태로 시장진입에 대한 일부 진입장애(non-prohibitive barriers)가 존재하는 것 등을 살펴볼 때, 택시시장은 독점적 경쟁시장조직의 하나인 것이 분명하다.

제 8 장

과점

Chapter 8

8.1 정의 및 모형

과점(oligopoly)은 소수의 대규모 생산자가 지배하는 시장구조이다. 따라서 4.7절에서 설명한 바와 같이 경쟁의 시각에서 볼 때 비경쟁적 극단에 보다 가깝다. 판매하는 재화는 매우 차별화되어 있으며, 시장진입에 유효한 장애가 존재하여 많은 기업들이 진입하는 것을 막고 있다. 다른 시장구조에서는 각 생산자가 독립적인 것으로 간주되었으나, 과점에서는 그렇지 않다. 소수의 생산자만 있기 때문에 이들 기업 각자는 그들이 내리는 결정들에 대해 다른 생산자들이 어떻게 반응을 할 것인가를 고려해야 한다. 이런 측면에서 이들은 사실 상호 의존하면서 의사결정을 내리는 기업들(interdependent decision-makers)이라고 할 수 있다.

각 생산자 모두가 시장에서 우위를 확보하고자 하므로, 어느 한 생산자가 가격을 인하하면 다른 생산자 또한 가격을 인하해서 가격전쟁을 불러일으킬 수도 있다. 반면에 어느 한 생산자가 가격을 인상하면, 경쟁자는 이를 즐거이 바라보면서 현재의 가격을 계속 유지함으로써 상대적으로 낮은 가격으로 더 많은 소비자를 확보하고자 한다. 그 결과 생산자는 가격을 변화시키는 것을 꺼릴 가능성이 높다. 다시 말하면 고도의 가격고착(price stickiness)의 현상이 존재할 가능성이 높다. 생산자가 지불하는 비용에는 커다란 변화가 발생하였는데도, 생산자는 공급하는 상품의 최종가격 변화를 통해서 이 비용변화를 반영시키지 않는다.

이러한 과점의 독특한 특성 때문에 앞에서 언급한 세 가지 시장에서는 기본적으로 동일한 그림을 사용해서 효과적으로 모형을 설명할 수 있었지만, 과점시장구조는 그림을 좀 변형하여야 한다. 〈그림 8-1〉에 나타나는 바와 같이 평균수입곡선(average revenue curve)은 굴절되고(kinked), 이에 따라 한계수입곡선(marginal revenue curve)은 수직인 부분이 발생한다. 한계비용곡선(marginal cost curve)이 한계수입곡선의 수직 부분을 교차한다고 가정하면, 가격을 변화시키지 않으면서도 한계비용곡선은 이전될 수 있다. 즉 이윤을 극대화하는 생산자는 한계비용과 한계수입이 동일하게 되는 생산량 수준에 해당하므로 가격을 P에서 유지시킬 것이다.

이러한 그림은 과점시장에 존재하는 가격고착 현상을 보여주지만, 더 이상의 분석을 가능하게 하지 못한다. 이를 위해서는 하나의 한계비용곡선이 존재한다고 가정하고 이에 상응하는 평균비용곡선을 그림에 첨가하는 것이 필요하다.

■ 그림 8-1 과점시장의 굴절수요곡선

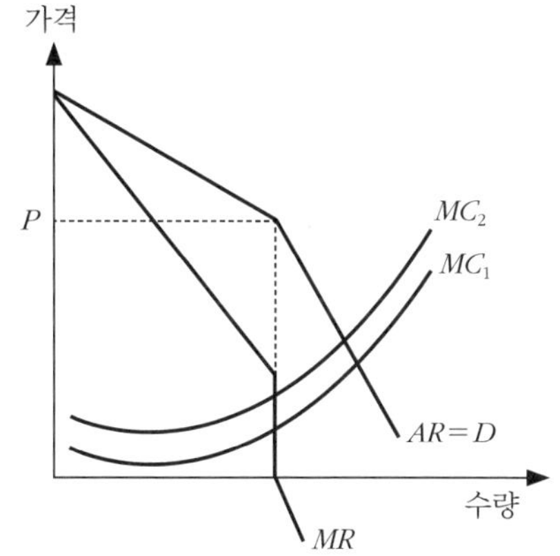

이는 〈그림 8-2〉와 〈그림 8-3〉에 나타나 있다. 소수의 생산자만 있으며 이들이 판매하는 상품은 매우 차별화되어 있기 때문에, 이들은 어느 정도 시장지배력을 발휘할 수 있다. 따라서 과점시장에서 결정되는 가격 P_0은 생산자가 지불하는 평균비용 C보다 높을 가능성이 높으며, 이들은 비정상이윤을 얻게 된다. 그리고 비정상이윤은 시장진입에 존재하는 장애로 인하여 장기적으로도 보호 받는다.

〈그림 8-3〉은 과점시장에 나타나는 효율성의 부재(lack of efficiency)현상을 보여준다. 과점시장은 평균비용이 최소가 되는 생산량 수준에서 생산하지 않기 때문에, 생산효율적(productively efficient)이지 못하다. 또한 과점시장 가격은 생산량 수준 Q_0에서 한계비용보다 훨씬 높기 때문에, 배분효율적(allocatively efficient)이지도 못하다. 이 두 가지 특성으로 인해 과점시장은 파레토 효율적(Pareto efficient)이지 못하다는 결론을 내리게 된다.

과점시장에서의 생산자는 시장지배력을 이용하여 완전경쟁 하의 가격 P_{pc}보다 높게 가격 P_0을 결정한다. 이는 생산자 자신의 후생을 증가시키기 위함인데, 생산자잉여(producer surplus)가 면적 X만큼 증가하는 것으로 나타나 있다. 면적 Y만큼은 잃게 되지만, 결과적으로 생산자의 후생은 순증가하게 된다. 이때 면적 X는 소비자잉여(consumer surplus)로부터 전이된 것으로서, 생산자는 시장지배력을 이용하여 소비자를 희생시키고 편익을 갖는 것이다. 소비자는 또한 면적 Z만

■ 그림 8-2 과점시장의 비정상이윤

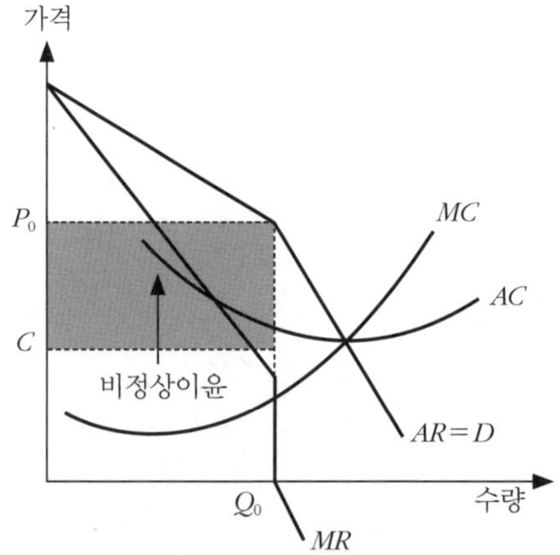

■ 그림 8-3 과점시장의 효율성

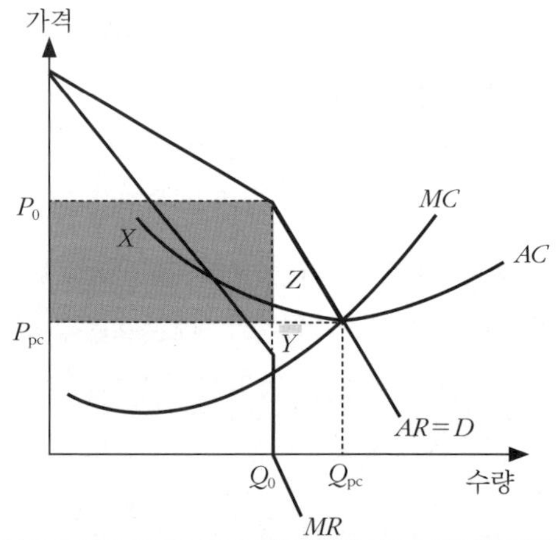

큼의 잉여도 잃게 되어 면적 Y와 합쳐서, $Y+Z$ 면적의 자중후생손실(deadweight welfare loss)이 발생한다. 이는 과점시장에서의 전체적 후생이 완전경쟁시장에서보다 적게 된다는 것을 의미한다. 이러한 후생손실을 없앰으로써 다른 사람에게 손실을 발생시키지 않으면서도 어떤 사람에게 이득을 발생시키는 것이 가능하다.

8.2 입지결정

과점시장에는 소수의 생산자만 있으므로 생산자는 경쟁자로부터 상품을 차별화함으로써 어느 정도의 시장지배력을 더 확보하려고 하는데, 이는 7.2절에서 설명한 독점적 경쟁과 마찬가지이다. 그러나 Hotelling모형은 시간이 경과하면 시장지배력의 정도가 점차 약화되는 경향이 있다는 것을 보여주고 있다. 즉 시장에 공급되는 상품의 특성은 점차 수렴해서 유사해진다는 것이다. 그리고 생산자의 지리적 입지(location)에 있어서도 이러한 수렴성은 마찬가지로 나타난다.

2006년 월드컵 축구기간 동안 캠브리지 중앙공원에는 대형 스크린이 설치되었다. 수천 명의 팬들은 무더위 속에서도 잉글랜드와 파라과이, 그리고 스웨덴과의 경기를 관람하고자 모였으며, 맥주 판매상들도 맥주를 팔고자 노점을 설치하였다. 먼저 축구 팬들은 스크린 앞의 공원에 균등하게 분포되어 있고 특정 맥주를 선호하지 않으며, 맥주를 사기 위해 가장 가까운 거리를 걷는 것만을 선호한다고 가정한다.

A와 B 두 명의 판매상만 있으며, 이들은 〈그림 8-4〉에 나타나는 바와 같이 노점의 입지를 정한다고 가정한다. 소비자들은 노점상들이 판매하는 맥주를 무차별하게 느끼므로, 가장 가까운 판매대에서 맥주를 사려고 할 것이다. A 판매상은

■ 그림 8-4 Hotelling의 입지결정모형

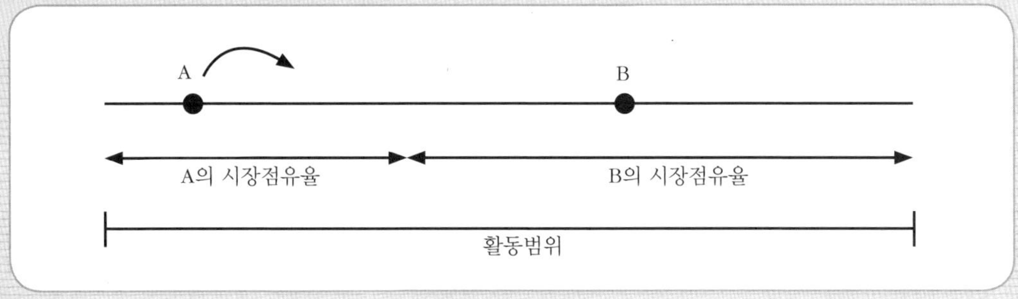

위치한 지점의 왼쪽에 있는 모든 사람과 오른쪽에 있는 사람의 절반에게 맥주를 판매할 수 있다. 반면에 B 판매상은 오른쪽에 있는 모든 사람과 왼쪽에 있는 사람의 절반에게 맥주를 판매할 수 있다. B 판매상이 분명히 더 좋은 입지를 갖고 있다.

A 판매상은 오른쪽으로 입지를 옮겨 더 많은 사람에게 맥주를 팔 수 있게 됨 됨으로써 현재의 불리한 상황을 해결하려 할 것이다. B 판매상도 이에 대응하여 왼쪽으로 위치를 옮겨 더 많은 사람에게 맥주를 팔고자 할 것이다. 그 결과 두 사람은 중앙에 수렴하게 된다. 이 지점에서 두 사람은 동일하게 시장을 점유하게 되며, 더 이상 향상시킬 수 없게 되어 이 지점에 정착한다.

만일 또다른 판매상이 시장에 진입하면, 이들 중 한 명은 항상 다른 두 사람의 사이에 위치하게 된다. 그러나 이는 불리한 위치이므로, 중앙에 있는 사람은 다른 사람을 뛰어 넘어 이동함으로써 그쪽 시장을 점유하고자 한다. 이와 같이 계속 위치를 이동해서 시장은 안정된 균형상태에 도달하지 못한다. 이러한 상황은 세 명이 있는 경우에만 발생한다. 만일 판매상들을 추가하면 다시 안정상태(steady state)에 도달한다. 네 명의 판매상이 있는 경우의 안정상태는 〈그림 8-5〉에 설명되고 있다.

Hotelling의 모형은 과점시장에 두 가지 방법으로 적용될 수 있다. 첫째는 생산자들의 지리적 입지는 실제로 수렴한다는 것이다. 과점시장에서 기업은 서로 인접해서 위치할 것으로 예상된다.

둘째, Hotelling의 모형은 과점시장이나 특히 독점적 경쟁시장에서 발생하는 상품차별화와 관련해 심도 깊은 의미를 갖는다. 〈그림 8-4〉 및 〈그림 8-5〉

■ 그림 8-5 생산자가 4명인 경우 Hotelling의 입지결정모형

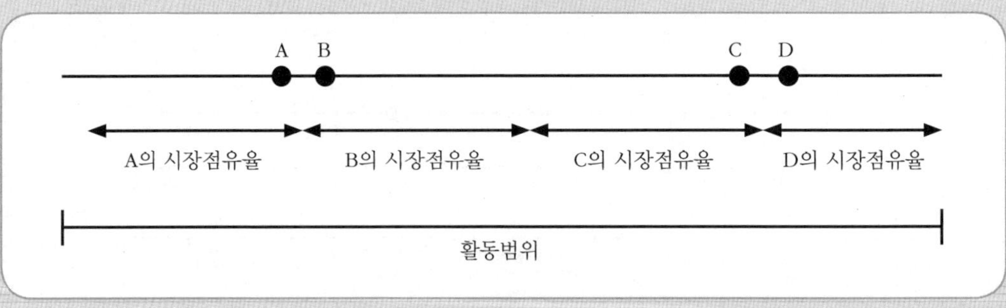

에서 나타나는 공원 마당이 소비자의 기호 정도를 나타내는 것으로 바뀐다면, 생산자들은 좀 더 중간적인 소비자의 기호를 얻고자 노력하게 되므로 시간이 흐르면서 상품차별화의 정도는 점차 감소하게 된다는 것이다. 이와 같은 모형의 함의는 실제로 소비자 기호가 균등하게 분포되어 있지 않고, 생산자들이 입지하고자 하는 좀 더 중간적인 기호의 정도에 가장 많이 집중되어 있는 정규분포(normal distribution)를 가진다는 사실에 의해 더 강력하게 뒷받침된다.

이 결론은 7.2절과도 상충되지 않는데, 독점적 경쟁의 경우에는 소비자 기호가 극단적으로 넓게 분포되어 있어서 나타나는 예외적인 현상이라고 볼 수 있기 때문이다. 이때에 생산자는 직접적인 경쟁을 회피하기 위해서 한쪽 끝단에 위치하는 것을 매우 좋아할 수도 있다. 이를 위해서 독점적 경쟁과 과점시장 내 생산자는 상품차별화를 위해 종종 막대한 비용을 투자하기도 하며, 이 상품시장은 실질적으로 틈새시장처럼 별개의 시장이라고 할 수 있다. 이는 특히 많은 생산자가 존재하는 독점적 경쟁의 경우에 더욱 그러하다. 서로 수렴함으로써 얻게 될 잠재적 이득은 경쟁자가 매우 많기 때문에 크지 않은 반면에, 한쪽 끝단에 위치해서 틈새시장을 창출함으로써 얻게 되는 잠재적 이득은 매우 크다. 따라서 과점보다는 독점적 경쟁에서 더 많은 상품차별화가 발생할 것으로 예상되며, 입지모형도 과점보다는 독점적 경쟁에 훨씬 더 해당하는 측면이 많다.

이 단순한 입지모형은 실제로 많은 부문에 적용되고 있다. 예를 들면 서로 경쟁적인 정치적 정당은 유권자의 좌파와 우파 모두로부터 지지를 받고자 정낭의 입장을 설정하고, 상업방송채널도 가장 많은 시청자로부터 공감을 얻도록 프로그램을 만든다.

8.3 유럽 항공산업

8.3.1 시장구조

항공산업은 산업의 특성 때문에 시장구조 측면에서 어느 하나의 시장으로 구분하기가 어렵다. 항공에는 두 가지 주된 유형이 있다. 하나는 정해진 시간일정에 따라 운항하는 정기(scheduled)항공이고, 다른 하나는 개별적 요구에 따라 운항하는 전세(chartered)항공이다. 이 중 각각에 전문화하는 항공회사의 유형도 또한 상이하다.

전통적으로 유럽의 주요 국가들은 모두 자신의 정기항공사를 소유하여 왔다. British Airways, Air France, Lufthansa 등으로 이들은 국가의 정체성을 보여주는 중요한 요소로 간주되었다. 따라서 정부는 재정적으로 또 법률적으로 국적항공사(flag carriers)를 보호하고자 하여, 모든 국내 노선에는 독점 운영을 허용하였다. 외국의 국내 노선을 운항하는 cabotage도 전쟁기간 중에는 일반적으로 허용되지 않았는데, 왜냐하면 정부가 자기 영공 내에서 외국항공기가 운항하는 것을 원하지 않기 때문이다. (aviation cabotage는 다른 나라의 국경 내에서 정기운행하는 것을 의하는데 예컨데, 비미국항공사가 세인트루이스와 덴버 사이의 운항서비스를 외국목적지로 계속 항행함이 없이 제공하는 것임. 대부분의 국가는 이를 허용하지 않음. 예외가 EU인데 회원국 모두가 서로 이를 허용함: 역자주)

자신의 정부로부터 국내 시장에서는 밀려나는 일이 없도록 모두 보호받고 있다는 것을 인식하면서, 항공사들은 국제 노선의 경우 낭비적이고 소모적인 경쟁을 하기보다는 전통적으로 상호 협약에 의해서 과점을 형성하고자 하였다. British Airways와 Aer Lingus는 영국과 아일랜드 간 모든 항공편수를 함께 운항하고, 수입을 공동으로 관리한 후에 각 항공사가 판매한 좌석 수에 따라 정산하였다. 이는 영국과 독일 간 운항에 관한 British Airways와 Lufthansa, 영국과 프랑스 간 운항에 관한 British Airways와 Air France의 협약에서도 마찬가지이다.

항공산업에서의 물리적인 시설구조는 hubs & spokes 개념을 토대로 발전되었다. 런던 Heathrow공항과 같이 전 세계에는 다수의 허브공항이 있으며, 이들 공항에는 전통적으로 상호 협약에 의해서 과점상태로 운영되는 주요 국제 노선들과 연결되어 있다. 그리고 수많은 소규모의 국내 노선이 spokes로 역할하고 있는데 이들 노선은 전통적으로 독점상태로 운항되고 있다. 이러한 구조는 낮은 재차율의 항공기가 장거리를 운항하는 숫자를 줄이기 위한 것인데, 이런 구조 하에서 소형 항공기가 승객들을 허브공항에 운송하면, 여기에서 대형 항공기에 환승하여 장거리를 운항하는 것이다. 이와 유사한 구조는 다른 교통부문에서도 나타난다. 해운시장에서 화물은 대형 선박에 의해 소수의 대규모 유럽 항만에 운송되고, 여기에서 소형 선박에 의해 다른 항만으로 운송된다. 영국의 버스시장에서도 Victoria 시외버스터미널은 장거리 시외버스의 주요 허브기능을 하고 있다.

유럽 항공산업에서의 경쟁부재는 항공요금을 높은 수준으로 유지시켜, 항공교통을 부유한 사람들만 이용하는 것으로 만들었다. 또한 항공사가 운행빈도, 신뢰성 및 쾌적성 측면에서 서비스를 개선하는 노력도 하지 않도록 하였다.

현재는 BMI로 변경된 British Midland가 영국 정부에게 런던과 스코틀랜드 운항허가를 요구하기 전인 1970년대 후반까지, 이러한 상황은 유럽에서 지속되었다. British Airways의 반대에도 불구하고, 정부는 이들 노선에 경쟁을 도입하기로 합의했다. 이후 유럽 항공산업의 자유화(liberalization)를 위한 움직임이 계속적으로 이루어졌다. 이와 같은 자유화의 움직임은 1997년 4월에 EU의 Open Skies법 3단계가 도입되면서 절정에 다다랐는데, 이론적으로 유럽 항공사는 EU 내 어떤 노선도 운항할 수 있게 되었다. 그러나 "이론적으로"라고 언급한 것은 실제에 있어서는 혼잡한 공항의 슬럿(slots)은 제한되어 있어서 이를 얻기 위한 치열한 경쟁으로 인해, 사실상 일부 노선에서 시장에 새롭게 진입하는 것은 매우 어렵기 때문이다. 예를 들면, 세계에서 가장 혼잡한 런던 Heathrow공항은 새로운 항공사에게 줄 여유용량을 갖고 있지 않다. 이러한 상황은 기존에 특정 슬럿을 연중 일정시기에 이용해 왔던 항공사에게 계속 이용할 수 있는 권리를 부여하는 grandfather rights로 인하여 더 악화된다.

유럽 일부 국가는 아직도 국적 항공사를 보호하고 있다. 스위스는 Open Skies협정에 가입하고 있지 않다. 1998년 3월에 easyJet은 스위스 전세기 항공사인 TEA Basel AG의 40%를 인수해서, easyJet Switzerland로 이름을 바꾼 후 제노바로 소재지를 이전했다. Swissair의 반대 때문에 스위스 정부는 easyJet의 스위스와 스페인 운항은 허용하였지만, 요금이 싼 항공편도 제공되어야 한다는 조건을 요구하였다. easyJet은 이 법이 멀리 떨어진 스페인 언덕에 텐트를 설치하고 원하면 텐트를 이용할 수 있다고 승객들에게 알리는 것과 같다고 말하였다. 스위스 정부는 결국 태도를 완화해서, easyJet Switzerland가 노선과 요금을 자유롭게 결정할 수 있도록 하였다. 프랑스 정부와 항공기 출발과 도착을 통제하는 French Air의 항공관제사 또한 국적 항공기를 불공정하게 편애하고 있다는 비난을 받고 있다.

항공사를 설립하는 데에는 또한 많은 비용이 소요된다. Calder(2006)는 이들 비용을 개략적으로 보여주고 있는데, 저가항공사가 선택하는 기종의 하나인 신형 보잉 737-700기의 표시 가격은 3천만 달러이나 2천 5백만 달러까지 할인될 수 있다고 말하고 있다. 적절한 운행빈도를 갖고 항공기 정비시간을 고려하면, 3대를 확보하는 것이 필요하다. 수중에 7천 5백만 달러가 없으면, 이들을 1대당 매월 약 10만 달러에 임대하거나 중고 항공기를 1천 5백만 달러에 구입할 수도 있다. 이 외에 항공기를 충분히 활용하기 위해서는 각 항공기마다 5개 조의 승무원이 필요하다. 즉 5명의 조종사, 5명의 부조종사, 5개 조의 객실직원이 필요한데, 싼 조종사에게도 최소 8만 파운드의 임금을 지급해야 한다. 이들은 모두 항공기 내 직원이며, 이외에도 유경험 조종사인 운항관리책임자, 엔지니어, 판매팀 등을 고용하여야 한다. Calder는 1대의 항공기에는 최소 90명의 직원이 필요하다고 언급하고 있다. 마지막으로 정부당국으로부터 필요한 면허를 취득하고, 항공기 좌석이 꽉 차도록 마케팅도 충분하게 해야 한다. 이러한 초기 투자비용의 상당 부분은 기업가에게 매몰비용(sunk costs)이므로, 시장진입에 커다란 장애가 된다.

이러한 장애물과 비유럽 국가의 EU항공사에 대한 지분 소유를 제한하는 유럽의 법률에도 불구하고, 유럽 항공산업은 크게 개방되고 있다. 빠른 속도로 새로운 항공사가 진입하고 기존 항공사가 퇴출하는 등 항공시장은 현재 커다란 유동성을 가지는 것으로 특징지어 지고 있다. 이는 특히 저가항공사의 경우에 더욱 그러하다. Ryanair는 1985년에 취항한 유럽 최초의 저가항공사이다. 이후에 easyJet(1995), Debonair(1996), Go(1998), Buzz(2000), Germanwings(2002), SkyEurope(2002), Duo(2003) 등 많은 다른 항공사들이 뒤를 따랐다. 혼잡한 공항에서의 여유용량 부족과 높은 비용, 그리고 기존 항공사로부터의 치열한 경쟁위협으로 인하여, 새로이 진입한 항공사는 대부분 주요 대도시 외곽에 있는 소규모 공항에 집중적으로 운항하고 있다. 그리고 이들 공항은 많은 경우 이전에는 군용비행장이었다. 그 결과 기존의 hub-and-spoke 노선 네트워크 이외에, 유럽 항공시장은 수많은 단거리 직항노선 네트워크로 구성되어 있다. 독점이나 과점 항공사가 지배하는 노선보다도, 현재는 동일한 국가 간에 (독점항공사가 운행하는 노선보다 거리는 멀거나 짧을 수 있으나) 여러 측면에서 유사한 노선을 제공하는 항공사 간에 광범위한 경쟁이 이루어지고 있다. 또한 특정 공항에의 도착에 관심을 덜 갖는 여행자들을 운송하기 위한 경쟁도 치열하게 발생하고 있다. 따라서 유럽 항공시장은 장거리 국제 노선에 있어서는 아직 기존의 항공사에 의해 지배되고 있지만, 일반적인 유럽 내 노선은 유사한 서비스를 제공하는 항공사들로 구성된 일련의 과점시장이라고 볼 수 있다.

지금까지 항공사 간에 동일한 공항을 이용하면서 직접적으로 노선을 경쟁하는 경우는 실제로 거의 없었다. 그러나 유럽에는, 특히 EU 신규가입 수속 중인 국가들(accession countries)의 경우에는 아직까지도 활용 가능한 소규모 공항이 수없이 많다. 그러므로 당분간은 이들 공항을 활용하여 더 많은 노선을 운항하는 것이 목표가 될 것이다. 그러나 장래에는 점차 직접적인 경쟁이 더 나타날 것이다.

8.3.2 저가항공사의 경제학

저가항공사(low-cost airlines)는 유럽 항공산업에 변혁을 가져왔다. 세계 최초의 저가항공사는 처음에 Air Southwest로 설립된 Southwest Airlines로서, 1971년에 텍사스에서 운항을 시작하였다. Rollin King과 Herb Kelleher는 불필요한 비용을 모두 없앰으로써, 많은 사람들이 이용할 수 있는 항공서비스를 도입할 수 있다는 아이디어를 고안했다. 이는 부유한 사람에게만 항공서비스를 제공해오고 있는 기존 항공사와는 정반대되는 입장이었지만 정부지원을 통해 안전을 추구하다 보니 비효율적이게 되었다. 또한 2005년에 승객 수를 기준으로 할 때, Delta Air Lines와 American Airlines 다음으로 Southwest는 세계에서 세 번째로 큰 회사가 되었으며, 오늘날 저가항공사를 성공적으로 운영하는 궁극적 모델이라고 간주되고 있다.

이 아이디어는 Richard Branson의 Virgin Atlantic에 의해 유럽에서 처음으로 시도되었다. 유럽대륙 여행객은 대서양을 횡단하는 값싼 항공기를 이용할 수 없었는데, Virgin Atlantic은 Gatwick(영국의 런던 남쪽)과 Maastricht(네덜란드) 간 편도 19파운드의 값싼 균일요금 노선을 개설해서 승객들은 런던에서 값싼 대서양 횡단 항공기를 이용할 수 있게 되었다. 낮은 운영 성과로 인하여 항공사는 5년 뒤 도산해서 Ryanair에게 넘겨졌으나, Ryanair는 유럽 최초로 진정한 저가의 성공적인 항공사가 되었다. 이 아일랜드 운영회사는 시련을 이겨내어 1985년에 운항을 시작했으며, 현재는 유럽 내 가장 큰 항공회사의 하나가 되었다.

저가항공사의 전략은 가능하면 비용을 감소시켜 요금을 낮추는 것이다. 이때 가장 중요한 요소는 항공기를 최대한 활용하는 것이다. 다르게 말하면 공항에서의 지상처리시간을 감소시켜서, 항공기의 비행시간을 가능한 한 극대화하는 것이다. 이는 세 가지 방법으로 달성된다. 첫째, 사전에 지정된 좌석에 앉는 것을 없애는 것이다. 대신에 승객은 체크인할 때 좌석 대신에 숫자나 문자를 배정받는데, 이것은 탑승시 언제 불려지는가를 결정한다. 이 때문에 보다 신속하게 탑승을 완료할 수 있다. 둘째, 소규모 공항이용은 조속한 탑승이 이뤄지도록 하고, 이·착륙시 혼잡이 적으며, 지상에서의 항공기 이동도 빨라 공항에서의 지상처리시간을 감소시킨다. 소규모 공항은 시설이용료가 낮은데 협상으로 더 낮추기까지 하고, 심지어 공항이용 대가로 지원금까지 받게 되면 항공사에게 직접적인 재정 혜택이 발생한다. 1998년에 Ryanair는 지방공항인 Rimini에 운항하기 시작하였다. 지방공항당국인 Aerodria는 공항이용 유인책으로 항공사에게 40만 파운드에 달하는 지원금을 지급하였다. 마지막으로 가능한 더 많은 공항을 서로 연결함으로써 상이한 노선에 항공기가 운행될 수 있으면, 항공기 활용도는 더 제고될 수 있다. 이는 광고에 있어서 규모의 경제효과도 발휘하게 한다. 왜냐하면 한 터미널의 광고판에 광고하는 비용이 5개의 다른 항공편에 대해 광고를 하든지, 하나의 항공편에 대해 광고를 하든지, 모두같기 때문이다. 이 외에도 다음 방법을 이용해 비용은 감소된다.

- **자원의 효율적 이용극대화.** 객실 승무원이 항공기를 청소함으로써 청소원 인건비를 감소시키고, 부가적 수입을 올리기 위해 항공기를 광고판으로도 이용한다. Ryanair는 항공기 측면에 Jaguar 자동차와 The Sun 신문과 같은 기업을 광고하였다.
- **음식물 미제공.** 저가항공사는 일반적으로 무료의 뜨거운 음식이나 음료를 제공하지 않는다. 승객은 이들을 별도로 구입해야만 하고, 이는 항공사에 추가적인 수입도 올리게 한다. 이 수입이 상당할 수 있다. 한편 Debonair는 이 전략과는 반대로, 음료를 제공하고 승객에게 편안함을 제공하고자 앞 좌석과 뒷 자석 간 간격을 넓혔다.
- **인터넷을 이용한 티켓판매.** 일반적으로 항공사는 여행사를 통해서 티켓을 판매하고, 그 대가로 9%의 수수료를 지급한다. Ryanair는 수수료를 (7.5%로) 1.5%포인트 낮추어 이러한 관행에 처음으로 도전하였다. easyJet은 여행사를 통한 티켓판매를 처음으로 완전히 없앴으며, 이후 모든 항공사가 뒤따랐다. 인터넷을 이용한 티켓판매는 물류비용(distribution cost)을 크게 감소시켰을 뿐만 아니라 항공사에게 '돈을 절약하려면 중간 상인을 없애라'는 유용한 마케팅 자료를 제공하였다.

- **공격적인 마케팅전략.** easyJet의 창업자인 Strelios Haji-Ioannou는 회사를 대중에게 인지시키기 위해 광고에 100만 파운드 이상을 지출하였다. 이후에도 많은 돈을 광고에 지출하였다. 이 항공사는 일상적인 항공기 운항을 다루는 TV 다큐멘터리 시리즈에 진출하기도 했다.
- **환불불허정책 채택.**

8.3.3 유럽 항공산업의 경쟁

항공자유화와 저가항공사의 출현 이후, 항공산업에 치열한 경쟁이 벌어졌다. 요금 인하, 법률적인 소송, 마케팅, 인수와 합병 등이다. 이들 중 첫 항목에 관한 두 개의 사례를 여기서 설명한다. 그러나 다른 항목들에 대해서도 항공산업에서 쉽게 사례를 찾을 수 있다.

1995년은 easyJet이 잉글랜드 Luton과 스코틀랜드(글라스고우와 에딘버러) 간 운항을 시작한 해이다. British Airways는 1980년대 초반에 시장에 진입한 British Midlands와 이미 런던-스코틀랜드 노선을 나누어야 했었다. 이 두 항공사는 58 파운드로 요금을 낮추어 easyJet과 치열하게 경쟁하였다. 이 요금은 easyJet이 부과하고 있는 요금과 같지만, 음식물을 제공하고 세계에서 가장 혼잡한 Heathrow 공항에서 출발하였다. 또한 Virgin trains, GNER, 그리고 Scotrail 철도회사 모두 요금을 인하하여, 철도로부터의 경쟁까지도 겪어야 했다.

2001년에 Go항공사는 스코틀랜드(글라스고우 및 에딘버러)와 더블린 간 운항을 발표하였다. 스코틀랜드와 아일랜드 노선은 Ryanair와 Aer Lingus가 지배하고 있었으며, 지금까지 더블린은 Ryanair의 영토라고까지 간주되었다. 기존 두 항공사는 가격을 대폭 내렸으며, Prestwick에서 운항하고 있었던 Ryanair는 에딘버러에서 새로이 운항을 시작하였다. 세 회사는 가격전쟁에서 모두 손실을 보았으며, Go항공사는 결국 2002년에 이 지역에서의 운항을 포기하였다.

항공사는 경쟁사를 방해하기 위해 기존의 법률을 이용하기도 하였다. 관련 사례를 유럽대륙 전체에 걸쳐 찾기는 쉬운데, Ryanair는 각기 다른 이유로 많은 사건에 고소되었다. Virgin Express는 아일랜드 항공사가 Charleroi에서 받는 정부보조금에 대해서, 그리고 Air France는 Strasbourg에서 받는 보조금에 대해서 불만을 제기하였다. 첫 번째 경우 Ryanair는 그 도시에서 운항을 계속할 수는 있었으나 운항계획을 축소해야 했으며, 두 번째 경우에는 Baden-Baden으로 운항 도시를 변경하였다.

앞에서 설명한 바와 같이, 항공사는 경쟁사를 이기기 위해 공격적인 마케팅 기법을 활용하였다. easyJet의 대표이사직에서 물러나기 전까지, Strelios Haji-Ioannou가 가장 대표적이었다. Barbara Cassani가 British Airways의 보호 아래 Go항공사를 설립하였을 때에도. Strelios와 여섯 명의 동료는 언론의 주목을 Go항공사로부터 돌리고자, 첫 취항기의 티켓을 사서 밝은 주황색 양복을 입고 나타나기도 했다. Ryanair 또한 이러한 마케팅기법 활용에 동참해서 여러 번 광고감시기관의 저지를 받았다. 예를 들면, 도착지 이름의 명기와 관련해서 공항에서 60마일 이상 떨어진 주요 도시 이름을 도착지로 명기하기도 하였고, 승객이 실제로 지불해야 하는 요금과 동떨어진 요금을 발표하였으며 그리고 다른 항공사와 요금을 비교하는데도 불공정행위를 하였다.

항공사들은, 특히 저가항공사는 시장점유율을 확대하기 위해서 많은 노력을 기울인다. 이를 위해 새로운 노선을 신설하기도 하지만, 망해가는 항공사를 인수하기도 한다. British Airways는 이미 확립된 유럽 네트워크를 얻고자 1992년에 Dan-Air를 인수했으며, 네덜란드의 KLM은 Air UK를 인수해 KLM UK를 만들었다. Ryanair는 Buzz를 인수했고, easyJet은 1998년에는 TEA Basel AG를 그리고 2003년에는 Go를 인수하였다. 이와 같은 인수 사례는 수많은 사례 중 극히 일부에 불과하다.

8.3.4 항공사의 가격 및 예약전략

항공사는 여러 형태의 가격전략을 사용한다. 첫째는 침투가격(penetration pricing)전략으로, 기업이 신규 시장에 진입할 때 고객을 유인하기 위해서 기존 기업보다 가격을 낮게 책정하는 것이다. 종종 비용을 충당할 수 있는 수준보다도 낮게 가격을 책정할 필요가 있으며, 이로 인하여 시장진입이 어느 정도 확고해져서, 다시 가격을 인상할 수 있을 때까지 손실이 발생하게 된다. Ryanair는 더블린-런던 노선을 취항할 때에 British Airways 및 Aer Lingus와 경쟁하기 위해 침투가격전략을 채택하였으며, easyJet도 런던-스코틀랜드 노선의 취항을 시작할 때에 마찬가지 전략을 채택하였다.

둘째는 고객유인손실가격(loss-leader pricing)전략이다. 이는 침투가격과 약간 상이한데, 여러 시장에서 영업을 하고 있는 기업이 고객을 유인하고자 한 시장에서는 고의적으로 비용보다 낮게 가격을 책정하는 것이다. 이때 손실이 발생하는 시장에서는 물론 더 많은 이윤이 발생하는 시장에서도 고객을 유인하겠다는 것이 목적이다. 이윤이 발생하는 시장에서 추가적으로 고객을 확보해서 얻게 되는 수입으로 손실이 발생하는 시장의 손실을 충당하고도 남도록 하는 것이 목적이다. 이 전략에서 중요한 부분은 이 시장에서 손실을 발생시키는 것이 고객들에게 꽤 중요한 영향을 미쳐서 이들 고객이 이 기업의 다른 시장에서도 이 기업의 서비스를 이용하도록 만들 수 있어야 한다는 것이다. 예를 들면 Ryanair는 런던-아일랜드 간 노선에 대폭적으로 요금을 인하한다고 발표하여, 실제로 유럽의 다른 노선에서 더 많은 승객을 유인할 수 있었고 이로 인한 추가적 수입은 손실을 만회하고도 남았다. Germanwings, Ryanair 그리고 SkyEurope은 모두 이러한 가격전략을 채택하였다.

셋째는 약탈가격 또는 파괴적 가격(predatory or destructive pricing)전략으로, 한 기업이 경쟁자의 고객을 뺏고자 가격을 낮추는 것이다. 실제로는 침투가격과 같지만, 이들의 차이는 전략의 배경에 있는 목적이라고 말할 수 있다. 이 절의 앞에서 약탈가격에 대한 많은 사례를 이미 설명하였다. 이 전략의 목적은 경쟁자를 시장에서 쫓아내서 가격을 다시 인상시키기 위한 것이다. 이 전략이 성공하면, 기업의 시장지배력은 증가되어 이선 가격보다 더 높게 가격을 책정하고, 이전보다 더 많은 생산자잉여를 발생시킬 수 있게 된다. 다른 가격전략과 마찬가지로, 이 가격전략도 종종 비용보다 낮게 가격을 책정하는 것이 필요하다. 경쟁자 또한 보복적으로 가격을 낮추기도 하므로, 경쟁자와 소모전이 되기 쉽다. 그러므로 이 전략이 성공하기 위해서는 먼저 시작하는 기업은 손실을 감당할 수 있는 정도의 자본을 축적하고 있거나, 혹은 이윤이 발생하는 시장에서 교차보조(cross-subsidisation)를 통해 손실을 충당할 수 있어야 한다. 경쟁에 관한 법률은 일반적으로 교차보조를 통한 손실 충당을 불법으로 간주하고 있는데, 이는 소비자후생의 감소를 발생시키면서 대규모 회사가 소규모 회사를 시장에서 쫓아내기 위해서 사용되기 때문이다. 1998년에 easyJet은 British Airways가 Go항공사를 불공정하게 교차보조하고 있다고 법적인 불만을 제기하였으나, 아무런 소득도 거두지 못하였다.

예약(booking)에 관해서 항공사는 항공편 통합(flight amalgamation)이나 초과예약(overbooking)전략을 사용한다. 항공편 통합은 각 항공편 승객이 매우 적은 경우에, 두 개 이상의 항공편를 한 개로 통합하여 운항하는 것이다. 예를 들면 특정 항공사의 두 개의 항공편이 동일한 일자에 동일한 노선에 운항이 계획된 경우이다. 두 개 모두 예약이 절반에 미치지 못하는 경우에, 항공사로서는 첫 번째 항공편을 취소하고 두 번째 항공편으로 승객들을 옮기는 것이 합리적이다. 문제는 승객들의 불만족이 발생하는 것인데, 이러한 불만족 때문에 Ryanair는 비용절감을 위해서 지금까지 시행해왔던 항공편 통합을 앞으로 더 이상 비용절감전략으로 사용하지 않겠다고 발표하였다.

초과예약은 예약한 승객의 일부분은 실제로 탑승하지 않을 것이라는 전제하에, 항공기 탑승률을 높이기 위해서 좌석 수준 이상으로 예약을 받는 것이다. 예상을 넘어 많은 승객이 실제로 탑승할 수도 있으므로, 이는 모험이라고 할 수도 있다. 이때 항공사는 승객에게 (뒤에 떠나는 항공편을 이용하기로 자원하는 예약 승객에게) 금전적인 보상을 하기도 한다. 실제로는 금전적인 보상을 하는 경우보다는 예약승객이 다 탑승하지 않는 경우가 더 많으므로, 이 게임에서는 항공사의 승산이 압도적으로 높다.

최근에는 즉시상환(callable)티켓도 개발되었는데, 이는 승객에게 좌석을 포기하는 대가로 보상금과 아울러 추가 지불금을 지급받을 수 있는 옵션이 제공되는 것이다. 이는 초과예약의 경우에 유용하게 사용할 수 있다. 마지막 순간에 탑승하려는 승객은 더 많은 요금을 지불할 용의가 있으므로, 이로 인한 초과수입을 일찍이 낮은 가격에 예약한 승객과 항공사가 공동으로 배분하면 항공사 수입이 증가하기도 한다. 예를 들면 Newcastle United 축구팀이 Champions League 준결승전에 진출해 Barcelona팀과의 대결이 확정된 때에는, Newcastle과 Barcelona를 운항하는 easyJet은 30파운드의 균일요금을 낸 승객들로 이미 예약이 완료되었다. 수천 명의 잉글랜드 북쪽 Geordies 사람들은 이 항공기를 타기를 원하므로, 훨씬 많은 요금을 지불하고자 하였다. 그러므로 즉시상환티켓제도 하에서 항공사는 열성적 축구 팬에게 150파운드를 부과할 수 있었으며, 좌석을 포기하는 예약승객에게는 보상금 이외에 50파운드를 추가적으로 지불하였다. 따라서 모든 사람에게 편익이 발생하였다.

8.4 세계 자동차산업

자동차산업은 세계경제에서 매우 중요한 부분을 차지하고 있다. 매년 6천만 대의 승용차와 트럭이 생산되며, 수백만 명을 고용하고, 선진국 GDP의 약 10%를 차지한다. 자동차는 세계 석유의 거의 절반을 소비하고, 세계 고무의 절반과 유리의 1/4을 소비한다. 자동차산업은 또한 최초로 계획적인 노후화 도입, 선도적인 노동조합 결성, 안전과 환경에 대한 최초의 조사 등을 통해 시대를 앞서 왔다.

근대적 자동차산업은 대량생산기법의 발달과 함께 1900년대 초반에 프랑스와 미국에서 최초로 나타났다. 자동차산업의 초기 발달은 1.2절에서 설명하였다. Toyota는 1960년대에 just-in-time 기법을 도입하여 생산공정을 크게 개선하였다. 이로 인해 생산자는 적정 재고만을 보유해서 자본비용을 절감하였으며, 또한 소비자 수요에도 보다 즉각적으로 대응할 수 있게 되었다. Honda와 Nissan은 이를 더욱 발전시켰다. Honda는 처음으로 모든 공장에서 모든 모델의 차량을 생산할 수 있게 만들었으며, Nissan은 build-to-order(주문생산) 공정을 도입하여 차량 1대당 3,600달러를 절감할 수 있게 되었다. 그러나 문제는 이들 기술을 규모의 경제를 달성하는 데에 필요한 용량과 어떻게 조합시키느냐에 관한 것이다. 자동차산업에서 규모의 경제는 중요한데, 규모의 경제를 달성하는 데에 필요한 용량은 조립공장의 경우에는 연간 25만대, 본체 패널의 경우에는 1백만 대에서 2백만 대라고 말하고 있다.

자동차산업은 계속 통합되어, 독점적 경쟁시장에서 과점시장으로 변화되었다. 1920년대에는 270개 회사가 있었는데, 이들은 대부분 미국에 있었다. 시간이 흐르면서 수많은 합병과 인수가 이루어졌다. 예를 들면 1994년에 BMW는 Rover를 인수하였으며, 현재는 단지 7개의 대규모 그룹과 3개의 소규모 그룹이 시장을 지배하고 있다. 그리고 6개 대규모 그룹이 전 세계 자동차 판매량의 70%를 차지하고 있다.

자동차회사는 매년 광고와 마케팅에 막대한 규모의 비용을 지출하고 있다. 또한 시장지배력을 강화하기 위해서 지속적으로 연구개발(R&D)을 하고 있다. 이는 자동차시장 내의 소비자수요가 세분화(fragmentation)되면서 더욱 그렇게 되었다. 1990년대 초반에 Ford는 F-150 픽업트럭을 매년 75만 대 판매할 수 있었으나, 현재 그만큼을 판매하기 위해서는 다양한 모델을 갖추어야 한다. 경쟁에서 이기기 위해서 생산자는 계속 새로운 모델을 시장에 내고, 일부 기능을 추가해 기존 모델을 개량해야 한다. 8.2절에서 논의한 바와 같이 소비자 기호의 최상 끝단을 목표로 하는 Lamborghini나 Mercedes-Smart 같은 회사도 있지만, 주요 자동차시장은 생산자들 간에 제품차별화가 존재하기는 하지만 독점적 경쟁상태에 있었던 때와 같이 심한 제품차별화는 아니다.

PART 3

교통부문에서의 시장실패: 개관

제 3 부

제5장에서는 자유시장에서 완전경쟁이 최적의 사회적 결과물인 생산효율성(productive efficiency), 배분효율성(allocative efficiency) 그리고 궁극적으로는 파레토 효율(Pareto efficiency)을 어떻게 도출하는가에 대해서 설명하였다. 시장실패(market failure)란 정부가 개입하지 않는 시장인 자유시장이 이러한 바람직한 결과물을 도출하는 데에 실패하는 경우를 말한다.

제6장부터 제8장까지에서 실제 시장이 왜 바람직한 결과물을 완전하게 성취하는데 필요한 경쟁적 특성을 좀처럼 갖지 못하는가를 설명하였고, 좀 더 실제적인 시장구조는 무엇인가에 대해서 설명하였다. 또한 첫 번째 형태의 시장실패인 시장지배력(market power)의 결과에 대해서도 살펴보았다.

제3부의 목적은 교통부문에 존재하는 다른 형태의 시장실패에 대해서 고찰하는 것이다. 이 중에서 첫 번째는 외부효과(externalities)로서 교통부문에서 많이 나타나는데, 교통혼잡, 교통사고, 교통시설피해 그리고 모든 종류의 오염(대기오염, 소음, 시야 및 불빛 방해)을 포함한다. 두 번째는 공공재(public goods)로서 제10장에서 설명되는 바와 같이 이는 자유시장경제에서 제공되지 않는 상품을 말한다. 교통부문이 효과적으로 기능하기 위해 필요한 공공재는 매우 많은데, 이것들 또한 중요한 영향을 미치는 시장실패가 된다. 세 번째는 자동차와 같은 비가치재(demerit goods)에 대한 것으로서 이들의 효과는 부정적 외부효과(negative externalities)와는 좀 다르지만 그래도 교통부문에서 많은 비용을 발생시킨다. 마지막으로는 교통부문에 의해 유발되는 불공평성(inequality)에 대한 것인데 이들의 효과는 일부 주요 시장에서의 비대칭정보(asymmetric information)로 인하여 더욱 악화된다.

이들 문제들은 많은 사람들의 일상생활에 커다란 영향을 미친다. 따라서 이들에 대한 교통정책도 많이 수립되고 있다. 이들 교통정책과 정책의 효과들에 대한 분석이 제Ⅳ부에서 다루어진다.

제 9 장

외부효과

Chapter 9

9.1 정의 및 모형

외부효과(externality)는 다른 사람의 경제적 의사결정에서는 고려하지 않았지만 이로 인하여 제3자가 경험하게 되는 비용 혹은 편익을 말한다. 고려하지 않았던(unconsidered)이란 단어는 의사결정자가 의사를 결정할 당시에는 제3자에게 미치는 영향을 고려하지 않았다는 점을 강조하기 위해 사용된다. 외부효과에는 두 가지 유형이 있는데, 하나는 외부적 편익(external benefit)으로 제3자에게 긍정적인 효과를 발생시키는 것이고, 다른 하나는 외부적 비용(external cost)으로 부정적인 효과를 발생시키는 것이다.

모든 의사결정은 비용과 편익을 발생시킨다. 예를 들면 버스 서비스 1대를 더 공급하는 의사결정의 경우, 버스회사에는 버스 임대비용과 연료비용을 발생시키지만, 일정 금액의 운영수입 또한 증가시킨다. 이러한 비용과 편익은 사적인 것과 사회적인 것으로 구분된다. 사적 비용과 편익(private cost or benefit)은 의사결정자에게만 발생하는 반면에, 사회적 비용과 편익(social cost or benefit)은 사회 전체에 발생하는 모두의 합이다.

사회적 비용(편익) = 사적 비용(편익) + 외부적 비용(편익)

위의 버스 사례에서 발생하는 비용과 편익은 모두 사적인 성격을 갖지만, 이와 관련되는 외부적 비용으로 추가적으로 배출되는 대기오염과 추가적으로 발생하는 도로혼잡이 포함되고, 이와 관련되는 외부적 편익으로 추가적으로 창출되는 고용이 포함된다.

이것들(사적, 외부적 혹은 사회적 비용 또는 편익)의 어느 것에 대해서나 한계비용 혹은 편익(marginal cost or benefit)은 단순히 상품 한 단위를 더 생산함으로써 추가적으로 발생하는 비용 혹은 편익을 말한다. 한계비용곡선은 규모에 대한 수확체감(decreasing returns to scale)에 따라 우상향하고, 한계편익곡선은 한계효용체감(diminishing marginal utility)에 따라 우하향한다고 가정할 수 있다. 실제로 이들 곡선에는 변화하지 않는 일정 범위가 존재할 수 있으나 여기에서는 단순화하기 위해서 처음부터 증가하거나 감소한다고 가정한다.

생산자는 외부적 비용이나 편익을 무시한다고 가정할 수 있다. 이는 생산자 측면에서 알면서도 의도적으로 무시하는 경우일 수도 있으나 많은 경우에는 생산자가 단순히 제3자에게 미치는 효과가 존재함을 인식하지 못하거나 제3자에게 미치는 효과의 정도를 제대로 가늠하지 못하는 상황일 것이다. 여하튼 생산자가 외부적 비용이나 편익을 무시하는 결과로 생산자는 한계사적비용과 한계사적편익이 동일한 지점에서 생산할 것이고, 이는 〈그림 9-1〉에서 Q_1로 나타나 있다. 이보다 생산량이 적은 경우에는 한계편익(이 경우에는 한계수입)이 한계비용보다 높을 것이므로, 생산자는 생산량을 증가시켜 총편익(수입) 혹은 생산자잉여(producer surplus)를 증가시킬 것이다. 이(Q_1)보다 생산량이 많은 경우에는 한계비용이 한계편익보다 크게 되어, 반대 현상이 나타날 것이다. 즉 추가적인 한 단위 생산은 생산자잉여를 감소시키기만 할 것이다.

동일한 논리를 이용하여 총사회적 편익, 즉 사회적 후생은 한계사회편익이 한계사회비용과 동일한 지점에서 생산할 때에 극대화되는 이유를 설명할 수 있다. 이보다 생산량이 적은 경우에는 한계사회편익이 한계사회비용보다 높을 것이므로, 생산량이 증가하면 사회적 후생은 증가할 것이다. 마찬가지로 이보다 생산량이 많은 경우에는 한계사회비용이 한계사회편익보다 크므로, 생산량이 증가하면 사회적 후생은 감소할 것이다.

앞 장들에서는 사적 비용과 편익은 사회 전체적인 비용과 편익과 동일하다고 가정하였다. 그러므로 생산자가 한계비용과 한계수입을 일치시키면 사회적 후생은 극대화된다. 그러나 교통부문에서는 실제로 이러하지 않은 경우가 매우 많은데, 이 경우 상당히 큰 외부적 비용과 편익이 존재하고, 그 결과로 시장이 사회적 후생을 극대화하는 데에 실패한다. 이는 〈그림 9-1〉에 나타나 있다.

패널 A에서 단순화하기 위해서 한계사회편익은 한계사적편익과 동일하다고 가정한다. 한계사회비용(marginal social cost, MSC)곡선은 한계사적비용(marginal private cost, MPC)에서 갈라지게 되는데, 그 차이는 생산에서의 외부적 비용이다. 사회적 후생은 생산량 Q^*에서 극대화되지만, 생산자가 시장에서 실제로 생산하는 생산량은 Q_1이다. 이는 Q^*와 Q_1사이의 모든 생산단위에 대해 추가적인 비용이 사회에 발생하는데, 이를 생산자가 지불하지 않는다는 것을 의미한다. 예를 들면 Q단위를 생산할 때, X로 그림에 표시된 만큼의 외부적 비용이 발생한다. 이들 모든 단위에 대한 외부적 비용을 합하면 이 생산으로 인해 사회에 발생하는 총외부적 비용이 된다. 이는 그림에서 음영된 부분을 가리키며 외부효과(externality)라고 불려진다. 이 경우에는 부정적인 외부효과(negative externality)가 발생하는

■ 그림 9-1 외부효과

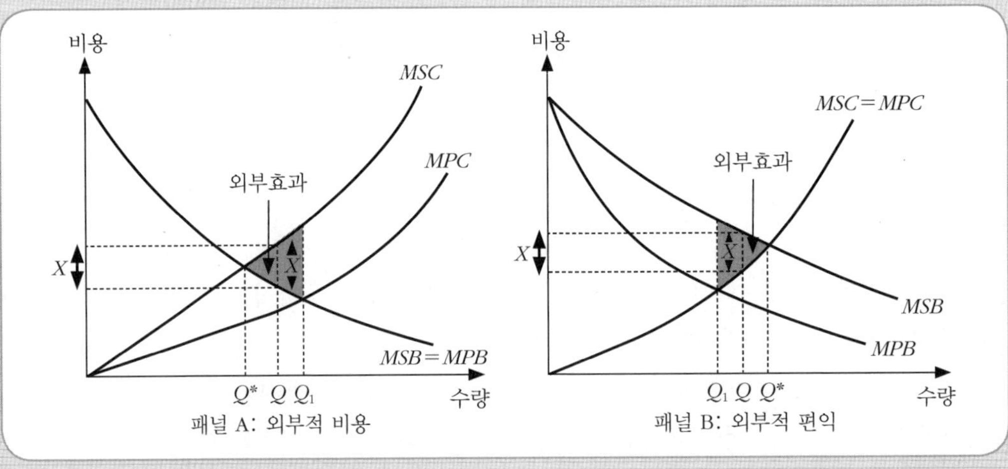

데, 왜냐하면 생산자나 소비자는 외부적 비용을 지불하지 않아서 사회적으로 최적인 경우보다 더 많이 생산되거나 소비되기 때문이다.

패널 B에서는 역시 단순화하기 위해서 한계사회비용이 한계사적비용과 동일하다고 가정한다. 이번에는 한계사회편익(marginal social benefit, MSB)곡선은 한계사적편익(marginal private benefit, MPB)에서 갈라지게 된다. 사회적 후생은 역시 Q^*에서 극대화되지만 시장은 Q_1만큼의 산출물을 발생시킨다. Q^*와 Q_1사이의 모든 단위가 사회에 추가적인 편익이 발생하는 것을 잃어버리게 만드는데, 예를 들면 Q단위의 경우 X로 그림에 표시된 만큼의 추가적 편익을 잃게 된다. 이와 같이 잃게 되는 추가적 편익들을 모두 합하면, 이 생산에서 잃어버리게 되는 총사회적 편익이 된다. 이는 그림에서 음영된 부분을 가리키며 역시 외부효과(externality)라고 불려진다. 이 경우에는 긍정적인 외부효과(positive externality)가 발생하는데, 왜냐하면 다른 사람들에게 추가적 편익이 발생하는데 이를 생산자나 소비자가 고려하지 않아서 사회적으로 최적인 경우보다 너무 적게 생산되거나 소비되기 때문이다.

패널 A는 생산외부효과, 패널 B는 소비외부효과라고 종종 주장되기도 한다. 그러나 두 그림 모두 생산 혹은 소비외부효과를 나타내는 데에 사용될 수 있으므로 이는 너무 단순한 주장이다. 두 그림의 차이는 패널 A는 생산과 소비 모두에서 부정적 외부효과를 나타내는 것이고, 패널 B는 긍정적 외부효과를 나타내는 것이다.

패널 A에서 한계사적비용곡선은 소비자가 하나의 상품을 예컨데, 자동차로 통행하는 서비스를 구입하는 비용을 보여준다고 고려될 수 있다. 통행횟수가 증가하면 차량 마모와 훼손의 비율이 증가하고 통행의 기회비용이 증가하므로, 이 곡선은 우상향할 것이다. 이 곡선은 한계사회비용곡선에서 갈라지게 되는데, 왜냐하면 소비자는 추가적인 통행이 발생시키는 대기오염, 교통혼잡, 교통사고의 위험증가에 대한 비용들을 고려하지 않기 때문이다. 한계사적편익곡선이 통행으로부터 얻게 되는 편익 전부를 나타낸다. 그러므로 패널 A는 자동차의 과다한 사용으로 인해 발생하는 경우와 같은 부정적인 소비외부효과를 나타내는 데에 사용될 수 있다.

마찬가지로 패널 B는 긍정적인 소비외부효과를 나타내는데 사용될 뿐 아니라 생산외부효과를 나타내는 데에도 사용될 수 있다. 한계편익곡선은 생산자가 상품 한 단위를 생산하는 데에 발생하는 편익을 나타낸다고 볼 수 있는데, 이 경우에는 주로 한계수입(marginal revenue)일 것이다. 이 곡선은 한계사회편익곡선에서 갈라지게 되는데, 왜냐하면 상품의 생산은 이 생산자 이외의 다른 생산자에게도 편익을 발생시키지만 이 편익은 이 생산자에게는 아무런 혜택도 주지 않기 때문이다. 그러므로 생산자는 한계사적비용과 한계사적편익이 일치되는 지점에서 생산하고, 이는 사회적 효율성측면에서는 너무 적게 생산된다는 것을 의미한다. 그러므로 패널 B는 긍정적인 생산외부효과를 나타내는 데에 사용될 수 있다(역자 첨가). 물론 이 경우에 혜택을 받는 다른 사람은 반드시 다른 생산자일 필요는 없으며 소비자일 수도 있다.

9.2 시장이 존재하지 않음

외부효과가 제3자에게 발생하는 비용이나 편익이 존재하는 것이라고 보는 것 이외에, 시장이 존재하지 않기 때문에 외부효과가 발생하는 것이라고도 볼 수 있다. 제5장에서 자유시장이 어떻게 파레토 효율(pareto efficiency)을 달성하는 지를 설명하였는데, 외부효과에 대한 시장에서도 동일한 결과가 이루어지게 된다.

그러나 문제는 이들 시장이 존재하지 않는다는 것이다. 예를 들면, 자동차에 의한 대기오염, 선박에 의한 해양오염, 그리고 자전거 이용에 따른 광범위한 건강 편익에 대해 시장이 존재하지 않는다. 따라서 이들 제품들에 대한 시장가격이 존재하지 않아서 비효율적인 수준에서 생산이나 소비가 이루어진다. 만일 이들 시장이 존재한다면 가격들이 책정될 것이며, 자유시장은 파레토 효율을 성취할 것이다.

간단한 예를 이용하여 이를 설명해 보기로 한다. 자동차 대기오염으로 인한 부정적인 외부효과로 상이한 두 그룹의 자동차 이용자가 있다고 가정한다. 이들은 모두 돈을 보유하고 있고 자동차 이용에 대한 욕구도 갖고 있으므로 이들의 후생은 돈을 더 보유하거나 더 많은 통행을 함으로써 증가된다. 이는 〈그림 9-2〉에 나타나 있다.

각각의 무차별곡선(indifference curve)은 소비자가 무차별하게 느끼게 되는 돈(money)과 통행량(journey)의 조합을 나타낸다. *A*조합과 *B*조합은 동일한 무차별곡선 위에 있으므로 소비자는 이 두 조합에 대해 무차별하게 느낀다. 소비자의 만족도는 더 많은 돈이나 통행량에 의해서 증가되는데, 이는 그림에서 무차별곡선이 원점에서 점차 멀어지는 것으로 나타나고 있다. 조합 *A*와 *B*보다 소비자는 *C*를 선호하고, *C*보다는 *D*를 선호한다.

도로네트워크에는 통행에 대한 용량(capacity) 제약이 있으며, 용량을 초과하면 적정수준 이상의 혼잡이 발생한다고 가정할 수 있다. 따라서 각 도로이용자

■ 그림 9-2 무차별곡선

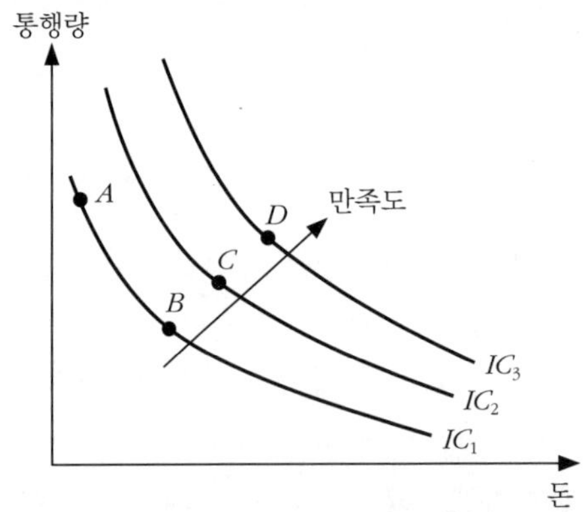

그룹은 자신의 만족도가 피해를 받으므로 다른 그룹 사람들이 많은 통행을 하지 않기를 원한다. 이는 〈그림 9－3〉에서 보여지는 바와 같이 Edgeworth상자에 의해 설명될 수 있다.

도로이용자그룹 A의 만족도는 〈그림 9－3〉의 왼쪽 밑 구석에서 오른쪽 위로 이동할수록 증가한다. 도로이용자그룹 B에 대한 그림은 거꾸로 그려져서 그들의 만족도는 오른쪽 위 구석에서 왼쪽 밑으로 이동할수록 증가한다. 수직축은 도로이용(journey)의 최적 수량을 나타내고, 수평축은 시장 내 돈(money)의 총금액을 나타낸다.

이에 더하여 두 그룹이 갖고 있는 돈은 동일하다고 가정한다. 이와 같은 돈의 배분은 그림에서 수직의 점선으로 나타나 있다. 시장의 결과물(outcome)은 초기에 도로이용에 대한 법적소유권을 누가 갖고 있는가에 좌우된다. 그룹 A만이 도로를 이용할 수 있는 법적소유권을 갖고 있다고 가정하면, 시장의 출발점은 *W*가 된다. 이때 두 그룹은 동일한 금액의 돈을 갖고 있으나, 그룹 A만이 도로를

■ 그림 9－3 도로이용의 Edgeworth상자

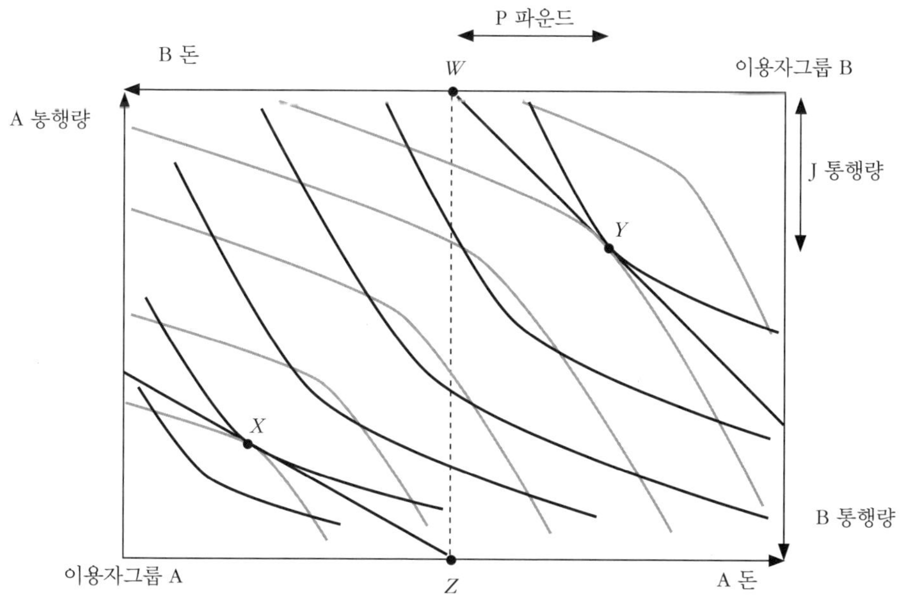

이용할 권한을 갖는다. 그룹 B가 도로를 이용하고자 하면, 그룹 A에게 도로이용 대가로 돈을 지불하여야 한다. 시장이 존재하므로 그들은 가격을 협상해서 통행량을 나누어 가질 것이다. 결국 그룹 B는 J통행을 하기 위하여 P파운드를 지불하게 될 것이다. 최종 결과는 Y점에서 이루어 질 것이다. 반면에 그룹 B가 도로이용에 관한 법적소유권을 갖고 있다면, 출발점은 Z가 될 것이고 최종 결과는 X점에서 이루어 질 것이다.

어느 경우이든 시장은 두 그룹 간에 파레토 효율적인 방법으로 최적의 통행량을 배분하였다. 이와 같은 배분은 파레토 효율적이다. 왜냐하면 그룹 A의 무차별곡선의 한계대체율(marginal rate of substitution: 무차별곡선의 기울기)은 그룹 B의 한계대체율과 동일하기 때문이다. 다시 말하면 두 그룹의 무차별곡선은 접하고 있기 때문이다. 이는 어느 한 그룹에게 손실이 발생하지 않는 한, 다른 그룹에게 이득이 발생할 수 없다는 것이다. 이와 같은 방법으로 도로이용에 대한 자유시장은 소비자들 간에 너무 많은 도로혼잡을 발생시키지 않는 효율적인 도로통행량의 배분을 달성하였다.

그러나 실제에는 도로이용에 대한 시장이 존재하지 않으며, 따라서 소비자는 순전히 자신만의 한계비용과 편익을 토대로 도로이용 통행량을 결정하게 된다. 따라서 비효율적인 수준의 혼잡이 발생하게 되며, 결국 사회 전체에 손실이 발생한다.

9.2.1 Coase 정리

Edgeworth상자 분석은 실제로 존재가능성이 적은 특별한 상황을 설명하는데 이용될 수 있다. 만일 모든 무차별곡선들이 실제적으로 하나의 무차별곡선을 평행으로 이동시켜 만든 번역본들(horizontal translate of each other)로 다른 소득수준에 대해 수평적으로 동일한 모습을 가진다면, 결과로 나타나는 파레토효율적인 배분의 세트(contract curve, 계약선: 역자삽입)는 수평선이 될 것이다. (즉 외부효과를 발생하는 제품에 대한 수요에 소득효과가 존재하지 않는 경우이다. 소득의 변화에 따라 이 제품에 대한 수요는 변하지 않는다. 이 경우에 무차별곡선은 수직으로 평행(vertically parallel)하게 되며 준직선형 효용(quasilinear utility)이라고도 불리운다: 역자삽입) 이 경우에는 외부효과 발생에 대한 법적소유권을 누구에게 배분하든 외부효과의 크기는 항상 동일하다는 것을 의미한다. 외부효과를 발생시키는 제품에 대한 수요는 소득배분과는 관계가 없다. 그러므로 외부효과 발생에 대한 법적소유권의 재배분은 소득분배에는 영향을 미치지만, 효율적인 외부효과의 크기에는 영향을 미치지 않는다. 이러한 특수한 경우를 Coase 정리(theorem)라고 부르고 있다. (이러한 특별한 경우는 위의 Edgeworth상자를 이용한 분석의 일반적 경우에 비해 외부효과의 크기에 있어 차이가 있음을 이해하는 것이 중요하다. 후자의 경우에는 도로이용자 A그룹에게 외부효과 발생에 대한 법적소유권이 주어졌을 때에는 Y에서 파레토 효율이 성취되어 통행량이 B그룹에게 법적소유권이 주어졌을 때의 X에서의 통행량보다 훨씬 높다: 역자삽입)

위에서 보여준 Edgeworth상자를 이용한 일반적 분석(Coase 정리 설명하기 전에 보여 준 분석)은 외부효과에 대해 완전하게 작동하는 시장이 만들어질 수 있다면, 외부효과의 크기는 이론적으로 법적소유권 및 이에 따라 발생하는 소득분배를 통제함으로써 결정될 수 있음을 보여준다. 그러나 Coase 정리는 완전히 작동하는 시장이 존재하더라도 이는 항상 가능하지는 않다는 것을 보여준다. 왜냐하면 외부효과의 크기는 이들 변수들의 영향을 받지 않고 불변할 수 있기 때문이다.

실제로 Coase 정리가 존재하기 위해 필요한 조건들은 매우 특수한 경우이므로 이러한 결과가 발생할 가능성은 매우 적다. 더구나 외부효과의 주된 문제는 시장이 존재하지 않는 것이므로, 시장이 완전하게 작동하는 데도 발생할 수 있는 예외적인 경우는 더욱 걱정할 필요가 없다고 할 수 있다. (즉 원저자는 외부효과에 대해 시장이 작동하도록 하여 외부효과의 크기를 법적소유권 및 이에 따라 발생하는 소득분배를 통제함으로써 결정하는 것에 흥미를 갖고 있음을 시사한다: 역자주)

9.3 소유권 부재

앞 절에서 어느 정도 암시된 바와 같이 세 번째의 외부효과에 대한 문제점은 영향을 받는 자원에 대한 소유권이 존재하지 않는다는 것이다. 이 문제는 실제적으로 부정적인 외부효과(negative externalities)에 대해서만 해당된다. 도로이용의 경우 통행량에 대한 소유권이 없으며, 오염의 경우 대기나 강이나 바다에 대해서 소유권이 없다는 것이다. 이들 자원은 영국의 일반적인 공유지(common)와 유사하므로 공유재(commons)라고 불린다. 영국의 공유지는 소유권이 없는 토지로서 모든 마을주민들이 거기서 가축을 기를 수 있다. (공유지 용도에 관한 상충되는 실례로 마을 교회 앞에 있는 마을의 잔디 공터에서 크리켓 게임이 열리고 있는 장면을 상상해 볼 수 있을 것이다.) 소유권이 없으므로 최적으로 사용되도록 노력하는 사람이 없을 것이다.

공유재의 비극(tragedy of commons)은 전통적인 영국의 공유지를 예로 들어 Hardin(1968)이 처음으로 설명한 이론이다. 공유지에서 소를 기를 수 있는 한계비용(*MC*)은 일정하다고 가정하는데 0일 수도 있다. 그러나 이로 인한 편익은 공유지에 있는 소의 숫자에 좌우된다. 소가 많아질수록 뜯어 먹을 수 있는 풀이 감소하므로 하나의 소에게 주어지는 편익은 감소한다. 이와 같은 현상은 각 소에 발생하는 편익을 평균편익(average benefit, AB)이라고 지칭하면서 간단하게 그림으로 설명될 수 있다. 한계편익(*MB*)은 통상 정의되는 바와 같이 한 마리 소가 더해짐으로써 발생하는 추가적인 편익이다. 한계편익곡선은 분명히 음(−)의 기울기를 가지게 된다. 왜냐하면 한 마리 소가 더해질수록 뜯어 먹을 수 있는 풀에 대한 경쟁은 커지게 되고, 이에 따라 전체 소에 대한 평균편익은 감소하기 때문이다. 〈그림 9−4〉는 이를 보여주고 있다.

공유지를 모든 사람이 사용할 수 있으면, 각 소의 소유자는 공유지로부터 얻

■ 그림 9−4 공유재의 비극

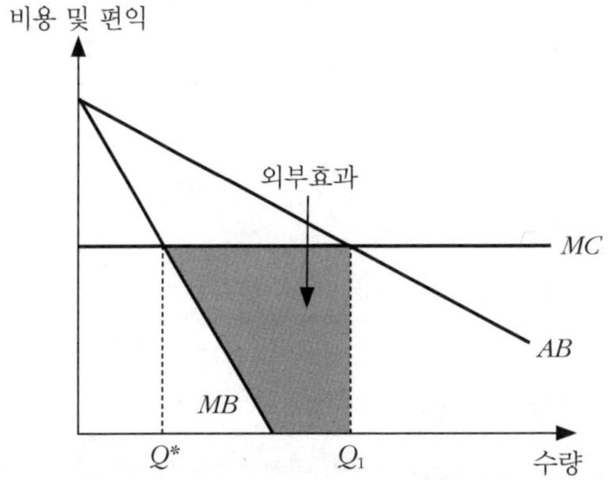

게 되는 편익(AB)이 소를 추가하는데 드는 한계비용(MC)과 같아질 때까지 공유지에 소를 계속 추가할 것이다. 그러므로 Q_1의 소가 공유지에서 사육된다. 그러나 이 경우 공유지는 과다 사용되는데, 왜냐하면 공유지에서 사육될 수 있는 사회적으로 적정한 소의 숫자는 한계비용이 한계편익과 같은 Q^*이기 때문이다. Q^*보다 많은 소가 공유지에 있으므로 추가되는 각각의 소는 한계비용이 한계편익보다 커지게 만드므로 실제로는 사회적 후생을 감소시킨다. 즉 부정적인 외부효과가 발생하고, 음영부분으로 나타나 있다.

이때의 문제점은 공유지에 대한 소유권이 없다는 것이다. 공유지에서 사육되는 소의 숫자를 통제할 수 있는 사람이나 조직이 있다면, 이들은 공유지에 Q^*의 소만 사육되도록 할 것이다. 즉 이와 같은 통제가 없기 때문에 외부효과가 발생한다.

교통부문에는 이러한 전통적인 사례와 거의 동일한 경우가 꽤 있다. 강에 보트가 너무 많은 경우, 하늘에 항공기가 너무 많은 경우 그리고 도로에 차량이 너무 많은 경우가 이에 해당된다. 대기, 소음, 수질오염은 〈그림 9-4〉와 비슷한 모형을 사용하여 분석될 수 있다.

9.4 교통부문과 지구온난화

9.4.1 지구온난화

태양의 방사선은 단파로 지구에 도달하지만, 지구 표면에 반사되면서 장파의 적외선으로 변한다. 지구 표면의 온실가스(greenhouse gases), 즉 이산화탄소, 클로로플루오르카본, 메탄, 아산화질소 그리고 오존은 수증기와 함께 단파 광선이 대기로 들어오는 것은 허락하지만, 장파가 대기로부터 나가는 것은 허락하지 않는다. 온실가스는 대기에 장파를 가두고 있어 지구의 표면을 덥게 만든다. 이것이 지구의 평균표면온도를 인간이 살 수 없는 수준인 -18℃에서 살 수 있는 수준인 15℃까지 상승시키는 자연의 과정이다.

1750년경 산업혁명 이후 인류는 여러 가지 방법으로, 특히 화석연료 연소와 산림벌채로 대기 중의 온실가스 농도를 계속 증가시켜 왔다. 다른 온실가스를 제외하고 이산화탄소의 농도만을 보더라도 1750년 280ppm에서 현재 380ppm(Stern, 2007)으로 증가하였다. 아울러 메탄 및 아산화질소 등 다른 온실가스 농도도 증가하였다.

이 기간 중에 세계의 평균표면온도(육지 1.5미터 높이부터 바다 1미터 깊이까지인 지구 표면의 평균온도)는 상승하였는데, 1990년 이후만 보더라도 0.7℃ 상승하였다. 사실 기록상 가장 따뜻했던 10개 년도는 모두 1990년 이후에 발생하였다(Stern, 2007). 일부 기상학자 및 기후학자는 이러한 온도 상승은 태양의 강도 증가 및 태양 흑점의 주기(regularity of sunspots) 등 순전히 자연적 변화에 의해서 유발되었다고 주장한다. 그러나 화학 및 물리학은 온실가스 농도의 증가가 앞에서 설명한 효과를 발생시켜 온도 상승을 유발하였을 것이라고 설명한다. 사실 19세기 초반 지구온도의 변화추세에 대한 많은 부분은 자연적 변화에 의한 것이라고 설명할 수 있는 반면에, 최근 50년 동안의 지구온도의 변화추세는 온실가스 농도 증가에 의한 것이라는 설명이 유일하면서 설득력이 있다고 주장한다(Stern, 2007).

9.4.2 교통부문의 온실가스 배출

〈표 9-1〉은 EU25의 교통부문에서 배출되는 세 가지 온실가스를 보여주고 있다. EU25 내의 도로, 철도, 항공 및 해운교통을 모두 포함하고 있으며, 국제교통부분은 제외되어 있다. 교통부문은 2002년 EU25의 총이산화탄소 배출량의 1/5 이상을 차지하고 있어 1990년에 비해 4% 포인트 이상 증가하였다. 교통부문 이산화탄소 배출량의 80%는 도로에서 유발되고 있으며, 다음은 항공에서 유발된다. 전기차량들이 소비하는 전기 생산에도 이산화탄소가 배출되는데, 특히 석탄, 석유 혹은 가스를 사용하여 전력이 생산될 때에 더욱 그러하다. 원자력, 수력, 풍력 및 조력(tide)의 경우에는 이산화탄소 배출이 적으나, 필요한 시설과 송·배전 네트워크를 건설하고 유지하는 것 자체가 상당한 이산화탄소를 배출한

■ 표 9-1 EU25 내 교통부문의 온실가스 배출

	천 톤		총배출가스 중 비중(%)	
	1990	2002	1990	2002
이산화탄소	762,416	911,336	18.5	22.9
메탄	246	142	0.9	0.7
아산화질소	40	87	2.8	7.1

출처: Eurostat(2005).

다. 한편 메탄과 아산화질소의 경우 EU25 교통부문에서 배출되는 비중은 1990년과 2002년 모두 매우 적다. 그러나 아산화질소의 비중은 이 기간 중에 250% 증가했다.

전체적으로 교통부문은 대기에 상당한 양의 온실가스를 배출하고 있으며, 이는 장래에도 계속될 것으로 예상된다. European Union Road Federation(2006)의 보고서는 교토협정(Kyoto Agreement)에서 확인된 6개 온실가스 모두에 대한 통계를 보여주고 있다. 이에 따르면 교통부문은 에너지부문(30%), 제조 및 산업부문(20%) 다음으로 총배출량의 19%를 발생시키며 세 번째로 가장 많은 배출을 하고 있다. 이산화탄소는 대기에 100년까지 남아있어서 다른 가스보다 더 오랫동안 비용을 발생시키기 때문에 이산화탄소가 온실가스 중에서 가장 우려의 대상이 된다는 것을 고려할 때 교통부문의 온실가스 배출은 더욱 심각해진다.

교통부문은 두 가지의 추가적 측면에서 지구온난화에 영향을 미치기 때문에 위의 숫자들은 실제 상황을 과소하게 평가한다. 첫째, 항공부문에서는 이산화탄소 이외의 다른 효과가 있는데, 이에 대해서는 다음 절에서 설명한다. 둘째, 교통부문의 생산 체인을 더 위로 살펴보면, 아직 언급되지 않은 이산화탄소 배출량이 또 있다. 즉 수송용 유류를 생산하는 정유산업 자체에서 이산화탄소가 배출된다. 마찬가지로 전기 철도나 자동차가 사용하는 전기 생산에도 이산화탄소는 필수적으로 배출된다.

2050년의 교통부문 배출량은 현재 수준의 2배에 달할 것으로 추정된다. 그러나 지구온난화에 미치는 전체적 영향은 이보다 훨씬 커지게 될 것인데, 이는 합성연료인 synfuel에 점차 더 의존하게 되기 때문이다(Stern, 2007). 합성연료는 석탄과 가스로부터 생산되는데 이의 생산과정은 석유 정유과정보다 2배로 더 유해하다. 전통적인 석유의 생산비용이 인상되면서 대체재로서 합성연료 생산은 점차 증가할 것이다.

9.4.3 항공부문의 온실가스 배출

항공부문은 다른 교통부문과는 다르게 지구온난화에 영향을 미치고 있다. 왜냐하면 화석연료 연소로 발생하는 이산화탄소의 배출보다 훨씬 더 유해한 다른 효과들을 가지고 있기 때문이다. 사실 항공부문이 미치는 영향은 이산화탄소만 배출될 때의 영향보다 2~4배 높다(Stern, 2007). 따라서 복사열 탈취(radiative forcing)를 중심으로 항공부문이 지구온난화에 미치는 전반적인 영향을 평가하는 것이 필요하다. 이에 대한 상세한 설명은 기후변화에 대한 다국간 패널(Intergovernmental Panel on Climate Change, IPCC, 1999)의 종합보고서에 나타나 있다.

항공기술 및 운영의 개선으로 단위 배출량이 감소하는 것보다 항공수요 증가가 훨씬 더 컸기 때문에 항공부문의 총배출량은 증가하였다. 보고서는 지구온난화에 항공부문이 영향을 미치는 7개 요소를 살펴보았는데 모두 복사열 탈취에 영향을 미치고 있다. 따라서 이들이 증가하면 지구 표면은 더워지는 경향이 있다. 〈표 9-2〉는 이들이 미치는 영향을 보여주고 있다.

1992년에 항공기로 인한 복사열 탈취량은 인류의 모든 활동으로 인한 탈취량의 약 3.5%인 것으로 추정된다. 그러나 위 보고서에서 시행한 여러 모의실험에 따르면, 이 수치는 3.5%의 최소 2배 이상 최대 5배 이하일 것으로 추정하고 있다. 그리고 항공부문이 지구온난화에 미치는 영향도 이와 유사할 것이라고 추정한다.

■ **표 9-2 항공부문이 복사열 탈취(radiative forcing)에 미치는 영향**

	영 향
이산화탄소	1992년 항공기 이산화탄소 배출량은 총대기 이산화탄소 배출량의 2%를 나타낸다.
오존	1992년 항공기 아산화질소 배출량은 항공기 배출이 없는 대기에 비해 북중위 비행고도의 오존농도를 6%까지 증가시켰다. 성층권에서 황 및 물 배출은 오존을 고갈시키지만, 이로 인한 영향의 정도는 아직 계량화되지 않고 있다.
메탄	1992년 메탄농도는 항공기 배출이 없는 대기에 비해 약 2% 적은 것으로 추정된다.
수증기	일부 수증기는 낮은 성층권에서 배출되는데, 여기에서 더 큰 농도를 형성한다.
항적운	1992년 항공기 항적운(contrails)은 지역별로 차이가 있지만, 지구 표면의 0.1%를 덮고 있는 것으로 추정된다.
권운	분해되지 않는 항적운의 형성은 광범위하게 권운(circus clouds)으로 점차 발달한다. 1990년대 후반에 지구 표면의 0~0.2%는 항공기로 인한 권운이 덮고 있는 것으로 추정된다.
황산염 및 검은 연무	1992년 항공기로 인한 황산염 및 검은 연무(aerosols)의 질량농도는 육상에서 배출되는 것에 비하여 상대적으로 적다.

출처: Intergovernmental Panel on Climate Change(IPCC, 1999).

9.4.4 부정적 외부효과로서 지구온난화

지구온난화는 부정적 외부효과(negative externalities)의 하나의 사례지만, 다른 외부효과와는 그 성격이 상이하다. 첫째, 그 원인 및 결과가 지구 전체에 미친다. 온실가스 배출의 영향은 특정 지역에만 국한되지 않아 영국에서의 한 단위 배출이 지구에 미치는 영향은 이태리에서의 한 단위 배출과 같다. 둘째, 그 영향은 장기적이고 불변하며 지속적이다. 이산화질소와 같은 일부 온실가스는 수백 년 동안 대기에 존재하고 있어서 그 영향력은 계속 누적된다. 과거의 온실가스 배출량 때문에 장래에 이미 세계는 어느 정도 온난화될 것으로 예상된다. 셋째, 경제에 미치는 불확실성과 위험은 광범위하다. 마지막으로 임계효과(threshold effects)로 인한 위험은 매우 크다. 경제학에서 변화추세는 보통 선형의 효과를 갖는 것으로 관측된다. 그러나 온도 상승에 따른 자연의 변화가 과거에 그러했던 추세를 계속할 것인지는 불확실하지만, 아무래도 그러할 것 같지 않다. 온도가 자연이 더 이상 감당할 수 없는 특정 임계수준에 도달하게 된다면, 갑작스럽게 극적이고 돌이킬 수 없는 피해가 발생할 수 있다.

현재 이산화탄소 환산치로 측정한 대기 중의 온실가스 농도는 430ppm이고,

■ 표 9-3 지구온난화로 인해 발생하는 과거와 장래의 효과

	이미 관측된 현상	장래 예측되는 현상
강우량	■ 지역에 따라 상이하지만, 북반구에서는 20세기에 5~10% 증가하였다.	■ 지역에 따라 상이하지만, 지구의 연평균 강우량은 21세기에 증가할 것이다.
해수면	■ 20세기 중에 지구의 평균해수면은 연평균 1~2mm 상승하였다.	■ 1900년에서 2100년 사이 지구의 평균 해수면은 0.09~0.88m 상승할 것으로 예측되며, 이로 인해 매년 수천만 명에서 수억 명이 홍수 피해를 입게 될 것이다.
얼음 및 눈	■ 20세기 중에 북반구 일부 지역의 강과 호수의 결빙기간이 약 2주 감소하였다. ■ 북극의 바다 얼음은 1950년대 이후 봄과 여름에 10~15% 감소하였다.	■ 빙하 및 북극 얼음은 계속 녹아서 뒤로 후퇴할 것이다. ■ 21세기에 남극의 얼음 크기는 증가할 것임. 그러나 온도 상승에 따라 다시 감소할 것이다.
농업	■ 북반구에서 지난 40년 동안 생육기간은 10년에 약 1~4일 증가하였다.	■ 농업생산성은 약간의 온도 상승에는 증가할 수 있으나, 온도가 크게 상승하면 감소할 것임. 아프리카 피해가 특히 클 것인데, 수억 명이 충분한 음식을 생산하거나 구입할 수 없게 된다.

출처: IPCC(2001).

매년 2ppm씩 증가하고 있다. 이 추세가 지속된다면, 빠르면 2035년에는 산업화 이전 수준의 2배에 달할 것이다. 이렇게 되면 지구 평균온도는 2℃ 이상 상승하게 된다. 장기적으로 온도가 5℃ 이상 상승할 확률은 절반 이상인데, 이는 인류가 문명화 이후로 경험해 본 적이 없는 수준이다. Stern Review(2007)는 이로 인하여 발생하는 전체 비용은 지금부터 전 세계 GDP의 최소한 5%를 매년 잃게 되는 것과 같다고 추정하고 있다.

〈표 9－3〉은 지구온난화로 인하여 발생하는 이미 관측된 효과와 장래에 예측되는 효과를 보여주고 있다. 장래 예측되는 모든 현상은 IPCC(2001)에 의해서 66% 이상의 확실성이 있는 것으로 보고되었으며, 특히 강우량, 해수면 및 농업에 미치는 효과에 대한 예측은 90% 이상의 확실성이 있는 것으로 보고되었다.

〈표 9－3〉은 지구온난화의 효과가 이미 감지되고 있다는 것을 분명하게 보여준다. 〈표 9－3〉에 보여진 이미 관측된 효과 이외에도 다음과 같은 효과들이 있다.

■ 생태계에는 이미 중요한 변화가 일어나고 있다. 지난 30～40년간 매 10년마다 많은 생물들이 평균 6km씩 극지(pole－wards)로 이동하고 있다. 많

■ 그림 9－5 극단적 날씨로 인해 지구에 발생한 비용

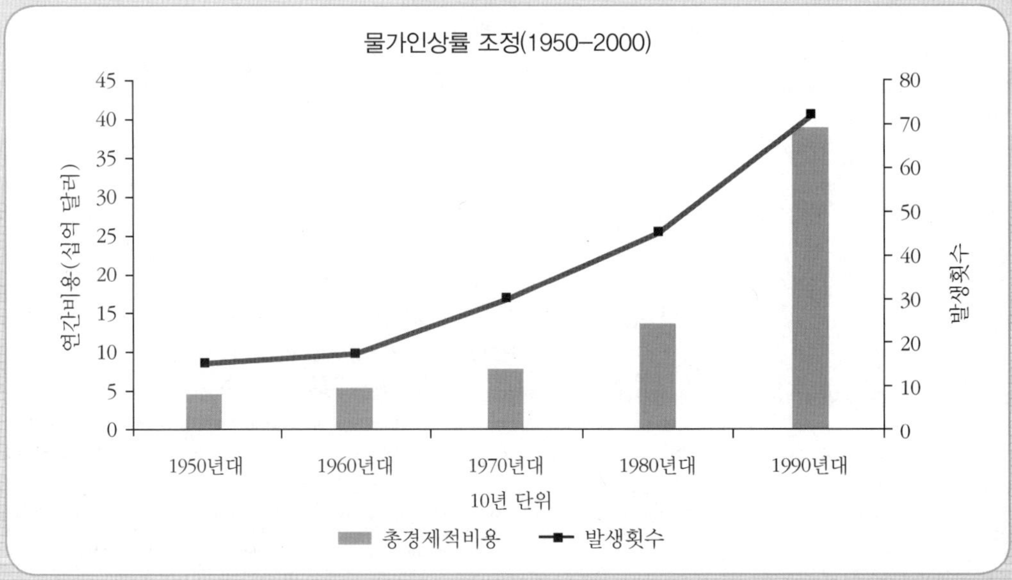

은 북반구 온대지역에서는 매 10년마다 개화 및 산란시기가 2~3일 빨라지고 있다.

- 육지 표면의 1일 온도 차이의 범위가 감소하였다. 야간의 최저 평균온도는 주간의 최고 평균온도의 변화속도보다 2배 더 빨리 증가하였다.
- 극단적인 날씨로 인해 발생한 비용이 급격하게 증가하였다. IPCC는 1950년과 2000년 사이 극단적인 날씨로 인해 지구에 발생한 비용을 추정하였다. 〈그림 9-5〉에 나타나는 바와 같이 발생횟수와 비용 모두 급격하게 증가하였다.

지구온난화는 또한 다음과 같은 현상도 초래한다.

- 특히 인도대륙 및 중국과 남아메리카의 일부 등 세계 인구의 1/6 지역에서 우기에는 홍수 위험이 증가하고, 건기에는 물의 공급이 감소하였다.
- 바다 산성화(ocean acidification)는 해양 생태계에 커다란 영향을 미칠 가능성이 있는데, 아마도 매우 중요한 어류 자원에 돌이킬 수 없는 피해를 끼칠 수 있다. 바닷물의 산성도가 증가하면, 많은 해양생물은 껍질이나 골격을 형성하는 데에 어려움을 겪을 것이다. 이는 해양 생태계 먹이사슬(food chain)의 밑에 있는 생물에 피해를 주게 되어, 결국 인류문명에 직접적으로 중요한 어류 자원에 광범위한 피해를 끼칠 것이다.
- 위도가 높은 지역의 경우에는 추위와 관련한 사망자 수가 감소하겠지만, 영양 부족과 폭염으로 인한 사망자는 증가할 것이다.
- 한 연구에서는 심각한 생태계 변화로 온도가 2℃ 상승하면 약 15~40%의 종(species)이 사라질 것이라고 추정하고 있다.

지구온난화는 무엇보다 세계의 저소득층 사람들에게 가장 커다란 피해를 끼치게 된다. IPCC는 많은 개발도상국은 모든 수준의 온난화에 대해 GDP가 하락할 것이나, 선진국의 경우 약간의 온도 상승에 대하여는 GDP에 미치는 효과가 좋을 수도 있고 나쁠 수도 있어 단정적이지 않으나 온도가 더욱 더 증가하는 경우에는 그 효과가 나쁠 것이라고 잠정적으로 주장한다. 또한 낮은 지역이나 조그만 섬들에 거주하는 사람에게 직접적인 피해가 발생할 것인데, 이들은 해수면 상승에 따라 난민의 처지에 처할 가능성이 높다. 세계의 빈곤 계층 사람들이 직접적인 피해를 받게 되는데, 이들은 높은 열, 수질 병원균, 홍수, 식량 부족으로 건강에 커다란 위협을 받을 가능성이 높다.

Stern Review(2007)는 전 세계 정부가 지금 이러한 상황에 대처하는 행동들을 취하면 최악의 상황은 피할 수 있다고 결론짓고 있다. 이를 위해서는 온실가스 농도(concentration)가 450ppm에서 550ppm으로 안정되어야 한다고 추정하고 있다. 이는 현재 배출량이 2050년까지 최소한 25% 감축되어야 한다. 보고서는 이와 같은 배출량 감소를 실천하는 비용은 매년 전 세계 GDP의 약 1% 정도로 제한될 수 있을 것이라고 말하고 있다. 이와 같은 정책의 실천은 경제적으로 분명히 적합하다. 그러나 경제의 모든 부문에서 동일하게 배출량이 감소되어야 한다고 주장하는 현재의 정책적 사고는 매우 위험하다. 경제부문별로 상이하게 배출량이 감소되어야 경제적으로 효율적인 결과를 얻을 수 있다(이에 대한 상세한 내용은 제15장을 참조할 것).

9.5 외부효과 사례로서 교통혼잡

교통혼잡은 교통시스템이 용량 한계에 도달함으로써 교통시스템 이용자가 지체를 겪는 상황이라고 정의할 수 있다. 교통혼잡은 도로에서 가장 많이 나타나지만, 유럽의 공항이나 철도네트워크의 일부 구간에서도 나타난다. EU에서는 상이한 국가들 간에 교통시스템이 완전히 통합되지 않아 교통혼잡이 더 나타난다. 예를 들면 알파인산맥이나 피레네산맥을 통과할 때처럼 한 국가에서 다른 국가로 차량이 이동할 때 지체가 더 발생한다.

교통혼잡은 네 가지 측면에서 영향을 미치게 되기 때문에 주요 관심을 갖게 된다. 첫째, 승객 및 생산자에게 시간 낭비를 가져오게 되어 GDP 및 유럽 기업의 경쟁력 감소를 초래한다. 둘째, 차량을 더 오래 운행하게 함으로써 더 많은 대기오염을 배출시킨다. 앞에서 언급한 바와 같이 대기오염 배출은 많은 비용을 발생시킨다. 셋째, 교통안전과도 관련이 있으며, 마지막으로 교통인프라의 노후화를 초래한다.

교통수단 이용자는 교통수단 이용에 대한 의사결정을 할 때에 교통혼잡에 미치는 영향을 고려하지 않으므로 이들은 모두 외부적 비용이다. 예를 들어 승용차를 이용해서 통행을 하기로 결정할 때, 다른 도로이용자에게 미치는 혼잡은 전혀 고려하지 않는다. 이러한 혼잡은 기업에게는 금전적 손실을 발생시키고, 여가 통행 중인 승객에게는 기회비용을 발생시키며, 또한 환경적인 피해나 교통안전의 감소도 유발한다. 교통수단 이용자는 이들 비용을 전부 지불할 필요가 없으므로 〈그림 9-1〉의 패널 A에서 나타나는 바와 같이 특정 교통수단을 과다 사용하게 되며 사회 전체에 비용을 부담시킨다.

9.5.1 도로혼잡

European Commission(2003년 6월)은 EU 내 간선도로 중 7,500km에서 매일 교통혼잡이 발생하고 있다고 추정하고 있다. 이로 인해 발생하는 화폐비용에 대해 여러 추정 결과가 있는데 일부 추정은 연간 EU GDP의 약 2%라고 말하고 있다. 이들 추정은 혼잡이 없는 자유속도에서의 교통량을 기준으로 하고 있기 때문에 비용이 과다하게 추정되었다고 볼 수도 있다. 왜냐하면 이 기준을 따르는 경우에는, 도로에 투자한 것이 비효율적이라고 판단될 정도로 도로가 너무 적게 이용되기 때문이다. 도로용량을 효율적(fully)으로 이용하기 위해서는 일정한 수준의 혼잡이 필수적으로 발생해야 한다. 네덜란드에서는 매일 2～3%의 운전자가 혼잡을 겪을 때에 도로가 효율적으로 이용된다고 추정하고 있다(European Conference of Ministers of Transport, ECMT, 1998). 이를 기준(benchmark)으로 할 때 ECMT는 유럽 도로의 혼잡은 모든 지역의 문제가 아니라 지역적인 문제이고, 일부 지역에서는 커다란 문제가 되고 있다고 결론짓고 있다. 영국에서는 매일 간선도로의 1/4이 1시간 정도 혼잡하고, 200～300개소에서는 극심한 혼잡이 발생하고 있다.

환경피해 또한 계량화하기가 어렵다. 혼잡은 차량을 더 오래 운행하게 함으로써 더 많은 대기오염을 배출시키지만, 운행속도를 감소시켜 오염배출량은 오히려 감소된다. 전체적으로는 전자의 효과가 후자의 효과보다 클 것이다. 그러나 특히 일정한 날씨조건 하에서 도시 내 혼잡이 대기오염 농도를 해로운 수준까지 상승시킬 수 있고, 이와 같이 해로운 수준의 오염이 발생할 때 차량 이용자들은 가장 해로운 위치에 머물고 있을 것이 확실하다.

교통안전에 대한 혼잡의 효과로는 혼잡한 도로가 교통사고를 더 많이 발생시킬 수 있다는 것이다. 사람들은 신호등에서 실제 기다리는 것보다 더 많이 기다리는 것으로 인식하는 경향이 있다는 연구 결과에서 나타나듯이, 사람들의 심리적 효과는 혼잡의 교통사고에 대한 효과를 더욱 악화시킨다. 이러한 사람들의 과장된 인식으로 스트레스 수준이 상승하면 운전자들은 혼잡한 상태에서는 물론 혼잡이 해소된 직후에 더 많은 실수를 저지르게 된다. 혼잡에 의해 직접적으로 유발되는 교통사고 건수를 추정한 자료는 없다. 그러나 유럽 도로에서는 매년 40,000명, 매일 112명이 교통사고로 사망하고 있다. 교통사고 비용은 화폐가치로 산출하는 데에 문제점이 더 많은 넓은 범위의 비용들을 제외하더라도 연간 EU GDP의 2%에 해당한다.

9.5.2 기타 혼잡

European Commission(2003년 6월)은 EU의 주요 공항에서 약 35%의 항공기는 최소 15분 이상 지체되고 있다고 추정하고 있다. 이러한 혼잡은 항공사들의 공항이용이 급격하게 증가한 데에서 비롯되었다. 더욱이 군사적 공역을 피하고자 특정 항공축만 이용하려는 항공사들로 인하여 특정 슬럿을 기다리는 대기행렬이 증가하면서 혼잡은 더 악화되고 있다. 이는 특히 잉글랜드 남부, 베네룩스 국가들 및 프랑스에서 나타나는데, EU 항공교통 지체의 2/3가 이들 지역에서 나타난다. 이러한 지체에 따라 유럽 항공사에게 발생하는 비용은 연 13~19억 유로일 것으로 EC는 추정하고 있다.

철도네트워크 이용은 점차 감소하고 있어서 전체적으로 현재 여유 용량을 갖고 있다. 그러나 여객과 화물서비스가 함께 제공되는 일부 구간에서는 병목 현상(bottlenecks)이 발생하고 있다. 실제로 European Commission(2003년 6월)은 유럽 간선 철도의 약 20%인 16,000km에서 병목 현상이 발생하는 것으로 추정하고 있다.

9.6 자전거 이용의 긍정적 외부효과

긍정적 외부효과(positive externality)는 단순히 부정적 외부효과가 감소하는 것이 아니다. 도로 혼잡의 감소 또는 대기오염 배출량의 감소는 자전거 이용의 긍정적 외부효과로 고려되어서는 안 된다. 자전거 이용은 이외에도 이용자에게 건강과 기분을 좋게 하는 편익이 발생하는데, 이 또한 이용자 자신이 즐기는 것이므로 또한 긍정적 외부효과가 아니다. 이런 것들을 제외하면서 자전거 이용은 이용자 이외의 다른 사람에게 편익을 발생시키는 두 가지의 주요한 긍정적 외부효과가 있다.

첫째, 자전거 이용은 국가경제의 생산역량(productive capacity)을 증가시킨다. 자전거 이용은 건강, 체력과 심리적 행복을 개선시키는 것으로 일반적으로 인정되고 있는데, 이는 근로자 개인 및 노동력 전체의 생산성을 증가시킬 수 있다. 이 외에 이와 같은 건강상 편익은 근로자가 결근하는 시간을 감소시켜 국가경제는 낭비되는 시간이 감소되어 더 생산적이 된다. 이렇게 되면 자전거 이용은 비록 그 규모는 적을지라도 경제성장을 더욱 촉진시켜 이용자 뿐만 아니라 모든 사람에게 편익을 발생시킨다.

둘째, 자전거 이용은 국가경제의 의료비용 부담을 감소시킨다. 앞에서 언급한 자전거 이용에 따른 개인의 건강 편익은 의료서비스 제공을 위해 지출해야 하는 재정부담을 감소시킨다. 한 연구(Rutter, 2000)에 의하면, 단거리 통행에서 새로이 자전거를 이용한 사람은 주로 심장질환의 감소로 사망위험을 22%까지 감소시킨다고 말하고 있다. 이는 의료서비스 비용의 감소로 사회에 광범위한 편익을 발생시킨다. 이렇게 비용감소로 발생한 재원은 좀 더 생산성을 증대시키는 분야에 투자될 수 있다.

이러한 긍정적인 외부효과는 아직까지 화폐가치로 완전히 계량화되지 않고 있으나, 자전거 이용이 이용자 이외의 제3자에게 베풀어지는 외부적인 편익을 발생시키는 것으로 〈그림 9-1〉의 패널 B에 나타낼 수 있다. 그러므로 자유시장에서는 사회적으로 효율적인 수준보다 자전거가 덜 이용된다.

9.7 지속가능발전과 윤리

지속가능발전(sustainable development)은 '장래 세대가 그들의 요구를 충족시킬 수 있는 여지를 손상하지 않으면서 현재 세대의 요구를 충족시키는 발전'이라고 정의되었다(World Commission on Environment and Development, 1987). 이는 여러 세대 간의 공평성에 대한 개념으로 현재 세대가 시행하는 확장이나 성장이 장래 세대의 후생에 피해를 발생시키지 않아야 한다는 것이다.

한 세대는 생산을 통해서만 요구를 충족시킬 수 있다고 가정하면, (실제로는 자원을 꼭 이런 방식으로 사용하지 않을 수도 있지만, 한 세대의 요구를 더 충족시키기 위해서는 더 많은 생산이 이루어져야 한다고 가정하면) 지속가능발전 개념은 간단하게 모형화될 수 있다. 제4장에서 생산활동을 위해서는 반드시 네 가지 요소, 즉 토지, 노동, 자본, 기업가정신이 필요하다는 것을 설명하였다. 이때 노동량과 기업가정신이 고정되어 있다고 가정하면, 생산량은 생산에 사용된 토지(자연적 자본)와 자본(물리적 자본)의 수량 그리고 이들 자원이 얼마나 효율적으로 사용되는가에 의해 결정된다.

지속가능발전에 대한 두 가지 추가적인 개념들이 도출될 수 있다. 엄격한 지속가능발전(strict sustainable development)과 상대적 지속가능발전(relative sustainable development)이다. 엄격한 지속가능발전은 자연적 자본량이 세대 간에 완전하게 동일한 수준에서 유지되는 것을 요구한다. 즉 발전에 의해 자연자원에 피해가 발생하지 말아야 하거나 또는 자연자원은 발전에 의해 전혀 사용되지 않아야 한다는 것이다. 만일 발전에 의해 자연자원에 피해가 발생하거나 사용된 경우에는 피해가 복구되어 자연은 원상태로 회복되어야 한다. 한편 상대적 지속가능발전은 자연적 자본과 물리적 자본을 합한 총자본량의 생산능력(productiveness)은 모든 세대에 일정하게 유지되어야 한다는 것이다. 다시 말하면 자연적 자본량의 감소는 물리적 자본량의 증가로 상쇄되어 장래 세대 또한 그들의 요구를 충족시킬 수 있도록 사회의 전체 생산잠재력은 최소한 전과 같은 수준이 되어야 한다. 기아, 빈곤, 질병 등 인류사회의 문제점을 고치는 데에는 반드시 발전이 필요하므로 아마도 상대적 지속가능발전 개념이 더 유용할 것이다.

역사적으로 물리적 자본량은 시간 흐름에 따라 점차 증가한다. 현재의 사회는 이전 사회보다 훨씬 더 광범위한 인프라 네트워크를 갖고 있으며, 전에 비해 훨씬 더 많은 인간이 만든 인공적인 자원을 필요시 사용할 수 있다. 그러나 이를 위해서 많은 자연적 자본이 소비되고 있다. 즉 석유와 가스 같은 자연적 자원량은 계속 소비되고 있으며, 더 중요한 것은 전체 생태계가 축소되고 있는 것이다. 그러므로 상대적 지속가능발전의 조건이 과연 만족되고 있는가에 대한 질문이 제기된다. 이를 위해서는 물리적 및 자연적 자본량의 생산잠재력에 대한 가치를 측정하는 것이 필요하다. 그런데 이 질문에 대답하기는 매우 어렵다. 특히 환경이 수행하는 역할에 대한 우리의 이해가 매우 제한적이기 때문에 자연적 자본의 생산잠재력에 대한 가치를 추정하는 데에는 많은 문제가 발생한다. 제13장에서 이러한 가치 측정의 문제점에 대해서 더 깊이 논의하기로 한다.

상대적 지속가능발전의 개념은 사회 전체의 경제적 발전은 물론 교통부문에도 적용될 수 있다. 현재의 교통부문은 상대적으로 지속가능한 방법으로 발달되었는가? 연소되는 화석연료를 고려하면 교통부문에서의 자연적 자본 소비는 중요한데, (교통부문은 직접적인 자연적 자본재고량의 소비 이외에 대기의 청정도까지도 소비하고 있는데) 이러한 교통부문의 자연적 자본량 소비는 물리적 자본량의 생산력 증가에 의해 상쇄되고 있는가? 장래 교통사업을 계획할 때에 이러한 사항들은 반드시 고려되어야 한다.

도로, 철도, 해운 및 항공수단에 의해서 통행이 이루어질 때마다 자연적 자본은 어떻든 소비된다. 그러므로 자연적 자본 재고량은 감소하고, 장래 세대를 위한 환경은 훼손된다. 선진국 국민들도 최근에 이르러서야 현재와 같은 많은 교통량을 발생시키고 있는데, 선진국 국민 인구는 세계 전체 인구로 보면 아직은 적은 부분에 불과하다. (따라서 더 많은 비율을 차지하고 있는 개발도상국가들의 국민들도 많은 교통량을 발생시키게 되면 그 효과는 더욱 클 것임: 역자삽입) 선진국 국민들 사이에는 전 세계적으로 통행하고 (해외 휴가를 더욱 더 즐기며) 상품을 운송하는 것은 (우리가 취하는 음식이 세계 어디에서 왔나 생각해보라) 인간의 기본권리라는 의문의 여지가 없는 확신을 가지고 있다. 그러나 이러한 결정들이 지속가능에 미치는 영향에 대해서는 거의 고려하지 않고 있다. 이제 이러한 인간의 기본권리에 대한 시각을 재고해 보아야 할 때가 온 것 같다. 왜냐하면 장래 세대를 희생하면서 현재 세대가 지구 자원을 즐기는 권리를 의미하기 때문이다. 이렇게 되면 장래 세대는 생산에 필요한 총자본재고량을 너무 적게 가지고 그들의 요구를 충족시켜야 하는 어려움을 겪을 것이다.

자연적 자본을 소비할 때 부대해서 따라오는 보완효과(complementary effect)까지 고려하면, 이러한 상황은 실제로 더 심각해질 수 있다는 것이 명백해지고 있다. 현재의 자연적 자본의 소비는 장래 세대가 사용 가능한 자연적 자본재고량을 감소시키는 것 이외에 장래 세대가 지불해야 하는 추가적 비용도 발생시킨다. 지구온난화가 좋은 사례이다. 앞에서 말한 바와 같이 화석연료의 소비는 실제 연료 재고량 및 대기 청정도 측면에서 장래에 사용 가능한 자연적 자원재고량을 감소시킨다. 그러나 이에 더하여 화석연료 소비에 따른 인위적인 온실가스의 배출은 지구온난화를 또한 초래하는데, 이는 계속적으로 중대한 자연적 사건의 발생으로 인한 비용을 증가시키고 있다(〈그림 9-5〉 참고). 장래 세대는 사용 가능한 자연적 자본재고량이 감소하는 것 이외에 더 큰 비용을 부담하여야 한다. 이러한 시각에서 볼 때, 상대적 지속가능발전은 총자본재고량의 순생산력(net productiveness)이 유지되는 것을 필요로 한다. 순생산력은 사용 가능한 자원의 생산력에서 이 자본재고량과 관련해 발생하는 비용을 뺀 값이다.

제10장

공공재와 비가치재

Chapter 10

10.1 공공재: 이론

지금까지 논의한 상품들은 사적재(private goods)라고 가정하였는데, 사적재는 두 가지 특성을 갖고 있다. 첫째, 배제가능(excludable)하여, 한 소비자의 편익을 위해 상품이 생산되면, 다른 사람은 이 상품으로부터 편익을 얻을 수 없다는 것이다. 둘째, 경합적(rival)으로, 더 많은 사람들이 이 상품을 소비하게 되면, 이미 이 상품을 소비하고 있는 사람에게 발생하는 편익은 감소한다는 것이다. 오토바이와 철도티켓은 사적재의 좋은 사례이다. 소비자가 이들을 구입하면, 다른 사람들은 이들을 사용하지 못하게 된다. 또한 다른 사람들이 이들을 사용하게 되면, 기존의 소비자 편익은 감소하게 된다. 그러나 교통부문에는 이러한 특성을 갖고 있지 않은 공공재(public goods)가 있다. 다르게 말하면 이들은 배제불가능(non-excludable)하고 비경합적(non-rival)이다. 배제불가능이란 돈을 지불하지 않는 다른 소비자일 지라도, 이들이 편익을 얻지 못하도록 할 수 없다는 것이다. 그리고 비경합적이란 새로운 소비자가 추가적으로 편익을 얻게 되어도, 기존에 소비하고 있는 사람에게 발생하는 편익은 감소하지 않는다는 것이다.

공공재는 배제불가능하고 비경합적이기 때문에, 합리적인 생산자는 다음 세 가지 이유로 자유시장에서 이 상품을 공급하지 않을 것이다. 첫째, 다른 생산자가 공급할 때까지 기다리면, 무료로 편익을 얻을 수 있다는 것을 생산자는 알고 있다. 이는 무임승차(free rider)원리라고 불린다. 둘째, 소비자 또한 무임승차할 수 있다면 돈을 지불하지 않을 것이기 때문에 생산자에게는 이 상품의 공급에 따른 이윤이 발생하지 않는다. 마지막으로 소비자가 이 상품에 대해 얼마나 지불할 의사가 있는지 또 지불할 수 있는 지를 솔직히 나타내지 않기 때문에 화폐가치를 부여하는 데에 문제가 있다. 교통부문이 제대로 기능하기 위해서는 이들 공공재가 매우 중요하기 때문에 생산자가 공공재를 공급하지 않으려 한다는 것은 실제로 커다란 문제가 된다. 이러한 문제들은 다음에서 실제 사례를 다루면서 분석하기로 한다.

이외에도 준공공재(quasi-public goods)가 있다. 이들은 항상 완전하게 배제불가능하거나 비경합적이 아닌 상품이다. 이러한 상품들도 민간생산자들에 의해 자유시장에서 완전하게 공급되지 않는다.

10.2 갈릴레오 시스템

위성항행안내시스템은 대표적인 공공재의 사례를 보여준다. 현재 두 시스템이 운영되고 있는데, 하나는 가장 많이 사용되는 Global Positioning System(GPS)이고, 다른 하나는 Global Navigation Satellite System(GLONASS)이다. 이들은 모두 군에서 관리하고 있는데, 전자는 미국이 후자는 러시아가 관리하고 있다. 또한 이들은 모두 정부 재원으로부터 전액 지원받았다.

EU는 항행안내(navigation)를 오랫동안 GPS시스템에 의존하여 왔다. 그러나 서비스의 사용가능성(availability)과 정확도 측면에서 여러 문제가 제기되어 왔다. GPS시스템은 군에서 관리하기 때문에, 가끔 신호가 불량하거나 작동하지 않을 수도 있다. 더 중요한 것은 적용가능한 기술의 차이로 인해 지리적 위치에 따라 서비스의 사용가능성에 차이가 발생하고, 또 정확도가 10m까지 틀리기도 한다.

Galileo(Amos, 2005)는 이러한 문제를 해결하고자 개발되고 있다. 이는 민간이 관리하는 위성항행안내시스템으로, 30개의 위성(27개는 운영되고 3개는 예비)과 26개의 센서 정류장(censor station)이 전 세계에 설치되어 유럽의 2개 중앙관제정류장에 정보를 제공하고 있다. 위성에는 원자시계가 설치되어 있어, 모든 신호를 송신할 때 정확한 시간도 함께 송신된다. 시스템 사용자는 수신기를 갖고 있어 위성궤도를 정확하게 기록하는데, 수신기는 자동차나 핸드폰, 기타 장치에 설치된다. 수신기는 위성신호를 읽어서, 위성이 위치한 지점으로부터 신호를 받는 데에 얼마나 시간이 소요되는가를 알 수 있다. 수신기는 최소한 4개 위성으로부터 동시에 신호를 읽을 수 있으며, 1m의 정확도로 현재 위치를 산출할 수 있게 된다. 신호를 기호화하는 상업용 갈릴레오 서비스가 제공되면, 정확도는 센티미터의 단위로까지 증가할 것이다. 2008년에는 갈릴레오가 완전히 운영될 것으로 예상하고 있다. (2019년까지 민간에 의해 완전히 운영하게 될 것으로 연기됨: 역자주)

갈릴레오는 현재 시스템을 보완하는 것으로, 가장 극단적인 상황을 제외한 모든 상황에서 운영될 수 있을 것으로 희망하고 있다. 위성이 작동하지 않는 경우 이것을 몇 초 안에 수신자에게 알려주는 신뢰도에 대한 메커니즘(integrity mechanism)을 갖출 수 있게 된다. 이러한 높은 정확도와 사용가능성으로 인해, 안전이 우선되는 교통부문에서 사용하기에 매우 이상적이다. 이 시스템은 세계적인 탐색(global search) 및 구조기능(rescue function)도 제공할 수 있을 것이다. 각 위성은 조난신호를 받으면 이를 구조센터에 전송할 것이며, 조난신호를 보낸 이용자에게 조난신호가 수신되었으며 이에 대한 조치가 취해지고 있다는 것을 알려줄 것이다.

갈릴레오는 교통운영자가 그들의 서비스를 훨씬 더 정확하게 관리하고, 서비스 시간표나 연료비, 안전 등을 최적화하는 데에 사용할 수 있다. 이는 항공산업에서 매우 중요할 것인데, 갈릴레오는 중앙관제시스템의 중요한 부분이 될 것이다. EU의 Open Skies정책에 따라 항공기운전자는 현재 허가받은 특정의 항공축 이상을 더 사용할 수 있게 될 것이다. 이들의 운행은 새로운 항공관제시스템에 의해서 통제되고 추적되어야 하는데, 새로운 시스템의 성공적인 운영을 위해서는 갈릴레오시스템에 많이 의존해야만 한다. 갈릴레오는 도로부문에서도 점차 중요해질 것인데, 도로이용자가 통행을 계획하고 모니터링하는 데 사용되는 것 이외에, 정부가 도로이용료 부과를 광범위하게 확대시키는데 필수적인 도구를 제공할 것이다.

갈릴레오 프로젝트는 2003년 5월에 EU, European Space Agency 그리고 10개 EU회사 컨소시엄에 의해 파리에서 시작되었다. 민관합작으로 제안되었지만, 영업수입의 확보 여부가 불확실하여 민간의 투자는 현재로는 없고 장래에 뒤따를 것이다. 이용자는 필요한 수신기를 구입하여야 하므로, 갈릴레오는 배제 가능한(excludable) 특성을 갖고 있다. 그러나 상업화 가능성은 불확실하고, 초기 투자비용을 부담하지 않으려는 다른 생산자들에 의해 무임승차의 가능성은 매우 높다. 서비스의 품질은 이용자 수와 무관하므로, 비경합적(non-rival) 특성을 가질 것이다. 결국 준공공재의 한 사례로서, 34억 유로의 투자비는 정부부문에 의해서 대부분 지원되었으며 민간의 수입 확보 가능성이 밝혀지기 전까지, 정부는 주도적 역할을 할 것이다. 갈릴레오는 정부의 재정지원 없이는 추진될 수 없었을 것이다.

10.3 가로등

가로등은 세 가지 측면에서 중요하다. 첫째, 도로를 밝게 비추므로 운전자의 시계(vision)를 향상시켜 교통사고의 발생가능성을 감소시킨다. 둘째, 보도를 밝게 비추므로 보행자의 안전을 개선시킨다. 셋째, 건물 주위 통행자의 식별가능성(visibility)을 높여 재산범죄 감소에 도움이 된다. 이 중 앞의 두 가지 측면에 대해서 하나씩 살펴본다.

2004년 영국 교통부의 보고서는 도로 유형 및 가로등 설치 여부에 따른 교통사고건수를 〈그림 10-1〉과 같이 보여주고 있다. 건물에 인접한 도로(built-up roads)에서는, 제한속도가 40mph 이하인데, 가로등이 설치되지 않은 도로보다 설치된 도로에서 33,000건의 교통사고가 더 발생하였다. (도시경제학에서 built-up density는 도시의 총인구를 주거지역, 상업지역, 도로, 학교 그리고 공원을 포함하는 도시용도 토지의 양으로 나눈 값임: 역자주) 이와 같은 뜻밖의 결과는 건물에 인접한 대부분의 도로에는 가로등이 설치되어 있고 교통량이 매우 적은 도로에만 가로등이 설치되어 있지 않기 때문이라고 설명할 수 있다. 거의 대부분의 차량은 가로

■ 그림 10-1 가로등이 교통사고에 미치는 영향

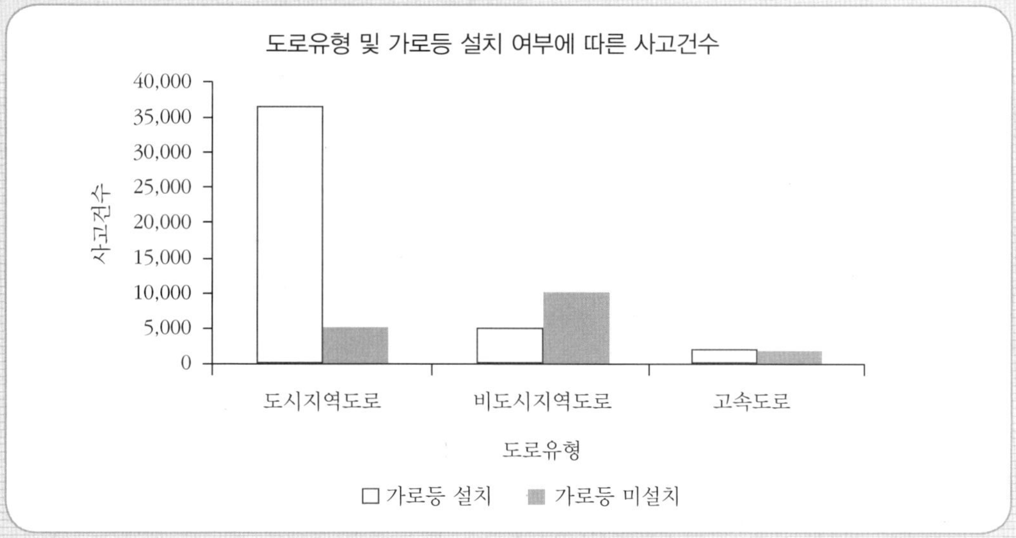

출처: U.K. Department of Transport(2004).

등이 설치된 도로를 이용하기 때문에 이들 도로에서 교통사고가 훨씬 많이 발생하는 것은 당연하다. 마찬가지로 가로등이 설치된 고속도로에서의 교통사고 발생률이 그렇지 않은 고속도로보다 약간 더 높다. 이 또한 교통사고가 많이 발생하는 고속도로의 회전로나 접속로에는 보통 가로등이 설치되어 있기 때문이라고 설명할 수 있다. 좀 더 유용한 통계적 결과는 건물에 인접하지 않은 도로(non-built-up roads)에 대한 통계에서 얻어지는데, 그 이유는 이들 도로에는 가로등이 설치된 도로와 설치되지 않은 도로 사이에 별도의 요인이 없기(a less biased divide) 때문이다. 〈그림 10-1〉에 나타나듯이 이들 도로의 경우 가로등이 설치되지 않은 도로의 교통사고 발생건수는 설치된 도로보다 2배 이상 많다. 이는 가로등 설치가 교통사고를 방지하여 사고로 발생하는 경제적 비용을 절감하는데 도움이 된다는 사실을 나타낸다.

영국 교통부의 Crime Concern and the Social Research Associates(1999)가 발표한 보고서에서는 영국 내 7개 서로 다른 지역의 900가구 이상을 대상으로 개인적 안전에 대해 조사하였다. 이 조사의 일부로 응답자는 보도를 걸을 때에 불안하게 만드는 요소로 8개 조사 항목 중 하나를 선택하도록 하였다. 각 지역별로 응답자 중 각각의 항목을 선택한 자의 비율을 산출하고, 7개 지역에 대해 평균한 값이 〈그림 10-2〉에 나타나 있다.

가로등이 설치되지 않은 것이 낭인들이 배회하는 것 다음으로 보행자를 불안하게 만드는 두 번째 요소인 것으로 나타났다. 가로등이 없는 것이 낯선 사람이 숨을만한 장소가 있는 곳이나 한적한 지역에 있는 것, 술 취한 사람이 있는 곳보다 더 보행자 안전에 위해한 것으로 인식하고 있다. 가로등 미설치를 가장 커다란 요인으로 지적하고 있는 곳은 일반적으로 문제가 있는 이웃지역과 인접하고 있는 Inner London의 중산층 거주지역으로 나타났다. 또한 가로등 미설치를 가장 커다란 요인으로 인식하고 있는 연령 계층은 25세 이하로서, 이들의 65%가 이와 같이 응답하였다. 젊은 계층의 응답이 이렇게 높은 원인은 노인 계층의 1/3 이상은 혼자 집 밖에 나가지 않거나 어두워지면 아예 나가지를 않기 때문에 가로등 미설치에 별로 관심을 나타내지 않기 때문이다.

안전에 미치는 영향만을 보더라도 가로등 설치 및 유지는 매우 중요하다는 것을 알 수 있다. 그러나 이보다도 더 광범위한 경제적 편익을 발생시킨다. 연구결과에 따르면, 사람들이 보행 통행을 불안하게 느끼면, 대중교통수단은 적게 이

■ 그림 10-2 보행자의 불안감 발생요인에 관한 응답

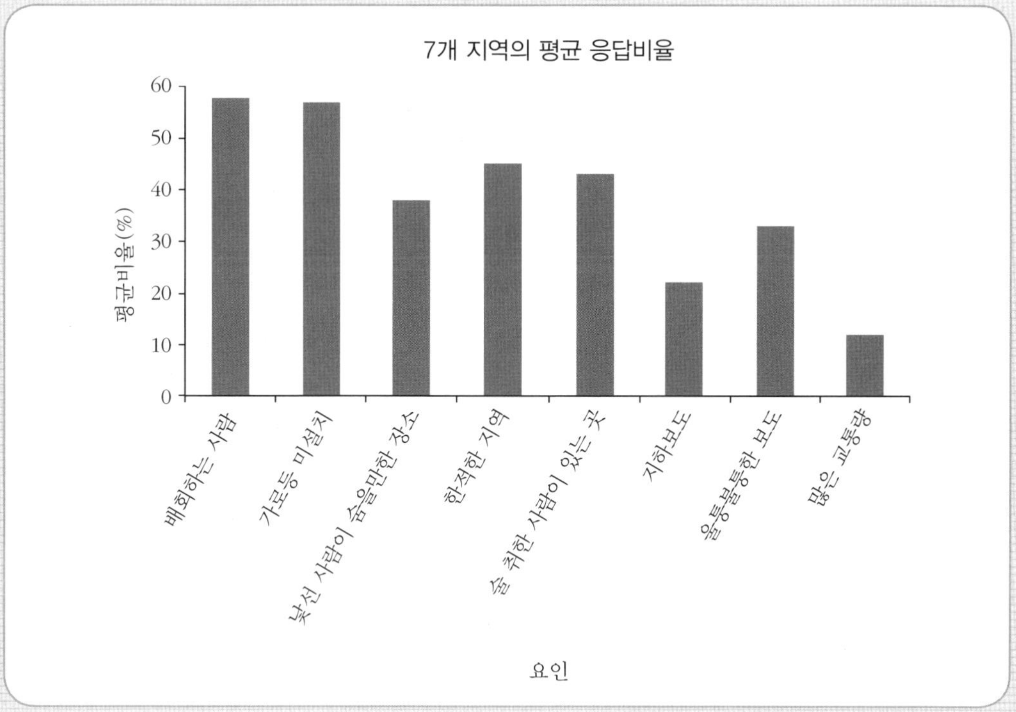

출처: Crime Concern and the Social Research Associates of the Department of Transport(1999).

용되고, 승용차 이용을 위해서는 추가적인 노력을 필요로 하기 때문에 불가피하지 않은 통행은 억제된다. 승용차 이용을 위해 필요되는 추가적 노력이라 함은 교통혼잡과 주차, 그리고 목적지에서 음주단속을 걱정하여 술을 마실 수 없는 문제 등을 의미한다. 그러므로 보행통행에 대한 불안감을 회피하고자 하여, 결국 소비 자체가 감소한다. Oc and Trench(1992)는 Nottingham 도심지에서 발생하는 이러한 비용은 연간 24백만 파운드의 매출액 감소와 600개 일자리 감소를 가져온다고 말하고 있다.

영국에서 가로등 하나를 유지·관리하는 데에는 연간 30~50파운드가 소요된다. Kent지역만을 보더라도 약 113,000개의 가로등이 있으므로, 분명히 매우 많은 비용이 소요되는 것이다. 거의 대부분의 가로등은 지방정부가 소유하고 운영하며, 극히 일부만 민간개발업자에 의해 개인소유토지에 설치·운영된다. 가로

등은 배제불가능하고 비경합적이므로, 가장 대표적인 공공재의 하나이다. 민간의 토지만 가로등이 비추도록 설치되어 있지 않는 한, 보도를 걷고 있는 보행자나 도로를 운행하는 운전자가 가로등을 이용하지 못하게 배제하는 것은 불가능하다. 마찬가지로 가로등 불빛을 일상적으로 100번째 통과하는 보행자나 운전자가 있다고 해서, 일상적으로 가로등을 통과하는 다른 99명의 편익이 감소하는 것도 아니다. 따라서 가로등 설치에 따른 완전한 재정적 보상이 발생하지 않으므로, 민간 공급자는 가로등을 공급하려고 하지 않는다.

가로등은 교통부문이 효과적이고 안전하게 기능하도록 하는 데에 반드시 필요하다. 가로등이 공급되지 않는 것은 자유시장의 중대한 실패이며 매우 커다란 비용을 광범위하게 발생시킨다. 이것이 바로 정부가 가로등을 공급하여야 하는 이유이다.

10.4 도로 공급

EU 내 도로 네트워크의 대부분은 공공부문에 의해 공급되고 있다. 도로가 공공재인 경우나 배제불가능(non-excludability)하고 비경합적(non-rival)인 조건을 거의 만족하는 준공공재인 경우에는 예상될 수 있는 일이다. 그러나 도로는 사실상 이들 중 어느 하나의 범주에도 속한다고 말할 수 없다. 첫째, 모든 규모의 도로에 대해 사람들이 사용하는 것을 방지할 수 있으므로, 도로는 배제불가능성의 조건을 만족하지 못한다. 큰 규모인 유료도로는 이용에 대한 지불을 요구하며, 지불의사가 없거나 지불능력이 없는 사람을 배제한다. 소규모인 개인 토지에 있는 도로에 대하여는 진입장애물이 있어서 필요한 암호를 가진 사람에 의해서만 이용될 수 있다. 둘째, 도로는 비경합성의 조건 또한 항상 만족하지는 못한다. 대부분의 시간대에 대부분의 도로에서 하나의 차량이 추가로 운행되더라도, 기존에 이미 그 도로를 이용하는 다른 사람이 얻는 편익은 감소되지 않는다. 그러나 피크시간대에는 이는 확실히 그러하지 않다. 차량들이 추가로 운행되면, 분명히 혼잡이 증가되어 그 도로를 이미 이용하고 있는 다른 사람이 얻는 편익은 감소된다. 따라서, 도로는 공공재가 아니며, 기껏해야 약한 준공공재라고만 말할 수 있는 정도이다.

민간 공급자가 도로 공급으로부터 이윤을 얻는 것이 가능할 것이므로, 이론적으로는 자유시장이 경제가 필요로 하는 도로를 공급할 수 있어야 할 것이다. 한 지역의 도로 수요가 증가하면 민간 공급자는 이윤 발생의 유인에 따라, 도로를 공급하고자 해야 할 것이다. 그들은 새로운 도로를 이용하는 사람에게는 요금을 부과하고, 무임승차하려는 사람들은 도로를 이용하지 못하도록 할 것이다. 1800년대에 영국에서는 유료도로(turnpike)의 형태로 바로 이와 같이 도로가 공급되었다(1.2.2절 참고). 이와 같은 도로는 산업경제의 규모 확대에 따라 발생하는 도로 수요의 증가에 일반적으로 매우 효과적으로 대응하였다. 사실 자유시장이 효과적으로 작동하면, 자유시장은 공공부문이 공급하는 것보다 훨씬 효율적으로 도로를 공급할 수 있을 것이다. 이렇게 되면 정치가나 관료가 선호하는 도로들보다 경제로부터 수요가 가장 많은 도로들이 공급될 것이다.

그런데 왜 유럽에서는 거의 대부분의 도로를 공공부문이 공급하는가? 여러 가지 가능한 설명들이 있는데, 아마도 이들 모두가 이 질문에 대한 대답의 일부가 될 것이다.

- **공통비용(common costs)의 존재(4.4.3절 참고).** 도로는 다양한 요구를 충족시키며, 또한 일부 예만 들어도, 자전거, 승용차, 버스, 밴, 대형화물차 등 다양한 차량이 이용한다. 도로 공급에 관련된 많은 비용은 이용자별로 배분될 수 있다. 예를 들면 특정 차량에 의한 도로의 마모 및 소모비용은 해당 차량의 차축 하중(axle-loading)과 대부분 관련되어 있다. 그러나 도로표지, 안내판, 비탈면 절개 등의 공급에 관련된 비용과 같이 이용자별로 배분될 수 없는 비용도 있다. 이러한 공통비용으로 인하여 도로통행료를 이용자별로 부과하는 것은 어렵다. 그러므로 정부가 도로를 공급하고 공공재원으로 비용을 충당하는 것이 더 용이할 것이다.
- **정부의 다른 요구 충족.** 과거에는 정부가 군사 및 통신 목적으로 도로 네트워크가 필요했었다. 따라서 적정 수준의 도로를 확보하기 위해 정부 자체가 도로 공급을 하는 것이 유익하다고 생각했다. 또한 정부는 도로를 공공이 공급하는 것이 광범위한 정책 목표를 계획하는데 더 도움이 된다고 생각했다. 예를 들면 특정 낙후 지역에 기업을 유치하고자 하는 경우이다. 그러나 이는 공공이 도로를 공급하여야 한다는 충분한 이유가 될

수 없다. 민간이 도로를 공급하되 정부가 규제를 하는 경우에도 이러한 목표는 충분히 달성될 수 있다.

- **민간이 도로를 제공할 때 제기되는 이슈들.** 민간 도로의 공급에 있어서 행정비용이 엄청나고 낭비적이라고 주장된다. 또한 지불 의사가 없거나 지불 능력이 없는 사람들의 인프라 사용을 포괄적으로 배제하는 것도 불가능하다고 주장된다. 그러나 최신의 기술 개발은 이러한 두 주장을 약화시켰다. 전국적으로 도로이용에 있어서 배제성(excludability)을 실현하는 데 사용될 수 있는 전국적 도로이용료정책(road-pricing scheme)이 이제는 지난 수십 년 간의 경험으로 기술적으로 사용가능해졌으며, 이에 대한 행정비용도 크게 감소되었다. 다만 런던 혼잡통행료의 경우에는 수입의 2/3가 행정비용으로 사용되고 있다.
- **도로 투자의 특성.** 도로 공급에 대한 투자비는 단기간 내에 회수될 수 없다. 사실 투자자가 일정 수익을 회수하기 위해서는 오랜 기간 기다려야 한다. 이는 도로 투자에 걸림돌이 되어, 민간부문이 참여할 기회는 매우 적어진다는 주장이다. 프랑스, 스페인, 이태리와 같은 일부 유럽 국가는 도로 네트워크에 대한 민간 투자를 정부가 보장함으로써, 이러한 어려움을 극복하고 있다. 이러한 정부 보장은 민간 투자의 걸림돌을 상쇄하는 데에 효과적이어서, 이들 국가는 이제 유럽에서 가장 많은 유료도로를 갖고 있다. 그러나 비효율적인 민간회사까지 잘못하여 지원하게 되는 경우가 발생할 수 있으며, 정부 보장에 따른 지불이 요구되면 정부 재정에 급작스런 부담이 될 수 있다.
- **외부적인 편익의 발생(9.1절 참고).** 모든 도로가 수익성이 있으면, 공공부문보다 자유시장이 훨씬 더 효율적으로 도로 네트워크를 공급할 수 있는 것은 사실이다. 그러나 이는 오직 민간회사에게 발생하는 사적 비용과 편익만을 고려할 때에만 해당된다. 즉 수익성이 적은 다른 도로를 제공할 때 발생하는 긍정적 외부효과를 고려하지 않는 경우에만 해당된다. 농촌지역의 도로는 수익성이 없을 수 있으며, 따라서 민간은 제공하지 않을 것이다. 그러나 이들 도로는 많은 기능을 수행한다. 예를 들면 지방주민에게 이동성을 제공하고, 농촌지역을 유지하는 데에 도움이 되며, 그리고 관광을 촉진시킨다. 이러한 기능이나 이와 비슷한 다른 기능들은 민간회

사들이 고려하지 않는 외부적 편익을 발생시킨다. 그러므로 9.1절의 모형이 설명하였듯이 자유시장에서는 사회적으로 최적인 수준보다 적게 도로가 공급된다.

지금까지 설명한 이유들 전부가 유럽에서 왜 공공부문이 대부분의 도로를 공급하는가를 일부 설명할 것이다. Button and Pitfield(1991)는 실제 영국에서 어떻게 1800년대 중반부터 정부가 우연하게 도로를 공급하기 시작했는지, 그리고 이후에도 왜 결코 중단되지 않았는지를 설명하고 있다. 영국 정부는 당시에 철도가 급속하게 독점력을 확대하는 것을 우려하였으며, 따라서 통합된 도로망체계가 언제나 갖추어져 있기를 보장하기 위한 노력으로 유료도로회사로부터 도로 공급을 취득하였다. 이러한 결정을 내리게 된 또 다른 결정적 요인은 유료도로회사는 대체적으로 효율적이었으며 산업화의 요구에는 부응했지만, 실제적으로 낭비적이고 부패가 심했으며, 통합된 국가 도로망체계를 제공하지 못하였다(1.2.2절 참고).

유럽 내 도로의 혼잡이 계속 증가하고 있으며, 또한 국가 전체적으로 혼잡통행료정책을 도입하는 것이 정치적으로 어려운 것을 감안하면, 도로 용량은 확대되어야 하는 것이 분명하다. 그러나 이를 위해서는 막대한 투자재원이 필요하므로 민간에 의한 도로 투자 이슈가 다시 제기될 것이며, 아마도 유료도로가 점차 광범위하게 건설될 것으로 예상된다.

10.5 비가치재 이론

비가치재(demerit goods)는 소비자가 실제 알고 있는 것보다 편익이 덜 발생하거나 혹은 더 해로운 상품을 말한다. 소비자는 상품의 효과에 대해서 정확히 알고 있지 못하기 때문에 정보의 실패(information failure)가 존재한다. 그 결과 주어진 가격에서 소비자는 정보를 완전히 알고 있을 때보다 더 많이 구입하고자 하므로, 모든 비용과 편익을 완전히 알고 있을 때 나타나는 사회적 최적 수준 이상으로 과다하게 소비한다. 소비자 편익은 그들이 생각했던 것보다 적으므로, 이 상품 대신에 다른 대체 상품을 갖도록 하면 사회적 후생은 증가할 것이다.

이와 같은 현상은 〈그림 10-3〉에 나타나 있다.

■ 그림 10-3 비가치재

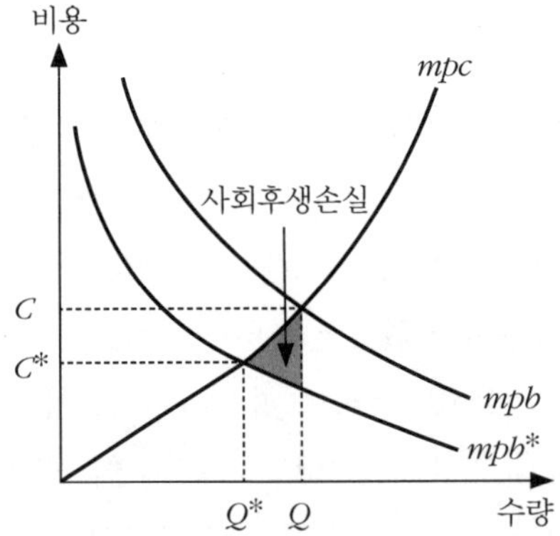

소비자는 비가치재를 실제 가치 이상으로 좋다고 믿고 있다. 실제로는 *mpb**곡선으로 나타나는 한계편익(marginal benefit)만을 얻지만, 소비자는 *mpb* 곡선으로 보여진 한계편익을 얻는다고 믿고 있다. 따라서 비용 *C*에서 *Q*단위만큼 구입하려고 한다. 그러나 소비자가 실제 편익을 완전히 알게 되면, *C*보다 낮은 *C**비용에서 *Q*보다 적은 *Q**만큼만 구입할 것이다. *Q**까지만 소비하면, 소비자후생(consumer welfare)은 *mpb**곡선 밑과 *mpc*곡선 위 사이 면적이 된다. 그러나 *Q*Q*단위를 더 소비하면 한계편익보다 한계비용이 점차 더 증가하여, 전체 소비자후생은 실제로 감소하게 된다. 비가치재로 인한 사적후생손실(private welfare loss)은 음영 부분으로 나타나 있다.

비가치재는 부정적 외부효과(negative externality)와 동일하다고 종종 말하기도 하지만, 이는 전혀 그렇지 않다. 부정적 외부효과는 의사결정자가 고려하지 않는 제3자의 후생감소를 가져오지만, 비가치재는 의사결정자 자신의 후생감소, 이 경우에는 소비자의 후생감소를 가져온다. 이는 〈그림 10-3〉에서 설명되고 있는데, 모든 곡선은 사적인 것으로서 다른 사람은 포함되어 있지 않다.

교통부문에는 비가치재의 사례가 있다. 자동차에서 배출되는 가스농도(concentration of gases)는 차량 외부보다 내부가 더 높다고 말하고 있다. 그러나 운전자는 이 가능성을 거의 고려하지 않는다. 따라서 그들이 알고 있는 것보다 잠재적으로 더 큰 피해를 승용차 이용으로부터 입는다. 이것이 사실이라면, 사회적 최적 수준보다 더 과다하게 사적 도로운송(승용차)을 이용하는 것이라고 말할 수 있다.

마찬가지로 항공여행은 항공기의 에어컨 시스템으로 인하여 승객들이 미세한 병균에 감염될 수 있다. 항공기 티켓을 구입할 때 승객들이 이러한 사실을 고려하지 않으므로, 사회적 최적 수준보다 과다한 항공여행이 또한 발생할 가능성이 있다. 이러한 효과는 각 승객에게는 일반적으로 적은 비용에 불과하지만, 사회적인 효과는 훨씬 더 클 것이다.

제11장

불평등, 빈곤 그리고 비대칭정보

Chapter 11

11.1 불평등과 빈곤

불평등(inequality)은 한 경제 내의 부의 불공평한 배분으로 정의되며, 빈곤(poverty)은 자원의 부족으로 사람의 기본적인 요구가 충족될 수 없는 상태라고 정의된다. 이것들은 두 가지 수준에서 시장의 부적합성(inadequacies)을 보여주는 것이라고 말할 수 있다. 하나는 순전히 가치판단(value judgements)이나 의견을 토대로 하여 윤리적 수준에서 보여 주는 것이며, 다른 하나는 효율성에 미치는 영향을 평가하므로 경제적 수준에서 보여 주는 것이다.

모든 사람은 평등하게 취급되어야 하고 또한 평등한 기회가 모든 사람에게 주어져야 하는 현대 경제에서, 광범위한 소득불평등이나 극심한 수준의 빈곤은 허용되지 않는다. 그렇다고 모든 사람이 경제로부터 동일한 결과물을 받아야 한다는 것은 아니다. 만일 이렇게 되면, 한 경제가 효과적으로 작동하기 위해서 필요한 인센티브를 없애서, 실제로 역효과를 발생시키게 된다.

상품에 대해 가장 많은 수요를 가진 사람이 그 상품으로부터 가장 큰 후생을 얻으므로, 그 상품에 대해 가장 많은 금액을 지불할 의사와 능력이 있다고 지금까지 암묵적으로 가정하여 왔다. 이와 같은 가정이 자유시장으로 하여금 사회 전체의 후생을 극대화할 수 있게 만든다. 그러나 실제로 불평등이나 빈곤이 존재하면, 그렇지 않게 된다. 사실 가난한 소비자가 가장 필요로 하는 상품을 생산해서 이를 필요에 따라 배분한다면 더 큰 후생이 발생될 수 있으나, 그렇게 하지 않고 지불능력에 따라 생산되고 배분되는 상품들이 존재한다. 그러므로 빈곤이 존재하면, 구매력에 있어서의 불평등 때문에 자유시장은 최적의 사회적 후생을 도출할 수 없다. 그 결과로서 파레토 비효율적(Pareto inefficient)이 된다.

경제의 생산측면을 분석하면, 이러한 비효율성은 더욱 심해진다. 효율적으로 일하기 위해서 근로자에게는 어느 정도의 생활수준이 필요하다. 영양 부족, 탈수증, 근심, 스트레스, 그리고 피곤은 모두 빈곤으로 인해 유발되며, 이것들 모두가 근로자의 생산성을 감소시킨다. 또한 이것들 모두가 어린이들이 학교에서 온전하게 배우고 개발할 수 있는 능력을 감소시키는데, 이는 장래의 노동생산성을 저해한다. 한 사람의 생활수준이 개선되는 것은 노동력에 수확체감(diminishing returns)을 가져 올 수 있다. 즉 한 근로자의 생활수준이 기본적으로 요구되는 기준에 접근하면 생산성은 크게 증가하지만, 그 이후에는 증가율이 감소한다는 것이다. 사실 특정한 생활수준이 충족된 이후로는 근로자는 점차 현 상황에 만족하여 여가에 더 중점을 두게 되므로, 근로자의 생산성은 실제로 감소할 수 있다. 이와 같은 생활수준과 생산성 사이의 관계가 〈그림 11－1〉에 나타나 있다.

〈그림 11－1〉에서와 같이 모든 근로자를 생산적이게 만드는 최저 생활수준이 성취되는 경우, 즉 생활수준 L에 해당하는 점 B를 성취하는 것으로 표시된 경우가, 일부는 점 C에 있고 나머지 사람은 점 A에 있는 경우보다 총생산성이 더 높다. 이는 순전히 물리적인 관점에서만 본 것이고, 모든 사람이 점 B에 있으면 생산적으로 일하고자 하는 인센티브를 잃게 되는 심리적인 손실은 고려하지 않고 있다. 그러나 빈곤이 심하게 되면, 빈곤상태에 빠진 사람들을 물리적으로 생산적일 수 없는 조건에 처하게 만들어서, 결국 경제 전체의 생산역량(productive capacity)을 하락시킨다는 중요하고도 실질적인 사실을 보여준다. 한 경제가 생산자원을 효과적으로 사용하지 못하면, 그 경제가 생산적으로 효율적(productively efficient)일 수 없으며 따라서 파레토 효율적(Pareto efficient)일 수도 없다.

■ 그림 11－1 생활수준의 생산성 효과에 대한 곡선

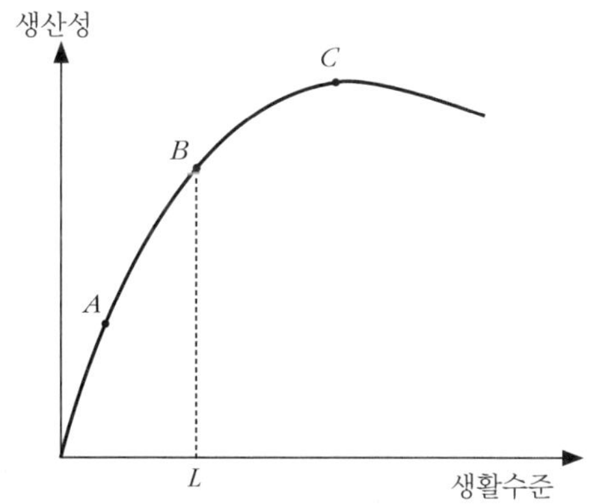

11.2 유럽의 불평등

유럽은 계속 부유해지고 있다. EU의 통계기관인 Eurostat는 1995년 EU25의 1인당 구매력 기준(purchasing power parity, PPP) GDP는 15,200이라고 말하고 있다. 2003년에는 21,400으로 증가하여, 일본의 24,400과 비슷하고 미국의 32,900보다 좀 뒤진 것으로 나타났다. 그러나 이는 회원국 간에 그리고 각 회원국 내에 존재하는 불평등과 빈곤을 숨기고 있다.

2003년에 EU25 중 가장 높은 1인당 GDP(PPP)를 나타내는 국가는 룩셈부르크로서 45,900이고, 가장 낮은 국가는 라트비아(Latvia)로 8,800이다. 영국은 25,300으로 가장 소득이 높은 국가 중의 하나이다. 이러한 통계는 돈으로 살 수 있는 것(구매력)을 고려한 것이므로, 이와 같은 불평등은 충격적이라고 할 수 있다.

EU는 PPP 가처분소득 수령액을 기준으로 하여, 인구의 최하위 5분위수 소득에 대비한 최상위 5분위수 소득의 비율로 불평등을 측정한다. 이 측정방식에 따라, Eurostat는 2004년 EU의 불평등은 4.8이라고 추정하고 있다. 이는 최상위 소득 1/5 인구가 최하위 소득 1/5 인구보다 평균 약 5배의 소득을 벌고 있다는 것을 의미한다. 모든 국가에 대한 불평등 수치를 얻기는 어렵지만, 이는 국가별로 차이를 나타낸다. 예를 들면, 체코의 불평등 수치는 3.4인 반면에 그리스는 6.0이다.

EU는 빈곤의 사회적 함의를 반영하기 위해서 빈곤의 상대적 측정(relative measure of poverty)을 취하고 있다. 이는 국가 중위수(median)의 60%보다 적은 가처분소득(사회적 이전소득 이후의 PPP 가처분소득)을 갖는 인구의 비율(%)로 측정된다. Eurostat는 2004년 EU25의 상대적 빈곤은 16%라고 추정하고 있는데, 이는 유럽 인구의 16%는 해당 국가 PPP 가처분소득 중위수의 60%보다 적은 PPP 가처분소득을 번다는 것을 의미한다. 이 또한 국가별로 커다란 차이가 있어 2004년에 아일랜드는 21%이었으나 룩셈부르크와 노르웨이는 11%였다.

전체적으로 유럽은 점차 부유해지고 있으나, 이러한 소득 향상이 국민들 간에 평등하게 이루어지지 않고 있다. 국민들의 상당 부분은 평균과 동일한 속도로 소득이 향상되지 않아 이들의 사회적 여건은 더 악화되고 있으며, 또 인구의 상당 부분이 빈곤에 처해 있다.

11.3 교통부문에 의한 불평등의 심화

〈그림 11－2〉는 매우 단순한 전형적인 도시의 모습을 보여주고 있는데, 이를 통해서 교통이 어떻게 불평등을 심화시킬 수 있는가를 설명하고자 한다. 도심지(city center)에 변호사, 회계사 등 가장 높은 소득을 제공하는 직종을 비롯하여 대부분의 직장들이 위치하고 있는 것으로 가정한다. 교외(suburb)에도 일부의 직장이 있는데, 외곽 교외지역(outer suburb)에 비해 내부 교외지역(inner suburb)에 더 많은 직장이 있다. 그러나 예를 들면, 상점보조원이나 카페 주인 등과 같이 이들 지역의 직장들은 높은 소득을 제공하지 않고 있다. 마지막으로 과학기술단지가 있어서 첨단기술 관련 회사들이 소재하고 있는데, 이들 회사들에는 중간에서 시작하여 높은 수준까지의 소득을 제공하는 직장들이 존재한다. 이것들은 매우 기본적 가정이지만 실제와 매우 유사하다.

또한 세 가지 방법으로 직장에 출근한다고 가정한다. 직장 근처에 거주하여 도보로 출근하거나, 승용차를 소유하고 운전하며 그림에 보여진 간선도로를 이용해 출근하거나, 그리고 대중교통수단을 이용해 그림에 보여진 철도노선을 따라 출근하는 것이다. 세 가지 방법 중 선택은 모두 개인의 소득수준에 의해서 상당

■ 그림 11－2 전형적인 도시의 배치모습

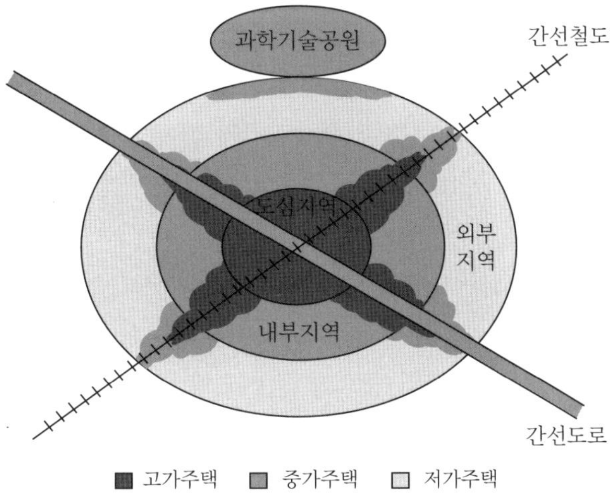

히 영향을 받는다. 주택가격은 차이가 있어서 가장 높은 소득을 제공하는 직장들에 접근이 용이한 주택들이 가장 비쌀 것이다. 〈그림 11－2〉에 나타나는 바와 같이 도심지역에 있는 주택 및 간선도로와 철도노선 통근축(commuter belts)에 가장 인접한 주택들의 가격이 가장 높을 것이다. 다음으로 통근축에 어느 정도 인접한 지역을 따라 내부 교외지역의 주택들과 과학기술단지에 가장 인접한 지역의 주택들의 가격이 중간 정도일 것이며, 도심지역이나 통근수단들에서 가장 멀리 떨어진 지역들의 주택가격은 가장 낮을 것이다.

개인교통수단이든 대중교통수단이든 멀리 떨어져 있을수록 비용이 더 많이 소요되고, 출근 통행비용의 부담능력에 따라 고용 기회가 주어진다고 가정하면, 교통은 불평등을 더 심화시킨다고 말할 수 있다. 고소득 직업을 가질 수 있는 사람은 이미 부자여서 도보 출근을 위해 고가의 주택을 감당할 수 있는 사람이거나, 내부 교외지역이나 외곽 교외지역의 고가나 중가주택에 거주하면서 출근 통행을 할 수 있는 사람이다. 마찬가지로 이미 가난한 사람은 고소득 내지는 중간소득의 직장을 가질 수 없다. 왜냐하면 이들은 외곽 교외지역의 저가주택에만 거주할 수 있으며, 이들에게는 고소득 직장이 있는 곳까지 출근 통행할 수단이 없기 때문이다. 이와 같이 불평등은 시간이 흐르면서 더 심화되는데, 특히 고소득계층 사람들이 전원을 즐기기 위해 도심지역에서 외곽으로 이주하면서 외곽의 주택가격을 상승시키는 경우에는 더욱 그러하다. 그리고 이러한 상황은 실제로 발생하고 있다.

이는 매우 단순한 모형으로서, 특정 고용주를 만족시키는 데에 필요한 근로자의 자격 같은 요소를 포함하지 않고 있다. 그러나 교통이 불평등에 중요한 역할을 하고 있음을 보여 준다. 주택가격과 함께 교통은 가난한 사람들에게 주어지는 고용기회를 제한한다. 그 결과로 빈민은 빈곤에 계속 머물게 하고, 부자는 계속 번영할 수 있게 된다.

이 모형은 불평등이나 빈곤에 관련된 다른 문제들을 다루기 위해 또한 확대될 수 있다. 고용기회를 교육기회로 바꾼다면, 이 모형은 근로자가 취득할 수 있는 자격에 교통이 얼마나 중요한 영향을 미치는가를 보여주는데 사용될 수 있다. 이러한 자격은 그들의 소득잠재력에 훨씬 더 장기적인 영향을 미친다. 고용기회나 교육기회 대신에 의료서비스시설로 바꾼다면, 이 모형은 교통이 어떻게 사람들이 향유할 수 있는 의료서비스의 품질에 대한 결정요인이 되며 따라서 그들의 건강수준의 결정요인이 될 수 있다는 것을 보여주는데 사용될 수 있다. 건강 또한 소득에 장기적인 영향을 미친다. 이러한 두 경우 모두에서 교통은 불평등을 심화시킬 수 있다. 따라서 교통부문이 경제 전체에 있어서 국민들이 향유할 수 있는 생활수준에 얼마나 중요한 영향을 미치는지가 명백해진다.

11.4 비대칭정보 : 레몬시장 사례

2000년에 George Akerlof는 레몬시장 모형(market-for-lemons model)을 개발해서 경제학부문 노벨상을 수상하였다. 이 모형은 다른 분야에서도 많이 응용되고 있지만 중고차 시장을 설명하는 데에 사용될 수 있다. 모형은 중고차의 구매자와 판매자가 있다고 가정한다. 또한 두 가지 유형의 자동차가 있다고 가정한다. 양호한 상태의 자동차와 불량한 상태의 자동차로서, 각각 50%씩 차지하고 있다. 판매자는 어느 차가 양호하고 불량한 가를 알고 있으나, 구매자는 (일상적으로) 알지 못한다. 구매자가 알고 있는 것은 단지 어느 유형의 차를 사게 될지 50%의 확률을 갖는다는 것이다. 그러므로 판매자가 구매자보다 더 많은 정보를 갖고 있는, 이른바 시장에서 정보의 비대칭적 배분(asymmetric distribution of information)이 존재한다.

판매자는 최소한 양호한 자동차는 3,000파운드, 불량한 자동차는 1,000파운드에 판매한다는 기준가격을 갖고 있다. 반면에 양호한 자동차와 불량한 자동차 중의 하나를 선택할 확률만 알고 있는 구매자는 하나의 중고차에 오직 2,000파운드만을 지불할 의사를 갖게 된다. 구매자는 양호한 차를 선택하는 것을 확신할 수 없기 때문에 두 기준가격 사이의 한 가격에 대해서만 지불의사를 갖는다. 이 경우에는 확률이 50%이므로, 평균가격을 지불할 의사를 갖는다. 판매자는 양호한 자동차를 이와 같은 평균가격에 팔려고 하지는 않으므로, 시장에서 양호한 자동차를 제외시킨다. 이와 같이 중고차시장에는 구매자에게 불량한 자동차만 팔려고 내놓여지는 불리한 선택(adverse selection)이 존재한다는 것이다. 한편 구매자는 시장에서 양호한 자동차가 모두 제외된 것을 알게 되므로, 이들은 차 한 대 당 2,000파운드를 지불하려고 하지 않는다. 그 결과 시장가격은 최저기준가격으로 하락하여, 불량한 자동차만이 1,000파운드에 팔리는 균형상태에 정착하게 된다는 것이다.

이 결과는 빠진 시장(missing market)이 존재하므로 사회적으로 차선(second best for society)의 상태인 것이 분명하다. 소유주는 양호한 자동차를 중고차시장에서 팔려고 하기 보다는, 못 쓰게 될때까지 계속 운행하거나 개별적인 접촉을 통해 팔려고 한다. 구매자는 양호한 것으로 밝혀진 자동차에 대해서 소유주가 받기를 원하는 가격 이상으로 지불할 의사가 있어도 거래는 이루어지지 않는다. 이는 잠재적으로 중산계층에 가장 커다란 악영향을 미치는데, 왜냐하면 이들은 새 자동차를 구입하는 것은 부담할 수 없지만 그런대로 괜찮은 중고차는 살 수 있기 때문이다. 그러나 양호한 중고차를 시장에서 구입할 수 없으므로, 중산계층은 현재 자동차를 못 쓰게 될 때까지 계속 운행하거나 덜 양호한 자동차를 구입해야 한다. 어느 경우이든 이러한 선택은 더 많은 비용(수리비용)을 계속 발생시킬 것이며, 이들의 부의 향상가능성을 제약하게 된다.

반면에 새 자동차를 살 수 있는 사람은 이러한 비용들을 회피할 수 있게 되므로, 이들은 부를 더 향상시킬 수 있다. 이와 같이 중고차시장에서의 비대칭정보는 불평등을 더 심화시키게 된다. 그러나 사회의 저소득계층은 실제로 이러한 상황으로부터 편익을 얻을 수도 있다. 가장 낮은 기준가격이 중고차시장에 제공되므로 이들은 좀 더 차를 살 수 있게 되기 때문이다. 앞 절에서 언급한 모형과 이를 결합하면, 이와 같은 결과로 최저소득계층은 더 좋은 고용기회를 향유할 수 있게 된다는 결론을 얻을 수 있다. 그러나 계속 유지비용이 추가로 발생한다는 사실에 의해 또 다시 위의 결과는 제약을 받는다.

이 모형은 단순하여, 시장이 갖고 있는 여러 요소를 간과하고 있다. 첫째, 차량 품질은 양호한 품질과 불량한 품질의 두 가지만 있는 것이 아니고 일련의 다양한 품질이 존재한다. 둘째, 구매자는 기준가격을 알지 못하여, 가격을 협상하는 과정에서 양호한 자동차의 가격을 상회하는 가격을 지불하겠다고 제시할 수도 있는데 이렇게 되면 그들은 양호한 차를 구입할 수도 있게 된다. 셋째, 시장에서 이러한 문제점을 해소하는 방안은 평판(reputation)을 품질에 관한 신호로 이용하는 것이다. 중고차 구매자는 보통 양호한 자동차를 그로부터 살 수 있다는 확신을 갖는 딜러를 알고 있어서 이 딜러에게 높은 가격을 지불하고자 한다. 다른 대안으로 믿을만한 독립적인 전문가의 검사서비스를 구입하기도 한다. 넷째, 양호한 차량임을 제대로 인식하지 못하는 판매자나 동정심이 많은 판매자에게서 차량을 싸게 구입할 수도 있다. 이러한 문제점에도 불구하고, 이 모형은 교통부문에서 너무나도 중요한 하나의 시장의 기능과 영향에 대해 중요한 결론을 말해주고 있다.

PART 4

교통정책: 개관

제 4 부

제3부에서는 교통부문에서 발생하는 잠재적 시장실패 요인에 대해 살펴보았다. 이러한 요인으로 인하여 교통부문은 생산적으로 혹은 배분적으로 비효율적이 되어, 교통부문의 사회적 후생은 극대화되지 못한다. 이러한 시장실패를 수정하는 것이 정부의 역할이며, 바로 제4부의 초점이다.

제12장에서는 규제완화(deregulation)와 민영화(privatization) 정책을 개관한다. 이 두 정책은 서로 결합될 때 가장 효과적인데, 교통부문 내에서 시장지배력(market power)을 줄이는 것과 경쟁을 촉진하는 것에 그 목적이 있다. 특히 영국 철도의 규제완화와 민영화에 관해 많은 논란과 논쟁이 발생하였지만, 이는 유럽연합 내 경쟁정책의 중심에 있다. 영국의 철도와 버스정책에 관해 많은 연구를 살펴봄으로써, 모든 국가들에 적용 가능한 중요한 교훈을 도출하도록 한다. 영국의 항만과 유럽 버스시장의 민영화와 규제완화, 그리고 독일과 아일랜드의 교통시장에 대해서도 살펴보도록 한다.

제13장에서는 대규모 공공투자사업에 대한 의사결정 메커니즘, 즉 비용-편익분석(cost-benefit analysis)을 개관한다. 실제적인 의사결정 메커니즘을 설명하기 위해서 영국 교통부가 간선도로투자사업의 비용-편익분석을 위해 적용하는 컴퓨터모형인 COBA(COst-Benefit Analysis)를 상세히 설명하도록 한다.

제14장에서는 교통투자에 대해서 살펴보는데, EU에서 어떠한 유형의 교통투자가 이루어지고 있는지에 대해 살펴본다. 하나의 사례로서 Channel Tunnel을 살펴본다. 공공재와 가치재의 시장실패에 대한 해결방안으로 교통투자가 이루어진다.

제15장에서는 경제적 이론을 다시 고찰한다. 부정적인 외부효과에 대한 일반적인 세 가지 해결방안, 즉 명령(command)과 통제(control)방안, 조세부과방안, 그리고 거래 가능한 허가권(tradable permit)방안을 뒷받침하는 이론에 대해 설명한다. 이들 각 방안은 EU 내에서 실제 광범위하게 적용되고 있으므로, 잠재적으로 중요한 문제인 관료주의적 지대추구(rent-seeking)에 대해서도 설명한다.

제16장에서는 도로의 교통혼잡으로 인한 시장실패와 이를 해결하기 위한 상이한 도로요금(road-pricing)체계에 대해 설명한다. 특히 Glaister and Graham(2004)에 의해 수행된 영국의 혼잡통행료체계에 관한 연구를 살펴본다. 이 장을 통해 독자들은 혼잡통행료체계의 실제 설계와 적용을 둘러싼 여러 쟁점에 참여할 수 있을 것이다.

제12장

민영화와 규제완화

Chapter 12

제2차 세계대전 이후 적대관계의 종결과 함께, 유럽 전역에서 정부는 국가 교통체계가 더 이상 경제적으로 생존력이 없다고 결정하게 되었다. 전쟁기간 동안 교통부문에 많은 파괴와 장애가 발생하여 정부는 이 기능을 효율적으로 회복하려 노력하였고, 유럽 전역에서 교통부문의 국유화(nationalization)와 규제가 널리 퍼지게 되었다. 교통산업에 대한 정부의 소유와 통제는 영국에서 Margaret Thatcher의 보수당 정부가 민영화와 규제완화를 처음 시행한 1979년까지 유럽에서 계속되었다. 민영화(privatization)는 기업조직에 대한 소유권의 전부 또는 일부를 공공부문에서 민간부문으로 이전시키는 것이며, 규제완화(deregulation)는 한 산업에 대한 정부통제를 완화하는 것으로, 점진적으로 자유시장(free market)에 의해 운영될 수 있도록 하는 것이다. 이후로 이 두 정책(특히 민영화)은 경제학자와 논평자 간에 많은 논쟁과 의견대립의 원천이 되었다.

이러한 산업 변화(industrial transformation)를 뒷받침하는 이론적 기반은 대부분 Friedrich von Hayek의 연구에 기인하고 있는데, 이는 Adam Smith와 다른 고전학파 경제학자들이 자유시장에 부여한 중요성을 부활하고 강화한 것이다. Hayek과 Smith에 의하면, 시장은 정부에 의한 불필요한 간섭이 없어야 효과적으로 기능한다는 것이다. 정부는 경제에 대한 개입을 줄이고, 산업을 민간 소유자에게 되돌려주어야 한다는 주장이 또 다시 경제적 담론의 선두에 던져지게 되었다.

민영화는 단순히 공공부문에서 민간부문으로 소유권을 이전하는 것이다. 따라서 이 자체만으로는 산업 내 경쟁 정도에 영향을 미치지 않는다. 규제완화가 수반되지 않는 단순한 독점의 공공부문 민영화는 독점의 민간부문만을 초래할 것이다. 그러므로 실제 이 두 정책은 종종 불가분하게 연결되어 있다. 따라서 실제적으로는 두 정책이 별개로 다루어지지만, 본 장에서는 함께 다루도록 한다.

민영화와 규제완화는 유럽경쟁정책(European Competition Policy: 6.5절 참조)의 핵심적인 요소가 된다. 유럽위원회(European Commission)는 공공부문 지출에 관해 엄격한 심사기준을 세우고 있다. 다른 나라의 생산자에 비해 국내 생산자에게 불공정한 경쟁적 이점을 주는 국가지원을 금지한다. 이러한 기준을 충족하기 위해 회원국에게 민영화를 권장한다. 유럽위원회는 또한 회원국에게 국내와 유럽 국가간 더 많은 경쟁에 시장을 개방할 것을, 즉 규제완화를 도입할 것을 권장한다.

12.1 민영화와 규제완화를 지지하는 논거

규제완화는 한 산업에서 경쟁과 자유시장의 영향력을 촉진시키는 것이다. 근본적으로는 주관적이고 비효율적인 중앙계획가(central planners)의 목적보다는 증가된 경쟁과 이윤에 대한 시장신호를 의사결정자가 따르게 됨으로써, 생산적(productive), 배분적(allocative), 그리고 파레토(Pareto)적 효율을 증가시킬 수 있다는 것이다. 상호 경쟁하며 이윤을 극대화하고자 하는 기업가들로 인하여, 자원은 가장 효율적인 방법으로 이용되고 시장후생(market welfare)은 극대화된다는 것이다. 이것이 바로 규제완화를 지지하는 근본적인 논거이다. 물론 규제완화가 정부의 행정적 부담을 줄이는 것이 하나의 이유가 되는 것도 사실이다.

민영화의 시행을 뒷받침하는 많은 추가적인 논거가 있다.

- **기업가정신(entrepreneurial spirit)의 촉진.** 기업 소유를 민간의 개인에게 이양함으로써, 그 기업은 실패할 수도 있다. 소유주는 기업의 생존을 보장하기 위해 공공재정에 더 이상 의존할 수 없게 되므로, 기업을 성공시켜야만 하는 새로운 자극제(impetus)가 있다. 4.6.6절에서 Quince and Whittaker(2003)의 소규모 기술기업에 대한 설문 결과를 설명하였는데, 기업가의 가장 큰 목적은 성공적인 기업을 창출하는 것이었다. 대규모 기업의 경우에는 기업가의 삶의 행태가 아마도 사업의 성공에 덜 의존적일 수 있기 때문에 이러한 욕구는 약화될 수 있다. 하지만 여전히 기업이 사적으로 소유될 때가 공적으로 소유될 때보다 성공을 향한 기업가의 추구(entrepreneurial drive)가 보다 강력할 것이다.
- **자본시장 내에서의 경쟁에 의해 지배.** 민영화가 비록 상품시장에서는 경쟁의 증가를 초래하지 않더라도, 자본시장에서는 반드시 보다 큰 경쟁을 초래한다. 민간 소유주는 공공재정에 의존할 수 없으므로, 금융기관과 다른 민간으로부터 필요한 재원을 조달해야만 한다. 이때 금융기관은 기업의 조직, 과거 기업의 운영실적과 장래 기업의 전망이 밝은 경우에만 자본을 빌려줄 것이다. 이러한 금융기관의 행태는 경제적 효율성과 좋은 전략을 가진 기업은 보상하고 그렇지 않은 기업은 처벌하는 압력수단으로 작용한다. 마찬가지로 주식시장에 상장된 회사는 주주를 만족시키지 못

하는 경우 주식시장에서 인수(take over)될 것이다. 주주는 투자수익에 초점을 맞추고, 기업인수는 이사진의 일자리를 위태롭게 함에 따라 이사진은 기업의 성공을 향해 노력하게 되는데, 이러한 노력은 공공부문이 소유하는 경우에는 나타나지 않는다.

- 정치적 오용(political misuse)의 제거. 공공부문이 소유할 때 발생하는 위험은 경제적으로 가장 효율적인 방법에 의해 기업이 운영되는 것에만 초점이 맞춰지기 보다는 정치적 목적의 달성을 위해 이용될 수 있다는 것이다. 예를 들어 공기업은 실제로는 비경제적인 고용인력을 보장하기 위해 이용될 수 있다. 왜냐하면 상당한 고용 감소를 유권자에게 알리는 것은 정치적으로 인기가 없기 때문이다.

  이러한 우려는 더욱 크게 나타날 수 있다. 15.6절에서 Svendsen(2003)의 연구를 살펴보겠지만, 공기업의 관료주의는 비용최소화보다는 예산극대화를 위해 노력하는 경향이 더 크다고 말하고 있다. 공기업은 대개 민선정부의 통제 밖에 있는 비민선 관료(unelected bureaucrats)에 의해 경영된다. 결국 Svendsen의 연구를 적용하면, 공기업 관리자는 실제로 행정적 업무와 이와 연관된 비용(예산)을 증가시키는 데에 노력함으로써, 경제적으로 비효율적인 기업이 된다. 그러므로 정부로부터는 소유권을, 그리고 관료로부터는 경영권을 박탈하는 것이 효율성 이득을 가져올 것이다.

- 구축효과(crowding-out)로 인한 민간투자의 저해(erosion). 구축효과란 공공부문이 확대되면 민간부문은 축소된다는 개념이다. 하나의 경제 내에서 가능한 투자는 일정한 양만 존재한다. 만일 일정한 투자량에서 공공부문이 커다란 부분을 차지하면, 이때의 기회비용(포기된 차선의 대안에 관한 비용)은 민간부문이 적게 투자하는 것이다. 〈그림 12-1〉의 생산가능곡선으로 설명할 수 있다. 생산가능곡선은 공공투자와 민간투자간 두 재화의 생산량에 관한 비교이익(trade-off)을 보여준다. 생산가능곡선은 규모에 대한 수확체감의 효과로 인해 일반적으로 볼록하다. 그러나 투자에 관해서는 비교이익이 항상 비례하지 않는다고 말할 수도 없다. A점은 생산가능곡선 상에 위치함에 따라 투자를 극대화하고 있고, 이때 공공부문은 Y_1 투자, 민간부문은 X_1 투자를 하고 있다. 만일 정부가 공공투자를 Y_2로 확대한다면, 민간부문에게는 필히 X_1-X_2만큼의 투자 감소라는 기회비용

■ 그림 12-1 투자구축효과

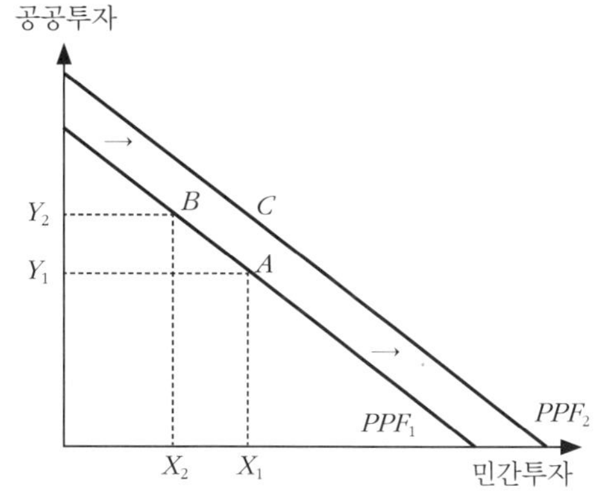

이 발생할 것이다. 이에 대한 예외는 경제성장으로 인하여 투자가능성이 증가하는 경우이다. 이 경우에는 새로운 생산가능곡선인 PPF_2로 이동하는 것인데, *C*점과 같이 두 부문 모두가 잠재적으로 더 큰 투자를 하는 것이 가능하다.

구축효과로 인해 민간투자가 저해되는 실제 메커니즘은 자본시장을 살펴봄으로써 알 수 있다. 정부가 공공투자를 증가시키기 위해서는 차입을 통해 필요한 재원을 증가시킨다. 이는 정부가 발행하는 채권의 이자율을 상승시킨다. 이자율 상승은 자본시장을 통해서 결국 민간부문의 대출과 투자를 감소시킨다.

민영화에 대한 주장은 민영화가 보다 작은 공공부문과 보다 낮은 공공투자를 초래하여, 결국 보다 적은 구축효과를 발생시킨다는 것이다. 민간부문의 투자와 기업의 장려는 기업경제가 번성하는 초석이 될 것이며, 이 경우에 민영화는 중심적인 역할을 한다는 것이다.

■ **주식보유 확대와 경제적 이해관계(economic interest).** 민영화는 일반대중의 주식(shares)보유를 확대시킴에 따라, 일반인의 경제에 대한 이해관계(interest)를 넓히는 데에 기여한다. 또 다른 일반인은 다른 기업의 주식보유자가 됨으로써, 경제 내에서 기업은 투명성을 높이게 되어 더 효율적으

로 운영될 수 있다. 이때에 정치적인 동기도 존재하는데, 더 많은 국민이 주식을 보유하도록 도모하는 정부로서는 주식보유가 성공적이고 이윤이 발생하는 정책을 추구할 것이기 때문이다. 새로운 주식보유자는 이러한 정책을 높이 평가하여, 그들의 주식보유를 먼저 도모한 정부에 호의적일 것이다.

이는 종업원의 보상을 근무하는 기업의 실적과 연계하도록 설계된 종업원 인수(employee buyout)에서 아마도 가장 중요하다. 종업원은 기업이 성공해야 자신이 더 큰 재정적 이득을 얻게 되므로 노력하게 되어, 종업원의 생산성은 증가되고 경영상의 의사결정에서 종업원의 이해관계(interest)는 증가된다. 이는 다음에 고찰될 영국 항만의 민영화에서 중요한 요인이 되었다.

- **정부의 재정개선(fiscal improvement)**. 민영화는 두 가지 측면에서 정부의 재정개선을 유도한다. 첫째, 공공지출 수혜자의 하나를 없애게 된다. 냉전 이후 서구 정부는 군사력 규모를 감축함으로써, 군사지출의 일정 금액을 절약하게 된 대가로 평화배당금(peace dividends)을 얻기 위해 노력하였다. 둘째, 민영화는 정부에게 즉각적인 수입을 발생시켜, 공공의 재정상황을 개선시키고 결국 지출을 확대할 수 있다. 추가적인 지출 확대가 정부에 대한 국민의 인식을 개선시킬 수 있을 때, 즉 선거 준비기간 중에 특히 매력적이다. John Mayor의 영국 보수당 정부도 영국철도의 민영화에 따른 이러한 매력에 큰 관심을 가졌다. 그러나 이러한 수입 증가는 장래에도 이 사업이 계속 공공 소유로 남게 될 때에 얻게 되는 일련의 잠재적인 이윤이 소멸되는 것과 비교되어야 한다. 민영화에 따른 기업의 가치평가를 정확하게 추정하는 것이 중요하다. 그렇지 않으면 이는 결과적으로 공공재정에 손해가 될 것이다. 민영화에 반대하는 사람들이 주장하듯이 '가보를 지나치게 싸게 매각하는 것'이 될 수도 있다.
- **노동조합 문제에 대한 해결**. 공기업은 종종 많은 노동조합 문제의 초점이 되었고, 이에 대한 결과는 경제전반에 걸친 노동협상에서 정부가 어떤 입장을 취할 것인가에 대한 신호를 제공해 왔다. 공공부문 산업에서의 노조는 특히 강성을 갖고 있다. 왜냐하면 노조 대표들은 그들이 유발할 수 있는 공공부문의 파업과 업무방해를 정부가 방치하지 않을 것이며, 노조의

주장을 쟁취하는 과정에서 공공기금을 이용할 수도 있기 때문이다.

자유시장의 효율성을 추구하고자 하였던 Thatcher의 핵심적인 부분은 노조 권력을 제거하는 것이었으며, 이로 인해 노동시장이 배분적 효율성(allocative efficiency)을 달성하는 것이었다. 민영화는 이러한 관점에서 유용한 요소이다. 왜냐하면 민영화는 파업 효과로부터 정부를 자유롭게 하고, 민간기업이 공공기금에 접근하는 것을 차단하기 때문에, 만일 노조 행동이 너무 강하면 민간기업이 실패할 수도 있음을 의미한다. 이 때문에 새로운 소유주나 고용주와의 협상에서 노조의 힘은 약화된다. 공공부문에서 노조의 힘을 약화시킴으로써, 정부는 경제전반에 걸쳐 노동조합 문제에 대한 정부의 입장을 명확하게 보여 줄 수 있다. 이는 노동조합 문제를 해결하기 위한 정책의 핵심적인 부분이다.

12.2 국유화 지지와 규제완화를 반대하는 논거

- **자연독점(natural monopoly)에 효과적인 조직.** 민영화와 규제완화는 시장이 경쟁을 지속할 수 있거나 매우 경합 가능한(contestable) 경우에만 유익한 효과를 나타낸다. 규제가 완화된 자연독점이나 제거할 수 없거나 매우 높은 진입장벽을 갖는 시장의 경우에는 사회적 편익에 오히려 해가 될 것이다. 왜냐하면 경쟁이 촉진될 수 없어 시장지배력을 갖는 생산자는 어떠한 경우에도 생산자 잉여를 극대화 할 수 있기 때문이다. 하나의 생산자에게 조차도 이윤이 발생하지 않는 자연독점시장의 경우에, 민영화와 규제완화는 단순히 그 생산을 중단하도록 할 것이므로 사회적 편익에 반하게 된다. 이러한 두 가지 경우에 정부는 소유권을 유지하고, 소비자와 사회의 보다 폭넓은 이익을 보호하기 위한 규제의 책임을 맡아야 한다.
- **안전에 대한 우려가 있는 시장.** 제1.2.4절에서 언급되었듯이, 영국 버스산업을 초기인 1930년에 규제하였던 이유 중 하나는 규제하지 않을 경우 위험한 운전을 야기하는 과다경쟁에 대한 우려 때문이었다. 교통부문의 특성은 잠재적으로 위험하므로, 교통부문 내 운영자를 어느 정도 규제하는 것이 필요하다는 것이다. 따라서 규제완화를 도입할 때에도 어느 정도 제약이 있어야 한다.

- **외부효과에 대한 효과적인 통제.** 교통부문은 외부효과, 예를 들어 대기오염, 소음, 혼잡, 교통사고 등을 수반한다. 규제가 완화된 민간 운영자는 이윤과 사적인 이득을 추구할 때에 이를 고려하지 않는 경향이 높다. 따라서 사회적 최적 생산량과 기업 운영을 도모하기 위해서는 공공부문의 소유와 규제가 필요하다는 주장이다. 외부효과에 대한 상세한 설명은 제9장에 나타나 있다.
- **소득과 부의 재분배.** 제2차 세계대전 이후 유럽에서 광범위하게 발생한 국유화는 복지국가로 발전하는 하나의 맥락이었다. 정부는 복지수당 지급과 함께 국민건강시스템과 교육시스템을 제공하여, 국민에 대한 양호한 생활수준을 개선하는데에 활발한 역할을 수행하였다. 공공에 의해 소유된 교통산업은 빈곤층을 위한 서비스에 보조금을 지급하여 부유층에서 빈곤층으로 부의 재분배 역할을 수행할 수 있었다.
- **한계비용 가격결정의 실행.** 제5.4.2절에서 설명하였듯이, 배분적인 효율은 가격이 한계생산비용과 일치할 때 달성된다. 시장후생을 극대화하는 완전경쟁시장에서는 스스로 달성되지만, 소비자의 희생으로 운영자가 이윤극대화를 추구하는 보다 덜 경쟁적인 시장에서는 달성되지 않는다. 공공에 의해 소유되거나 규제되는 경우에는 민간에 의하거나 혹은 규제되지 않는 경우보다 운영자가 한계비용 가격결정을 실행할 가능성이 더욱 클 것이다.
- **일자리 보호.** 재화시장에서의 경쟁은 노동시장에서 종종 해고와 임금 감축을 통해 나타난다. 공공소유 기업은 고용을 보호하기 위해 이용될 수 있다. 영국의 자동차회사인 Rover의 폐업 제안은 실직을 막기 위해 영국 정부가 개입하여야 한다는 대중의 압력을 이끌어냈다. Tony Blair 수상은 소유주와 노조 간의 협상에 개입하였으나, 위기에 처한 일자리를 보호하려고 하지는 않았다.

  경제와 경제 내 수요는 계속적으로 변화하고 있다, 따라서 파레토 효율이 달성되기 위해서는 경제에 유용한 자원의 사용도 변화되어야 한다. 일부 생산영역에서는 일자리가 없어지는 대신 다른 영역에서는 다시 창출되는 것이 경제적으로 효율적이다. 문제는 이러한 과정이 필연적으로 고통스럽고, 직업적 측면과 지리적 측면 모두에서 일자리가 완전히 이동 가능하지 않기 때문에 오래 지속되고 정치적으로 상처입게 된다는 것이다.

- **주식회사의 합병.** 주식시장은 완전히 경쟁적이지 않아 주식의 가격에 영향을 미칠 수 있는 시장지배력을 갖는 독점적인 구매자가 있다. 따라서 최근에 민영화되는 이윤이 크게 발생하는 기업을 거대한 지주회사가 합병을 통해 소유하고자 하는 현상이 나타나기도 한다. 이러한 주식회사의 합병은 건전한 경제를 달성하는 데에 필요한 더 많은 이해관계자의 참여를 최소화하고, 부의 공평한 배분에 역행하는 방향으로 작동한다. 이러한 목적을 달성하는 데에는 공공의 소유가 보다 효과적인 도구라고 주장되는 것이다.

12.3 민영화에 대한 정치적 위험과 정부 의지

민영화의 성공은 자유시장 추구에 대한 정부의 추진의지 여하에 달려있다. 민영화된 기업은 거대한 고용주일 가능성이 높아, 정부는 민영화 실패의 정치적 결과에 대비하여 기업을 보호하려는 경향이 있다. 만일 정부가 자유시장에 대한 추진의지를 명확히 밝히지 않는다면, 정부의 정치적 욕구를 인식한 새로이 민영화된 기업은 완전한 경제적 효율을 추구하기 보다는 다소 미흡한 목표를 추구하고자 하는 위험에 빠지게 된다. 이는 정치적 위험(political risk)이라고 일컫어진다. 기업이 어려움에 빠졌을 때 정부가 지원할 것이라고 인식하고 있다면, 기업의 효율성 추구는 적지 않게 감소할 것이다. 만일 정부가 초기부터 자유시장에 대한 추진의지를 부정할 수 없을 정도로 명확히 밝히지 않는다면, 실제적으로 민영화된 기업은 실패하더라도 정부지원을 받을 수 있다는 시나리오를 조장하는 것이다.

이는 경제주체 간 전략적 상호작용(strategic interaction)에 관한 흥미로운 분석인 게임이론을 이용하여 설명될 수 있다. 게임이론이 취할 수 있는 유형에는 두 가지가 있다. 첫째는 경제주체가 동시에 각자의 의사를 결정하는 동시게임(simultaneous games)에 관한 분석이다. 이는 상이한 의사결정 조합에 따라 나타나는 상이한 보수를 나타내는 보수메트릭스(pay-off matrices)를 이용하여 분석된다. 따라서 분석가는 어느 조합이 가장 발생가능성이 높은가를 예측하는 것이 필요하다. 둘째는 하나의 주체가 먼저 의사결정을 하고, 다른 주체는 이전의 의사결

■ 그림 12-2 민영화와 정부 의지

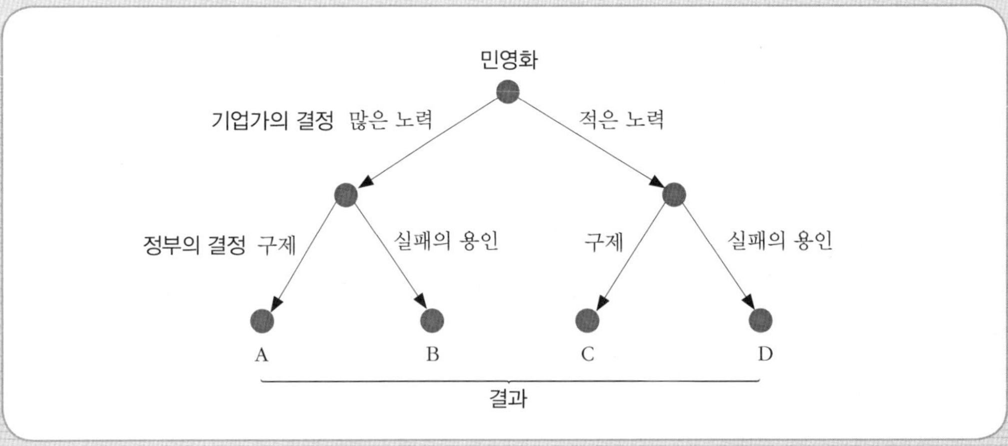

정을 토대로 자신의 의사결정을 할 수 있게 하는 연속게임(sequential games)에 관한 분석이다. 이는 확장형 도표(extensive form diagram)를 이용하여 분석된다. 〈그림 12-2〉는 민영화에 대한 의사결정이 후자의 유형을 취하는 경우를 보여주고 있다.

분석의 첫째 단계는 민영화이고, 이후에 새로이 민영화된 기업은 성공하기 위해 애쓸 것인지(많은 노력) 혹은 실패할 가능성이 큰 보다 느슨한 접근방법을 선택할 것인지(적은 노력)에 대해 결정해야 한다. 첫째 선택은 시간과 스트레스 측면에서 기업가에게 많은 비용이 소요되기 때문에, 기업가는 실행하는데 비용이 적게 소요되는 둘째를 선택하는 경향이 있다. 그러나 이러한 결정에 커다란 영향을 미치는 요인은 정부의 가능성 있는 행동지침이다. 만일 정부가 기업이 어려움을 겪는 경우에 실패하도록 내버려둔다면, 그 결과는 기업의 실패로 실업이 야기되는 D가 발생될 것이다. 그러나 실업은 정치적으로 인기가 없기 때문에, 정부에게도 비용이 발생하게 된다. 따라서 정부는 위기에 처한 기업을 구제할 것을 선택하는 경향이 있다(구제). 기업가는 정부의 주요 전략이 구제라는 것을 알고, 기업가의 주요 전략도 보다 느슨한 접근방법을 취하게 된다. 일반적으로 이러한 게임의 지배적인 균형(dominant equilibrium)은 기업은 실패하고 정부가 구제하는 결과인 C로 나타난다. 민영화를 실패하게 만드는 자연적인 압력요소가 있는데, 이는 바로 정부가 기업을 돕기 위해 개입하는 경우에 발생한다.

자유시장에 대한 정부의 추진의지를 부정할 수 없을 정도로 명확히 밝힘으로써, 이러한 결과를 회피하는 것이 정부의 책임이다. 만일 기업가가 어려움에 처하더라도 정부가 구제해 주지 않을 것을 확신하는 경우, 기업가가 적은 노력 전략을 선택하면 결과는 D가 될 것이다. 기업가는 이를 회피하고자 할 것이며, 따라서 많은 노력 전략을 선택해, B의 결과를 낳을 것이다. (민영화가 성공하기 위해서는 정부가 구제하는 것이 요구되지 않아야 한다.) 새롭게 민영화된 기업은 성공하고, 민영화도 전반적으로 성공하게 된다. 이것이 민영화의 목표이기 때문에 정부는 초기부터 이러한 추진의지를 절대적으로 명확히 밝히는 것이 필수적이다. 정부가 이렇게 하지 못함으로써 많은 민영화가 실패하게 되었다. 다음에 설명되듯이 영국 철도의 민영화는 이에 대한 좋은 사례를 보여주고 있다.

이러한 논리는 인질로 잡혀있는 일부 국민이 풀려나도록 하기 위해 몸값을 지불하지 않는다는 정부의 의지와도 동일하다. 만일 게릴라 집단이 인질에 대한 몸값으로 한 푼도 받지 못할 것을 알고 있다면, 인질을 붙잡고 있는 것은 비생산적이다. 하지만 만일 정부가 몸값을 지불함으로써 자신의 의지를 약화시킨다면, 무수한 다른 인질극 상황에 대해 문을 열어 놓는 것과 마찬가지이다. 그러한 정부 의지를 명확히 하기 위해, 정치적으로 피해를 입힐 수도 있는 몸값 지불에 대한 요구를 종종 무시할 필요가 있다. 마찬가지로 장래의 민영화에 따른 효율성을 촉진시키기 위해서는, 민영화된 기업이 실패하여 노동자가 해고되는 것을 정부가 용인할 필요가 있는 것이다.

12.4 민영화 방법

민영화 방법에는 두 가지 형태가 있다. 첫째는 기업의 전체 지분을 매각해서 소유권을 공공에서 민간으로 전환하는 것이다. 일반적으로 민간 투자자들에 의해서 이루어지나, 경영진과 종업원 간에도 직접 이루어질 수도 있다. 1982년에 민영화된 영국의 National Freight Company는 종업원 인수(employee buyout)에 의해 오로지 종업원에게 매각되었다.

둘째는 시장(기업을 의미하는 것으로 보임: 역자주)이 여러 부문으로 나누어진 후에, 각 부문이 경쟁입찰에 부쳐지는 것이다. 시장(기업)의 각 부문에 대한 운영권을 획득하기 위해 이미 존재하는 민간기업이 어떻게 이를 운영할 것인가에 관한 제안서를 제출하여 서로 간에 경쟁하는 것이다. 특정한 최소한의 서비스 특성을 포함시키기 위해 변경될 수도 있으나, 대부분의 경우 가장 낮은 정부지원을 요구(혹은 정부에게 가장 큰 기여금 환급을 제시)하는 제안서가 채택된다.

교통부문에서 기업 전체의 민영화는 사회기반시설을 제공하여 실제로 제품을 생산하거나 자연독점의 구조를 갖는 기업에게 가장 적합하다. 예를 들면 영국의 British Airports와 Rolls-Royce는 이러한 방식으로 1987년에, Rover Group은 1년 후에, 그리고 철도네트워크 제공사인 Railtrack은 1997년까지 민영화되었다. 경쟁입찰(competitive tendering)은 시장(기업)을 여러 부문으로 효과적으로 분리할 수 있으며 지역적인 독점을 발생시키는 서비스산업에 가장 적합하다. 예를 들면 유럽의 버스산업과 영국의 열차서비스는 경쟁입찰을 통해 민영화되었으며, 이에 대해서는 나중에 검토할 것이다. 이와 같이 형성된 기업은 종종 franchised monopolies라고 일컬어진다.

실질적인 문제는 공기업이 매각되는 가격을 추정하는 것이다. 영국에서의 경험은 공기업이 지나치게 싸게 매각된다는 주장을 지지하는 경향이 있다. 따라서 민영화에 반대하는 '가보를 지나치게 싸게 매각하는 것'에 무게를 더한다. Begg et al.(1991)은 Yarrow(1985)의 분석에 의하면, 민영화 직후 주식의 시장평가액을 볼 때 British Aerospace와 Jaguar는 각각 ₤2천 1백만과 ₤2천 5백만 만큼 싸게 매각되었다고 말하고 있다.

12.5 영국 철도의 민영화와 규제완화

12.5.1 민영화 구조

영국 철도의 민영화는 Margaret Thatcher의 보수당 정부에 의해 논의되었다. 하지만 세부사항에 대한 합의에 도달하지 못하여 민영화 논의는 보류되었다. 그리고 John Major의 차기 보수당 행정부가 1992년 총선 공약을 작성할 때 민영화 논의가 재개되었다.

본래의 의도는 다음 총선 이후 '중간시점'이라는 불명확한 시기에 일반 대중에게 주식을 매각함으로써 Railtrack을 민영화하는 것이었다. 그러나 두 가지 이유에 따라 급작스럽게 추진되었다. 첫째, 정부는 다른 부문의 민영화에서 예상치 못한 어려움이 발생함에 따라 금융시장은 철도 민영화를 앞당기도록 권고하였다. 둘째, 정부는 총선 이전에 모든 것을 완료하기를 원하였는데, 재무부는 민영화로 발생되는 수입을 이용할 수 있으며 또한 정권이 바뀔 것이 명확해지고 있었기 때문이다. 새로 집권하는 노동당은 민영화를 이미 완료된 것으로 인수하지 않으면, 민영화를 절대로 완료하지 않을 것이라고 생각했기 때문이다. 혼동과 열악한 의사결정으로 인하여 철도 민영화는 조급하게 추진되어, 본래 생각했던 것보다 훨씬 덜 만족스러운 결과가 나타났다.

주식 매각에 대한 설명서는 1996년에 발행되었고, 보수당이 노동당에 패배할 것이라고 널리 예상하였던 1997년의 총선 이전에 민영화는 완료되었다.

민영화 구조는 〈그림 12-3〉에 나타나듯이 복잡하다.

12.5.1.1 열차운영회사(Train Operating Companies)

Train Operating Companies(TOCs)는 여객철도운영관리청(Office of Passenger Rail Franchising(OPRAF))에 의해 설계된 7년(장기적인 구조 개선작업이 필요한 경우에는 때로 15년)동안 운영권이 주어지는 25개의 프랜차이즈를 대상으로 경쟁하였다.

■ 그림 12-3 민영화된 철도구조

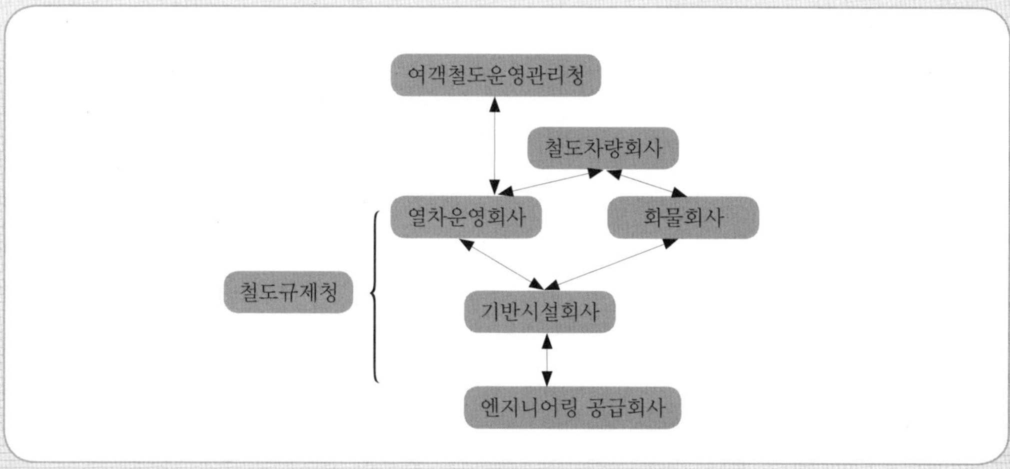

프랜차이즈 계약은 운영자가 제공하여야 할 명문화된 최소한의 서비스와 그 기준 이상의 서비스로 구성되어 있어, 운영자는 OPRAF가 희망하였던 특정 서비스 이상을 개발하고 개선할 수 있는 여지를 마련하는 것이었다. 정해진 서비스를 제공하면서 정부에게 가장 작은 보조금 지원을 요구하거나 혹은 가장 큰 기여금을 지급하는 회사를 경쟁을 통해 선정하는 것이 가장 큰 목적이다. 정해진 서비스 이상의 서비스 개선에 대한 회사의 제안은 분명히 경쟁의 부차적인 목적이다.

TOCs는 수입을 갖게 됨으로써, 수입 변화에 따른 위험을 감수해야만 한다. 비록 전부는 아니지만, 일부 요금은 규제될 예정이었다. 예를 들면 통근수요에 대한 요금은 규제될 것이지만 (통근 통행수요의 비탄력성으로 인해 운영자는 높은 요금을 부과하여 소비자 잉여를 감소시키려고 할 수도 있다.) 다른 많은 수요의 경우에는 도로 및 항공과 같이 이미 매우 경쟁적이므로 요금규제는 덜 필요하다. TOCs는 자신에게 발생하는 운영비용을 감수하지만, 열차서비스 제공에 필수적인 철도선로나 철도역에 대한 사용료는 OPRAF에게 지불함으로써 결과적으로는 납세자에게 직접 지불하는 것이 되었다.

12.5.1.2 Railtrack

Railtrack은 철도기반시설의 소유주로 남게 된다. 민간 주주로 구성된 자연독점기업이므로, 독립적으로 규제된다. 주로 경쟁을 활성화하기 위한 목적으로 민간회사를 규제하는데, 이는 고의적으로 정부의 직접적인 규제 밖에서 규제하기 위한 것이 목적이었다.

Railtrack은 다음 사항을 수행한다.

- 역, 토지, 건물, 신호시설, 그리고 정비창을 포함하는 고정된 철도기반시설을 소유하며, 대부분은 TOCs에 임대된다.
- 14개의 대규모 주요 역은 직접 관리한다.
- 중앙집중적인 열차시간표 설정과 모든 서비스의 조정, 잠재적으로 발생 가능성이 있는 철도사고에 대한 책임을 갖는 신호시설 운영, 철도기반시설에 대한 투자계획 수립과 집행, 그리고 Health and Safety Executive의 감독 하에 철도네트워크의 안전한 운영에 대해 책임을 갖는다.

Railtrack은 TOCs가 지급하는 기반시설 이용에 대한 선로사용료로 재원을 조달하고 있으나, 공공이익에 근거해 필요하다고 장관이 판단하는 경우에는 화물시설에 대해 직접 보조금을 받기도 한다. 필요한 대부분의 서비스, 특히 엔지니어링 서비스는 공개경쟁시장에서 구매하도록 한다.

첫 번째 회장인 Robert Horton을 포함한 주요 경영진은 다른 산업부문에서 선발되었다. 한편 다수의 최고 철도엔지니어는 소외감을 느끼고 떠나게 되었는데, 아마도 매우 복잡하고 거대한 철도체계를 경영진이 과소평가하였기 때문이라고 주장된다. 다수의 새로운 경영진은 규제받지 않는 산업에 대한 경험을 가지고 있어 새로운 산업에서의 공공에 대한 책임부담에 어려움을 갖게 되었다. 특히 기반시설회사와 철도규제관(Rail Regulator) 간에 불편하고 심지어는 대립하는 관계가 생성되어 전체 산업에 대한 손해까지 발생하였다.

12.5.1.3 엔지니어링 공급회사

기존의 철도엔지니어링 서비스는 13개의 회사로 분할되어 민간부문에게 매각되었다. 이는 Railtrack으로부터 철도계약을 수주할 때에 이들간 경쟁을 활발하게 하기 위한 목적이었다. 그러나 문제는 정부가 이들과 이미 체결한 조달계약을 포함하여 매각하였다는 것이다. 따라서 Railtrack이 원하는 것을 어떻게 조달할 것인가에 관해서는 공개경쟁이 발생하지 않았다. 두 가지 이유로 이러한 결정이 내려졌다고 말하고 있다. 첫째, 물러나는 Tory(보수당) 정부는 민영화를 신속히 완료하고자 하였다. 둘째, 특히 재무부가 자금을 필요로 했던 시점에 엔지니어링 회사의 매각가격을 높이기 위해 이미 체결된 조달계약을 포함하는 관대한 조건을 수용하였다. 이유가 어떠하든, 결과는 새로운 사업을 시작하는 Railtrack에게 완전경쟁적인 조달계약으로 인한 혜택이 발생할 수 없었다는 점이다.

12.5.1.4 철도규제청(The Office of Rail Regulator)

장관에 의해 지명되는 철도규제관(Rail Regulator)은 독립적이며, 다음의 네 가지 법적인 기능을 갖는다.

- Railtrack의 네트워크 허가권과 TOCs의 운영허가권에 대한 승인, 감독 및 집행으로 이는 철도서비스 제공자와 이용자의 이익을 보호하는 것을 의

미. 상이한 운영회사 간에 통용되는 티켓(through-ticketing)을 판매하여 승객의 편익을 확보하는 것, 그리고 Railtrack과 TOCs의 적절한 운영을 보장하는 것에 대해 책임이 있다는 것을 의미

- 기반시설 이용에 대한 선로사용료 부과 규제, 열차노선의 할당, 그리고 시간표 조정의 해결을 포함하여, Railtrack과 여객 및 화물운영회사간 이용 계약에 대한 승인
- 국내 경쟁법의 집행
- 철도노선 폐지에 대한 승인

Rail Regulator는 상당한 권한을 갖도록 할 계획이었으나, 규제하지 않아야 하는 계약도 있다. 예를 들어, 철도차량 및 역에 대한 임대계약, 그리고 Railtrack의 비용 가운데 실제로 가장 큰 부분에 해당하는 Railtrack과 엔지니어링서비스 공급회사 간의 계약이다. 여객요금을 규제할 권한 또한 주어지지 않았다.

12.5.1.5 여객철도운영관리청(The Office of Passenger Rail Franchising)

Franchising Director가 대표로서 정부에 직접적인 책임이 있는 OPRAF는 여객에 대한 운영권을 제공하는 계약을 통해 여객요금을 규제한다. 다른 공익서비스와 달리 여객열차는 자체적으로 재정자립을 할 수 있을 것이라고 기대하지 않기 때문에 이러한 기관이 필요하였다. 정부지원은 반드시 필요하였기 때문에 일부 화물열차 보조금과 자본적 보조금을 제외한 보조금을 관리하는 것이 Franchising Director의 임무이다. Director의 기능은 여객열차운영권을 설계하여, 경쟁입찰을 통해 TOCs에 판매하는 것이다.

OPRAF는 또 다른 책임도 가지고 있는데, 투자 촉진, 서비스 개선 그리고 이전부터 시행해 왔던 기능을 지속하는 것(직원 할인 티켓, through-ticketing, 정액제 카드 및 철도카드) 등이다. 비록 정부의 일부분이고 차관에게 보고해야 하지만, 별도로 분리된 예산과 예산의 배분에 관한 상당한 재량권을 가지고 있다. 이와 같이 OPRAF의 활동은 일반인에게 투명해져서, 민영화 이전에는 불가능했던 조세와 지출정책에 대한 적절한 대중의 논의를 도모하는데 기여하였다.

12.5.1.6 화물회사

화물서비스는 항상 공개경쟁(open access)을 통한 경쟁적인 회사에 의해 전적으로 공급되어 왔다. 즉 정부지원을 받는 여객철도와 유사한 계약을 만들려는 시도가 전혀 없었다. 첫째 의도는 기존의 화물사업운영권을 여러 개의 회사로 분할하여 판매하는 것이었다. 이러한 방법이 도입된 이후 처음에는 단지 두 개 회사만 만들어졌지만, 추후에 다른 회사가 진입하여 커다란 경쟁적 진입이 이루어졌다. 화물철도를 최대한 계속 발전시키기 위해, 또한 많은 철도기반시설이 주로 여객서비스의 편익을 위해 유지된다는 주장에 따라, 화물철도시설 사용료는 단지 가변비용의 일부분을 충당할 수 있는 수준으로 매우 낮게 설정되었다. 하지만 이 전략은 두 가지의 문제점을 나타냈다. 첫째, 무거운 화물운송량이 증가함에 따라, 이로 인한 선로의 마모와 파손으로 인한 비용이 예상했던 수준보다 훨씬 크게 발생하였다. 둘째, 선로시설이 혼잡해짐에 따라 선로시설을 배분할 수밖에 없었는데, 선로시설의 효율적인 배분에 요금을 활용할 수 없었음을 의미한다.

12.5.1.7 철도차량회사(Rolling Stock Companies (ROSCOs))

세 개의 ROSCOs가 있는데, 기존의 철도차량을 소유하고 신규 차량을 취득하며, 이들 차량을 상업적으로 임대한다. TOCs에게 매몰비용이 발생하지 않도록 하기 위해서 ROSCOs가 설립되었다. 이들은 과거에도 규제받지 않았지만, 장래에도 규제받지 않는다.

상이한 노선에 동일한 철도차량을 활용하는 데에는 중요한 기술적 제약이 있으므로, 이 회사들 간 경쟁이 어느 정도인지는 명확하지 않다. TOCs는 다른 방식에 의해서도 항상 철도차량을 취득할 수 있으며, (Virgin을 비롯하여) 여러 회사는 자신의 차량을 구입하여 ROSCOs에 추가적인 경쟁 압력을 부과하였다. ROSCOs의 이윤과 낮은 매각가격에 관한 비판들이 있었지만, 대체로 민영화의 성공적인 부분에 해당한다.

12.5.2 민영화에 대한 이야기

비록 철도용량의 제약과 아울러 경쟁 촉진과 효과적인 운영권 부여(franchising) 간의 상반된 이해로 인해 실제로 많은 경쟁이 일어날 지에 대해서 의구심이 들었지만, 항상 TOCs 간에 많은 경쟁을 유발하도록 의도하였다. 그러나 1993년에 Railways Act의 통과 직후에 정부가 이러한 정책을 근본적으로 변경하였기 때문에, 이러한 의구심은 더 이상 들지 않게 되었다. 이전에는 수익노선과 비수익노선간 상당한 교차보조(cross-subsidization)가 있었다. 이제 운영권에 대한 공개경쟁으로 노선간 교차보조는 종지부를 찍었다. 한편 정부는 어떠한 철도서비스도 감축하지 않을 것임을 스스로 약속하였기 때문에, 대신에 재무부로부터 노선별로 크게 증가한 규모의 직접 보조금을 받아야만 했다. 재무부는 직접 보조금의 증가를 꺼렸기 때문에, 새로운 정책으로서 경쟁의 일부 완화(Moderation of Competition)가 실행되었다. Rail Regulator는 TOCs간 경쟁에 관한 매우 복잡한 일련의 규칙들을 개발함으로써 이를 수용해야만 했다. 경쟁은 존재하지만, 본래 민영화 계획에서 예상했던 것과는 전혀 다른 규모의 경쟁만 발생하였다.

South West Trains가 1996년 2월에 처음으로 계약을 체결하였으며, Scotrail이 1997년 4월에 마지막으로 계약을 체결하였다. 정부정책의 변화에도 불구하고 새로운 계약에 대한 경쟁은 심했고, 입찰자들은 확신을 얻음에 따라 시간이 흐를수록 보다 공격적으로 변하는 것처럼 보였다. 일부 입찰은 매우 야심적이었지만, OPRAF는 추가적인 조사를 하기 보다는 액면 그대로 받아들였다. 전체적으로 13개의 개별 회사들이 계약을 체결하였다. 이 가운데 15개 계약이 버스회사에게 돌아갔고, Virgin Group은 가장 큰 West Coast Main Line과 Cross Country계약권을 따냈다.

계약대로 이행되었다면, 정부보조금은 매년 £18억에서 £9억으로 감소했을 것이다. 그러나 좋은 출발을 보였지만, 보조금 감소와 급격한 승객 증가에 따라 두 가지 문제가 나타났다. 첫째, 일부 TOCs는 종업원 수를 지나치게 감소시키려 계획하였으며, 계획했던 종업원만으로는 서비스를 제공할 수 없게 되어 서비스 질이 악화되었다. 둘째, 계약조건에 따라 추진되었던 열차 수의 증가는 상호 운행을 방해하여, 정시운행 신뢰도를 약화시켰다.

철도민영화 초기부터 이의 추진을 크게 반대했던 노동당으로서는, 집권 이후인 1997년 5월에 기존 민영화정책을 크게 수정하였다. 새 정부는 민영화정책의 실패를 주의깊게 살피면서, 뒤로 물러나서 민영화된 산업이 스스로 잘못을 바로잡을 때까지 기다리기 보다는 정부가 즉각적인 시정조치를 시행할 것임을 약속하였다. 정부는 철도산업에 대한 규제를 다시 확립하기를 원했던 것이 분명하다.

Railtrack은 다음 세 가지의 사태로 인해 점차 커다란 비판을 받게 되었다.

- West Coast Main Line의 개발계획에 관한 Virgin사의 제안을 승인한 것을 비롯하여, Railtrack은 무모한 많은 투자계획을 결정하였다. 일이 잘못되더라도 정부가 구제할 것이라고 암묵적으로 가정하지 않았다면, 부적절하게 계량화된 위험을 토대로 이러한 대규모 투자결정을 했다는 것을 믿기 어렵다.
- 정시운행신뢰도가 미흡한 것은 Railtrack과 TOCs 모두 성과목표를 달성하는 데에 실패하였기 때문이라고 말하였으나, 1999/2000년에 열차지연을 감소시키는데 성공적이었던 Railtrack으로서는 아마도 불공평하였을 것이다. 사실 Railtrack은 열차지연에 관해서 이제까지 최상의 성과인 10% 감소를 달성하였으나, 이는 다만 약 3%가 더 높은 Regulator의 목표를 충족하지 못해서 벌금이 부과된 것이다. 결론적으로 Regulator가 너무 높은 목표를 설정한 네트워크 면허를 Railtrack이 받아들인 것이다.
- West London에서 두 건의 중대한 사고가 발생하였다. 하나는 1997년에 Southall에서 발생하여 7명이 사망하였고 다른 하나는 1999년에 Ladbroke Grove에서 발생하여 31명이 사망하였다. 두 사고 모두 적색신호에서 정지하지 못한 열차로 인해 발생하였다. 정부 관료와 일반대중은 민영화된 회사와 Railtrack에게 사고 책임을 즉각적으로 전가하였다.

이와 같이 증가하는 비판으로 영국의 철도민영화 역사는 중대한 전환점을 맞게 되었다. 정부는 철도산업이 이제 민간에 의해 소유, 운영되고 규제되며, 지금 개입하는 것이 오히려 부적절하고 손해를 입힐 수도 있다는 입장을 취할 수도 있었을 것이다. 그러나 정부는 민영화는 실패했으며 철도산업을 다시 규제할 것임을 강조하여, 공적으로 개입하는 방식을 선택하였다. 한편으로 안전은 민영화 이전에 향상되고 있었고, 이후로도 동일한 비율로 계속 향상되고 있다는 증거는 명확하다.

논란의 여지는 있지만 2000년 10월에 Railtrack에게 마지막 타격이 가해졌다. 금이 간 선로로 인해 Hatfield에서 세 번째 사고가 발생했는데, Railtrack의 경영진은 제한적으로 최고 속도를 부여하고 많은 열차운행을 취소하여, 이 네트워크를 효과적으로 폐쇄하였다. 또한 금(cracks)이 간 선로가 다른 곳에서 발견되는 경우, 예방적 차원의 엔지니어링 작업을 수행하도록 하였다. 철도선로의 두절(disruption)은 최근 몇 년 사이 강우량이 가장 많은 가을 날씨때문에도 더 악화되었는데, 제방이 유실되고 선로가 물에 잠기기도 하였다. Hatfield 충돌사고의 원인은 선로의 갈라짐(crack) 이외에는 없다는 것이 나중에 밝혀졌지만, Railtrack은 열차서비스와 TOCs의 영업을 중단하도록 하였다. 그 결과 승객수요는 급격하게 감소하였고, Railtrack은 성과보상체계에 따라 재정적으로 커다란 손실을 입게 되었다.

예방적인 엔지니어링 작업의 수행과 West Coast Main Line 개발에 무모하게 대규모 재원을 투입함에 따라, Railtrack은 중대한 재정적인 문제에 직면하였다. 정부는 Railtrack을 구제하기 위해 커다란 규모의 특별지원금을 이미 지급하고 추가적인 합의에도 도달하여, 당분간 상황이 안정되는 것처럼 보였다. 그러나 2001년 10월에 아무런 예고도 없이 교통부장관인 Stephen Byers는 Railtrack을 공기업화하기 위해 Railways Act의 특별 조항을 적용하였다. 정부는 Railtrack에 대해 일반적인 인수를 추진할 수도 있었으나, Byers는 1997년에 노동당 정부가 이어받은 민영화된 지분소유구조를 없앨 기회를 이용하려고 결심한 것처럼 보인다.

결국 새로운 기업(Network Rail)은 아무런 경쟁도 없이 Railtrack의 자산을 인수하였다. Network Rail은 지급이 보증된 공기업으로, 철도의 이익관계자를 대표하는 약 120명의 이사회에 의해 운영된다. 일반적인 의미의 주주는 없지만, 차입금을 변제하기 위해서는 운영상의 이윤이 발생해야 한다. 아울러 Network Rail은 완충기금(buffer fund)을 조성하기 위해 추가적인 이윤도 발생해야 한다.

정부는 또한 OPRAF를 Strategic Rail Authority(SRA)로 대체하였는데, SRA는 2001년 초에 법적 권한을 얻었다. 정부는 SRA가 TOCs와 운영권면허 변화를 협상해 주기를 희망하였으나, 별다른 진척을 보이지 않고 있다. 2001년 말에 일부 TOCs는 대부분 인건비 상승으로 인해 심각한 재정상의 어려움을 겪게 되었고, 따라서 2001/2002년에 (처음으로) 정부지원금은 이전에 합의된 계약서에 명시된 규모를 크게 상회하였다. 2003년 7월에는 9개 운영회사가 재정적으로 실패하였으나, 파산 절차를 밟지는 않는 것으로 결정되어 운영회사는 계속 운영할 수 있게 되었다.

SRA는 두 가지 방법으로 철도산업의 경쟁력을 약화시켰다. 첫째, 어떠한 경쟁적인 절차도 거치지 않고 운영회사에게 단기간의 운영권 연장을 허락하였다.

둘째, London 남동부 교외지역에서 Connex가 운영하는 통근열차서비스가 열악한 성과로 SRA가 압력을 받게 되자, 다른 민간 TOC가 이 노선의 운영권을 인수하도록 하는 대신에 SRA가 직접 운영권을 인수하였다. 따라서 South East Trains는 공공부문이 직접 소유하고 운영하게 되었다. 이는 실제 재-국유화를 향한 첫 단계라고 말할 수 있다.

한편 화물철도에 대해서는 거의 논의되지 않고 있다. 화물철도서비스에 대한 경쟁은 합리적으로 잘 작동하는 것처럼 보인다. 제공되는 서비스의 특성과 화물운송방법에서 상당한 투자와 혁신이 있었다. 예를 들면 화물철도 운영회사는 미국의 General Motors로부터 저렴하면서도 믿을만한 많은 기관차를 구입할 수 있었는데, 민영화 이전에는 나타나지 않았던 새로운 현상이다. 서비스와 시설이 개선되면서, 화물철도산업 또한 성장하였다.

그렇지만 모든 것이 성공적이지는 않았다. 2004년에 화물철도운영회사는 서비스 신뢰도에 대한 우려로 인해 특별우편열차의 운영계약을 잃었다. 또한 현재까지 나타나고 있는 성장은 대부분 전통적인 산업부문에서 발생했다. 예를 들면 석탄을 발전소로 장거리 운송하는 것이다. 새로운 시장을 창출하는데에는 거의 성공하지 못하고 있다.

12.5.3 실패 이유

1990년대의 철도정책을 추진한 근본적인 원칙은 민영화가 아닌 규제완화이었으며, 따라서 철도산업 전반에 경쟁을 도입하기 위한 것이었다. 초기 정책은 경쟁을 도입하기 위해 설계되었지만, 아울러 기반시설에 존재하는 자연독점과 보조금을 통해 산업의 규모를 유지하는 것도 필요하였다. 비록 경쟁을 다소 완화하는 방향으로 정부정책이 변화하였지만, 철도정책은 성공적으로 도입되었다. 그리고 정책위험과 정치적 위험이라는 두 가지 현상이 결국 정책 실패를 야기하기 이전까지는 매우 좋은 결과를 나타내기 시작하였다.

12.5.3.1 정책위험(policy risk)

정책위험은 정부가 필요한 정책을 시행하지 않아 나타나는 위험이다. Glaister(2004)는 위의 철도정책 추진에서 세 가지가 나타나고 있다고 말한다.

- **의사결정.** 차관들은 그들이 원했던 대로 명확하게 의사결정하는 것이 늦었으며, 총선이 임박하기 전에서야 Railtrack을 민영화하기로 늦게 결정하였기 때문에 매우 서둘러서 정책을 실행하였다.
- **재원(funding).** 원래 의도하였던 바대로 여객부문에 경쟁을 도입하기 위해서 필요한 공공재원을 재무부가 제공하려는 의사가 없음이 밝혀졌고, 그 결과 경쟁은 다소 완화되어야만 했다.
- **엔지니어링 서비스의 경쟁.** Railtrack에게 가장 중요한 엔지니어링 서비스를 제공하는 권리에 대해 적절한 경쟁이 도입되지 않았다. 왜냐하면 경쟁은 재무부에게 민영화로 인한 수입을 아마도 감소시킬 수 있기 때문이다.

12.5.3.2 정치적 위험(political risk)

정치적 위험은 정부에 초래될 수 있는 정치적 피해를 회피하기 위한 행위로 나타나는 결과이다. 철도는 영국 유권자에게 항상 중요한 위치를 차지해 왔다. 전통적으로 인구가 많은 지역에서는 자부심의 원천이었고, 국가의 생명력을 상징하고 있었다. 이를 알면서도, 정부는 철도산업에 대해 근시안적으로 접근하였음이 판명되었다. 정부는 경쟁적 절차가 효과적으로 발달하는 데에 필연적인 일부 회사의 실패가 불러 일으킬 잠재적 비난을 두려워하여, 이러한 비난을 감내하는 것을 꺼려하였다. 일부 TOCs가 실패했을 때, 정부는 그들에게 구제금융을 지원하였다. Railtrack이 치명적으로 잘못된 투자를 하고 정보시스템을 잘못 운영했을 때, Railtrack을 다시 정부통제 하에 두기 이전에 한동안 정부가 구제하였다. 게임이론 분석이 예측하듯이, 정부의 이러한 행동은 산업을 정부에 계속 의존하게 하였고, 따라서 경제적으로 효율적이고 스스로 지속적일 필요가 없게 만들었다.

이는 특히 철도산업에서 두드러졌다. 일이 잘못되었을 경우 정부가 여객철도서비스의 파산을 견딜 수 없다고 TOCs가 예측했기 때문에, 초기 계약에서 지나치게 야심찬 입찰서를 제출할 유인이 있었을 것이다. 이는 사실임이 증명되었는데, 왜냐하면 운영권계약이 체결되고 얼마 지나지 않아 일부 TOCs는 야심찬 계획으로 인해 어려움을 겪었기 때문이다. 그러나 그들은 입찰항목의 장래가치에 대한 불확실성이 있는 경매에서 발생할 수 있는 승리자의 저주(winner's curse)의 희생양이 되었을 가능성 또한 존재한다. 어떤 사람의 입찰은 너무 높고, 다른 사람의 입찰은 너무 낮을 것이다. 그 가치에 대해 불행하게도 최고의 추정치를 나타내는 입찰자는 경매에서는 승리하지만, 지나치게 많은 대가를 지불한다.

정치적 위험은 특히 노동시장에 관한 정부의 행위에서 명확히 나타난다. 다음 절에서 설명하는 버스산업에서와 같이 노동시장에서의 경쟁은 민영화와 규제완화가 성공하는 데에 주요한 요인이 되었다. 그러나 철도산업에서는 정부가 정치적인 피해를 초래하는 일자리 상실에 대한 두려움으로 인해 필요한 경쟁도입을 꺼려함에 따라, 단위노동비용은 평균소득보다 훨씬 높았다.

12.6 영국 항만 민영화

영국 항만 역시 민영화와 규제완화의 대상이었다. 1983년에 영국은 약 70개의 중요한 상업적인 항만회사가 있었다. Associated British Ports(ABP)가 가장 커서 19개의 항만을 운영하고, 총항만수입의 약 1/4을 차지하였다. 다른 9개의 대규모 항만회사와 함께 ABP는 총항만수입의 대략 80%를 차지하여, 지배적인 하나의 운영회사를 갖는 과점구조임을 명확히 보여준다.

또한 영국의 항만은 대부분 공공부문에 있었다. 대규모 항만 중 3개(Felixstowe, Liverpool and Manchester)만 민간이 소유하고 있었다. 나머지는 비록 특성은 상이하지만 모두 공공부문에 해당했다. 일부는 공공의 기업연합체였고(Trust Ports), 일부는 지방정부 소유였으며, 나머지는 (British Rail의 자회사인) Sealink와 같이 공기업이었다.

1983년 2월에 ABP 주식의 약 51.5%에 대한 매각이 제안되었다. 45,300명이 신청하여, 매각은 성공적으로 끝났다. 일반 공모와 함께 약 2.5%에 달하는 주식인 1백만 주는 항만 종업원에게 무상으로 제공되어, 전부가 인수되었다. 다음 해 4월에 정부는 나머지 주식을 종업원에게 추가로 매각하였다. 항만 민영화로 정부는 약 £8천만의 매각수입을 가졌다.

민영화되는 회사의 실적과 보상간 연계를 강화하기 위해 종업원에게 투자를 권장하였다. 이러한 과정을 통해 종업원의 생산성 향상과 회사의 성공적인 경영 및 방향에 관심을 갖게 될 것을 기대하였다. 1993년에 ABP 종사자의 2/3가 상당히 가치가 오른 주식을 보유하고 있었다.

1991년에 정부는 Trust Ports를 자기 자신이 주식을 갖는 민간회사로 전환하도록 결정하였다. Tees&Hartlepool과 Bristol은 각각 1989년과 1990년에 민영화되어, 재정적으로 성공한 항만이 되었다. 1992년에 Tilbury, Medway 및 Clyde항만은 종업원에게 주식을 매각하였다.

민영화와 더불어 대부분의 규제도 완화하였다. 제2차 세계대전 후 National Dock Labour Scheme(NDLS)이 도입되었고, Transport and General Workers' Union에 등록된 부두 노동자에게 모든 부두 노동에 대한 독점적 통제권한을 부여하였다. 부두 노동에 대한 경쟁을 제한함으로써, 이 Scheme은 부두에 대한 비효율적인 노동행위, 만성적인 과다한 인원배치, 그리고 매우 높은 운영비용이 발생하였다. 정부는 1989년 8월에 이 Scheme을 폐지하여, 보다 효율적인 부두 운영이 가능하도록 하였다. ABP는 노동력을 약 65% 감축하여 노동생산성을 증가시키고, 이전보다 높은 이윤을 창출하였다.

Haarmeyer and Yorke(1993)는 ABP는 1981년에 9,300명의 종업원으로 £1백만의 이윤을 창출했으나, 1990년에는 3,633명의 종업원으로 £60.2백만의 이윤을 창출하고 있다고 말하고 있다.

민영화는 또한 혁신과 다양화를 촉진하였다. 일부 항만은 개량되었는데, 1991년 Hull에서 Alexandra Dock이 다시 문을 열었다. 또한 일부 항만은 다른 상업적 목적을 위해 이용되기도 한다. Southampton, Liverpool, Hull 및 Central London의 항만은 상점과 주거지로도 개발되었다. 민영화는 공공 소유일 때보다 훨씬 많은 투자를 이끌어내어, 더 큰 이윤을 창출하고 있다.

12.7 영국 버스 민영화와 규제완화

제6.6절에서 현재의 영국 버스산업 특성을 간략하게 설명하였는데, 이는 1986년 이전에 비해 매우 상이하다. 1986년 이전의 버스산업은 네 부문으로 나눌 수 있다. 첫째, 대규모 공기업인 England와 Wales의 National Bus Company, 영국 북쪽의 Scottish Bus Group이다. 이들은 런던 이외 지역의 시내버스 운행거리의 절반 이상을 제공한다. 둘째, 7개 대도시에서 각각 운행하였던 7개의 Public

Transport Companies이다. 이들은 각각의 Public Transport Executive에 의해 소유되는데, 해당 도시의 County Council에 의해 관리된다. 대표이사는 관할구역 내 버스서비스를 제공하는 책임이 있다. 런던 이외 지역의 시내버스 운행거리의 1/4을 차지한다. 셋째, 주지방에서 규모가 큰 44개 도시에서 운행되는 시영버스 회사로, 시내버스 운행거리의 약 12%를 차지한다. 마지막으로 나머지는 소규모의 민간회사들에 의해 벽지에서 상업적으로 운행되거나 대도시에서 보조금을 받으며 운행되는 서비스이다. 1986년 이전에 버스산업에 대한 규제는 강력하였고, 정부의 통제 하에 있었다.

Transport Acts는 1984년 6월에 발간된 White Paper에서 처음 제안되었는데, 버스산업의 문제점, 특히 버스회사 간 비용 및 효율성 차이, 그리고 만연해 있는 교차보조(cross-subsidization)를 지적하였다. White Paper는 버스산업이 매우 경합적(contestable)이며 경쟁에 대한 위협을 통해 효율성을 충분히 개선할 수 있기 때문에 민영화와 규제완화를 시행할 것을 제안하였다.

Gomez-Ibanez and Meyer(1993)는 1985년의 British Transport Act를 '도시의 대중교통서비스 민영화를 위해 취해진 가장 극적이고 야심찬 노력 가운데 하나'라고 칭하였다. 공식적으로 1986년 10월 26일에 시행된 이 법률은 London을 제외한 England와 Wales에서 버스산업의 민영화와 규제완화를 시행하였다. 이는 세 가지의 주요한 변화를 초래하였다.

- 첫째, 버스산업 진입에 대한 정부의 규제는 대폭적으로 매우 완화되었다. 모든 회사는 지방정부에 단순히 42일 이전에 통보만 하면, 스스로 선택한 요금에서 실제적으로 어떠한 서비스도 운영할 수 있다.
- 둘째, 공공이 소유하고 있는 버스회사는 별개의 회사로 재편되었다. 1986년과 1988년 사이 England와 Wales에서는 72개의 National Bus Company 자회사를 매각하여, 정부에게 £3억 2천 5백만 이상의 수입을 발생시켰다. 하나의 회사가 3개 이상을 매입하거나, 인접한 지역에서 운영되는 회사를 인수할 수는 없었다. 대도시에서 Public Transport Executives는 Public Transport Companies에서 분리되어야 했다. 즉 이 회사는 더 이상 공적 지원에 의존할 수 없는 독립적인 영리추구 회사로 설립되었다. 반드시 매각할 필요는 없었으나, 1991년까지 이 중에서 2개 회사가 민간에게 매

각되었다. 중규모 도시의 시영버스회사에도 마찬가지 논리가 적용되었다.

- 셋째, 이 법률은 버스시장을 두 부문으로 구분하였다. 하나는 민간회사가 공급할 수 있을 정도로 이윤이 발생하는 상업부문(commercial sector) 서비스이고, 다른 하나는 이윤이 발생하지는 않지만 사회적으로 필요한 입찰부문(tender sector) 서비스이다. 후자는 재정지원에 대한 보상으로 지방정부가 제시하는 서비스에 민간회사가 입찰하게 된다. 입찰과정에서의 경쟁을 통해 버스산업에 대한 재정지출을 최소화시킬 수 있다고 믿었기 때문이다.

이러한 체제는 1989년 Transport (Scotland) Act에 의해 Scotland에도 확대되었다. 그러나 Northern Ireland에서는 여전히 공공에 의해 버스서비스가 소유되고 규제되고 있다.

12.7.1 결과

Gomez-Ibanez and Meyer(1993)는 규제완화가 시행된 첫날에 개혁 이전과 비교해 버스 운행거리의 80%가 상업적 서비스로 등록하였다고 말하고 있다. 이 비율은 시간이 흐름에 따라 더 증가하였을 것이다.

개혁이 없었더라도 버스산업에 영향을 미쳤을 외생적 요인 때문에 Transport Act만으로 인한 효과를 정확히 분리하는 것은 어렵다. 이러한 요인에는 규제완화 및 민영화와 함께 시행된 정부의 보조금 감축, 계속되는 경제성장 및 상대적으로 더 저렴해지는 승용차가격 추세 등이 있다. 그러함에도 불구하고 관련 자료의 분석을 통해 잠정적인 교훈을 도출할 수 있다.

12.7.1.1 버스이용과 서비스

1985/1986년에 버스산업은 계속해서 장기적인 침체를 겪고 있었다. Commission for Integrated Transport(2004)는 시내버스 승객 수가 1950년 160억명 이상에서 1985/1986년에 56억명으로 하락하였다고 말한다. 승용차가 상대적으로 계속 저렴해지는 상황에서 시내버스는 점차 열악한 대체제로 간주되었다. 규제완화는 승객 수 감소를 역전시키지는 못했지만, 감소비율이 낮아지도록 하였

으며 최근에는 그 비율이 일정해졌다. London, Brighton, Edinburgh, York, Nottingham, Oxford 및 Cambridge에서 버스이용은 증가하였지만, England 전체로 보면 규제완화 이후 2002/2003년 사이에 시내버스 승객 수는 18.9%가 감소하였다. 런던에서의 버스이용은 1984년과 2002/2003년 사이에 놀랍게도 32.7%나 증가하였다.

적자 서비스가 상업적 서비스로 등록되는 경우는 거의 없었기 때문에, 지방정부는 이들 서비스의 대부분을 경쟁입찰을 통해 원상복귀시켰다. 그렇지만 거의 모든 지역에서 특정 시점에 일부 노선에서는 서비스가 감소하였으므로, 모든 승객이 혜택을 얻은 것은 아니라고 결론지을 수 있다.

12.7.1.2 경쟁

Gomez–Ibanez and Meyer(1993)는 규제완화가 도입된 연도에 London 이외 모든 지역에서 시내버스 운행거리의 3%만을 복수의 회사가 운영하고 있다고 말한다. 따라서 승객의 관점에서는 개혁으로 더 많은 선택이 가능해진 것은 아니다. 그러나 거의 모든 주지방에서 일부 버스노선에 신규 회사가 진입하였으며, 특정 지역에서는 치열한 경쟁이 있었다. 하나의 예로 Portsmouth지역에서는 Transit Holdings Portsmouth와 People's Provincial 간에 상호 합의에 도달할 때까지 수년간 운임전쟁과 공격적인 노상경쟁이 지속되었다. 대부분의 회사는 신규 진입이 없는 지역에서도 보다 효율적이 되고자 노력함으로써 방어적인 조치를 취하였다. 이에 비추어 볼때, 버스시장은 경합적(contestable)이라고 말할 수 있다.

1985년 이후에는 거대한 지주회사가 전국적으로 다른 회사를 인수함으로써, Great Britain 내 버스산업은 매우 집중되는 현상을 나타냈다. 그 결과 2005년에는 다섯 개 회사가 종업원의 약 80%를 고용하고, 나머지 20%는 대개 종업원 10명 이하의 회사에 고용되고 있다. 시내버스 시장이 11개 지역으로 구분되어 있고, 대규모 4개 회사 중 어느 1개 회사도 모든 지역에서 중요한 위치를 갖고 있지 않음을 고려하면, 소수 회사에의 집중도가 얼마나 큰 지를 알 수 있다. 비정기 버스 서비스 부문은 덜 집중되어, 전체 종업원의 30% 이하가 종업원 50명 이상의 회사에 고용되고 있다.

12.7.1.3 혁신

규제완화는 영국 버스산업에 상당한 혁신을 초래하였다. London 이외 England 지역에서 버스 대-km는 1984년과 2002/2003년 사이에 17.5% 증가하였는데, 운영자가 신규 노선과 배차간격이 짧은 서비스를 개발하였기 때문이다. 경쟁수준과 버스 운행거리의 증가에는 분명히 정(+)의 상관관계가 존재한다.

논란의 여지가 있지만, 버스 대-km 증가에 크게 기여한 요인은 가장 훌륭한 혁신이라고 할 수 있는 미니버스의 도입이었다. 1985년에는 9개에서 16개의 좌석을 갖는 미니버스는 6,500대만 있었으나, 2003년에는 11,700대로 증가하였다. 한편 이층버스 대수는 규제완화 이후 크게 감소하였다. 미니버스는 많은 장점을 가지고 있다. 첫째, 미니버스 운전자는 큰 차량 운전자에 비해 보통 적은 임금을 지불받아 미니버스의 운영비용은 더 낮아지고, 유지비용도 낮으며, 보다 빠른 속도로 운행할 수 있다. 둘째, 운영회사는 미니버스를 이용하여 승객에게 더 편리한 노선을 개발할 수 있고, 이층버스가 접근할 수 없는 도로에 접근할 수 있으며, 상이한 목적지를 가진 주민에게 서비스를 제공하기 위해서 외곽 종점에서 갈라지는 여러 지선을 갖는 노선을 개발하면서도 본선과 지선에서 합리적인 재차율을 유지할 수 있게 한다. 마지막으로 승객은 이웃 주민과 함께 통행하고 운전자와도 더 가까워짐에 따라, 안전에 더 큰 자각을 하게 되었다.

혁신의 또 다른 효과는 버스의 평균 연령이 1994년 말 9.9년에서 2001년 말 8.4년으로 하락했다는 것이다. 이러한 경쟁의 증가는 분명히 규제완화에서 기인한 것이고, 명백히 긍정적인 결과이다.

12.7.1.4 요금

National Economic Research Associates(1997)는 규제완화 이후 전국적으로 버스요금은 실질가격 기준으로 계속 크게 상승하고 있다고 말하고 있다. 예를 들어 1988년 12월과 1996년 1월 사이에 소매가격지수는 36% 상승하였으나 버스요금은 54% 상승하였다. 이러한 요금의 증가는 지역별로 상이한데, 대도시 지역에서 가장 크게 증가하였고 주지방에서는 조금씩 증가하였다. 또한 경쟁이 적은 지역에서 요금은 더 빠르게 증가하였는데, 사례지역으로 Southern Vectis가 매우 높은 시장지위력을 갖고 있는 Isle of Wight지역, 합병 이후의 Hastings지역, 그리고 경쟁회사가 퇴출한 Bognor지역을 들 수 있다.

개혁과 상관없는 외생적인 두 가지 요인에 의해서도 요금은 증가하였을 수도 있다. 첫째, 개혁과 함께 이루어진 공공보조금의 감소이다. 이는 요금이 가장 크게 증가한 대도시 지역에서 가장 큰 영향을 미쳤을 것이다. 둘째, 승객 수 감소 추세로 재차율이 감소하게 되자 회사는 이윤을 확보하기 위해 요금의 상승 압력을 받았을 것이다. 그러므로 요금에 대한 개혁의 효과를 명확하게 이해하기 위해서는 회사의 운영비용과 수익성을 살펴보는 것이 필요하다.

12.7.1.5 효율성과 수익성

서비스의 총비용보다 단위비용을 평가하는 것이 중요한데, 총비용은 보조금 및 운행거리 변화에 크게 영향을 받기 때문이다. Commission for Integrated Transport(June, 2004)는 1마일당 평균 운행비용은 1986년과 1996년 사이에 실질금액 기준으로 특히 런던에서 44% 감소하였다고 주장한다. 경쟁(그리고 경쟁의 위협)이 증가함에 따라, 회사는 보다 효율적이어야 했다. 더 작은 차량의 이용을 증가시키고, 운전자들의 실질임금을 감소시키며, 때로는 사회적으로 필요하지만 적자가 발생하는 노선 대신에 이윤이 발생하는 상업적 노선에 집중하였다.

수입측면에서 1984년과 2002/2003년 사이에 Great Britain 전역에서 승객수입은 1.21% 증가하였다. London에서의 수입 증가가 매우 커서, London 이외 지역에서의 1985/1986년과 2002/2003년 사이 0.7%의 수입 감소를 상쇄하고도 남았다. 전반적으로 버스산업은 규제완화로 인해 더 많은 이윤이 발생하게 되있는데, 아마도 회사가 이윤이 발생하는 상업적인 노선에 집중하였기 때문으로 예상되었던 것이다. 1990년대 중반에 버스산업의 수익성은 특히 크게 증가하였다.

효율성과 수익성의 증가는 개혁의 또 다른 직접적인 편익 효과인데, 이는 규제완화 이후에 발생한 시장의 집중으로 일부분 설명될 수 있을 것이다. 시장의 집중으로 대규모 5개 회사는 자본시장에서 그들의 구매력을 행사할 수 있게 되었다. Big Four 중에서도 Stagecoach의 이윤은 가장 크게 증가하였는데, 이는 아마도 점차 더 유리한 조건으로 차량을 갱신하여 운영비용을 감소할 수 있었기 때문이다. 이와 더불어 적자가 발생하는 특정한 노선의 감축은 규제완화가 효율성과 수익성 측면에서 완전히 긍정적이지 않다는 결론도 내리게 한다.

12.7.1.6 입찰서비스 비용으로서의 보조금

초기에 보조금이 지원되는 노선에 대한 입찰은 상대적으로 매우 적었다. 따라서 많은 지방정부는 더 큰 경쟁을 촉진하고 소규모 버스회사를 유인하는 정책을 제시하였다. 예로서 East Sussex지역의 비용입찰제(회사에게는 어떠한 위험도 발생하지 않는)를 들 수 있다. 그 결과 커다란 경쟁이 실제 발생하였고, 비상업적인 노선을 유지하는 데에 필요한 정부보조금 수준은 실질금액 기준으로 크게 하락하여, 규제완화의 중요한 목표를 성공적으로 달성하였다. London 이외 England에서의 시내버스에 대한 정부보조금은 규제완화 이후 2002/2003년 사이 60.6% 하락하였다. 가장 큰 보조금 감소는 당연히 대도시 지역에서 이루어졌다. 비록 21세기 초기 몇 년에는 보조금이 증가하였지만, 대부분의 유럽연합 국가보다 여전히 낮다. 보조금 증가의 상당부분은 벽지지역의 주민에게 서비스를 더 제공하였기 때문이다.

12.7.1.7 전반적인 결과

Gomez-Ibanez and Meyer(1993)는 버스산업의 규제완화와 민영화가 보조금 감축에 따른 부정적인 효과와 수요감소라는 외생적인 추세를 상쇄하는데 도움이 되었다고 주장한다. 이는 특히 높은 경쟁이 나타난 지역에서 그렇다.

12.7.2 최근 조치: 규제완화의 약화?

2000년에 England와 Wales에 대해 또 다른 Transport Act가 통과되었는데, 이는 버스운송의 질을 향상시키는데 목적이 있다. 이에 따라 지방정부는 해당 지역의 요구에 맞는 Local Transport Plans와 버스전략을 수립하여야 한다. 지방정부는 또한 지역 내 버스서비스 공급을 개선시키기 위해 두 가지 계획인 Quality Bus Partnerships와 Quality Contracts를 수립하여야 한다. 특히 후자는 정부가 보다 적극적으로 규제하려고 하고 있어, 규제적 계약으로 다시 회귀하려는 움직임으로도 간주할 수 있다. 재규제(re-regulation)를 향한 이러한 최근의 추세는 Europe 전역에서 일반화되고 있다.

Quality Bus Partnerships는 정부와 회사 모두의 행동을 필요로 한다. 정부는 버스정류장, 버스대기소 및 버스차로를 개선시키고, 운영회사는 일정한 품질

기준을 충족시키는 것에 동의한다. 자발적으로 협의한 경우에는 어느 쪽도 지켜야 할 의무는 없다. 협의사항을 법으로 명시한 경우에는 운영회사가 요구수준을 충족시키지 못하면 파트너십을 맺은 지역 내에서의 서비스 운영이 허가되지 않으며, 정부는 합의된 개선사항을 시행할 의무가 있다. 2004년에는 2000년보다 17.6% 증가한 380개의 파트너십이 운영되고 있다. 비록 이윤이 많이 발생하는 지역에 서비스 개선의 초점이 맞춰져 일부 버스이용자에게는 상업적 서비스가 추가적으로 제공되지 않지만, 이러한 서비스 개선으로 승객 수는 크게 증가하였다고 말하고 있다.

Quality Contracts는 운행일정과 요금에 관한 결정권을 지방정부에게 더 많이 부여하는 것이다. Quality Contracts는 규제완화를 취소하고 지방정부에게 시내버스서비스 계약에 관한 권한을 부여하므로, 지방정부가 버스노선, 운행빈도 및 요금을 규정할 수 있다. 그리고 버스회사는 해당 지역 내에서 배타적으로 운행할 권리에 입찰한다. 중앙정부는 이러한 급진적인 조치를 최후의 수단으로 여기므로, 지방정부는 Quality Contract 시행에 대한 허가를 신청할 때에 그 필요성에 대한 증거를 제출해야 하고, 또한 처음 계획을 수립한 이후 21개월이 경과해야 효력이 발생된다. 그러나 Quality Contract 신청이 이뤄지기 전에, 반드시 Quality Bus Partnership이 실패했어야 하는 것은 아니다.

지방정부는 위 두 가지 권한의 어느 하나를 사용하도록 강요받지는 않는다.

12.7.3 London 사례의 교훈

London은 England, Wales 및 Scotland와 달리 규제가 완화되지 않았지만, 운영회사는 서비스 운행계약을 체결하기 위해서는 반드시 경쟁해야 하므로 새로운 경쟁 압력을 받게 되었다. 노선, 운행일정 및 요금은 계속 중앙에서 계획되었지만, 버스이용객은 가장 크게 증가하였다. 만일 London과 같은 규제가 Great Britain 전지역에 재도입된다면, 버스산업 전체에 이로울 것이라고도 논평가는 주장하고 있다. 그러나 이 주장은 Belfast와 비교하면 알 수 있듯이 London 사례의 독특함을 간과하는 것이다. 버스서비스가 아직도 규제된다는 점에서는 London과 Belfast는 동일하나, London에서는 운영권계약을 통해 민간이 운행하는 대신에 Belfast에서는 정부가 직접 운행하고 있다는 점에서 커다란 차이가 있다.

Belfast에서는 London과 달리 버스이용객이 증가하지 않았다. 사실 버스 승객 수는 계속 감소하였고, 운행빈도와 신뢰도는 교통혼잡에 의해 커다란 영향을 받았다. London에서 이로운 경험이 나타나는 원인은 규제체계만에 의한 것이 아니다. 영국의 수도라는 독특한 특성에도 기인한다. 첫째, 버스서비스 개선과 함께, 주차공간 감소와 주차요금 인상, 혼잡통행료 도입과 같이 승용차 수요를 제한하였다. 둘째, 높은 경제성장과 관광객 증가로 런던의 인구는 증가하였다. 셋째, 도시철도 통행을 확대하는 데에는 한계가 있다. 이와 반대로 Belfast는 버스우선정책과 승용차 수요제한정책을 시행하는 데에 실패하였고, 다른 대도시에 비해 상대적으로 싼 주차공간을 1980년 이래로 크게 확대하였다. 마지막으로 London에서는 버스에 지급되는 보조금이 급속하게 증가하였다.

가장 중요한 교훈은 버스이용을 촉진하는 계획은 대체수단, 특히 승용차 이용을 제한하는 조치를 포함해야 한다는 것이다. Cambridge의 버스이용이 증가한 이유 또한 마찬가지이다. 주차공간은 제한되었고 주차비용은 매우 비싸졌으며, 효과적인 park and ride체계가 개발, 확대되었다. 버스 규제 자체만으로는 불충분하다.

12.8 유럽 버스시장에서의 경쟁입찰

Hensher and Wallis(2005)는 전 세계의 많은 버스산업 민영화와 규제완화에 대해 연구하였다. Scandinavian국가는 특히 버스산업을 개혁하는 정책에 많은 투자를 하였다. 스웨덴과 덴마크에서는 1989년과 1990년에 각각 시내버스서비스에 경쟁입찰을 도입하였다. 대부분 공공부문이 버스회사를 소유하였지만, 현재는 대부분 민간부문이 소유하고 있다. 핀란드는 1995년에 경쟁입찰을 도입하여, 현재는 공공과 민간 모두가 버스회사를 소유하고 있다. 노르웨이는 영국과 유사한 경로를 따르고 있다. 경쟁입찰을 도입하였으나, 영국의 quality contract와 유사하게 협상에 의한 성과에 기초한 계약으로 대체하였다. 2001년 1월 이후에는 노르웨이 계약은 보다 장기간을 대상으로 하고, 운영회사에게 이용자의 수요와 요구에 맞는 서비스를 제공할 책임을 부과하고 있다.

입찰되는 서비스에 보다 엄격한 조건을 정부가 규정함으로써, 초기 경쟁입찰의 영향력을 약화시키려는 경향이 Europe 전역에 퍼져 있다. Hensher and Wallis(2005)는 첫 번째 경쟁입찰에서는 일반적으로 상당한 비용절감이 있지만, 계속되는 경쟁입찰에서는 비용이 다시 증가하는 이유를 설명하고 있다. 무엇보다도 계속되는 경쟁입찰에서는 정부가 운영회사에게 더 높은 서비스 특성을 요구하기 때문이라고 말한다.

12.9 독일과 아일랜드의 사례 요약

12.9.1 독일 사례

독일은 국가경제에서 공공부문이 깊게 개입해 온 역사를 갖고 있다. 1970년대에 독일 산업에서 공공부문의 규모는 크게 확대되었는데, 이는 증가하는 해외 경쟁의 위협에 대처하기 위한 것이었다. 상대적으로 최근까지도 독일 정부는 광범위한 규제완화와 민영화의 이행을 꺼려하였다. 독일 헌법은 1996년까지 철도와 내륙수로에 대한 국가독점을 보호하였다. 그렇지만 민영화와 규제완화는 점진적으로 이행되고 있다.

일련의 민영화와 규제완화는 1994년에 이행되었다. 국영항공사인 Lufthansa가 완전히 민영화되었고, 해운산업이 규제완화 되었으며, 철도가 구조개혁 되었다. 철도는 공기업에서 합자회사 형태의 민법 상 회사로 전환되었다. 국가는 여전히 철도의 소유주이지만, 기반시설, 화물운송 및 여객운송(도시 및 지역간 서비스로 추가적으로 분리됨) 각각에 대해 독립체로서의 자회사가 설립되었다. 철도 구조개혁을 하면서 경제적 효율성을 촉진하기 위해 각 자회사에 경쟁입찰제도를 도입하였다. 도로 화물수송 역시 1994년에 규제완화 되었지만, 1998년에서야 진입규제와 cabotage 금지가 완전히 해제되었다.

항공시장은 EU의 입법에 따라 1998년에 규제완화 되었다. 그러나 EU 내 공항에의 차별적 접근에 관한 규칙이 아직도 제거되지 않았다. 예를 들면 기득권보호조항(grandfather right)이 여전히 적용되고 있다. 이는 독일의 항공시장에 있어서도 마찬가지이다.

독일 운송부문에서의 민영화와 규제완화는 이들 시장에 긍정적인 효과를 가져왔다. 도로화물시장의 경우 가격이 하락하였다. (실제로 규제완화 이후 첫 해에 장거리 운송시장 요금은 규제될 때의 가장 낮은 요금보다도 평균 2.4% 낮았다.) 서비스 품질은 개선되었고, 또한 경제적 효율성은 증가하였다. 운송시장에 새로운 생산자, 예를 들어 항공산업에서의 Aero Loyd와 Germanwings가 진입하였고, 제품 차별화와 개발이 증가하였다.

12.9.2 아일랜드 사례

아일랜드의 교통부문은 엄격한 공공부문의 규제 하에 있었다. 예를 들면 1935년의 Air Navigation Order는 산업부 장관에게 상업적인 항공서비스에 대한 규제권을 부여하였다. 이 규제권은 국내외 경쟁으로부터 국영 항공사인 Aer Lingus를 보호하는데 적극적으로 이용되었다. 그러나 1970년대와 1980년대 초에 국가 소유 기업의 효과성에 대한 환멸에서 점차 깨어나고 있었다. National Prices Commission(1972)은 공공부문의 버스와 철도요금이 소규모의 독립적인 회사에 비해 매우 높음을 발견하였고 1984년 Aer Lingus는 17개 유럽 항공사 평균 노동생산성의 53%에 불과하다는 것을 발견하였다(Barrett, 1987). 이로 인해 민영화와 규제완화를 위한 정치적 여건이 무르익고 있었다.

아일랜드 또한 영국의 민영화에 깊은 관심을 가지고 있었다. 특히 1980년대 초에 54,000명의 종업원으로 적자를 냈던 British Airways가 1980년대 중반에 36,000명의 종업원으로 거의 £2억의 이윤을 내는 항공사로 변화된 데에 깊은 인상을 받았다. 그리하여 아일랜드의 항공시장은 1986년에 규제완화 되었다. 그러나 Aer Lingus는 정부의 규제 하에 있었다. (사실 1992년에 Aer Lingus는 파산하였지만, 정부가 £1억 7천 5백만의 자본을 투입하여 구제하였다.)

규제완화로 Dublin–London 노선의 요금은 즉각적으로 54% 감소되었고, 2년전과 비교하여 1987년 8월 승객 수는 92% 증가하였다. 규제완화 이전 관광객 수는 연간 2백만명이었으나, 수 년내에 세 배로 증가하였다(Barrett, 2006). Aer Lingus는 2001년에 1/3의 종업원을 감축하여 4,000명으로 구조조정 하였고, 2005년 5월에 민영화를 발표하였다.

1992년에 영국과 아일랜드 간 해운노선은 완전히 민영화되었는데, 이 노선은 1965년에 국영화되었었다. 민영화 이전에 영국과 아일랜드가 입었던 손실은 인수회사의 이윤을 초과하였지만, 3년 이내에 선박 수는 증가하였고 이윤은 ₤1천 1백만을 초과하였다.

마지막으로 언급할 규제완화는 1988년에 시행된 도로화물운송시장에 대한 것이다. 규제완화 이전에는 아일랜드 도로화물운송의 83%가 자가용 화물차에 의해서 운송되었으며, 영업용 화물차에 의한 화물운송은 상대적으로 적었다. 그러나 규제완화 이후 영업용 화물차에 의해 운송된 화물의 비중은 1993년에 63%로 증가하였다(Barrett, 1998).

제13장

프로젝트 평가: 비용–편익 분석

Chapter 13

기본적인 경제문제는 사회의 필요와 요구는 무한적인 반면에, 이들을 충족시키는 데에 필요한 자원은 한정되어 있어서 발생한다. 따라서 한정된 자원은 가장 생산적이고 유익한 방법으로 사용되는 것이 매우 중요하다. 프로젝트 평가에 대해서는 일반적으로 두 가지 형태가 존재한다. 첫 번째는 재무적 평가(financial appraisal)로, 단순히 이 프로젝트가 초래하는 순 재무적 이득(재무적 비용과 편익)에 의거해 평가하는 것이다. 두 프로젝트를 비교해서 투자자에게 보다 큰 이윤을 초래하는 프로젝트가 선택될 것이다. 두 번째는 경제적 평가(economic appraisal) 혹은 비용–편익 분석(cost–benefit analysis)으로, 단순히 재무적 측면만이 아니라 사회에 발생하는 모든 비용과 편익을 평가한다. 따라서 사회 전체에 가장 커다란 편익을 발생시키는 프로젝트가 선택될 것이다.

재무적 평가는 기업이 어디에 투자할 것인가를 고려하기 시작한 이래로 계속 이용되고 있다. 비용–편익 분석은 최근에서야 개발되었는데, 미국 연방정부가 관개사업, 수력발전사업 및 상수도공급사업에 대한 대규모 공공자금의 투자여부를 결정해야 했던 1930년대에 최초로 개발되었다. 비용–편익 분석방법은 현재에도 또한 계속적으로 개선되고 있다. 본 장에서 고찰되듯이, 이 방법은 결코 완벽하지 않지만 계속 발전되고 있는 것은 분명하다.

13.1 비용–편익 분석의 필요성과 유형

민간부문의 의사결정자들은 이윤극대화나 주주의 수익극대화라는 목표를 추구하기 때문에, 재무적 평가 결과에 따라 의사결정을 할 가능성이 크다. 그러나 공공부문에서 단순히 재무적 비용과 편익만을 고려하는 것은 적절하지 않다. 왜냐하면 제9장에서 고찰되었듯이, 재무적 비용과 편익은 외부비용과 편익(external costs and benefits)을 포함하지 않고 있으며, 또한 시장에서 왜곡되어 있어 프로젝트에 대한 진정한 의미의 비용과 편익을 반영하지 못하고 있기 때문이다. 공공부문은 또한 일상적인 이윤극대화 외에 다른 목표를 갖고 있다. 예를 들면, 모든 지역주민들에게 적절한 교통서비스의 접근이 가능하도록 하는 것 혹은 환경피해의 최소화이다. 지방 철도노선의 폐쇄와 지역공항에 새로운 활주로 건설은 이윤이 남는 사업일 수도 있지만, 앞에 언급한 여러 목표들과 틀림없이 상충될 것이다.

이러한 경우에 공공부문은 비용-편익 분석을 사용해야 한다. 주민들로부터 거둬들인 조세수입을 사회 전체에 가장 유익하게 지출해야 하는 정치적 압력때문에도 공공부문은 비용-편익 분석을 더욱 사용해야 할 필요성을 갖는다.

일부 시설들은 요금을 받지 않거나 정부 보조금 때문에 싼 요금을 받고 제공되기도 한다. 이는 요금징수가 불가능할 정도로 징수비용이 과다하게 소요되거나 공급의 한계비용이 낮기 때문일 수도 있다. 이 경우 수입은 아주 적거나 거의 없을 것이고, 이 시설은 재무적으로 자립할 수 없을 것이다. 비용-편익 분석을 통해 이 시설이 공공부문의 재원사용에 대한 가치를 제공하는 것인가를 판단할 수 있다.

비용-편익 분석에는 세 가지 유형이 있다. 첫 번째는 가장 일반적인 사전적 비용-편익 분석(ex ante cost-benefit analysis)이다. 이는 프로젝트의 가치에 관한 의사결정과정에서 이뤄지며, 예측된 값에 기초한다. 두 번째는 사후적 비용-편익 분석(ex post cost-benefit analysis)이다. 이는 투자결정이 내려지고 프로젝트가 완료된 이후에 이뤄지며, 실제 값에 기초한다. 두 번째 분석의 목적은 사업의 평가에 있다. 투자된 사업이 가치가 있었는가를 평가하는 것으로, 미래의 유사한 투자사업결정에 정보를 제공하기 위한 것이다. 마지막 유형은 중간적 비용-편익 분석(in media res cost-benefit analysis)이다. 이는 프로젝트의 추진기간 중에 이뤄진다. 따라서 프로젝트가 연장되어야 하는가 아니면 다른 프로젝트로 전환되어야 하는가에 관한 결정을 함에 있어서 유용하다. (물리적) 자본투자의 경우에는 프로젝트가 중단되면 이미 매몰된 비용이 유실되기 때문에 프로젝트가 완료되기 이전에 자본투자를 중단시키는 데에는 거의 이용되지 않는다. 그러나 사회적으로 효율적이지 않은 서비스의 제공을 중단시키는 데에는 이용된다. 사후적 분석은 중간적 분석보다 더 정확할 것이며, 중간적 분석은 사전적 분석보다 더 정확할 것이다. 왜냐하면 사전적 분석, 중간적 분석, 그리고 사후적 분석의 순서로 실제 값보다는 추정 값을 사용하기 때문이다.

정부나 분석가에게 있어 동일한 프로젝트의 사전적 분석과 사후적 분석을 비교하는 것은 유용할 것이다, 이를 통해서 사전적 분석의 정확성을 조명해 볼 수 있기 때문이다. 이는 장래의 프로젝트에 대한 비용-편익 분석의 정확성을 개선하는데 도움이 될 것이다.

13.2 비용-편익 분석 방법론

비용-편익 분석은 7단계로 구성되어 있는데, 산봉우리 양쪽에 있는 두 마을을 연결하는 도로를 건설하는 프로젝트에 각 단계를 적용해 고찰해 보기로 한다.

13.2.1 1단계: 선택 가능한 대안 설정

첫 번째 단계는 모든 잠재적인 대안을 설정하는 것이다. 산 둘레에 있는 두 마을을 연결하는 도로사업의 경우에는 이 단계가 비교적 명확하다. 첫째 대안은 도로-터널을 건설하는 것이고, 둘째 대안은 철도-터널을 건설하는 것이며, 셋째 대안은 산 주변을 돌아가는 도로를 건설하는 것이다. 그러나 터널에는 많은 유형이 존재하고 또한 도로나 철도에 대해서도 변경이 가능한 무수한 측면, 예를 들어 건설에 사용될 재료나 규모가 무수하다는 것을 고려하면 선택 가능한 대안은 위의 세 가지보다 훨씬 더 많아진다. 따라서 분석가는 가장 실현 가능한 대안들을 관리 가능한 수만큼 설정할 필요가 있다.

정책시행의 경우, 예를 들면 자동차에 대해 보다 엄격한 환경기준을 도입하는 경우에는 명확한 대안이 존재하지 않을 수도 있다. 이 경우에는 현재의 상황이 유지되는, 즉 바람직하지 않은 현재 그대로의 정책(business-as-usual policy)에 반대되는 대안을 설정하는 것이 중요하다.

13.2.2 2단계: 영향 인식

프로젝트와 관련된 모든 잠재적인 비용과 편익을 나열하는 것이 필요하다. 위 예제에서 개별 대안에 대한 비용은 초기 건설비, 계속 발생되는 유지비, 산을 방문하는 관광객의 감소 그리고 자연환경에 대한 피해가 포함될 것이다. 편익은 통행시간의 절약, 두 마을과 지역간 증가된 교역량, 산길도로 통행에서의 사고 감소 그리고 교통혼잡의 감소가 포함될 것이다.

그러나 이러한 것이 처음 생각하는 것만큼 그렇게 단순하지는 않다. 첫째, 어느 정도까지 포함시킬 것인가에 대한 경계선이 결정되어야 한다. 단지 지역적 영향 변화만 포함하여야 하는가, 아니면 국가 혹은 국제적인 영향 변화도 포함하여야 하는가? 예를 들어, 새로운 도로시설은 도로상의 교통량을 증가시킴으로써, 전체적으로 오염배출을 증가시켜 환경적 피해를 유발할 것이다. 혹은 관광객들이 보다 편리하게 여행을 할 수 있게 되어, 국가 전체의 관광수준이 증가할 수도 있다. 이러한 것들 역시 고려되어야 하는가? 둘째, 이들 영향을 보는 시각이 서로 상반될 수가 있다. 예를 들어, 지역 내 마을주민들은 산을 방문하는 관광객의 감소를 비용으로 볼 것이나, 산의 토지소유주들은 오히려 환영할 것이다. 어떠한 관점이 연구자에 의해 채택되어야 하는가?

13.2.3 3단계: 사업 수명기간 동안의 총영향 추정

많은 경우 프로젝트는 비용과 편익을 즉각적으로 발생시키지 않는다. 인프라 프로젝트, 특히 위 예에서 교통시설은 오랜 기간동안 수명을 가지고 있고, 비용과 편익은 이 기간 동안 계속 발생될 것이다. 산을 관통하는 터널은 열차가 되었든 자동차가 되었든 차량들에 의해 10년 동안 이용될 것이므로 이용자에게 편익을 발생시킬 것이지만, 동일한 기간동안 유지비용 또한 발생시킬 것이다. 올바르게 평가하기 위해서는 2단계에서 인식된 모든 영향들이 프로젝트의 전체 수명기간 동안 모두 합해질 필요가 있다.

효과적인 장래 추정 또한 필요한데, 이를 제대로 하는 데에는 많은 문제가 있다. 만일 과거 추세가 장래에도 계속 유지된다면, 장래 추정은 단순하게 이루어질 수 있다. 문제는 과거 추세가 장래에 동일하게 유지되지 않는다는 것이다. 예를 들어, 연결된 교통시설을 이용하는 교통량은 연결된 마을의 인구나 마을 내 경제활동 수준의 변화에 따라 시간이 지나면서 변화할 것이다. 이외에 교통량에 영향을 미치는 다른 요인은 무수히 많으며, 일부는 분석가에게 알려져 있지 않다. 따라서 정확한 장래 추정을 어렵게 만든다. 또한 프로젝트 자체에서 의도되지 않은 효과가 발생하여, 장래 추정을 더욱 어렵게 하기도 한다. 의도되지 않은 효과의 하나로 프로젝트로 인해 발생하는 잠재적 편익효과를 감소시키는 상쇄 혹은 보상효과(offsetting or compensating effect)가 있을 수 있다. 또한 파급효과(spillover effect)도 있는데, 이는 잠재적 편익을 증가시킬 수도 혹은 감소시킬 수도 있다. 예를 들어, 연결 교통시설은 두 마을 간의 통행을 용이하게 하기 때문에 소비자들은 한 마을에서 다른 마을로 쇼핑을 갈 수 있을 것이며, 이로 인해 첫 번째 마을의 관광객 증가를 감소시키는 상쇄효과를 유발할 것이다. 반면에 이러한 통행량 증가는 총통행량을 원래 추정치보다 더 증가시키는 파급효과를 발생시킬 것이다.

이들 변수들 간의 관계는 매우 복잡하기 때문에, 프로젝트의 총영향을 시간대별로 정확히 추정하는 것은 매우 어렵다.

13.2.4 4단계: 영향의 화폐가치화

2단계와 3단계에서는 모든 영향들을 인식하여 그 크기를 추정하지만, 이들은 상이한 단위로 되어 있다. 통행시간의 절약은 시간단위로 나타나는 반면에, 관광활성화 효과는 화폐단위나 증가된 고용자수로 나타난다. 단위가 다른 이들 영향들을 상호 비교하는 것이 불가능하기 때문에, 이들 모두를 동일한 단위인 화폐로 측정할 필요가 있다.

화폐단위로 모든 영향을 측정하는 것은 어렵고, 논란의 여지가 있을 수 있다. 비용–편익 분석에서는 일반적으로 지불용의 접근법(willingness–to–pay approach)을 통해 화폐단위를 측정하는데, 여기에서의 가치는 단순히 사람들이 하나의 비용을 회피하기 위해 혹은 하나의 편익을 발생시키기 위해 지불할 용의가 있는 금액이다. 시장이 효과적으로 작동하는 경우에 영향의 가치는 수요곡선으로부터 도출될 수 있기 때문에 영향을 화폐단위로 측정하는 것은 간단하다. 그러나 시장이 존재하지 않거나, 시장이 불완전한 경우에는 영향을 화폐단위로 측정하는 것은 매우 어렵다. 예를 들어, 생명가치에 대한 명확한 시장은 존재하지 않는다, 따라서 생명에 대한 가치를 어떻게 측정할 것인가? 이 경우 영향의 진정한 경제적 가치를 나타내는 잠재가격(shadow price)을 도출할 필요가 있다.

많은 경우에는 내재적(implicit)이거나 대리적(proxy)인 시장을 찾는 것이 가능하다. 예를 들어, 어떤 프로젝트는 특정 개인의 생명을 구하지는 않지만, 다른 시설을 이용했을 경우에 비하여 이용자들의 사망위험을 감소시킬 것이다. 사람들은 여러 방법으로 사망위험을 감소시키는 데에 돈을 지불하고 있으므로, 현재 제안되고 있는 프로젝트에 따른 사망위험의 감소에 대해 지불용의 총금액을 추정하는데 이용될 수 있다.

13.2.5 5단계: 영향의 할인을 통한 현재가치화

오랜 기간동안 비용과 편익을 발생시키는 프로젝트에서는 그 비용과 편익이 현재시점에서의 진정한 가치를 반영하도록 할인(discount)되는 것이 중요하다. 왜냐하면 사람들은 장래보다 현재에 더 소비하고자 하기 때문이다. 다시 말해, 10년 후 일정 금액에 대한 현재의 약속보다는 동일한 금액에 대한 현재의 가치가 더 높다. 물가상승이 이러한 요인의 하나이지만, 더 주요한 요인은 사람들의 선호때문이다.

이러한 할인은 장래 t년의 비용 혹은 편익의 가치를 $(1+s)^t$로 나눔으로써 이뤄지는데, 여기에서 s는 사회적 할인율(social discount rate)이다. 만일 프로젝트가 n년의 수명기간을 가지고 있고 C_t와 B_t가 각각 t년의 비용과 편익이라면, 비용과 편익의 현재가치(present value)는 다음과 같다.

$$PV(C) = \sum_{t=0}^{n} \frac{C_t}{(1+s)^t}$$

$$PV(B) = \sum_{t=0}^{n} \frac{B_t}{(1+s)^t}$$

이는 모든 장래의 비용과 편익을 각각 적합한 인수(factor)로 단순히 할인해서 얻어진 현재의 가치들을 더한 것이다. 이때의 어려움은 사회적 할인율에 대한 적정한 값을 설정하는데에 있다.

13.2.6 6단계: 민감도분석(sensitivity analysis)

지금까지 논의한 모든 단계에서, 분석의 결과에 크게 영향을 미칠 수 있는 불확실성 요소(elements of uncertainty)가 존재한다. 따라서 분석가는 개별 요소가 발생할 확률이 얼마인가에 따라, 개별 요소에 대해 가중치를 주는 것이 중요하다. 발생가능성이 확실한 요소에 대해서는 보다 불확실한 요소에 비해 높은 가중치가 주어져야 한다. 이를 통해서 모든 영향들의 진정한 가치가 보다 정확히 반영되어, 최종 결정이 이루어질 수 있다.

13.2.7 7단계: 대안별 순현재가치 비교

순현재가치(net present value)는 단순히 편익의 현재가치에서 비용의 현재가치를 뺀 것이다. 독립적인 프로젝트를 평가하는 경우에, 정부는 순현재가치가 양(+)의 값을 가지면 프로젝트를 실행해야 한다. 모든 사회적 비용과 편익이 분석에 포함되기 때문에, 프로젝트 실행의 결과로 사회적 후생이 개선될 것이다. 앞의 사례에서와 같이 두 마을을 연결하는 상이한 교통시설에서 대안이 하나 이상 존재하는 경우에는, 가장 큰 순현재가치를 지닌 프로젝트가 선정되어야 한다. 그 결과 비용이 일정한 상황에서 최대의 후생 증가를 발생시키게 된다.

그러나 이러한 의사결정방법이 반드시 자원이 가장 효율적인 방법으로 이용되는 것을 의미하지는 않는다. 분석가는 다만 1단계에서 설정된 대안들을 비교하고, 설정된 대안들 중에서 최종 선정된 대안이 자원을 가장 효율적인 방법으로 이용되는 것을 보장하는 것이다. 그러나 대안을 설정하는 과정에서 명시되지 않은 또 다른 대안이 존재할 수도 있다. 그리고 이 대안이 최종 선정된 대안보다 더 큰 순현재가치를 발생시켜, 자원을 더 효율적으로 이용하게 할 수도 있다.

13.3 비시장재(non-marketed products)의 가치 평가

시장에서 거래되지 않기 때문에 가격이 존재하지 않는 재화에 대한 화폐가치를 산정하기 위해서 여러 방법들이 개발되었다. 이러한 가치평가방법 가운데 가장 일반적인 것에 대해 Markandya *et al.*(2002)의 분류체계를 이용하여 간략하게 살펴보도록 한다. 각각의 방법은 상이한 상황과 재화에 적합하고, 모두 장점과 단점이 있다는 것을 명심해야 한다. 아무튼 본 절의 목적은 각 방법의 복잡한 문제점을 상세히 기술하는 것은 아니다. (가치평가방법에 대한 보다 상세한 분석과 환경적 이슈에 대한 적용에 관해서는 Markandya et al.(2002)을 참고하기 바란다.)

13.3.1 현시선호 직접대리법

현시선호 직접대리법(revealed preference direct proxy methods)은 동등한 시

장재, 즉 대리물(proxy)의 가치를 통해 비시장재의 화폐가치를 산정하는 것이다. 만일 비교대상 재화들이 진정으로 동등하다면, 한 재화의 시장가격은 나머지 재화에 대해 소비자가 부여하는 가치를 나타낸다고 말할 수 있다. 비시장재에 대한 화폐가치를 산정하는 방법은 다음과 같다.

■ 생산성변화법(productivity change method). 이 방법은 시장가치를 갖고 있는 재화를 생산할 때에 비시장재가 생산요소의 하나로 사용되는 경우에 적용할 수 있다. 다른 조건들이 동일하다면, 비시장재의 변화의 가치는 시장재 생산물의 시장가치 변화로부터 산정될 수 있다는 것이다. 예를 들어, 시장재 생산물(물고기 혹은 여가활동)의 생산요소로서 깨끗한 강이 간주될 수 있다면, 깨끗한 강의 가치가 산정될 수 있다. 강을 개선함으로써 시장재 생산물 가치가 변화된다면, 강의 가치를 산정하는 것이 가능하다.

■ 기회비용법(opportunity cost method). 비시장재가 만일 차선적인 고용(second–best employment)에서 시장가치를 갖는다면, 차선적인 고용에서의 시장가치를 도출함으로써 비시장재 가치가 산정될 수 있다는 것이다. 예를 들어, 역사적인 산림지역의 경우에 만일 공항터미널 신설이 차선적인 방법이라면, 공항터미널로 이용되었을 때 발생하는 가치를 도출해서 그 산림지역의 가치가 산정될 수 있다. 이 방법은 비시장재 가치는 적어도 그 재화의 기회비용과 동일하다는 것을 내포하고 있다.

■ 예방적 지출방법(defensive expenditure method). 시장에서 거래되지 않는 부정적인 효과(non–marketed negative effects)의 가치화(valuation)에 적용할 수 있다. 이러한 가치는 사람이 이를 회피하기 위해 얼마나 지불용의가 있는가를 추정함으로써 산정된다. 예를 들어, 화물차 통행이 많은 도로에서 증가된 소음의 가치는 주민들의 이중유리벽에 대한 지불용의 금액을 추정하여 산정할 수 있다. 소비자들은 지불용의가 있었으나 실제로는 지불하지 않기 때문에, 이 방법에 의한 추정치는 최소 가치로 간주되어야 한다.

■ 의료비용법과 인적자본방법(cost of illness and human capital methods). 비시장재가 건강에 미치는 영향을 통해 비시장재의 가치를 산정하는 것

이다. 인적자본접근법은 결과로서 잃게 되는 산출물(lost output) 가치를 평가함으로써 비시장재의 가치를 산정한다. 반면에 의료비용접근법은 더 완전한 가치를 산정하는데, 재화와 관련하여 추가적으로 발생하는 다른 비용, 임금 손실, 야기되는 고통에 대한 가치, 그리고 사망위험의 증가 가능성까지도 포함하고 있다. 예를 들어, 도로 교통사고 감소에 대한 화폐가치를 산정함에 있어, 인적자본접근법은 결과로서 나타나는 단순한 GDP 증가를 가치로서 산정하지만, 의료비용접근법은 응급서비스비용의 감소와 고통 감소까지도 가치에 포함시키고 있다.

- **잠재프로젝트접근법(shadow project method).** 비시장재의 대체재를 다른 곳에 공급하는 비용, 다시 말해 재화의 대체비용을 추정하여 비시장재의 가치를 산정하는 것이다. 예를 들어, 새로운 항구의 건설은 해변 서식지(coastal habitat)를 파괴할 것이다. 이 프로젝트에 대한 비용-편익 분석을 시행하는 경우 서식지의 가치를 산정하는 것이 필요한데, 해변의 다른 곳에 동일한 서식지를 조성하는 비용을 추정함으로써 서식지의 가치가 산정될 수 있다.
- **대체비용법(substitute cost method).** 이 방법은 다른 곳에 대체재를 공급하는 것이 아니라, 이미 존재하는 대체재를 이용하여 비시장재의 가치를 산정한다는 점을 제외하고는 잠재프로젝트접근법과 유사하다. 이 방법을 적용하기 위해서는 세 가지의 조건이 필요하다. 첫째, 선택되는 대체재는 가치 평가의 대상이 되는 재화와 동일한 기능을 제공해야 한다. 둘째, 대체재는 최소비용 대안이어야 한다. 셋째, 대체재에 대한 수요가 존재해야 한다. 예를 들어, 철도노선을 건설하기 위해 저수지로 흘러드는 특정 지류(tributary)를 봉쇄하는 것은 물공급에 필요한 특정 광물의 농도를 감소시킬 수 있다. (이 지류는 저수지로 흘러갈 때에 특정 지질의 저장소(geological deposits)를 지나면서 그 광물을 포함하게 된다.) 이 지류의 가치는 특정 광물을 인위적으로 추가하는 비용으로 산정될 수 있다.

13.3.2 현시선호 간접대리법

이들 방법은 비시장재의 대리물로 고려되는 재화의 시장가격을 직접 추정하지는 않는다. 대신에 비시장재의 변화와 다른 시장재의 가격간 관계를 확인하여, 비시장재 가치를 산정한다. 현시선호 간접대리법(revealed preference indirect proxy methods)은 비시장재가 시장재에 대한 소비자들의 선호에 영향을 미치는 경우에 적용할 수 있다. 비시장재의 변화에 의해 야기되는 소비자선호에 대한 변화에 가치를 추정함으로써, 비시장재의 가치를 간접적으로 산정할 수 있다. 여기에는 세 가지의 방법이 있다.

■ **통행비용법(travel cost method).** 비시장재를 획득하기 위해 소비자에게 발생하는 비용을 추정함으로써 비시장재의 가치를 산정한다. (입장료를 포함하여) 상이한 통행비용 수준에서 비시장재를 획득하기 위해 필요한 소비자의 통행횟수는 이 재화에 대한 수요곡선이 된다. 수요곡선 아래의 면적은 소비자잉여로서 재화에 대한 소비자의 지불용의이므로, 바로 화폐가치라고 말할 수 있다. 일반적으로 레크리에이션 서비스의 가치 산정에 가장 효과적인 접근방법의 하나로 볼 수 있어, 자연경관지역의 가치 산정에 적용될 수 있다.

■ **헤도닉가격법(hedonic pricing method).** 비시장재에의 근접성(proximity)에 따라 발생하는 부동산 가격의 차이를 추정함으로써, 비시장재의 가치가 산정된다. 그러나 부동산의 가격결정에 영향을 미치는 변수들이 무수하기 때문에 이 방법은 겉으로 보이는 것처럼 그리 간단하지 않다. 다른 모든 영향변수들이 변하지 않게 함으로써, 비시장재만의 효과를 분리하는 것이 필요하다. 또한 주택시장이 경쟁적이어야 하는 것도 필요하다. 만일 이들 조건이 충족된다면, 헤도닉가격법은 예를 들어 뛰어난 자연경관을 가지고 있는 해안에 인접한 방 3개의 주택과 비슷한 지역 내에 있지만 자연경관을 가지고 있지 않은 동일 규모의 주택 간의 가격 차이로 해안의 가치를 산정할 수 있다.

■ **임금격차법(wage differential method).** 이것은 헤도닉가격법과 유사하지만, 주택가격 대신에 임금에 초점을 맞춘다. 임금은 안전을 포함하여 다양한 요인들을 모두 반영하고 있다고 가정할 수 있다. 만일 모든 요인들이 불변이라고 가정하면, 종사자들은 보다 큰 위험을 포함하는 직업에 대해 더 높은 임금을 요구할 것이다. 따라서 (헤도닉 임금으로도 알려진) 안

전의 가치는 위험 정도를 제외한 모든 측면에서는 동일한 두 직업 간의 임금 차이라고 말할 수 있다. 이 방법을 적용하기 위해서는 많은 조건들이 충족되어야 한다. 첫째, 노동시장은 자유롭게 작동해야 한다. (즉 경쟁적이고 노동자들은 완전이동이 가능하다.) 둘째, 위험 정도를 분리하여 측정하는 것이 가능해야 한다. 셋째, 상이한 위험들을 완전하게 비교하는 것이 가능해야 한다. 넷째, 위험 정도에 관한 완전한 정보가 존재해야 한다. 만일 이들 조건이 충족된다면, 이 방법은 사람들의 안전에 대한 가치를 산정하는 데에 유용하고, 많은 교통사업의 평가에 중요하게 활용될 수 있다.

13.3.3 명시선호 조건부가치측정법

명시선호 조건부가치측정법(stated preference contingent valuation methods)은 질문과 실험적 기법을 이용하여 소비자의 비시장재에 대한 가치를 산정하는 것이다. 질문과 실험을 통해 비시장재에 대한 가상의 (contingent, 조건부의) 시장을 만들고, 이러한 가상의 시장에서 응답자들에게 비시장재의 공급 변화에 따른 지불용의의사를 표현하도록 한다. 이 방법을 적용하는 데에는 분명히 많은 제약이 있지만, 계속적으로 보완되고 발전되어 그 결과 또한 개선되고 있다.

13.4 실제 의사결정

비용–편익 분석은 의사결정자들이 프로젝트의 모든 영향과 상이한 영향의 정도를 고려하도록 함으로써, 사회적으로 효율적인 방법으로 자원이 배분되도록 하는 데에 관심을 갖고 있다. 그러나 실제적인 의사결정자들은 경제분석가만이 아니다. 그들은 다른 관심을 갖고 있는 관료이며 정치인이다. 예를 들어, 15.6절에서 논의하겠지만 관료들은 실제로 비용을 최대화하여 그들에게 할당되는 예산을 최대화하려고 하기도 한다. 이러한 상황에서 상이한 결론을 선호하는 관료집단의 압력으로 인하여, 비용–편익 분석의 결과가 직접적으로 의사결정을 유도하지 못하기도 한다. 마찬가지로 정치인들은 선거권자로부터의 압력도 고려해야 한다. 일부 선거권자는 다른 사람들보다 더 큰 영향력을 갖기 때문에, 의사결정절차는 사회 전체보다는 특정한 일부 사람에 대한 편익을 최대화하거나 비용을 최소화하려는 정치인에 의해 추진될 수도 있다.

13.5 비용-편익 분석의 한계

비용-편익 분석에 대해서 일반적으로 두 가지 비판이 있다. 첫째는 비록 한 개인이나 집단의 후생이 감소하더라도 총사회적 후생이 증가하면, 이는 바람직하다는 효용주의자(utilitarian)와 Hicks-Kaldor의 주장에 관한 비판이다. 효용주의자의 주장은 비용-편익 분석 방법론의 토대를 이루고 있다.

둘째는 분석의 현실적용가능성(practicalities)에 관한 비판인데, 다음과 같은 형태로 나타난다.

- **중요한 비용과 편익항목이 분석에서 생략될 수 있으며, 이로 나타나는 결과의 오류.** 이 문제는 프로젝트의 수명이 장기간인 경우에 더욱 악화되는데, 프로젝트의 비용과 편익에 영향을 미치는 장래 사건들은 알려지지 않으며, 예측 또한 매우 어렵기 때문이다.
- **인식된 비용과 편익에 화폐가치를 산정하는 것에 대한 어려움.** 이는 종종 가치판단(value judgements)에 의존하게 되는데, 부주의로 인해 편향(biased)될 수 있다.
- **효과적인 민감도 분석 수행의 어려움.** 위험과 불확실성에 대한 실제 발생 정도를 추정하는 것 자체가 불확실하여, 이 또한 민감도 분석을 부정확하게 만든다.

비용-편익 분석은 계속적으로 보완되고 개선되고 있다. 보다 정확한 추정을 위해 보다 최신의 기법과 컴퓨터 시뮬레이션이 계속 개발되고 있다. 그러나 아직도 여전히 정확하지 않으며, 더 많은 발전이 필요하다.

13.6 COBA모형

1998년 이래로, 영국의 교통부는 새로운 간선도로사업의 투자가치(worthiness)를 평가하기 위해서, 보다 폭넓은 평가절차의 일부로 컴퓨터에 기반을 둔 비용-편익 분석모형을 이용하고 있다. 이러한 평가의 비용-편익 분석부분은 COBA(COst-Benefit Analysis)모형으로 알려지고 있다. 이는 앞에서 설명한 7개 단계를 명확히 따르기 때문에 실제적인 비용-편익 분석의 효과적인 사례라고 말할 수 있다.

COBA모형은 일반적이라기 보다는 특정한 분석방법이다. 제안된 간선도로사업의 개별 구간을 별도로 분석하며, 두 가지 유형의 비용과 세 가지 유형의 편익만을 추정하고 있다. 비용으로는 자본비용과 유지관리비용이 있으며, 편익으로는 통행시간 절감, 차량운행비 절감, 교통사고 감소가 있다. 이들 각각에 대한 가치추정 방법을 개략적으로 살펴본다.

13.6.1 자본비용

자본비용(capital costs)은 용지보상비와 설계비용을 포함하는 도로사업의 초기 건설비용이다. 건설기간 중에 발생하는 교통지체비용(costs of delay)도 추정되어 포함되고 있다.

13.6.2 유지관리비용

유지관리비용(maintenance costs)은 새로운 교통시설이 완전히 이용되도록 유지관리하는 데에 발생하는 연간비용이다. COBA모형은 교통량과 관련되지 않은 비용과 교통량과 관련된 비용의 두 가지 유형으로 구분하고 있다. 〈표 13-1〉은 이들 비용 항목들의 예를 보여주고 있다.

■ 표 13-1 COBA모형에서 고려되는 유지관리비용 항목의 예

교통량과 관련되지 않은 비용	교통량과 관련된 비용
배수시설, 가로등, 안전벽, 교량과 지하도, 도로보수공사, 경계유지관리, 청소, 도로표지	복원, 덧씌우기, 덧붙이기, 도로보수와 수선

출처: COBA매뉴얼, 영국 Department for Transport, 2004년 5월.

아울러 유지관리작업으로 인해 발생하는 교통지체비용 또한 포함되고 있다. 더불

어 새로운 도로사업은 기존의 도로교통량 일부를 새로운 도로로 이전시키게 된다. 이로 인해 기존 도로의 유지관리비용은 감소하며, 이는 COBA모형에서 고려되고 있다.

13.6.3 통행시간 절감

새로운 간선도로사업은 교통혼잡을 감소시켜 운전자들이 도로에서 소비하는 시간을 절감시킬 것이다. 그 결과 도로사업은 생산이나 여가에 사용될 수 있는 시간을 더 많이 발생시키게 되어, 이러한 편익은 계량화되고, 금액으로 환산되어 분석에 포함된다.

COBA모형은 통행시간 절감(journey-time savings)을 세 가지 유형으로 구분한다. 첫째는 업무시간(working time)이다. 효율적으로 기능하는 자유노동시장에서 노동의 가격, 다시 말해 임금은 노동자가 시간당 생산하는 산출물의 가치와 동일할 것이다. 따라서 업무시간의 증가는 단순히 평균시간당 임금을 고려하여 가치화될 수 있다. COBA는 (새로운 간선도로로 인한) 고용의 변화도 이 가치산정에 추가하고 있다. 둘째는 통근시간(commuting time), 즉 근무지로 또 근무지로부터의 통행에 소비되는 시간이다. 셋째, 기타 시간(비업무 혹은 여가)이다. 기타 시간의 경우 직접 해당되는 시장가격이 존재하지 않기 때문에, 그 가치를 추정하는 것은 매우 어렵다. 지불용의접근법(willingness-to-pay approach)이 사용되는데, 특정 형태 통행의 속도 증가를 위한 통근자의 지불용의에 대한 실증연구로부터 그 가치를 추정하고 있다.

COBA모형은 차량 형태를 승용차와 소형화물차(light goods vehicles, LGVs), 기타 화물차(other goods vehicles, OGVs), 그리고 버스 세 가지로 구분하고 있다. 차량의 형태와 통행목적에 따라 통행시간 절감가치가 별도로 추정된다.

마지막으로, COBA모형은 차량형태별로 재차인원(occupancy) 추정치를 제시함으로써, 차량 1대당이 아닌 1인당 통행시간 절감의 가치가 추정된다.

〈표 13-2〉는 COBA모형에서 사용하고자 개발된 추정치를 나타내고 있다.

COBA모형은 제안된 간선도로사업의 개별 도로구간의 1시간당 교통량을 〈표 13-2〉에 제시된 차량형태별로 추정한다. 차량형태별 교통량에 〈표 13-2〉의 차량형태별 재차인원을 곱함으로써 1시간당 사람통행량이 추정된다. 재차인

■ 표 13-2 COBA모형에서 사용되는 통행시간 가치의 추정치

차량형태	통행목적	1주일 평균 재차인원	가치(펜스/시간)	
			1인당	차량 1대당
승용차	업무	운전자 1.00	2,186	
		승객 0.20	1,566	2,499
	통근	운전자 1.00	417	
		승객 0.14	417	475
	기타	운전자 1.00	368	
		승객 0.85	368	681
소형화물차	업무	운전자 1.00	842	
		승객 0.20	842	1,010
	통근	운전자 1.00	417	
		승객 0.59	417	663
	기타	운전자 1.00	368	
		승객 0.59	368	585
기타 화물차	업무	운전자 1.00	842	842
버스	업무	운전자 1.00	842	
		승객 12.2:		
		-업무(2.9%)	1,672	
		-통근(20.5%)	417	
		-기타(76.6%)	368	5,916
평균차량				930

출처: COBA매뉴얼, 영국 Department for Transport, 2004년 5월, 펜스=약 17원(본서 출판일 기준).

원은 주중 요일에 따라 변화하므로, 이를 고려하여야 한다. 사람통행량에 실제 발생한 시간절감량을 곱하고, 〈표 13-2〉의 시간가치를 곱하여, 통행시간 절감가치(value of time savings)를 추정한다. 마지막으로 COBA모형은 이러한 자원절감을 실제 시장가격으로 전환하는데, 자원절약에 $(1+t)$를 곱해서 얻어지며, 이때 t는 평균간접세율이다.

13.6.4 차량운행비 절감

차량운행비 절감(vehicle-operating cost savings)은 앞에서 설명한 통행시간 절감도출과정에서 추정된다. 교통혼잡이 감소되어 차량들이 보다 원활히 소통되면, 차량 정지-출발로부터 발생하는 차량의 마모와 파손이 감소할 것이다. 그리고 연료의 효율성 또한 향상될 것이다. 이러한 금전적 차량운행비 절감은 COBA 모형 분석에 포함되고, 통행시간 절감과 마찬가지 방법으로 간접세율을 고려하여 시장가격으로 전환된다.

13.6.5 교통사고 감소

새로운 교통시설은 보다 안전하여, 교통사고의 발생가능성을 감소시키게 된다. 특히 매우 과밀한 지역을 우회하여 보행자로부터 차량을 분리시키는 도로의 경우에는 더욱 그러하다. 절감된 생명의 가치와 회피된 비사망 사고(non-fatal accidents)들이 분석에 포함된다.

COBA모형에서 사용되는 사상자 비용(casualty costs)은 〈표 13-3〉에 제시되어 있다.

■ 표 13-3 COBA모형에서 사용되는 사상자 비용

사상자 1인당 비용(£)	
사고 정도	비용(£)
사망	1,249,890
중상	140,430
경상	10,830

출처: COBA매뉴얼, 영국 Department for Transport, 2004년 5월, £1=1,720원(본서 출판일 기준).

사상자 비용 뿐만 아니라, COBA모형은 재산피해, 보험행정 그리고 경찰처리시간의 비용에 대한 추정치를 포함하고 있다. 또한 물적 피해만을 발생시킨 사고비용도 포함하고 있다. 이들 추정치는 〈표 13-4〉에 나타나 있는데, 도시도로는 시속 40마일 이하의 속도제한을 가진 도로를 말하며, 지방도로는 시속 40마일 이상의 속도제한을 갖는 도로를 말한다.

■ 표 13-4 COBA모형에 사용되는 사고 비용

	사고 1건당 비용(£)						
	재산 피해				경찰처리시간		
	보험행정	도시	지방	고속도로	도시	지방	고속도로
사망	230	5,977	10,136	12,894	1,463	1,387	2,030
중상	143	3,203	4,620	11,002	122	341	320
경상	87	1,890	3,063	8,566	44	44	44
물적 피해만 발생	42	1,352	2,019	1,941	3	3	3

출처: COBA매뉴얼, 영국 Department for Transport, 2004년 5월, £1=1,720원(본서 출판일 기준).

COBA모형은 〈표 13-4〉에 보여진 사고당 비용에 대한 추정치를 도로사업으로 인한 교통사고 감소에 대한 추정치와 발생 가능한 사고의 상이한 정도 비율에 대한 추정치와 종합한다. 이와 같이 종합된 추정치로부터 교통사고 감소의 총 가치가 추정될 수 있다.

13.6.6 COBA모형에 대한 비판

비용-편익 분석에 대한 일반적인 비판과 더불어, COBA모형은 사용자비용(user-costs)과 편익에 대해 협의의 개념을 적용하고 있어 비판을 받는다. 환경적 피해나 새로운 도로가 초래하는 사회통합(social integration)의 개선과 같이 간선도로사업으로 발생하는 광의의 외부비용이나 편익을 추정하고 포함하려는 시도가 아직 없다.

영국정부가 1998년에 도로 평가에 대한 새로운 접근방법을 정립한 것은 이러한 비판들에 대응하기 위한 것이었다. 1998년까지 COBA모형은 영국에서 간선도로사업의 평가에 대한 유일한 방법이었다. 그러나 새로운 접근방법 하에서 COBA모형은 일부에 지나지 않고 있다. 환경 및 사회적 접근성에 미치는 영향, 교통통합으로 인한 효과 등이 분석에 포함되고 있다. 이는 분명히 올바른 방향으로 나아가는 조치였지만, 이러한 추가적인 고려는 아직도 7점 척도(seven-point scale)에 따라 간략하게 판단되고 있어서, 이들이 철저히 평가되고 있다고 말할 수 없다. (5와 6의 대답이 2와 3의 대답에 비해 질문에 대해 더 긍정적인 대답인 것은 확실하지만 5에서 6으로의 차이가 2에서 3으로의 차이보다 큰지 작은지 알 수 없음: 역자주) 따라서 다른 모든 비용–편익 분석모형과 마찬가지로 계속적인 개발과 보완이 향후에도 필요하다.

제14장

교통투자

Chapter 14

유럽에서 교통시설이 확충되었던 초기에는 민간투자자들이 건설에 앞장섰으며, 산업혁명의 결과로 투자수익을 개선할 수 있는 기회도 가질 수 있었다. 영국의 경우 철도열광시대(Railway Mania)로 알려진 기간에 기업가들은 시장에서 자신의 지위를 확립하고자 전례없이 많은 철도노선을 확충했다. 그 결과 영국 수도 런던에는 도시 전역에 걸쳐 수많은 철도역이 건설되었다. 그러나 교통시설을 확충해 나가는 과정에서 점차 혼란을 경험하면서 지방정부는 좀 더 집중화된 접근방법이 필요함을 인식하게 되었다. 따라서 교통시설 투자는 정부재원으로 이루어지게 되었고, 이러한 상황은 비교적 최근까지도 그대로 유지되고 있다.

오늘날 유럽의 교통시설 투자재원 조달방법으로는 〈그림 14-1〉에 나타나는 바와 같이 세 가지가 있다. 최근 수십년 동안 제1방법에 의존하던 방식에서 벗어나 제2방법을 거쳐, 앞의 두 가지 방법보다 제3방법을 더 추진하는 방식으로 움직이고 있다.

14.1 중앙정부 혹은 지방정부 투자

Farrell(1999)은 비록 유럽 국가들의 교통시설 계획과 투자의 결정방식을 일

■ 그림 14-1 유럽의 교통시설 투자재원 조달방법

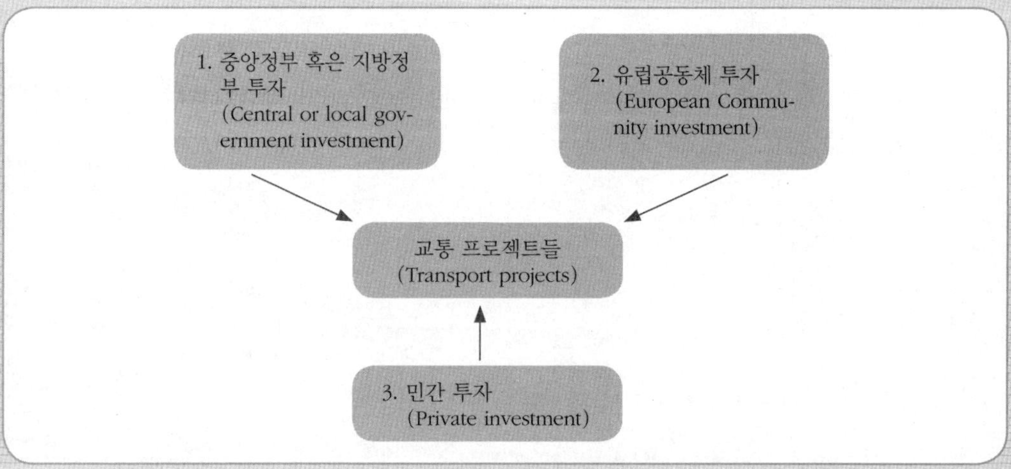

반화하는 것은 어렵지만, 기본적으로 Scandinavian, German, Mediterranean 그리고 Anglo-Saxon의 네 가지 방식이 있다고 말하고 있다. 첫째 방식은 지방정부 주도방식으로 지방정부가 투자결정에 관한 권한을 갖고, 자체적인 조세수입으로 재원을 조달하는 것이다. 둘째 방식은 오스트리아, 스위스 및 벨기에가 해당되는데, 국가전체에 영향을 미치는 투자는 중앙정부가 결정하지만 지역 내에 영향을 미치는 투자는 중앙정부와 지방정부가 상호 협력하여 결정하는 연방체계이다. 셋째 방식은 상이한 이해관계를 갖고 있는 지방정부 간의 경쟁을 기초로 하되, 의사결정에 관한 권한이 지방정부는 약하고 중앙정부는 강한 체계이다. 프랑스와 스페인이 이 방식을 따랐었으나, 점차 둘째 방식으로 전환하고 있다. 넷째 방식은 영국, 아일랜드 및 네덜란드가 따르고 있으며, 집권당 행정부가 투자를 결정하되 투자재원 부담능력이 약한 지방정부는 중앙정부의 지원금, 공기업 및 신탁기금에 의존한다.

이처럼 교통계획과 투자에 대한 결정방식이 위에 언급된 순서대로 옮겨 감에 따라 보다 중앙집권화되고 있음을 알 수 있다. 그러나 위의 방식에 대한 변화가 점차 발생하고 있는데, 지방정부는 상호 협력을 통해 더욱 강력해지고, 교통투자에 대한 의사결정에서 더 큰 책임이 주어지며, 중앙정부로부터 받는 지원금의 지출에서도 더 큰 재량권이 주어지고 있다.

14.2 유럽공동체(European Community)의 투자

로마협약(Treaty of Rome, 1958)은 유럽위원회(European Commission)에게 육상교통에 관한 공통의 정책을 개발할 책임을 부여하였지만, 회원국가, 교통운영회사 및 연관된 제조회사로부터의 반대에 직면하여 제대로 추진되지 못하였다. 1985년이 되어서야 공통의 정책 틀을 개발하려는 진정한 노력이 시작되었다. 유럽위원회는 현재 유럽의 교통투자 재원조달을 담당하는 매우 중요한 기관으로, 이에는 여섯 개의 투자재원이 있다.

- 위원회예산(Commission Budget). 교통인프라에 대한 예산지출은 매우 적었으며, 이 또한 1994년까지는 육상교통에 대해서만 사용될 수 있었다.

처음 10년(1982~1992) 간의 예산배정은 아주 작아 700백만 유로를 겨우 넘는 정도였다. 또한 그 사용도 제약을 받아 타당성 연구, 지급이자 지원, 대출보증수수료 지원, 그리고 총사업비의 10% 이내 지원에만 허용되었다.

- 구조조정기금(Structural Funds). 회원국 간의 지역격차를 해소하기 위한 목적 하에 따라서 잠재적으로는 교통시설 투자에도 사용 가능한 기금으로서 1975년에 설립되었다. 프로젝트 수와 상관없이 5년 동안 사전에 결정된 금액이 개별 국가에게 직접 지원금으로 제공될 수 있다. 1990년대 후반에는 교통투자비의 거의 2/3가 그리스와 스페인에게 제공되었으나, 2000년대 초의 가입국들에게로 전환될 것으로 예상된다. 도로는 해당 지역에 매우 큰 경제적 편익을 발생시키기 때문에 또 수혜국가는 철도가 별로 발달되어 있지 않기 때문에 대부분 도로에만 투자되는 문제점이 발생하고 있다.
- 결속기금(Cohesion Fund). 1993년에 설립되었으며, 빈곤한 회원국의 교통과 환경 프로젝트에만 전적으로 사용된다. 매년 프로젝트별(새로운 교통인프라의 건설)로 배정되고, (기존의) 교통서비스를 지원하는 목적으로는 사용될 수 없다. 1990년대 후반에는 대부분의 투자비가 스페인에게 제공되었다. 프로젝트 총투자비는 일반적으로 해당 국가와 공동으로 재원이 조달되지만, 이 기금은 포르투갈의 Tagus Bridge 사례와 같이 민관협력사업에 사용된다.
- 유럽투자기금(European Investment Fund). 범유럽교통망(Trans-European Networks)과 상업적으로 운영되는 중소기업에의 투자를 촉진시키기 위해 1992년에 설립되었다. 주요한 역할은 민간이 투자위험을 감당하기를 꺼리거나 감당할 수 없는 프로젝트의 투자위험을 감당함으로써, 민간의 참여를 장려하기 위한 것이다. 이 기금은 유럽투자은행(European Investment Bank), 유럽연합 및 금융기관의 자본금으로 구성되는데, 상대적으로 소규모이다. 프로젝트 투자비의 50%만을 보장하고, 하나의 프로젝트에 자본금의 10% 이상을 사용할 수 없다.
- 유럽투자은행(European Investment Bank). 유럽의 목표에 부합하는 비상업적인 프로젝트를 지원하기 위해, 1958년에 유럽연합에 의해 설립되

었다. 대부분의 상업적 금융기관에 비해 장기로 대출금을 제공하며, 단일 프로젝트 투자비의 절반까지 대출해 줄 수 있다. 대출금은 공공과 민간에게 동일하게 배분되며, 전체 대출금의 약 30%는 교통, 에너지 및 통신 프로젝트로 이루어진다. 지역개발이 주요한 목표이므로, 대출금의 상당 부분은 빈곤국가에게 배정된다. 은행이 설정한 엄격한 기준을 충족하는 경우에만 대출금이 제공되지만, 교통투자재원조달의 매우 중요한 수단이 되고 있다. 매년 구조조정기금과 결속기금을 합한 금액보다도 많은 금액이 교통투자에 사용된다.

- 범유럽교통망(The Trans–European Networks). 유럽위원회에서 계속 논쟁이 되고 있는 정책이지만, 여전히 계속 추진되고 있다. 1990년대 초에 유럽위원회는 58,000㎞의 도로, 70,000㎞의 철도, 2,000㎞의 내륙수로와 250개의 공항이 포함된 유럽교통망을 통합하는 거대한 계획을 수립하였다. 이 계획은 지금까지 계속 변경되고 있는데, 계획에 포함된 개별 프로젝트가 변경되거나 회원국들이 프로젝트의 우선순위를 변경하기 때문이다. 유럽위원회는 위에서 언급된 다양한 재원들로부터 투자비를 조달하고 있지만, 프로젝트 재원조달의 책임은 궁극적으로 해당 국가에 있다. 민간부문이 참여하여 커다란 역할을 할 것도 예상하고 있다.

  기존 인프라에 대한 용량 확충과 서비스 개선을 별로 고려하지 않았다는 점에서 이 교통망계획은 비난을 받고 있다. 유럽위원회는 최근에 보다 비용효과적으로 이 교통망을 발전시키는 방법에 많은 노력을 기울이고 있다. 예를 들면, 국경구간의 개선, 국가 내 취약구간의 개선, 공통의 표준장비개발, 제3의 회원국에게 편익이 발생하는 프로젝트의 지원 등이다.

14.3 민간투자와 민관협력

민간투자와 민관협력(public–private partnership)은 광의의 민영화로 볼 수 있는데, 최근 수십년 동안 정책결정자는 이에 많은 관심을 보이고 있다. (그러나 많은 유럽국가에서 민간투자는 아직도 상대적으로 규모가 작다.) 민간투자는 투자위험의 일부를 공공부문에서 민간 개인과 그룹으로 이전시킨다. 정부에 의해 구제받을 수 있는 공공기관보다 민간투자자들은 더 커다란 책임을 지게 되므로, 민간투자 프로젝트가 성공할 수 있는 동력이 더 많다. 프로젝트가 성공할 수 있는 잠재력을 증가시킨다는 명분 하에서 민간투자가 촉진되고 있다.

Farrell(1999)은 교통투자에서 민간부문의 역할은 대륙별로 커다란 차이를 나타내고 있는데, 이는 역사적 경험, 교통부문의 특성, 그리고 정부정책 때문이라고 말하고 있다.

과거 산업부문에서 민간이 참여해 온 많은 경험과 정부와 민간 간의 긴밀한 유대관계로 인하여, 프랑스는 민관협력사업을 성공적으로 추진하였다. 1970년대 이후 고속도로 건설에서 민간투자는 커다란 역할을 해왔다. 그러나 OrlyVAL 경량전철사업이 말해주듯이, 프랑스가 완전한 성공 사례를 보여주는 것은 아니다. 민간회사가 투자재원을 조달한 Orly Airport와 Paris RER 네트워크 간 7㎞ 구간은 1991년에 개통되었다. 그러나 지나치게 낙관적인 통행수요 예측과 경쟁적이지 못한 요금수준으로 인해, 이 사업은 1년만에 실패하였다. 공공부문으로 소유권을 이전한 후에 이 사업은 번성하였으나, 민간투자자의 사업에 대한 자신감에 악영향을 미쳤다.

스웨덴과 벨기에의 경우 교통부문에서의 민간참여는 훨씬 더 제한적이었다. 대부분의 노선에서 교통량이 적은 스웨덴에서는 어떠한 민간사업도 상업적으로 성공하기 어렵다. 인터체인지가 빈번하게 설치되어 있으며 조밀한 고속도로망을 갖추고 있는 벨기에의 경우에도 유료도로(toll roads) 도입은 매우 어렵다.

영국과 독일은 보다 적극적으로 민간투자를 추구하였다. 두 국가 모두 교통부문에서 더 많은 투자재원을 조달하기 위해 그러하였는데, 특히 독일은 통일 후에 더욱 그러하였다. 영국은 1990년대에 Major정부가 선도한 경제개혁의 일부로서도 민간투자를 추구하여, M6 고속도로와 Dartford의 템즈강 횡단교량을 유료화하였다.

Farrell(1999)은 교통시설별로 민간투자가 얼마나 상이한가에 대해서도 설명하고 있다. 민간투자자는 일반적으로 자기가 성공요인을 통제할 수 있는 프로젝트를 선호한다. 철도보다는 항만을 선호한다. 민간투자자들은 또한 구간보다는 터미널에의 투자를 선호하는데, 수익을 얻는 것이 더 용이하고 다른 보완적인 프로젝트에도 토지를 이용할 수 있기 때문이다. 이러한 이유로 도로보다는 공항을 선호한다.

전통적으로 도로는 요금을 징수하기 어렵기 때문에 민간투자자의 투자대상이 되지 않았었다. 그러나 최근 도로의 요금징수에 대한 기술발달로 이러한 문제를 잠재적으로 극복할 수 있게 되어, 도로부문의 민간투자에 문이 열렸다고 볼 수 있다. 벨기에와 같이 많은 인터체인지를 갖고 있는 조밀한 도로망에서 요금을 징수하기란 여전히 어렵기 때문에, 이 도로들은 일반적으로 정부가 개입해 제공할 수밖에 없다(도로의 공급에 관한 보다 자세한 논의는 10.4절을 참고할 것).

철도투자사업 또한 엄격한 안전기준과 유지비 때문에 수익률이 낮고, 열차운행회사가 수익의 일부를 가져가기 때문에 민간투자를 유치하는 것이 어려웠다.

항만과 공항은 여러 가지 이유로 민간투자의 대부분을 유치하였다. 첫째, 터미널사업이기 때문에 수익을 징수하는 것이 더 용이하다. 둘째, 쇼핑센터나 주택과 같은 보완적인 목적으로도 토지가 이용될 수 있는데, 특히 항만은 후자의 경우에 해당된다. 마지막으로 터미널 소유주는 시설이용자와 밀접한 관계를 맺고 있기 때문에 효과적으로 수익이 발생하도록 가격차별(price discrimination)을 시행할 수 있다. 이러한 투자들, 특히 공항의 경우 부정적인 문제점은 높은 수준의 규제가 부과된다는 것이다.

민간투자와 민관협력은 특히 정부가 상업적 위험의 일부를 적극적으로 흡수함으로써 유럽의 교통부문에서 점차 활성화되고 있다. 정부와 유럽위원회는 민간투자가 제공하는 잠재적인 효율성 이득을 얻고자 하고, 기술적인 발달로 이의실행이 가능해짐에 따라, 민간투자는 점차 더욱 확대될 것이다.

14.4 영불해협터널(The Channel Tunnel)

Gerondeau(1997)는 영불해협터널은 기술적으로는 커다란 성공을 거두었으나, 재정 및 민간투자 측면에서는 커다란 재앙이었다고 주장한다. 일반인이 생각하는 것과는 다르게, 영국과 유럽본토 간 터널건설은 19세기 초부터 논의되어 왔다. 그러나 1985년이 되어서야 설계에 관한 국제적 경쟁이 진행되면서, 본격적인 계획이 추진되었다. 최종 제안서는 철도만 운행하는 프로젝트이었으나, 여객은 물론 자동차도 운송하는 것이었다.

1986년에 건설이 시작되었고, 전반적으로 성공리에 추진되었다. 1990년 10월

30일에 최초로 연결되었고, 굴착작업은 제때에 완공되었다. 그러나 이때부터 커다란 문제가 발생하였다. 터널에의 장치설치비용과 운행될 차량비용은 시간과 비용 측면에서 모두 계획을 크게 벗어났다. 터널에 대한 투자재원조달과 운영에 책임이 있는 회사인 Eurotunnel이 터널의 소유권을 획득한 것은 1993년 10월에서야 가능했고, 1995년이 되어서야 완전하게 터널을 운영할 수 있게 되었다.

1995년 중반에 Eurotunnel의 재정적인 상황은 절망적이었다. 최종 공사비는 최초 추정치의 두 배가 되었고, 민간부문으로만 구성된 투자자는 투자비를 회수하지 못할 것임이 분명해졌다.

1995년 5월에 두 지역 간 하루 평균 통행하는 트럭의 1/4과 승용차의 1/8이 터널을 이용하였다. 서비스 속도를 향상시키기 위해 항구시설과 선박을 발전시킨 페리로부터의 경쟁은 지속되었다. 실제로 고속의 선박을 이용하는 것이 터널을 이용하는 것보다도 더 빠르게 되었다.

런던으로부터의 여객서비스는 매우 성공적이어서 계속 확장되었다. 그러나 이는 대부분 Eurotunnel의 여객철도 부분인 Eurostar가 벌이는 불평등한 경쟁의 결과 때문이다. 페리회사와 항공사는 수입과 비용을 균등하게 하여 손익계산을 맞추고 있으나, Eurotunnel은 부채를 갚을 능력이 없고 철도회사는 다양한 정부보조금을 지급받는다.

이 프로젝트는 재정적인 재앙이었고, 장래에 유사한 사업에 대한 민간투자자의 신뢰에 흠집을 냈다. Gerondeau(1997)는 실패하게 된 원인의 하나는 새로운 기업이 처음부터 직면하게 되는 경쟁수준 때문이라고 말하고 있다.

제15장

정부개입의 일반적 형태

Chapter 15

15.1 서론

시장실패(market failure)를 해결하기 위해 정부가 선택할 수 있는 방안에는 크게 세 가지가 있는데, 명령과 통제(command and control), 조세와 보조금, 그리고 거래가능허가권(tradable permit)이다. 본 장에서는 이러한 방안이 사용되기에 적합한 시장실패, 이 방안의 효과성 및 이러한 정치적 수용가능성 측면에서 세 가지 각각의 방안을 설명하고 분석한다. 실제적으로 이 방안이 적용되어야 하는 것을 고려하면, 이 중에서도 정치적 수용가능성 측면은 매우 중요하다. 교통부문에서의 사례를 각각의 방안에 대해 제시함으로써, 이러한 이론이 불러오는 결론을 설명하도록 한다.

정부의 목표는 가장 효율적인 방안으로 시장실패를 바로잡는 것, 다시 말해 경제적 비용과 정치적 비용을 최소화하여 시장실패의 문제점을 해결하는 것이다. 그러면 새로운 〈그림 15-1〉을 이용하여, 경제적 비용측면에서의 시장실패 해결방안에 대해 설명하도록 한다

시장실패에 대한 해결방안을 적용할 때에는 한계비용이 발생하며, 이를 '감축한계비용(marginal cost of abatement)'으로 정의할 때에 감축한계비용은 시장실패가 점진적으로 더 많이 해결될수록 더 증가한다고 가정할 수 있다. 이 추가비

■ 그림 15-1 시장실패 해결비용

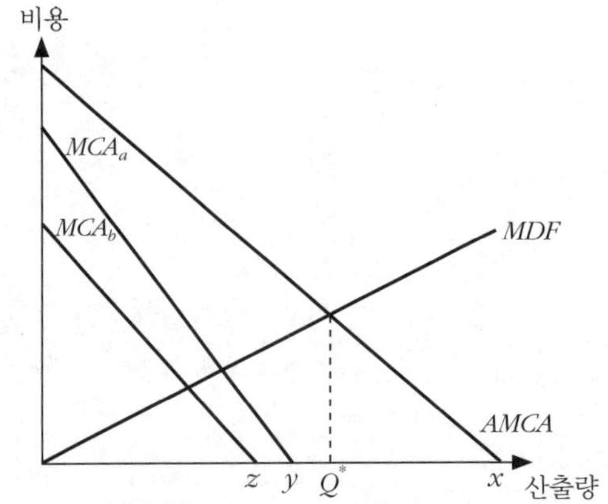

용은 시장실패(오염, 교통혼잡, 시장지배력 및 기타 유사한 것들)를 더욱더 많이 없앨수록 (즉 남아있는 실패수준이 0에 가까울수록: 역자주) 더 많이 발생한다. 상이한 생산자가 감축(abatement)에 대해 동일한 한계비용을 가질 필요는 없다. 따라서 〈그림 15-1〉에서 두 생산자 A와 B는 감축에 대해 상이한 한계비용곡선 MCA_a와 MCA_b를 갖는 것으로 가정한다. 그리고 이를 합산하면, '감축총한계비용(aggregate marginal cost of abatement, AMCA)'곡선이 형성된다. 또한 오염 자체에 의해서 한계비용이 발생한다고 가정할 수 있는데, 이를 '실패한계손실(marginal damage of failure, MDF)'로 정의할 때에 실패가 악화될수록 (즉 남아있는 실패수준이 0에서 멀수록: 역자주) 실패한계손실은 더 증가한다. 한 생산자가 발생시키는 한 단위 오염으로 인한 손실의 양이 다른 생산자가 발생시키는 한 단위 오염에 의한 손실의 양과 상이할 이유가 없기 때문에, 실패한계손실은 모든 생산자들에게 동일하다고 가정할 수 있다. 비용-산출량 그림(cost-output space)에서 *MCA*곡선은 우하향하고, *MDF*곡선은 우상향하게 됨을 의미한다. 여기에서 산출량은 시장실패를 발생시키는 생산활동에 따른 산출량을 나타낸다. (산출량이 많으면 시장실패, 예컨대 오염의 양은 많을 것이고, 산출량이 적으면 오염의 양도 적을 것임: 역자주).

따라서 효율적인 시장실패 수준은 Q^*로 표시된, 즉 두 곡선이 교차하는 지점이다. 이보다 낮은 실패 수준에서는 *MCA*가 *MDF*를 능가하기 때문에, 보다 많은 손실을 허용함으로써 사회는 보다 개선된다. 반대로 이보다 높은 실패 수준에서는 지나치게 많은 손실이 발생하기 때문에, 사회는 이를 감소시킴으로써 편익을 얻게 된다. 이것이 바로 모든 손실을 (0의 수준으로) 없애는 것이 왜 경제적이지 않은가에 대한 논리이다. 만일 시장이 방치된다면, 개별 생산자는 감축한계비용이 영(0)이 되는 수준, 즉 생산자 A는 y단위, 그리고 생산자 B는 z단위에서 생산할 것이다. 이에 따라 총생산량은 x단위가 될 것이다.

15.2 명령과 통제에 의한 해결방안

명령과 통제(command and control)에 의한 해결방안은 오랜 기간동안 이용되어 온 접근방법이다. 정부는 바람직한 결과를 달성하기 위해 단순히 법률을 제정하고 집행한다. 이는 시장실패의 본질에 따라 많은 형태를 취할 수 있다. 예컨대 독점기업을 여러 개로 강제로 분할하거나 이들 독점기업이 경쟁자들과 기술을 공유하도록 강제할 수 있으며, 비가치재(demerit goods)를 불법화할 수 있고 부정적 외부효과는 과도한 생산의 처벌을 통해 제한할 수 있다.

위에서 설명한 모형을 이용하여, 만일 정부가 실패한계손실과 감축총한계비용을 정확하게 계산할 수 있다면, 효율적인 수준인 Q^* 단위에서 실패의 총합법적제한량(total legal limit)을 결정할 수 있다. 그리고 총제한량을 생산자 수로 나누면, 〈그림 15-2〉에서와 같이 개별 생산자에 대한 합법적제한량을 계산할 수 있다. 합법적인 제재가 개별 참여자들에 의한 과도한 실패(over-failure)를 막을 정도로 충분히 엄격하다면, 시장실패의 바람직한 양이 달성될 수 있을 것이다.

이 방안은 단순하고 직선적이다. 이와 같은 단순 명료함으로 인해, 관련된 모든 참가자들은 그들에게 무엇이 요구되는지를 정확히 알수 있다는 커다란 장점을 갖고 있다. 또한 이 방안이 일단 도입되면, 외부의 도움 없이 스스로 작동하게 된다. 단지 참가자들에 대한 감시(monitoring)를 통해, 그들로 하여금 올바르게 행동하도록 하는 것이 필요하다. 그 결과 이 방안을 도입하고 유지하는 것은 그다지 비용이 많이 소요되지 않는다.

정부는 효율적인 시장실패 수준을 정확하게, 특히 즉각적으로, 계산할 수 없을 것이다. 관련된 절차를 점차 이해하게 됨에 따라, 최적의 실패감축을 달성하기

■ 그림 15-2 명령과 통제 개입

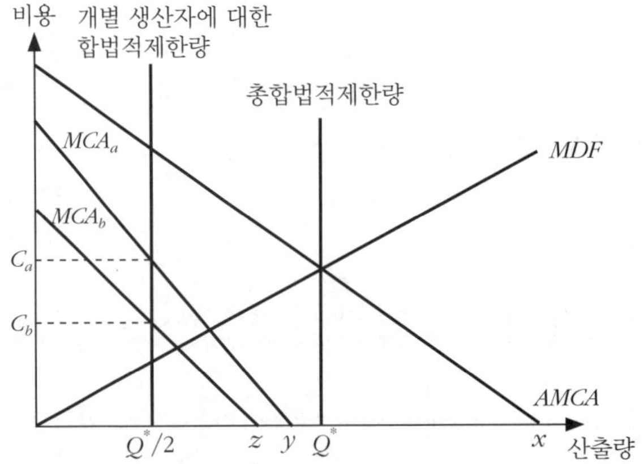

위해서는 아마도 많은 법률을 개정해야 할 것이다. 이러한 변화들은 성가시고 정치적으로 어려운 절차를 필요로 하기 때문에, 이 방안은 일반적으로 생각하는 것보다 경직되어 있다.

명령과 통제방안은 모든 참가자를 매우 동일하게 취급한다. 바람직한 총실패의 수준이 계산되고, 이것을 모든 참가자에게 할당한다. 일부 참여자는 다른 참여자에 비해 보다 저렴한 비용으로 실패를 감축할 수 있으나, 개별 참가자는 실패를 동일하게 감축하여야 함을 의미한다. 〈그림 15 – 2〉에서, 생산자 A는 설정된 제한량을 달성하기 위해 C_a의 한계비용을 지불해야 하는 반면에, 생산자 B는 단지 C_b를 지불하면 된다. 효율적이기 위해서는 감축한계비용이 모든 참가자들 간에 동일하여야 하나, 그렇지 않기 때문에 이 방안은 비효율적이다. 만일 한계비용이 동일하지 않다면, 가장 저렴하게 실패를 감축시킬 수 있는 생산자는 추가적인 감소에 대한 대가로 실패를 감소시키는 데에 더 많은 비용이 소요되는 참가자로부터 보상(compensation)받아야 한다. 만일 이러한 보상이 감축한계비용의 차이보다 적다면, 모든 참가자는 후생이 보다 나아지고 실패를 감축하는 데에 소요되는 총비용은 감소할 것이다.

일단 목표가 달성되면, 기술적인 진보를 통해 감축한계비용을 감소시킴으로써 실패를 더 감축하고자 하는 유인이 없어진다. 그 결과 처음에 설정된 시장실패 수준이 어떠하든 간에 장기적으로 나타나는 실패 수준이 된다.

정치적 실행가능성(political viability) 측면에서 주요 참가자 간의 협의를 통해 정치가들에 의해 목표치가 설정될 가능성이 크고, 이러한 견지에서 볼 때 이 방안은 정치적으로 실행 가능하다. 이와 관련하여 나타나는 분명한 잠재적 위험은 정치적 포획(political capture) 현상이다. 이 방안을 적용하기 위해서는 타협을 해야 하므로, 목표치가 미흡한 수준으로 결정되어 최적 감축이 달성되지 못할 것이다. 이는 심각한 위험이지만, 이 방안에서만 발생하지 않고 다른 모든 방안에서도 마찬가지로 발생한다.

이 방안은 정부가 시장실패에 의해 초래되는 특정 수준의 손실을 없애는 것이 필요하다고 판단하는 경우에 적합하다. 예를 들어, 차량에 어떠한 안전장치들을 의무적으로 도입하는 것이다. 이 경우 안전장치는 가치재(merit goods)로 간주될 수 있다. 그러나 모든 다른 시장 상황에서는 이 방안이 비효율적으로 비싸고 신뢰도가 낮기 때문에, 시장에 기초한 해결방안이 더 선호된다.

15.2.1 가격상한제와 하한제

비경제학자들은 교통부문에서 종종 명령과 통제방안을 도입하여 정부가 최고가격을 설정할 것을 요구한다. 가장 빈번한 사례는 중앙정부가 최고가격을 결정하고 정유회사는 그 이상의 가격을 매길 수 없도록 강제하여, 정유가격의 인상추세를 멈추려고 하는 것이다. 정유회사에는 수익이 축소되지만, 소비자는 보다 나아질 것이고 그만큼 절약된 금액을 다른 경제부문에 사용할 수 있게 된다. 이 방안이 가격상한제(price ceiling)이며, 7.4절에서 분석되었고 〈그림 7-6〉에서 설명되었다. 택시시장 사례에서와 같이, 정유시장에서의 가격상한제는 정유 부족을 초래할 것이다. 민간회사에게 정유를 공급하도록 강요할 수 없기 때문에 보다 낮은 가격은 더 적은 공급량, 즉 Q_1 대신에 Q_s가 공급되도록 한다(〈그림 7-6〉 참조). 아울러 낮은 가격은 차량소유주에게 더 많은 수요량, 즉 Q_1 대신에 Q_d를 수요하도록 한다. 후생 측면에서 소비자잉여(consumer surplus)는 증가하지만, 생산자잉여(producer surplus)와 전체 시장잉여는 감소할 것이다. 정유 부족이 반드시 나타나며, 정유시장에서는 주유소에서 기다리다가 주유하지 못하고 발길을 돌리는 좌절하는 운전자가 나타나게 된다. 이러한 좌절은 소비자에게 발생하는 금전적 이득을 능가하게 되고, 정치적으로도 바람직하지 않은 상황을 연출한다.

마찬가지로 중앙정부가 결정한 가격이 이전에 시장에서 만연하던 가격보다 높은 경우인 가격하한제(price floor)에도 적용될 수 있다. 가격하한제 입법에 대한 논리는 생산자가 더 높은 가격을 받을 수 있도록 하는 것이지만, 결국은 잉여재고가 발생되어 낭비되며 또다른 자중후생손실(deadweight welfare loss)이 발생하게 된다. 유럽의 교통부문에서 가격하한제에 대한 사례는 없지만, 유럽공동농업정책(European Common Agricultural Policy, CAP)은 이 방안을 채택하고 있다.

15.2.2 오스트리아의 생태점수방안

유럽의 경제성장에 힘입어 오스트리아의 알프스산맥을 관통하는 경로를 이용하는 교통량은 장기간 증가하였다. 특히 대형화물차의 통행량 증가가 그러하였다. 이러한 현상과 환경피해에 대처하기 위해서, 1992년 5월에 유럽공동체는 오스트리아 정부와 차량이용을 규제할 수 있는 합의서에 서명하였다. 생태점수방안

(Ecopoints Scheme)은 바로 이렇게 탄생되었다.

원래 목적은 1991년과 2003년 사이에 대형화물차의 이산화질소 배출량을 60% 감축시키는 것이었다. 생태점수 1점이 이산화질소 1단위와 동일하도록 생태점수(Ecopoints)가 만들어졌고, 규제되는 경로(route)이용자에게 적정한 생태점수가 할당되었다. 대형화물차가 이 경로를 이용하기 위해서는 운행으로 인한 이산화질소 배출량에 해당하는 생태점수를 가져야 한다는 것이 입법화되었다. 이산화질소를 덜 배출하는 차량에게는 적은 생태점수를 부과하므로, 운전자가 이산화질소를 덜 배출하는 차량을 이용하도록 유인하였다. 2003년에 목표치가 달성될 때까지, 생태점수는 매년 감소하였다.

유럽연합의 회원국에게 이용 가능한 생태점수를 상이하게 할당하였기 때문에, 대형화물차에게 생태점수를 할당하는 것은 개별 국가의 책임이 되었다. 유럽공동체의 여분(reserve) 또한 만들어졌다. 생태점수는 회원국 간 혹은 개별 대형화물차 간 거래가 불가능했기 때문에, 이 방안은 명령과 통제의 성격을 많이 지녔다.

생태점수방안이 운영된 지 10년이 경과함에 따라 생태점수의 부족은 점차 빈번해졌고 악화되었다. 1999년 말 덴마크의 대형화물차는 생태점수가 부족하게 되어 오스트리아의 남쪽 국가, 특히 이태리로의 수출을 감소해야만 했다. 이와 같이 교역에까지 미치는 효과는 심각한 문제점으로 대두되었으나, 이 방안은 더 엄격한 형태로 최대 2년간 확장되는 것으로 2004년에 합의되었다.

2004년에 유럽연합 회원국에게 할당된 생태점수의 총합은 약 6.5백만점이었다. 남은 2년간 이 총합은 매년 5%씩 감소할 것이다. 최근 가입국 또한 생태점수를 할당받았는데, 예를 들면 체코는 80,078점을, 키프로스(Cyprus)는 500점을 할당받았다. 환경에 특히 해로운 대형화물차는 이제 더 이상 이 경로를 이용하는 것이 허용되지 않고 있다.

생태점수방안은 이제 폐지되었으나, 대신에 Eurovignette 지침에 따라 고속도로 통행료가 징수되고 있다. (Eurovignette 지침은 1999에 제정되었고 그후 계속 개정되고 있는데 유럼공동체의 각 국가가 도로시설을 이용하는 중화물트럭에 부과하는 도로사용거리에 따른 통행료와 도로사용시간에 따른 부과료를 부과하는 것에 대한 공통지침임: 역자주) 그리고 통행료 수입은 50km의 Brenner 철도터널계획의 공동투자재원으로만 사용되도록 용도가 지정되어 있다. (Brenner 철도터널은 알프스산을 관통하며 오스트리아와 이탈리아를 연결할 텐데 세계에서 두 번째로 긴 터널이 될 것이라고 하며 2025년에 완성하면 두 지점 간의 통행시간은 현재의 2시간에서 50분으로 단축된다고 함: 역자주)

15.2.3 차량통행금지

유럽연합에는 차량통행금지(demotorisation)의 사례가 있는데, 하루 중 특정 시간대에 특정 지역에의 차량통행금지를 하는 사례가 있다. 유럽의 많은 다른 도시와 같이 Cambridge시는 혼잡, 소음, 오염, 교통사고 등의 부정적인 외부효과를 피하기 위해 중심지역을 보행자 전용구역으로 만들었다. 1992년부터 이탈리아의 도시들은 도시의 문화적이고 역사적인 가치를 보호하기 위해 출입표(entrance check)제도를 도입하여 요금을 청구할 수 있게 되었다. 일례로 로마는 주중 오전 6:30과 오후 6:00 사이 및 토요일 오후 2:00와 오후 6:00 사이에 도심지역을 보호하고 있다. 특별 허가증을 소지하지 않은 차량은 도시 일부지역을 전혀 출입할 수 없다. 유사한 체계가 이탈리아의 Bologna와 Genoa에서도 운영되고 있다.

산간지역은 특히 야간에 환경피해에 민감하다. 지형과 안정적 기상조건으로 인해 산간지역의 배기가스를 제거하는 데에는 많은 시간이 소요된다. 따라서 이들 지역에서 지역적 차량통행금지(local vehicle ban)가 도입되었다. 1999년에 오스트리아 정부는 Inn Valley 저지대지역에서 특정 중량 이상의 화물차를 대상으로 오후 8:00와 오전 5:00 사이의 야간통행을 금지시켰다. 환경주의자조차도 이러한 조치를 비난하는데, 이러한 차량은 규제된 지역을 우회하는 보다 먼 거리를 운행함으로써 전반적인 환경피해를 더 악화시키기 때문이다. 이러한 조치는 EU 내 화물의 자유로운 이동에 관한 권리를 부정하기 때문에, 유럽재판소(European Court of Justice)는 이러한 특별 금지조치를 정지시켰다.

15.2.4 사례로부터 얻는 교훈

유럽 교통부문에서 명령과 통제방안에 대한 두 가지 사례를 기술하였다. 이외에도 수많은 다른 사례가 있다. 중량규제, 속도규제, 기술과 환경에 대한 표준 등으로 이러한 사례는 계속된다. 이들은 특정한 시장실패, 특히 부정적인 외부효과를 개선하기 위해 도입하였지만, 모두 의도하지 않았던 부작용을 낳고 있다. 오스트리아의 생태점수방안은 알프스 산맥의 환경에 과다한 폐해를 초래하는 이산화질소 배출량을 감소시키는 데에는 도움을 주었지만, 유럽연합 내 교역 감소라는 부작용을 가져왔다. Inn Valley 저지대지역에서의 차량통행금지는 배기가스 배출량이 야간까지 누적됨으로써 발생되는 피해를 감소시켰을 것이나, 이는 단순히 다른 경로로 피해를 전가시킨 것으로서 단일유럽시장(Single Europe Market)이라는 목표에 방해가 되었다. 정부는 정책을 실행하기 전에 모든 발생 가능한 비용과 편익을 주의깊게 고려하는 것이 중요하다.

15.3 조세

조세는 시장에 대한 정부개입의 하나의 형태인데, 이는 단순히 시장조건들을 변화시켜 시장참가자가 이에 기초하여 스스로 의사결정하도록 함으로써 새로운 시장균형이 유도되는 것이다. 세금은 참가자에게 추가적으로 부과되는 비용이다. 교통부문에서 세금은 소비자에게 부과되는 (소득세와 같은) 직접세라기 보다는 간접세의 형태를 취한다. 즉 세금은 교통서비스 공급자에게 부과되고, 공급자는 이를 소비자에게 전가시킴을 의미한다. 세금은 생산비용을 증가시켜 공급곡선을 안쪽으로 이동시킴으로써 시장실패를 감소시키는 것을 목적으로 한다. 세금은 비가치재(demerit goods)와 부정적인 외부효과(negative externalities)에 적용할 수 있다.

세금은 공급곡선의 이동을 통해 생산되는 재화나 오염배출량이 Q^*로 표시된 효율적 수준과 일치되도록 한다. 여기에서 효율적 수준이라 함은 생산으로 인해 초래되는 피해의 측면에서 보는 것이다. 정부가 이를 정확하게 계산할 수 있으면, 이론적으로 효율적인 생산이 달성되도록 세율을 설정하게 되는 것이다.

모형을 이용하여 설명하면, 시장실패를 초래하는 생산의 모든 개별 단위에 대해 시장전반에 걸쳐 공통 세율이 설정된다. 이 세율은 〈그림 15-3〉에서 T로 표시된다. 생산자는 감축한계비용이 이 세율과 일치하는 수준까지 (생산량 x로부터: 역자주) 생산량을 감소시킬 것이다. 이 감소 수준보다 더 적게 감소하는 것(즉 Q^*보다 많이 생산하는 것: 역자주)은 생산하지 않았더라면 비용이 낮아질 수 있는 일부 생산량을 불필요하게 생산하면서 세금을 지불하고 있음을 의미한다. 반면에

■ 그림 15-3 조세

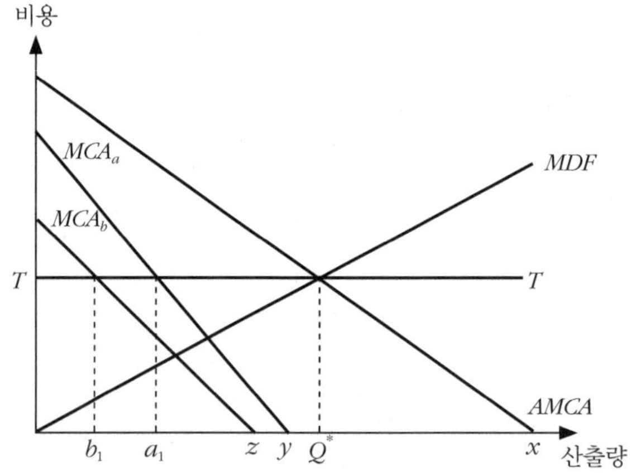

이 감소 수준보다 더 많이 감소하는 것(즉 Q^*보다 적게 생산하는 것: 역자주)은 더 많이 생산하여 추가적인 생산량에 대해 세금을 지불했다면 비용이 낮아질 수 있는 생산량을 생산하지 않고 있음을 의미한다.

생산자는 생산 감소에 따른 비용이 얼마인가에 따라 각기 상이하게 생산량을 감소시킬 것이다. 〈그림 15-3〉에서 생산자 B는 생산자 A보다 더 많이 생산을 감소시킬 수 있다. 즉 B는 A가 y에서 a_i까지 감소하는 것보다 더 많이 z에서 b_i까지 생산을 감소시킬 수 있다. 그들은 모두 동일한 감축한계비용(marginal cost of abatement)을 가질 것이므로, 이것(세금부과)은 x에서 Q^*로 바람직한 전체 생산량 감소를 성취하는 경제적으로 효율적인 방안이다. 그 이유는 감소량을 재배분하고 이에 따라 보상할 지라도, 전체 비용을 줄일 수 있는 다른 방안이 없기 때문이다. Tietenberg(1995)는 세금이나 거래 가능한 허가권(뒤에 설명할 것임)방안을 적용하면, 명령 및 통제방안을 적용할 때 발생하는 준수비용(compliance cost)을 50% 혹은 그 이상 감소시킬 수 있다고 추정하였다.

현실적인 문제는 정부가 세금의 실제 효과를 추정하기 매우 어렵다는 것이다. 최종세금부담자가 세금에 어떻게 반응할 것인가에 대한 불확실성이 매우 높다. 최종세금부담자의 반응을 계산하는 것은 정부개입의 달성목표인 생산량에 대한 현재 생산과정의 가격탄력성, 즉 생산물의 가격 인상이 생산량에 미치는 영향에 대한 지식을 필요로 한다. 또한 현재 생산과정과 새로운 대안 간의 교차가격탄력성(cross-price elasticities), 그리고 각 대안별 달성목표 생산량에 대한 지식도 필요하다. 이러한 모든 것을 계산하는 것은 어렵기 때문에 최종세금부담자 각각에 대해 감축한계비용을 적절하게 계산하는 것이 극히 어려울 것이다. 그 결과 주어진 세율이 어떠한 효과를 나타낼 것인지에 관한 의구심이 항시 매우 클 것이다. 명령과 통제방안의 가장 큰 장점은 생산량이 명확하게 설정될 수 있다는 것이다. 반면에 세금부과방안은 그렇지 않다. 정부는 잠재적 유권자에게 해를 끼치지 않기 위해 주의하게 되어 적절한 세금부과에 못 미치게 될 것이다.

세금부과방안의 장점으로, 세금이 참가자에게 계속적인 골칫거리가 되게 하는 것이다. 참가자는 생산량에 대해 세금을 지불해야 하기 때문에 생산량을 감소시킬 수 있는 다양한 방법을 찾고자 항상 노력하게 만드는 유인을 갖는다. 세금은 또한 명령과 통제에 의한 규제보다 쉽게 조정될 수 있어서, 새로운 방법론을 개발하면 참가자의 장래 반응을 더 쉽게 추정할 수 있는데, 이 경우에는 세금의 효과도 더 명확해질 수 있다.

세금은 시장실패로 인해 초래된 초과손실을 줄임으로써, 경제 내에서의 왜곡(distortion)을 개선할 수 있다. 가장 효율적인 방법으로 왜곡을 개선할 뿐만 아니라, 정부의 수입을 증가시켜 경제 내 다른 부문에서의 세금을 줄이는데 사용될 수 있다. 결국 다른 부문에서의 세금이 초래하는 왜곡도 감소시킨다. 예를 들면 소득세는 사람들이 열심히 일을 해야하는 유인을 낮춰 경제적 노력을 감소시키기 때문에 경제를 왜곡시킨다. 시장실패의 개선에 목적을 둔 조세를 통해 얻어진 수입으로 인해, 소득세로 인한 왜곡을 감소시킬 수 있다. 이와 같이 시장실패 개선 목적의 조세로 이중배당(double dividend)의 효과를 얻게 된다. 즉 시장실패를 개선함과 동시에 다른 경제적 왜곡 또한 감소시킨다.

시장실패 조세의 이중배당적 특성은 추가적인 세금이 아니라 사람들의 후생이 실제로 더 나아지는 세금패키지의 하나로 추진될 때에 정치적인 실행가능성이 더 크다. 그러나 이 경우 소비자로부터 생산자에게 조세부담(incidence of taxation)을 전가시키게 되므로 생산자의 후생이 더 나빠지지 않도록 조세수입이 사용되지 않으면 생산자의 반대에 부딪칠 수 있다.

15.3.1 수요-공급 분석을 통한 조세

위에서 알 수 있듯이, 세금에는 일반적으로 두 가지 유형이 존재한다. 하나는 생산자에게 부과되어 생산자가 세금 일부를 소비자에게 전가하는 간접세(indirect tax)이고, 다른 하나는 소비자에게 직접 부과하는 직접세(direct tax)이다. 직접세는 단순히 소비자의 가처분소득을 감소하게 하여 수요곡선 자체를 안쪽으로 이동하게 하고 가격과 수요량 모두 감소한다.

〈그림 15-4〉는 간접세의 영향을 보여준다. 먼저 생산자비용이 증가하면 주어진 가격에서 시장에 적게 공급하려고 하여, 공급곡선을 S에서 S_2로 왼쪽으로 이동하게 한다. 수요곡선은 변화하지 않기 때문에 소비자는 보다 적은 생산량에 대해 경쟁할 것이며, 이로 인해 가격은 P_1에서 P_2로 상승할 것이다.

처음 보기에는 이 세금이 단순히 원래 가격과 세금부과로 인해 변화된 가격 간의 차이로 보여질 수 있다. 그러나 이는 지나치게 단순화한 것인데, 생산자는 전체 세금을 소비자에게 반드시 전가하지는 않기 때문이다. 〈그림 15-4〉에서 실제 세금은 T인데, 최종 균형점에서의 두 공급곡선 간 차이로 나타난다. 생산자는 이 두 가격 간의 차이를 소비자에게 전가하는데, 소비자는 종국적으로 음영의 A 면적만큼의 세금부담을 하게 된다. 생산자는 이 세율의 나머지를 스스로 흡수

■ 그림 15-4 수요과 공급을 이용한 조세분석

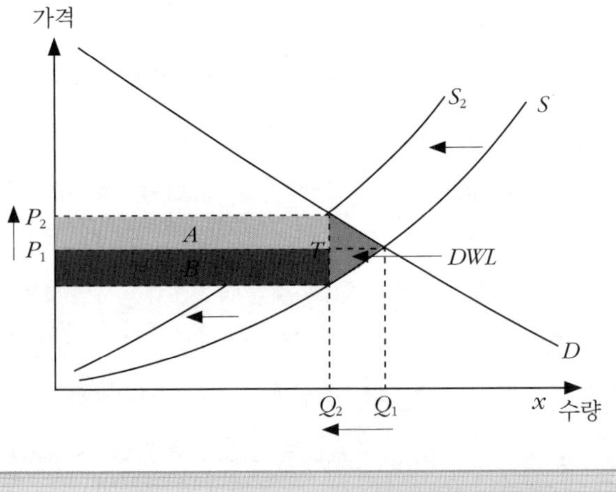

하게 되며, 결국 음영의 B 면적만큼의 세금부담을 하게 된다.

이 예제에서 생산자는 실제로 소비자보다 많은 세금을 지불하는데, 이는 수요의 가격탄력성(price elasticity of demand)때문이다. 수요는 가격탄력적(price elastic)이기 때문에 생산자가 세금의 더 많은 부분을 소비자에게 전가하여 가격을 크게 인상하는 것은 현명하지 못하다. 이는 매우 큰 수요량 감소를 초래해 판매수입이 매우 크게 감소할 것이기 때문이다. 따라서 생산자는 이 경우 스스로 더 많은 세금을 지불함으로써 실제로 더 높은 수입을 유지하고자 한다. 하지만, 반드시 그러한 것은 아니다. 수요가 가격비탄력적(price inelastic)일 때에 생산자는 세금의 더 많은 부분을 소비자에게 전가시켜 가격을 크게 인상시킬 것인데, 왜냐하면 소비자의 수요 감소량이 세금으로 인한 가격의 인상에 비해 상대적으로 적기 때문이다. 수요가 완전히 비탄력적(perfectly inelastic)일 때에는, 세금의 전부가 소비자에게 전가될 것이다. 반대로 수요가 완전히 탄력적(perfectly elastic)일 때에는 생산자가 세금의 전부를 스스로 부담할 것이다.

제품의 거래량을 감소시키고 가격을 인상시키는 세금은 분명히 소비자잉여(consumer surplus)를 감소시킨다. 마찬가지로 생산자는 더 낮은 가격(P_2에서 T를 뺀 가격)에 더 적은 수량을 판매하기 때문에 생산자잉여(producer surplus) 또한 감소한다. 소비자후생과 생산자후생의 감소의 대부분은 〈그림 15-4〉에서 보여지는 바와 같이 면적 A와 B에 의해 나타나는 조세수입의 형태로 정부에게 이전(transfer)된다. 그러나 이 세금으로 인해 잃게 되는 후생이 일부분 존재한다. 〈그림 15-4〉에서 DWL로 표시된 면적으로, 바로 세금으로 인한 자중후생손실(deadweight welfare loss)이다.

이러한 전체 후생의 감소 때문에 세금에 의한 정부개입을 반대하기도 한다. 많은 경제학자들은 정부의 개입 없이 시장이 자유롭게 작용하여야 한다고 주장한다. 그러나 애초의 시장실패 혹은 정부개입에 따른 차후의 정부실패(government failure) 중 어느 것이 더 해로운 가에 대해 질문할 필요가 있다.

15.3.2 조세에 대한 사례

유럽의 교통부문에서 조세는 널리 사용되고 있는데, 자동차와 항공기에 대한 연료세, 도로세, 그리고 법인세가 있다. 이들은 앞에서 개발된 도구를 이용해 분석될 수 있다. 인기나 중요도가 높아지고 있는 특정한 조세 형태는 도로요금으로 다음 장에서 상세히 분석하도록 한다.

15.3.2.1 유럽연합의 유류세

1987년에 단일유럽법(Single European Act)이래로 유럽위원회(European Commission)는 유럽연합 내의 경제적 통합을 촉진하고 발전시켜 왔다. 그 목적은 모든 회원국의 생산자로 하여금 균등한 경쟁의 장(level playing field)에서 서로 간에 경쟁할 수 있도록 하여, 경쟁이 유발하는 효율성 편익을 거두는 것이었다. 이러한 통합의 핵심적인 부분이면서 때로는 도전을 받는 부분은 어떠한 국가의 생산자라도 경쟁에서 특정한 우세나 열세를 갖지 않도록 세율을 통일하는 것이었다.

지침 2006/38/EC로 추후에 개정된 지침 99/62/EC는 대형화물차의 연간 세금에 관해 공통의 규칙을 규정하였다. 이는 세개 내지 네개의 차축을 가지고 있는 12톤 이상의 차량들에 적용될 수 있는 일련의 최대 요금을 규정한다. 또한 교량, 터널 및 산길(mountain pass)과 같은 특정한 물리적 구조물의 경우를 제외하고는 통행료를 추가적으로 징수하는 것을 금지한다. 이때 특정한 구조물의 형태와 통행료 관리는 해당 국가가 책임진다.

그 결과 벨기에, 독일, 덴마크, 룩셈부르크, 네덜란드 및 스웨덴은 대형화물차의 통행료에 대해 공통 체계를 도입할 것을 합의하였다. 이에 따라 화물자동차 운송회사는 일정 기간, 통상적으로 1년 동안 일정 금액을 지불하는 대가로 참여국 고속도로를 이용할 권리를 갖게 된다. 이는 *Eurovignette*으로 일컬어지며, 따라서 최초 지침은 *Eurovignette Directives*로 알려졌다. 독일은 2003년 8월 31일에 이 체계를 탈퇴하여, 자체적인 고속도로 통행료 체계를 도입하였다.

이와 유사한 상황이 유류세(fuel tax)에서도 나타났다. 2004년 1월 1일 이래로 유류 소비세에 대한 최소 세율은 〈표 15-1〉에 나타나 있다.

■ 표 15-1 유럽위원회 지침에 의해 규정된 유류세의 최소 세금

	유연휘발유	무연휘발유	경유
최소 세금(유로/1,000리터)	421	359	302

출처: EUROPA Transport; Road Charging: Annual vehicle taxes and fuel taxes(excise duties); http://ec.europa.eu/transport/road/policy/road_charging/charging_vehicle_fuel_taxes_en.htm.

유럽연합 회원국의 실제 연료부과금(fuel charge)은 〈그림 15-5〉에서 보여지는 바와 같이 매우 상이하다. 유류세는 영국에서 특히 높다. 2005년 4월에 유류세와 부가가치세를 합한 총세금은 주유소 가격을 기준으로 할 때 무연휘발유는 69.9%, 경유는 67.3%를 나타내고 있다. 〈그림 15-5〉에 나타나는 바와 같이, 2004년 12월 유럽연합 회원국 중에서 영국은 14번째의 세전(pre-tax) 휘발유 가격을 나타내고 있다. 그러나 가장 높은 총세금을 부과하기 때문에 영국의 세후(post-tax) 휘발유 가격은 네덜란드보다 조금 낮아 두 번째로 높다.

유류세 부과의 목적은 두 가지이다. 하나는 유류 사용에 따른 부정적 외부효과를 개선하기 위한 것이고, 다른 하나는 정부의 수입을 증대하기 위한 것이다. 유류는 매우 가격비탄력적이므로 가격 상승에 대한 수요량 변화가 적기 때문에 후자의 목적을 위해서는 이상적인 제품이다. 따라서 외견상 작은 세금을 증가시키더라도 조세수입은 크게 증가한다. 유류세는 영국정부의 수입에 크게 기여하고 있다. 2004~2005년에 유류세 수입은 약£235억으로 총조세수입의 5.2%를 차지하고 있다. 단지 소득세, 국가보험료(National Insurance), 부가가치세 및 법인세만이 유류세보다 높은 비중을 차지하고 있다.

■ 그림 15-5 유럽연합에서의 유류가격과 유류세, 2004년 12월

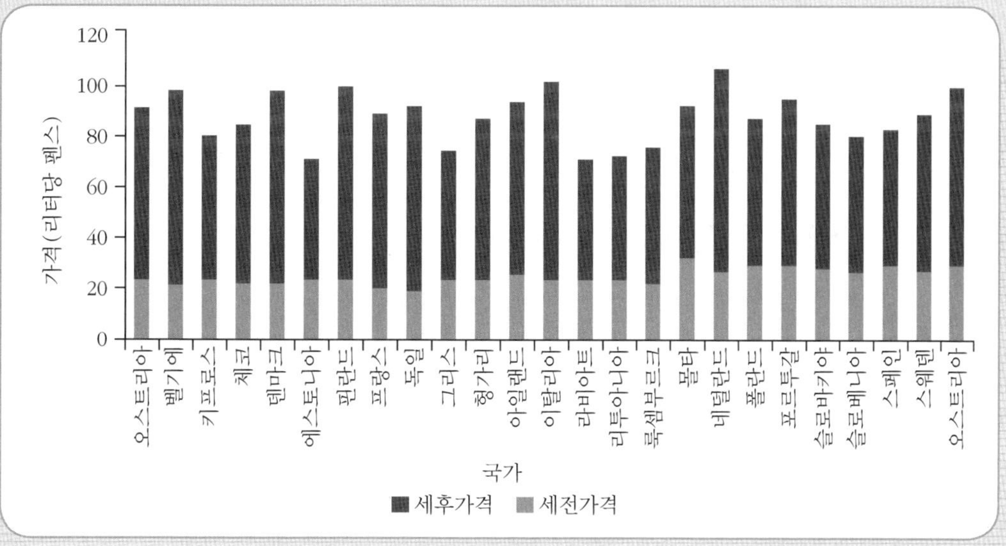

출처: Leicester(2006).

15.3.2.2 유럽의 탄소세

1990년대에 노르웨이, 스웨덴, 핀란드 및 덴마크는 탄소세(carbon taxation)를 도입하였다. 노르웨이는 이산화탄소 배출에 의해 야기된 부정적 외부효과(9.4절 참조)를 줄일 뿐만 아니라 근로세(labor tax)에 의해 유발된 왜곡을 감소시키는데에 탄소세 수입을 사용하고자 탄소세를 도입하였다.

노르웨이의 탄소세는 처음부터 국내 에너지 관련 이산화탄소 배출량의 60%에 부과되었다. 천연가스나 전기 생산업(사실상 노르웨이 전기는 모두 수력발전에 의해 생산되었음)과 함께 시멘트업, 해외 조선업 및 어업에는 탄소세가 면제되었다. 또한 노르웨이의 국내 항공산업과 조선업 및 펄프와 제지산업도 탄소세가 일부 면제되었다.

노르웨이의 세금은 상당한 수입을 발생시킨다. 1993년에 총세입의 0.7%를 나타냈지만, 2001년에는 1.7%에 달하였다(Stern, 2007). 이 세금으로 인하여 20세기 마지막 10년동안에 이산화탄소 배출량은 약 2.3% 감소한 것으로 추정된다. 탄소세는 또한 기술적인 진보에 동기를 부여하였다. 노르웨이는 현재 이산화탄소의 포집(capture and storage)에서 세계 선두주자이다. 노르웨이의 국영 정유회사인 Statoil은 자신이 배출하는 이산화탄소의 대규모 포집시설을 도입하였는데, 이는 포집된 이산화탄소를 지하의 동굴이나 호수 안으로 주입함으로써, 탄소회전(carbon cycle)에 합류하는 것을 방지하여 대기의 이산화탄소 농도가 농축되는 것에 기여하는 것을 방지하고 있다.

15.4 거래가능 허가권

거래가능 허가권(tradable permits)방안은 Crocker(1966)와 Dales(1968)에 의해 처음으로 제안되었다. 이 개념은 정부가 시장실패의 바람직한 산출량 Q^*를 결정하는 것이다. 정부는 또한 이 전체 수준과 동일하게 일정한 허가권을 발행한다. 예를 들면 하나의 허가권은 이산화탄소 1톤의 배출량과 동일하다. 허가권은 배출원(emitting sources)에 할당되고, 배출원은 할당된 허가권을 자신의 용도를 위해 보유하거나 다른 배출원과 거래를 할 수 있다. 개별 배출원은 자신의 연간 산출량을 감당하기에 충분한 허가권을 가져야만 한다. 이와 같이 정부는 허락할 산출량의 전반적인 수준을 결정하지만, 어떻게 이 목표를 달성하는가는 개별 배출원이 결정해야 한다.

허가권 시장이 경쟁적이고, 어떠한 배출원도 허가권 가격에 영향을 미칠 정도로 규모가 크지 않으며, 그리고 허가권 거래비용이 낮다고 가정하면, 그 결과는 〈그림 15-6〉에서 보여지는 바와 같다. 이러한 조건에서 거래권 효과는 조세효과와 정확히 동일할 것이지만, 다음의 분석이 보여주듯이 결과에 도달하는 방법은 상이하다.

〈그림 15-6〉에서 볼 수 있듯이, 이 방안은 개별 생산자의 감축한계비용(marginal costs of abatement)을 모두 동일하게 하고, 또 허가권 가격 P에도 일치하게 만든다. 만일 시장에서 허가권 가격이 감축한계비용보다 크다면, 생산량을 감소시키고 여분의 허가권을 판매하여 수입을 증가시키고자 한다. 반대로 허가권 가격이 감축한계비용보다 작으면, 생산자들은 생산량을 증가시키고 필요한 허가권을 구입하여 비용을 절약하고자 한다. 이러한 조정과정은 감축한계비용이 시장에서의 허가권 가격과 동일해지고 또한 생산자 간에 동일해질 때까지 계속된다. 이는 경제적으로 효율적인데, 왜냐하면 배출을 가장 저렴하게 감소시킬 수 있는 생산자(예를 들면, 배출원 B)가 더 많이 감소시키고자 하기 때문이다. 반대로 배출

■ 그림 15-6 거래가능 허가권

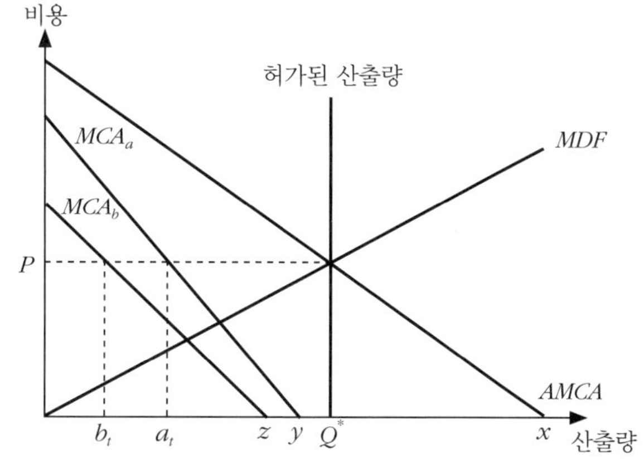

을 쉽게 줄일 수 없는 생산자(배출원 A)는 더 높은 허가권 가격을 지불한다. x에서 Q^*로 생산량의 효율적인 감소는 가능한 가장 저렴한 방법으로 달성된다. 탄소세방안과 마찬가지로, 허가권방안은 명령과 통제방안에 의할 때보다 준수비용(compliance cost)을 50% 혹은 그 이상으로 절약한다(Tietenberg, 1995).

조세방안을 적용하면 배출원에 의해 부담되는 비용은 비교적 정확하게 알 수 있는 반면에, 결과로서 성취되는 생산량 감소는 알 수가 없다. 거래 가능한 허가권방안은 결과로서 성취되는 생산량 감소는 정확하게 알 수 있지만 생산자가 실제로 부담하는 비용은 알 수가 없다. 이로 인한 생산자의 반대가 이 방안의 단점이지만, 시장실패를 개선한다는 측면에서는 아마도 더 바람직한 방안이다.

그러나 이는 허가권 시장이 경쟁적이고 허가권 거래비용(transaction costs)이 낮은 경우에만 해당된다는 것을 염두해야 한다. 만일 시장이 경쟁적이지 않으면, 허가권 가격에 커다란 영향을 미치는 배출원이 있을 것이다. 이들은 시장에서 허가권을 철회하여 허가권 가격을 상승시키고, 이로 인해 허가권 판매수입을 증가시킬 수 있다. 혹은 더 적은 허가권을 구입하여 허가권 가격을 낮추고, 이로 인해 허가권 구입비용을 절감할 수 있다. 이러한 전략은 모두 허가권 가격을 위에서 설명한 P가 아닌 가격에 설정하기 때문에 효율성 이득(efficiency gains)을 감소시킨다.

조세방안과 마찬가지로, 거래가능 허가권방안은 또한 배출원이 생산량을 계속 감소시키도록 유인한다. 배출원이 추가적으로 감축할 수 있다면, 그들은 남는 허가권을 판매하여 추가적인 수입을 발생시킬 수 있다.

거래가능 허가권방안은 또한 이전의 두 방안에 비해 더 유연하게 적용될 수 있다. 만일 과학적 기법이 발달하여 피해에 대한 이해가 명확해져서 더 큰 감소가 필요하다는 것이 확실해지면, 정부는 허가권을 단순히 구입하여 시장에서 거래되는 허가권의 총량을 낮출 수 있다. 따라서 법적 규제나 세금을 변경하는 방안에 비해 훨씬 용이하고 시간소비 또한 적다.

처음에 허가권을 어떻게 할당하는가에 따라, 조세방안과 동일하게 (정부)수입을 증가시킬 수 있다. (예를 들면, 허가권이 경매로 처분될 수 있다.) 이러한 수입은 또한 경제 내 다른 부문에서의 왜곡과 비효율을 감소시키는데 사용할 수 있어 잠재적으로 이중배당(double dividend)효과를 발생시킬 수 있다.

정치적 고려는 조세방안에서 논의된 것과 유사하다. 이중배당의 특성은 정치적으로 거래가능 허가권방안의 도입을 보다 용이하게 할 것이고, 추가수입은 이 방안이 초래할 수도 있는 바람직하지 않은 효과를 상쇄하는데 이용될 수 있다.

거래가능 허가권방안은 전 세계에서 점차 더 활용되고 있다. 1995년에 최초로 미국에서 산성비를 유발하는 아황산가스(sulphur dioxide)와 아산화질소(nitrous oxide)의 배출을 감소하기 위해 도입되었다. 노르웨이는 2005년 1월에 주요 에너지공장과 중공업부문에 배출량 거래방안을 도입하였고, 스위스는 Kyoto협약의 목표를 달성하기 위해 공장에 대한 배출량을 거래하였다. 15.4.1절에서 살펴보는 바와 같이, 현재 교통부문과 직접 관련하여 거래가능 허가권방안이 도입된 사례는 하나가 있을 뿐이다. 그러나 이것은 유럽위원회(2004)를 위해 수행된 연구로서 환경적으로 민감한 지역에서의 화물운송을 위해 거래가능 허가권방안이 어떻게 고안되고 도입되어야 하는가에 대해 철저히 분석하였다.

15.4.1 유럽연합의 탄소거래방안과 항공사들

유럽연합의 탄소거래방안(carbon-trading scheme)은 2005년 1월 1일에 도입되었고, 현재 논쟁의 여지는 있지만 거래가능 허가권방안에 관해 세계에서 가장 크고 진보된 사례이다. 유럽연합 전역에 있는 약 11,000개의 발전소와 산업시설을 대상으로 하며, 이는 유럽연합 전체 탄소배출량의 약 45%를 차지한다.

회원국은 매 기간(1기는 2007년 12월 31일에 종료되었고, 2기는 2008년부터 2012년까지이며, 그 다음 기간은 추후에 도입될 것임) 할당될 허가권의 총량(quota)을 결정하고, 개별 국가는 자국 내 생산자 간에 어떻게 할당할 것인지도 결정한다. 이들 계획은 유럽공동체에 의해 승인되어야 하며, 이때 개별 국가들의 계획이 전체의 감축목표와 일치하는지를 검토한다. 대부분의 허가권은 현재 무상으로 할당되었지만, 0.2%의 허가권만이 1기에 경매에 부쳐졌다. 대부분의 국가는 (1기와 2기의) 두 기간 간 허가권 이월은 금지하였지만, 한 기간 (예컨대, 1기) 내에서 상이한 연도 간의 허가권 이월은 허락하였다.

런던시에 기반을 둔 정교하고 효과적인 허가권 시장이 개발되었으며, 이를 통한 거래량은 꾸준히 증가하고 있다. 이 방안의 참가자는 또한 개발도상국에서 보다 청결한 생산공정에 투자함으로써 이산화탄소 배출량을 상쇄할 수 있었으며, 결국 전 세계적으로 보다 청결한 기술이 개발되었다.

이 방안은 환경정책에서 중요한 진전이었지만, 완전한 성공은 아니었다. 회원국 각자가 허가권 총량과 생산자 간 할당량을 결정할 수 있으므로, 1기 동안의 이산화탄소 배출량은 이 방안이 도입되기 이전에 비해 겨우 1% 낮아진 것으로 추정된다(Stern, 2007). 할당량을 중앙에서 결정할 필요가 있다. 소규모 참가자의 경우 행정비용이 특히 높았는데, 이는 대규모 참가자와 동일한 방식으로 독립적으로 증명되는 보고서를 작성하여야만 했기 때문이다. 또한 허가권 가격에 대한 불확실성이 있으며, 필요한 경제적인 배출감축량에 대해서도 불확실성이 있다. 이 문제는 보다 큰 중앙허가권 경매방식을 도입하면 극복될 수 있을 것이다.

현재의 기후변화정책은 항공분야로부터는 어떠한 중요한 기여도 요구하지 않고 있으며, 제트연료(jet fuel)인 등유(kerosene)는 역사적으로 조세부과대상에서 면제되었다. 이러한 상황과 더불어, 이 분야가 이미 유럽연합 총온실가스배출량의 약 3%를 차지하고, 1990년 이래 약 87%나 배출량이 증가하였으며, 2020년에는 현 배출량의 두 배가 될 것이라는 사실때문에, 유럽위원회는 특정의 조치를 취할 수밖에 없었다. 2005년 말에 유럽위원회는 탄소거래방안에 항공분야를 포함할 것을 제안하였다.

항공분야에는 두 단계에 걸쳐 이 방안이 도입될 것이다. 2011년부터 유럽연합 내 모든 국내선과 국제선으로부터의 배출이 포함될 것이다. 2012년부터는 유럽 공항을 이용하는 모든 국제선으로부터의 배출 또한 포함될 것이다. 모든 항공사들은 동일하게 취급되지만, 초경량 비행기, 군용기, 경찰기, 개인 비행기, 구조용 비행기, 정부 비행기, 그리고 훈련 혹은 시험용 비행기는 면제될 것이다.

이 방안이 이미 도입되어 있는 다른 생산자처럼, 항공사는 연간 특정 수준의 이산화탄소를 배출할 수 있는 거래 가능한 허가권을 받는다. 매년도 말에 항공사는 그 해의 배출량만큼의 허가권을 제출해야 한다. 여분의 허가권은 거래될 수 있고, 다음 해의 사용을 위해 이월될 수도 있다. 국제항공이 국제기후합의에 포함되는 것으로 결정되면 검토될 것이지만, 허가권 수는 2004~2006년 배출량의 평균 수준을 상한으로 하여 2022년 말까지 정해질 것이다. 개별 항공사에게는 운행하는 노선의 전체 승객과 화물량 중 해당 항공사 비중을 토대로 허가권이 할당될 것이다. 허가권의 10%까지 경매에 부쳐지며, 2013년부터는 경매에 대한 제한도 사라질 것이다.

개별 항공사는 자신의 연료소비량에 표준배출인수(standard emission factor)

를 곱해서, 자신의 배출량 수준을 계산해야 한다. 이 보고서는 독립적인 검사기구에 의해 검토된다. 만일 항공사가 특정 연도에 자신의 배출량에 해당하는 만큼의 허가권을 내놓지 못하면, 부족한 이산화탄소 1천톤당 100유로의 벌금이 부과되고 자신의 허가권을 더 이상 매각할 수 없게 된다. 심지어 해당 항공사의 운영권이 취소될 수도 있다.

유럽위원회는 매년 183백만톤의 이산화탄소 감축이 있을 것으로 예상하는데, 이는 아무 조치도 취하지 않는 현재 상황과 비교할 때 2020년까지 대략 46%를 감축하는 것이다. 유럽위원회는 이는 오스트리아의 모든 배출원이 연간 배출하는 총량의 두 배에 해당된다고 언급한다(2006년 12월 20일). 또한 항공사는 이 비용을 승객에게 전가시킬 수 있기 때문에 항공사의 수익성에는 거의 영향이 없을 것으로 예측한다. 이러한 가정 하에 2020년까지 유럽연합 내에서의 왕복항공표의 가격은 1.8유로에서 9유로 사이만큼 상승할 것이다. 장거리 항공표 가격은 환경적 영향이 더 크기 때문에 이보다 훨씬 많이 오를 것으로 예상된다.

15.5 세 가지 방안에 대한 사례연구

유럽위원회를 위해 수행한 연구(2004)에서 세 가지의 정책방안에 대해 두 가지 사례연구 모의실험을 통해 검토하였다. 첫째, 사례연구는 알프스를 가로질러 프랑스와 이탈리아를 연결하는 Lyon–Turin 교통축이다. 이 축은 4㎞폭이고 연장거리가 12.9㎞인데, 유일한 Frejus 터널이 고려되었다. 둘째, 사례연구는 Freiburg, Titisee–Neustadt 및 Donaueschingen 사이에 있는 German Black Forest의 남부지역이다. 이것 역시 4㎞폭의 교통축이지만, 총연장거리는 57㎞에 달한다.

이 연구들은 상이한 정책방안의 총비용을 추정하지는 않으며, 단순히 환경적 영향만을 검토하고 있다. Lyon–Turin 사례연구에서 도로통행료(조세)는 교통량에 매우 작은 효과만을 나타내는 반면에, 대형화물차에 대한 전면적 금지는 매우 큰 환경적 혜택을 나타낸다. 이는 예상했던 결과인데, 아마도 이 교통축 대신 이용할 수 있는 다른 대안이 존재하지 않아, 수요가 가격비탄력적이고 운전자들은 이를 이용하기 위해 어떠한 요금도 지불하려고 하기 때문이다. 이 사례의 연구자는 거래가능 허가권방안의 환경적 효과가 할당된 허가권 수에 의해 결정될 것이라고 언급한다.

유사한 결론이 둘째 사례연구에서도 도출되었으나, 규제된 경로 대신에 이용할 수 있는 다른 대안들이 존재하므로 인해 조세방안의 효과는 크게 개선되었다. 결론적으로 조세방안과 거래가능 허가권방안은 규제된 지역의 주위로 교통량이 재배정되도록 한다.

전반적으로 어떠한 정책방안을 실행할 것인지에 대한 선택은 정책의 애초의 의도에 달려있다. 특정한 생산량의 감축을 달성하고자 하는 것이 목적이라면, 명령-통제방안의 성공확률이 가장 높다. 다른 용도에 사용할 수입을 발생시키는 것이 목적이라면, 조세방안이 가장 효과적이다. 생산자에게 사회적으로 가장 효율적이고 비용이 적게 드는 방법으로 부정적인 외부효과를 줄이는 것이 목적이라면, 거래가능 허가권방안이 가장 효과적이다. 그러나 이 후자의 방안이 항상 실질적으로 실행 가능한 것은 아니라는 것도 주지해야 한다.

15.6 관료주의적 지대추구(rent-seeking)

Svendsen(2003)은 유럽위원회, 공무원 및 영국교통위원회(British Traffic Commissioners)와 같은 비선출직 관료주의 내 정치경제를 분석하였다. 그는 이들 조직에서는 비용최소화를 위한 동기보다는 실제로 예산극대화를 추구하고 있음을 발견하였다. 더욱 큰 예산과 더욱 큰 책임을 얻도록 노력함으로써, 정치기구 내 개별 부서는 관료체제의 규모를 줄이고자 하는 정치인들에 대항하여 완충지대를 만들 수 있다. 이는 앞으로의 의사결정에서 해당 부서가 보다 강력한 힘을 갖도록 한다. 관료체제는 이러한 목적을 달성할 수 있는데, 그들은 공공서비스에 대한 독점적 공급자이고 그들의 책임을 이행하기 위해 필요한 자원에 관한 예산-결정 권한과 관련하여 비대칭적 정보의 수혜자이기 때문이다. 이는 주인-대리인 문제(principle-agent problem)의 또다른 예이다.

정부 내 관료부서들은 더욱 큰 예산을 확보하기 위해 서로 간에 경쟁하는데, 이는 정부에 재정적 압력이 된다. 이는 기업가를 보다 느슨한 재정정책(낮은 조세)을 가지고 있는 정부의 지역으로 이주하게 하여, 결과적으로 더 높은 조세와 생산량 감소를 야기할 것이다. 해운업에서의 편의치적선(flags of convenience)은 좋은 예를 말하고 있다. 자원에 대한 수요를 하나의 부서가 일방적으로 줄이는 것은 손해 보는 일이 될 것인데, 왜냐하면 이로 인한 편익이 모든 부서의 이득으로 돌아가지 않고 오로지 경쟁하는 다른 부서에게만 돌아가기 때문이다. 교통부문에서의 시장실패에 대한 해결방안을 시행하려고 하는 정부 내 부서들은 이러한 경쟁적인 환경에 처할 것이다. 따라서 부서원들이 가장 많은 일을 해야 하고 중앙정부로부터 가장 큰 예산을 요구할 수 있는 방안을 도입하기를 원할 것이다.

거래가능 허가권방안은 허가권을 할당하여야 하기 때문에 가장 많은 관료주의적 개입이 필요하다. 경매를 조직하고, 과거 생산자에게 무상배분(grandfathering)하면서 개별 생산자에게 허가권을 얼마나 할당할 것인가를 계산하고, 개별 생산자의 생산량을 감시하고 기록하며, 과다생산(over-production)이 발생하면 처벌을 승인하고, 발생된 수입을 배분하는 것 등을 시행하여야 한다. 조세방안은 생산량 감시, 세금징수 및 수입배분과 같은 두 번째로 많은 관료주의적 개입을 요구할 것이다. 반면에 명령-통제방안은 단순히 생산량 감시와 필요한 경우 제재부과만 필요하기 때문에 세 가지 방안 중에서 관료주의적 개입이 가장 적다. 따라서 교통부문에서 시장실패를 개선하기 위해서는 거래가능 허가권방안을 도입해야 한다는 주장이 관료주의적인 정부 내에 존재하여 정부 내로부터 거래가능 허가권방안을 정치적으로 실행 가능한 대안으로 만들려 한다.

제16장

교통혼잡의 해결

Chapter 16

16.1 현황

영국과 유럽 전역에서 도로 건설과 도로 이용의 관리는 시장에 의하지 않고 정부에 의해 관리되는, 별로 많이 남아있지 않는 경제부문 가운데 하나이다. 도로 이용에 대한 요금은 명시적으로 없으며, 기존도로의 유지와 신규도로에 대한 지출은 종국적으로 영국 정부(Whitehall: 런던 중심가의 도로명을 이용한 영국정부에 대한 호칭: 역자주)에 의해 관리된다. 이용자가 유류를 구입할 때, 주유소 가격의 절반 이상이 세금이다. 이는 도로이용료(road charge)라고도 주장될 수 있으나, 누구도 그렇게 생각하지 않는다. 일반적으로 시장에서 가격은 제대로 기능하지만, 이와 달리 유류가격은 도로의 직접적인 비용, 제3자에게 부과되는 (외부) 비용, 이용자가 얻는 편익 혹은 보다 나은 서비스에 대한 이용자의 지불용의(willingness to pay)와 아무런 연관이 없다.

총조세수입이 교통에 대한 공공지출과 어떠한 연관을 가지는 것도 아니다. Coates(1999)는 1975년에 도로세입은 £128억이었으며, 지방 도로, 지방 대중교통 및 국가 도로에 대한 지출은 £115억(두 수치 모두 1998년 가격)이었다고 말한다. 2005년에 도로세입은 £440억까지 상승했으나, 도로에 대한 지출은 £70억 아래로 하락했다.

중앙집권화된 계획과 시장신호(market signal)가 없어서 나타나는 결과는 예상대로였다. 일부 지역에서는 과소공급(under-provision)이 발생하여, 제한된 도로용량은 교통혼잡으로 차량지체를 초래하면서 할당된다. 다른 지역에서는 비싼 기반시설에 대한 과대공급(over-provision)이 발생하여, 초과된 용량은 경제적 가치를 거의 없게 만든다. 기업인과 일반 대중은 도로의 사용을 위해 상당한 비용을 지불하지만, 보다 나은 (혹은 보다 좋지 않은) 서비스에 대해 보다 많이 (혹은 보다 적게) 지불하겠다는 그들의 선호를 표현할 수 있는 방법이 없다.

Britain에서 교통량의 증가는 시간이 흐름에 따라 도로 기반시설 용량에 점차 더 부담을 주고 있다. 현재의 정책이 그대로 유지된다면, England는 2010년에 2000년보다 교통량이 25% 증가할 것이다(DETR, 2000, DfT, 2003). 극심하게 악화되는 교통혼잡으로 많은 유권자는 매일 교통문제가 있다는 것을 상기하고 있다. 2002년 12월(DfT, 2002)에 조심스럽지만 어느 정도 도로 건설을 증가시키겠다는 목표를 발표한 것은 이에 대한 반응일 수 있다. 2003년 7월 교통부장관은 현재의 정책 하에서 혼잡상황은 계속 악화될 것이므로, 도로이용자에의 요금부과는 이러한 문제를 해결하기 위한 실질적인 해결방안의 하나로 신중하게 고려할 것이라고 말했다(DfT, 2003).

교통혼잡의 문제가 있는 지역으로는 런던과 런던으로 진입하는 고속도로, West Midlands 광역도시권 및 Tyneside를 비롯한 일부 도시의 중심지역이다. 또한 Manchester에서 Leeds와 Bradford를 연결하는 구간에도 상당한 혼잡문제가 있다. 대도시 외곽지역에서는 아직 도로용량에 여유가 있어서, 혼잡 증가로 인한 차량의 속도 감소는 거의 없다.

Glaister and Graham(2004)은 유류가격이나 도로용량에 변화가 없는 경우에 향후 수년간 20% 이상 교통량이 증가하면, 어떠한 상황이 나타날 것인가를 보여주고 있다. 첫째, 런던에서는 교통혼잡의 증가로 차량 속도가 크게 감소함에 따라, 통행 시간비용은 증가하고 교통량 증가는 5% 이하로 나타날 것이다. 교통혼잡으로 인한 높은 시간비용은 교통수요의 증가를 일부 억제할 것이므로, 런던과 남동부지역의 교통량 증가는 다른 지역에 비해 적을 것이다. 둘째, 통행자는 대체수단으로서 철도를 선택함에 따라 철도 이용객은 20% 이상 증가할 것이다. 따라서 철도의 재정 상황은 개선될 것이다. 셋째, 재무부는 추가적인 유류세 수입으로 연간 ￡40억 이상을 징수할 수 있다. 마지막으로 연간 ￡10억 이상 환경 피해비용이 증가한다.

16.2 도로요금 부과 원리

도로요금 부과에 대한 경제적 원리는 제9장과 제15장에서 설명한 바와 같이, 장기한계사회비용에 의한 가격설정(long run marginal social cost pricing)이다. 차량으로부터 야기되는 도로혼잡과 오염은 부정적인 외부효과(negative externalities)의 전형적인 사례에 해당된다. 부정적인 외부효과는 도로 이용을 결정할 때에 다른 사람에게 부과하는 비용을 적절하게 고려하지 않아 시장실패가 발생하는 것이다. 이로 인하여 도로 이용이 과소비되고, 결국 배분적으로 비효율적(allocatively inefficient)이다.

이 문제를 해결하는 하나의 방법은 추가적인 비용을 적절하게 부과하는 것이다. 이는 처음으로 Pigou에 의해 제안되어, 피구세(Pigouvian tax)로 알려져 있다. 도로에 대해서는 Sir Alan Walters(1961)가 'The Theory and Measurement of Private and Social Cost of Highway Congestion'에서 완벽하게 설명하였다. Ruben Smeed가 의장으로 있는 공식적인 영국위원회(1964)는 도로요금 부과가 시기적으로 그리고 기술적으로 실행 가능하다고 주장했다.

일부 새로운 정의가 필요하지만, 〈그림 9-1〉의 패널 A는 교통혼잡과 도로요금 부과 간의 관계를 설명하고 있다.

- 수직축은 하루 중 특정 시간에 특정 장소에서의 도로 이용으로 인한 일반화비용(generalized cost)을 나타낸다.
- 한계사적비용(marginal private cost)은 인-km당 지불하는 총비용의 화폐적 가치를 나타낸다. 휘발류와 차량마모비용, 운행 및 정지해 있는 시간에 대한 비용, 지불된 요금 및 기타 관련 비용을 포함한다. 즉 추가적인 1-km 통행을 할 때 특정 개인에게 발생하는 비용이다.
- 한계사회적비용(marginal social cost)은 한계사적비용에 기반시설 마모, 대기오염과 이로 인한 건강에 미치는 영향, 소음공해, 사고, 그리고 통행 지체와 같은 외부적 비용(external cost)을 더한 것이다. 즉 한 개인이 추가적인 1-km 통행을 할 때 사회 내 모든 구성원에게 발생하는 비용이다.
- 한계사적비용곡선과 한계사회적비용곡선 간 수직거리는 개별 이용자가 부담하는 비용과 모든 사람이 부과하는 비용 간의 차이를 나타낸다.
- 한계사회적편익곡선(marginal social benefit curve)과 한계사적편익곡선(marginal private benefit curve)은 도로교통에 대한 수요곡선으로 간주될 수 있다. 이는 도로 이용에 대한 일반화비용과 다른 모든 대체수단 이용에 대한 일반화비용에 의존한다. 이는 상대적인 화폐요금이나 혼잡 변화에 따라 교통수단 간에 전환하고자 하는 성향(propensity)을 나타낸다.
- 수평축은 시간당 승객-km의 양을 나타낸다.

이 분석은 일반적인 부정적 외부효과에 대한 9.1절에서의 분석과 동일하다. 자유시장에서의 균형은 시간당 승객-km가 Q_1인 지점인데, 이는 승객은 사적비용만을 고려하고 그 행동으로 인한 사회적 총비용을 고려하지 않기 때문이다. 도로통행의 모든 비용을 고려하는 사회적 관점에서의 시간당 최적 승객-km는 Q^*

에 해당한다. 자유시장에서는 도로교통의 과소비가 발생하여, 분배적으로 비효율적이다. 최적 통행량은 사회적으로 효율적인 승객통행량인 Q^*에서 한계사적비용과 한계사회적비용 간 차이만큼 요금을 부과함으로써 달성될 수 있다.

16.3 도로요금 부과 사례와 유형

도로요금 부과체계는 다양한 형태를 나타내므로, 처음부터 명확하게 정의하는 것이 중요하다.

- 지점-가격설정(point-pricing)체계는 주요 간선도로의 진입과 같이 특정한 물리적 위치를 지나는 차량에 대해 요금을 부과한다.
- 경계선-가격설정(cordon-pricing)체계는 도심지역과 같이 특정한 지리적 구역을 진입하는 차량에 대해 요금을 부과한다.
- 지역-가격설정(area-pricing)체계는 특정 시간대에 특정한 지리적 구역 내에서 운행하는 차량에 대해 요금을 부과한다. 경계선-가격설정체계와의 약간의 차이는 이 체계에서의 차량은 지역경계선을 넘지 않아도 요금이 부과된다는 것이다. 차량이 지역 내에 이미 있으면, 요금이 부과된다.
- 거리-가격설정(distance-pricing)체계는 차량이 지역 내에서 운행한 거리에 따라 차량에 요금을 부과한다.
- 혼잡-통행료(congestion-charging)체계는 혼잡의 수준에 따라, 즉 해당 차량으로 인한 차량 통행속도의 감소에 따라 차량에 요금을 부과한다.

이러한 도로요금 부과체계는 전 세계적으로 도입되었으며, 수년간 이론적으로 그리고 실제적으로 더욱 정교해졌다. 네 개의 핵심적인 사례가 다음에 설명되지만, 이 외에도 헝가리는 국가 전체적으로 대형화물차에 대한 도로요금 부과체계를 가지고 있는데, 거리-가격설정체계의 사례라고 볼 수 있다. 이탈리아와 프랑스는 각각 1925년과 1955년부터 통행료를 징수하는 고속도로를 운영하고 있는데, 지점-가격설정체계의 사례라고 볼 수 있다.

이러한 체계들이 종국적으로 성공이라고 판단하든 아니든, 이미 매우 중요한 변화를 달성하였다. 이들은 도로 이용에 대한 요금부과가 이용자 행태와 혼잡

수준에 커다란 차이를 발생시킬 수 있는 실질적인 정책이라는 것을 일반 대중과 정치인에게 입증하였다.

16.3.1 싱가포르

경계선-가격설정(cordon-pricing)의 사례이자 최초의 근대적인 도로요금 부과체계인 Area Licensing Scheme은 1975년 6월에 싱가포르에 도입되었다. 이는 도심지역을 포함하는 약 7평방킬로미터의 지정된 제한구역에서 실행되었다. 처음에는 종이로 만든 허가증을 토대로 하였지만, 1998년 이후 전자식 도로요금체계(electronic road-pricing) 기술을 이용하고 있다.

이 체계의 목적은 항상 발생하는 교통혼잡의 문제를 극복하기 위해 교통량을 억제하는 것이었다. 실제로 공휴일을 제외한 주중 오전 7:30과 오후 6:30 사이와 토요일 오후 2:00까지 교통량을 대상으로 특정 속도를 달성하는 것을 목표로 도입되었다. 차량속도가 특정 속도 이하로 낮아지는 경우에는 요금은 증가하고, 반대의 경우에는 감소한다. 요금은 3개월마다 검토되고, 모든 출입로의 전자게시판에 표시된다. 2001년부터 환경적인 요인을 고려하여, 전기차와 하이브리드 차량에 대해서는 낮은 요금을 부과한다.

1990년 이후 싱가포르 내에서 보유 가능한 차량 대수에 대한 할당량이 도입되었다. 따라서 차량을 보유하고자 하는 사람은 Certificate of Entitlement에 입찰해야 한다. 이 방식은 효율적인 대중교통체계와 함께 Area Licensing Scheme의 성공에 기여하였다.

16.3.2 오슬로

오슬로(Oslo)의 전자식 도로요금(electronic road toll)체계는 1990년에 도입되었고, 새로운 도로 기반시설 확충에 이용될 수 있는 수입(revenue)을 확보하기 위한 것이 목적이었다. 경계선-가격설정체계(cordon-pricing)의 형태로 19개의 요금징수소가 도심지로 진입하는 모든 도로에 설치되었다. 처음부터 요금지불은 전자식, 수동식 혹은 동전투입식으로 할 수 있었으나, 지금은 대다수의 차량들이 전자식체계로 지불한다. 응급차, 정규노선버스와 오토바이를 제외한 모든 차량에 대해서 하루종일 요금이 지불된다.

16.3.3 트론드하임(Trondheim)

노르웨이의 트론드하임체계는 오슬로체계와 매우 유사하며, 오슬로보다 1년 후에 도입되었다. 도심지로 진입하는 도로에 대한 전자식 도로요금체계로 여덟 개의 요금징수구간이 설치되어 있다. 도입배경은 새로운 기반시설의 재원조달을 위한 수입을 발생시키는 것이었다. 대부분의 차량은 송수신기를 통해 전자식으로 요금을 지불하였으나, 수동식으로 요금을 지불할 수도 있다. 오슬로체계와의 주요한 차이점은 오전 6시와 오후 6시 사이에만 요금을 부과한다는 것이다. 첨두시간 요금은 오전 6시와 오전 10시 사이에 적용되었고, 오전 10시와 오후 6시 사이는 약 절반의 요금이 적용되었다. 대형차량은 소형차량들에 비해 높은 요금이 부과되었다. 교통량을 고려하여, 비첨두시간대 요금을 결정하였다.

16.3.4 런던

런던의 혼잡통행료(Congestion Charge)체계는 수도권 내 거주자와 근로자가 겪는 교통혼잡 증가의 문제에 대한 대응방안으로 2003년 2월에 도입되었다. 주중 오전 7시와 오후 6:30 사이에 런던 중심지역(central London)을 통행하는 모든 차량에 부과되있으며, 따라서 지역을 대상으로 하는 혼잡통행료체계에 해당한다. 요금은 하루를 기준으로 부과되며, 하루동안 지역 내에서 실제로 얼마나 먼 거리를 운행하였는가에 상관없이 동일하다. 버스, 택시, 오토바이 및 응급차는 면제되며, 거주자는 할인된 1주일 단위 통행권을 구입할 수 있으며, 장애인이나 환경친화적인 차량은 할인된 연간 혹은 1회 요금이 적용된다.

이 체계는 통행하는 차량의 번호판과 선불로 지급한 차량들의 기록을 비교하는 차량인식 카메라(vehicle-recognition camera)를 이용하여 실행되었다. 카메라는 지역 내뿐만 아니라 지역경계선에도 설치되었다.

런던 교통부(Transport for London)는 교통량과 혼잡에 미치는 편익과 전반적으로 창출된 경제적 편익의 추정치를 보여주는 모니터링 보고서(예를 들면 Transport for London, 2006)를 발간해오고 있다. 〈그림 16-1〉은 2003년 2월에 혼잡통

■ 그림 16-1 런던 혼잡통행료부과가 교통량에 미치는 효과

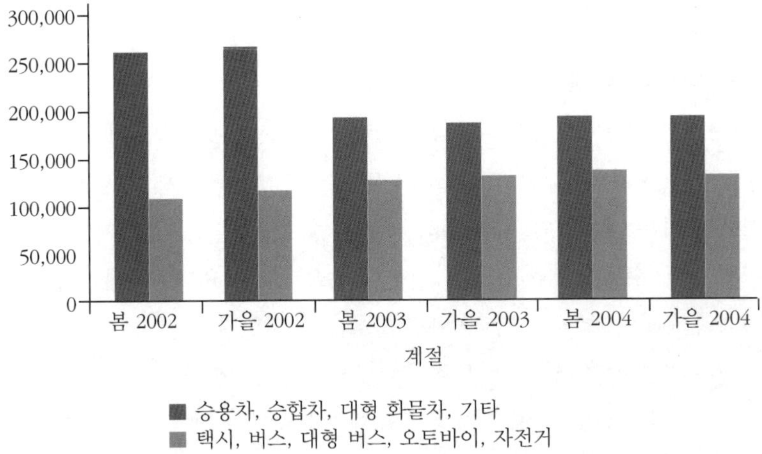

행료가 도입된 이후, 요금징수지역 내에서 교통량에 커다란 효과가 있었음을 명확히 보여준다. 거의 하루 밤사이에 승용차, 승합차, 화물차 등의 교통량은 1/4 이상 감소하였고, 이후로 이 수준에서 안정화되었다. 반면 택시, 시내버스, 시외버스, 오토바이 및 자전거는 점차 증가하고 있다.

16.4 도로요금 부과 방법론

이 방법론은 2000년 영국의 교통상황을 차량과 사람 교통량의 기준으로 간주한 Glaister and Graham(2004)에 기초한다. 이 교통상황에서 교통량, 수요, 속도 및 일반화비용이 상호 일정한 균형상태를 나타낸다고 가정한다. 즉 균형속도 하에서 일련의 일반화비용이 나타나고, 이 일반화비용 하에서 네트워크 이용에 대한 일련의 수요가 나타나고, 이 수요 하에서 교통량 수준이 나타나며, 이 교통량 하에서 다시 마지막으로 균형속도가 나타난다. 새로운 도로요금 부과체계가 도입되어 일반화비용이 변화되면, 이로 인해 새로운 균형상태가 추정된다.

이 접근법은 세 가지의 근본적인 연관관계를 보여준다. 첫째, 가격 변화는 교통량을 변화시키고, 교통량 변화로 혼잡이 변화함에 따라 속도와 같은 중요한 질(quality)이 변화할 것이다. 둘째, 가격과 통행시간대의 변화는 이용되는 통행수단에 영향을 미칠 것이다. 셋째, 가격, 세금 및 보조금 변화는 재정수입을 변화시키고, 공공 및 민간부문 모두로부터 새로운 기반시설을 위해 이용 가능한 투자재원을 변화시킬 것이다. 차등가격체계(differing pricing regimes)는 수요형태를 변화시킬 것이고, 결국은 기반시설에 대한 투자도 변화시킬 것이다.

16.4.1 방법론과 이론적 이슈

자유시장균형에서 사회적으로 효율적인 균형으로 이동하는 것을 계산하는 단계는 다음과 같다.

1. 속도, 교통량, 수요 및 일반화비용이 상호 연관된 기초적인 균형상태를 설정한다.
2. 가격에 대한 수요의 변화(수요탄력성)와 교통량에 대한 속도의 변화(속도-교통량 관계)를 설정한다.
3. 대중교통요금, 유류세 및 차량-km당 도로요금과 같은 정책변수를 변화시킨다.
4. 새로운 속도, 일반화비용 및 수요 하에서의 새로운 균형상태를 계산한다.
5. 많은 상호의존성으로 인해 반복적인 계산과정이 필요하다.

자유시장균형 하에서는 〈그림 9-1〉 패널 A의 Q_1에 나타나는 바와 같이 요금이 부과되지 않는 도로의 교통량은 시간 당 100대-km이고, 차량이용자에게 발생하는 시간 및 화폐비용은 대-km당 £0.10라고 가정한다. 외부적 비용을 반영하기 위해, 대-km당 £0.03의 추가적인 비용을 부과하기로 한다. 수요관계를 볼 때, 교통량은 감소해야 한다. 도로 상의 마지막 차량은 최대 £0.10를 지불할 용의가 있으나, 이용자에게 £0.13의 총비용을 부담시키는 새로운 도로요금이 부과되므로, 일부 교통량은 이용이 제한될 것이다. 이용자 비용의 증가에 따라 한계사적비용곡선은 왼편 안쪽으로 이동하게 된다. 즉 〈그림 9-1〉 패널 A에서와 같이 사회적으로 효율적인 균형인 Q^*의 왼쪽 지점인 90대로 교통량이 감소한다.

그러나 이제 교통량은 감소하고 교통혼잡은 완화될 것이므로, £0.03은 개별 이용자가 다른 모든 사람에게 부과하는 외부적 비용을 반영하기에는 너무 높다. 따라서 이용자에게 부과하는 도로요금은 £0.03에서 £0.025로 감소되어야 한다. 한계사적비용곡선은 오른편 바깥쪽으로 다시 이동하게 된다. 〈그림 9-1〉 패널 A의 Q에서와 같이 사회적으로 효율적인 균형의 오른편 지점인 96대로 교통량이 증가한다.

이러한 과정은 〈그림 9-1〉 패널 A의 Q^*로 수렴할 때까지 계속되며, 이때의 교통량은 95대가 된다. 이 지점에서의 새로운 균형은 도로 상의 마지막 차량이 자신의 비용과 도로요금을 지불할 용의가 있는 곳에서 이뤄지며, 이때의 도로요금은 마지막 차량(그리고 다른 차량)이 사회에 부과하는 비용과 동일하게 된다. 한계사적비용은 이 교통량에서 한계사회적비용과 동일하고, 따라서 개별 차량은 도로를 이용하기로 결정할 때 발생하는 모든 한계사회적비용을 지불하고, 이는 배분적으로 효율적이다.

일반적으로 학생이 범하는 실수는 도로요금 혹은 세금이 자유시장 하의 생산량인 Q_1에서의 한계사적비용과 한계사회적비용 간의 차이와 동일하여야 한다고 주장하는 것이다. 이는 잘못된 것으로 앞에서 설명한 바와 같이 도로요금 혹은 세금이 사회적으로 효율적인 생산량인 Q^*에서 두 곡선 간의 차이와 동일하여야 한다.

사회적으로 효율적인 균형상태에 도달하는 요금집합(set)이 균형을 이루면, 새로운 교통량과 이에 따라 조세세입, 대중교통 비용과 수입, 그리고 보조금이 추정된다. 따라서 공공재정에 대한 전반적인 순효과가 추정될 수 있다.

새로운 균형교통량수준에서 교통혼잡과 대기오염은 모두 감소하게 되고, 도로요금으로 인해 새로운 수입이 발생된다. 도로이용자는 더 많이 지불하거나 통행이 억제되기 때문에, 일반적으로 후생은 악화된다. 그러나 이론적으로는 이들을 보상하고도 남는 수입이 발생하기 때문에, 모든 사람은 이전보다 개선될 수 있다고 말할 수 있다. 즉 파레토 개선(Pareto improvement)이 발생한다. 도로가 보다 효율적으로 이용되기 때문에 도로체계의 총 경제적 가치는 증가한다는 것을 말한다.

따라서 도로요금을 부과하여 발생하는 수입이 어떻게 사용되는가가 매우 중요한 이슈가 된다. 실제 많은 사례에서와 같이 수입이 요금을 지불하는 사람을 보상하는 데에 사용되지 않으면, 이들은 불리해진다. 런던의 혼잡통행료 수입이 런던의 교통목적에 반드시 사용하도록 입법화한 것도, 이 정책에 대한 대중의 지지를 얻어내는 데에 결정적이었다. 최소한 순수입은 교통부문에, 그리고 관련된 지리적 지역에 사용되어야 한다. 국가적 차원에서 수입은 차량소비세를 감소시키는데 사용될 수 있다(다음 설명 참조).

도로 이용에 대한 세금부과를 다른 방법으로 변화하는 과정에서 발생하는 피해자를 보상하는 데에 순수입을 사용하고자 할 때에, 요금징수와 집행에 소요되는 비용에 대한 이슈가 제기된다. 만일 요금징수와 집행비용이 너무 높으면, 이론적으로도 피해자를 보상하기 위한 충분한 순수입이 발생하지 않게 된다. 효율적인 요금설정을 통해 창출된 경제적 가치는 요금체계 관리의 행정비용으로 모두 소비되고도 부족하게 된다.

통행시간가치가 매우 다른 사람들이 요금이 부과되는 도로를 이용하므로, 앞의 설명은 너무 단순화되었다. 요금이 부과되더라도 높은 시간가치를 갖는 사람은 도로를 계속 이용하고자 하므로, 요금을 지불하는 대신에 보다 빠른 속도로 인한 편익을 얻게 된다. 따라서 희소자원의 가치를 갖는 도로공간에 대한 이용이 더 큰 가치를 얻는 사람에게 재배분된다. 따라서 배분효율성이 더 증가한다. 보상이 이루어지지 않아도 도로이용자 전체로서는 이득이 발생한다. 또한 순수하게 교통부문에서만 발생하는 편익보다 큰 경제적 후생편익이 발생한다. 예로 혼잡한 지역(즉 잉글랜드의 남동부)에서의 전반적인 생활비는 이곳에 사는 사람들이 지불하는 비용과 더욱 동일하게 될 것이다. 따라서 개인은 어디에 살고 어디에서 사업할 것인가에 대해 보다 경제적으로 효율적인 결정을 하게 된다.

버스이용자는 더 빠른 차량속도와 더 높은 신뢰성으로 편익을 얻게 되고, 버스운영회사의 운행비용은 감소할 것이다. 궁극적으로 조세부담자가 부담해야 하는 정부보조금은 더 낮아지게 된다.

도로요금을 설정함에 따라 도로 이용시간대는 변화되어, 그 결과에 커다란 차이가 발생한다. 가장 혼잡한 시간대의 일부 통행이 도로용량에 여유가 있는 시간대로 이용시간대가 전환함에 따라, 현재의 도로용량이 더 효율적으로 이용된다. 첨두시간대에 가장 높은 가치를 부여하는 사람에게는 도로를 이용하는 대가를 지불하게 함으로써 편익을 발생시키는 반면에, 이용시간대 전환을 크게 상관하지 않는 사람에게는 재정적 인센티브를 부여하여 더 전환하게 할 수 있다.

마찬가지로 도로요금을 부과함에 따라 카풀을 통해 차량 1대당 평균 재차인원을 다소 증가시키는 것도, 그 결과에 커다란 차이가 발생한다. 이러한 변화가 크게 나타날수록, 도로요금 부과로 이용자에게 발생하는 불편익(disbenefit)은 전반적으로 더 적지만, 환경적 편익은 더 크다. 가격이 낮아 혼잡이 적게 완화되기 때문에 수입은 더 적고, 이 체계로부터의 순편익은 전반적으로 더 크다.

16.4.2 분석에 이용된 실제 자료

모형의 기술적 측면과 자료출처에 대한 상세한 내용은 Glaister and Graham(2003a)에 나타나 있다. 이용된 자료는 주로 두 개의 출처에서 비롯되었다.

- 상세한 도로교통량 자료는 영국 교통부(DfT)의 발간자료에 근거하였으며, 관련 수치들에 대한 기초를 만드는데 이용되었다. 이 자료는 승용차, 버스, 소형 화물차, 대형 화물차 및 굴절 화물차(트레일러)로 구분되어 있다. 승용차는 여섯 개 통행목적에 따라 구분되어 있다. 아홉 개의 England 지역, Wales 및 Scotland로 구분되어 있고, 도로 유형, 도시 및 농촌지역 유형, 그리고 19개 시간대로 세분화된 1주일 단위로도 구분되어 있다.
- 대중교통수요 자료는 주로 *Transport Statistics for Great Britain*(DTLR 2001a)과 *Regional Transport Statistics*(DTLR 2001b)의 발간자료에 근거하였다. 이를 통해 지역별 버스와 철도의 인-km와 평균 버스 및 철도요금이 추정되었다. 버스요금은 지역별로 차이를 나타내는 반면에, 철도요금은 지역별 철도요금 자료를 얻을 수 없어 결국 국가 전체의 평균 철도요금을 이용하였다.

도로요금 부과의 주요한 목적이 교통지체를 감소시키는 것이기 때문에 절약된 시간에 대해 화폐가치를 추정하는 방법을 찾는 것이 필요하다. 일반적으로 사람들이 편익을 얻고자 얼마를 지불할 용의가 있는가를 추정하는 원리에 기초하는 방법을 사용하였다. 영국 정부에 의해 수년 간 개발된 이 방법에 대한 세부내용과 추정된 가치는 인터넷 www.webtag.org.uk에서 찾을 수 있다. 차량운행비용에 대한 공식 또한 여기에서 찾을 수 있다. 이는 차량유형별로 속도에 따라 비용이 어떻게 변화하는지를 보여준다.

도로교통량 자료를 이용하여 도로유형별 및 지역별로 속도를 추정할 수 있었다. 속도–교통량 관계식은 교통량이 증가함에 따라 속도가 어떻게 감소하는지를 나타내기 때문에, 혼잡비용을 계산하는 데에 매우 중요하다. 영국 교통부(DfT)는 Glaister and Graham(2004)이 적용한 방법을 이용할 것을 제안하고 있다.

차량통행의 사적비용과 사회적비용에 대해 Glaister and Graham(2004)은 Sansom *et al.*(2001)이 수행한 영국에서의 도로와 철도통행비용에 관한 연구에서 도출된 수치를 이용하였다. 교통시설 운영, 사고, 대기오염, 소음 그리고 지구온난화와 관련된 비용을 나타내는 도로와 철도통행의 외부효과 비용에 대한 추정치를 보여준다. 〈표 16–1〉은 이러한 수치의 일부를 보여준다. 차량유형별, 지역별 및 교통시설별로 각각 상이한 추정치를 보여준다. Glaister and Graham(2004)은 속도–교통량 관계식과 연관된 교통량 자료를 이용하여, 교통혼잡의 한계사회적비용을 추정하였다.

탄력성은 통행비용과 통행시간 변화에 대해 다양한 유형의 통행자가 통행량을 변화하거나 통행수단을 전환하는 변화량을 나타낸다. 탄력성 값은 다양한 출처로부터 인용되었다. Graham and Glaister(2002a; 2002b; 2004)는 승용차와 화물교통량의 가격탄력성에 대한 연구결과를 보여주고 있다. 이 중에서 가장 중요한 것은 유류가격에 대한 승용차 교통량의 장기 탄력성이 –0.35라는 것이다. 버스의 탄력성은 Dargay and Hanly(1999)로부터 인용되었으며, 철도의 탄력성은 ATOC(Association of Train Operating Companies of England, 2001)로부터 인용되었다. 런던시에 관한 탄력성은 Grayling and Glaister(2002)로부터 인용되었다.

■ 표 16–1 영국의 도로비용(대–km당 펜스), 1998년 기준가격

비용항목	낮은 추정치	높은 추정치
기반시설 운영비용과 감가상각	0.42	0.54
사고비용	0.82	1.40
대기오염	0.34	1.70
소음	0.02	0.05
지구온난화	0.15	0.62

출처: Sansom et al.(2001).

16.4.3 분석의 한계

어떠한 모형도 현실 세계를 나타내는데 있어 완전하고 정확할 수 없다. 모형화에 있어 중요한 점은 분석과 이해를 위해 보다 쉽게 단순화하여 표현하는 것이

다. 모형을 실행할 때 Glaister and Graham(2004)은 발견 가능한 최선의 증거자료를 이용하였으나, 여러 단순화된 가정으로 인해 이 방법은 중요한 한계를 가질 수밖에 없었다. 그러나 그 결과가 어떻게 나타날지를 개략적으로 추정하는 데에 이는 최선의 사고방법이다.

이 모형은 구체적인 교통네트워크를 가지고 있지 않으며, 출발점에서 도착지까지의 교통패턴을 나타내려고 하지도 않는다. 그 결과 통행량의 변화와 평균 통행거리의 변화를 구분할 수 없다.

통행비용과 요금의 변화로 인해 관측되는 변화, 즉 탄력성은 두 변화의 조합에 대한 측정값이다.

모형은 대-km당 비용과 요금 및 평균 교통량(시간 당 p.c.u.)을 이용해 수행된다. 모형에서 근무지 주차요금, 경계선 혹은 지역 혼잡통행료체계와 같은 특정 요금부과체계를 정확히 나타내지는 못한다. 경계선 혼잡통행료체계에서는 지정된 지역의 경계선을 통과하는 차량에 대해서는 요금이 부과되지만, 지정된 지역 내의 통행거리에 따라 요금이 변하지는 않는다. 지역 혼잡통행료체계에서는 런던 방식과 마찬가지로 경계선 통과 여부와 상관없이 지정된 지역 내에서 지정된 시간에 이용된 차량에만 요금이 부과된다. 이 요금 또한 통행거리와는 상관이 없다. 이러한 상이한 체계를 모형에서 적합하게 반영하기 위해서는 보다 세밀한 지리적 여건 하에서 상이한 방법이 필요하다.

대중교통에 대한 모형 상의 표현은 도로통행에 비해 더 충분하지 않다. 이는 이용 가능한 대중교통 통계가 단순히 도로교통에 비해 적기 때문이다.

대기오염과 지구온난화와 같은 환경적 피해에 대한 비용의 추정은 불확실하지만, 본 연구에서 고려되는 가격책정정책에서는 중요한 결정요인이 된다. Glaister and Graham(2004)은 〈표 16-1〉에 요약된 교통의 여러 외부효과 비용과 환경비용에 관한 Sansom *et al.*(2001)의 추정치를 인용하고 있다. 왜냐하면 이러한 추정치를 도출하는 것이 어렵고, 연구자에 따라 상이한 결론이 도출되기 때문이다. 환경적 외부효과에 대해 운전자에게 부과되는 비용수준에 관한 상이한 가정에 따라 정책결과가 얼마나 민감한가를 나타내고자, 최저치와 최고치 범위로 수치를 사용하고 있다. 이 외에도 계량화되지 않은 혹은 계량화될 수 없는 중요한 요인들도 일부 존재한다. 누락된 일부 요인은 도로에 의한 지역사회 단절과 같이, 환경에 해롭거나 사회적 비용을 발생시킨다. 한편 일부 요인은 가족에 대한 보다 나은 접근성, 여가의 추구 혹은 고용기회와 같이, 사회에 이롭거나 편익을 발생시킨다. 이러한 교통의 외부효과 비용 및 편익이 과소추정되었는지 혹은 과대추정되었는지는 명확히 알 수 없다.

또한 장래의 복잡한 성장을 단순화하여 만일 2000년 현재의 여건이 지속된다면, 도로요금 부과정책이 어떠한 변화를 발생시킬 것인가에 대해서 분석한다.

16.4.4 기존세금에 도로요금 추가(수입추가체계)

Glaister and Graham(2004)은 여러 형태의 도로요금 부과정책을 모형화하였다. 수입추가(revenue raising)와 수입유지(revenue neutral) 요금, 그리고 경제적으로 효율적인 요금 설정이다. 더 상세한 결과와 면밀한 논의는 이들의 다른 연구(2003a, 2003b, 그리고 2003)에서 알 수 있다.

〈표 16-2〉는 도로요금 부과로 인한 비용과 보조금의 변화로 나타나는 상이한 교통수단의 이용 변화를 보여준다. 교통수단 이용 변화를 비율로 정의하는데, 예를 들면 0.5는 이용이 50%만큼 감소되었음을 나타낸다.

〈표 16-3〉의 첫째 열은 도로요금을 부과한 결과로 감소한 환경적 비용추정치를 보여준다. 둘째 열은 승용차, 버스 및 철도이용자와 도로화물운송회사에게 발생하는 편익(추가 지불요금에서 교통량 감소에 따라 더 빨라진 통행으로 발생하는 편

■ 표 16-2 기존세금에 도로요금을 추가하는 경우: 잉글랜드, 2000년 교통량

시나리오	교통량	모든 차량 승객-km	승용차 -km	상업용 차량-km	버스 승객-km	철도 승객-km	승용차 비용 (£/km)	버스 지원금 (£/p.a.)	버스 요금 (%, 백분율 변화)	철도 지원금 (£m p.a.)	철도 요금 (%, 백분율 변화)
	현재 수치 대비 통행량 비율										
현재(2003)	1	1	1	1	1	1	0.104	1408	–	1597	–
낮은 환경 비용											
환경비용 요금	0.94	0.95	0.95	0.94	1.014	1.015	0.116	1403	0	1547	0
환경비용 요금 + 혼잡비용 요금	0.91	0.92	0.91	0.90	1.07	1.02	0.132	1358	0	1520	0
높은 환경 비용											
환경비용 요금 + 혼잡비용 요금	0.81	0.87	0.82	0.77	1.09	1.06	0.152	1390	0	1447	0

■ 표 16-3 기존세금에 도로요금을 추가하는 경우에 대한 경제적 평가: (연간 £십억, 2003년 가격): 잉글랜드, 2000년 교통량

시나리오	환경비용의 감소	승객과 화물 운송회사에 발생하는 편익	버스 지원금의 감소	철도 지원금의 감소	환경세, 혼잡통행료 수입, 환급금	순편익	세입 보정	재무부에서 발생하는 순편익	재무부에서 발생하는 모든 비용이 제외된 편익	가중평균한 혼잡비용 (£, vehicle-km)
열 번호	(1)	(2)	(3)	(4)	(5)	(6)=(1+2+3+4+5)	(7)	(8)=(3+4+5+7)	(9)=(1+2+8)=(1+2+3+4+5+7)	
낮은 환경 비용										
환경비용 요금	0.54	−4.66	0.01	0.05	5.8	1.7	−1.3	4.56	0.4	0.080
환경비용 요금 + 혼잡비용 요금	0.91	−7.99	0.05	0.08	11.9	4.9	−2.2	9.83	2.8	0.075
높은 환경 비용										
환경비용 요금 + 혼잡비용 요금	5.04	−15.57	0.05	0.18	19.13	8.83	−4.36	15.0	4.47	0.082

익을 제외)을 보여준다. 다섯째 열은 도로요금 수입에서 차량이용자에게 지급되는 환급금을 제외한, 정부(재무부)에 발생한 직접적인 수입이득을 보여준다. 재무부에는 추가적인 재정수입을 의미한다. 버스와 철도보조금의 변화는 궁극적으로 재무부에 그대로 나타나고, (셋째 및 넷째 열에서 양(+)의 보조금 감소를 나타낸다.) 일곱째 열의 휘발류 소비량 변화로 인해, (휘발류에 대한 부가가치세의 변화 이상으로) 휘발류 세수의 변화가 나타난다. 여덟째 열은 재무부 전체의 변화를 요약하고 있다.

Glaister and Graham(2004)은 현재의 휘발류 세금과 기타 요금은 현재 수준에서 고정되는 것으로 간주하고, 새로운 도로요금을 이들에 추가하여 부과하는 것으로 가정한다. 먼저 도로요금은 단지 도로 이용에 따른 환경비용(environmental costs)을 반영하기 위해 추가하는 것으로 가정한다. 그리고 환경비용 이외에도 혼잡비용을 반영하는 요인을 요금에 더 추가하여, 이 경우의 도로요금 부과의 효과를 분석한다.

16.4.4.1 환경비용 요금만 부과

이 정책 하에서 추가적인 요금은 (차량의 유형과 지역에 다소 영향을 받는) 환

경적 비용만을 반영한다. 혼잡비용은 존재하지 않으며, 낮은 수준의 환경적 비용만이 도로요금을 결정한다고 가정한다. (환경비용만을 반영하는) 도로요금이 기존의 도로세나 요금에 추가적으로 부과되므로, 교통량과 통행량은 각각 5%와 6% 감소한다. 버스와 철도통행량은 일부 증가한다.

〈표 16-3〉은 연간 £5억의 환경비용 감소와 연간 약 £45억의 재무부 수입 증가를 나타낸다. 이는 환경피해를 감소시키는 데에 도로요금 수입이 어떻게 사용될 수 있는지를 보여준다. 물론 중요한 이슈는 대-km당 환경피해비용을 추정하는 데에 이용된 추정치들이다. 그러나 환경비용이 무한대라고 믿지 않는다면, 환경 피해의 존재가 어떠한 비용을 치루더라도 교통량을 감소시키는 정책을 시행해야 하는 것은 아니다. 또한 환경비용 요금은 전체적인 교통량을 감소시키기 때문에 교통혼잡의 감소를 통해 편익을 발생시킨다.

16.4.4.2 환경비용 및 혼잡비용 요금

Glaister and Graham(2004)은 개별 차량이 다른 차량에게 유발하는 교통혼잡비용의 증가를 모두 반영하기 위해 추가적인 도로요금을 부과한다. 이 경우 모든 도로이용자는 대-km당 환경피해비용과 추가적인 차량 대-km가 다른 차량에 부과하는 혼잡비용인 혼잡통행료만큼의 추가적인 도로요금을 부담한다.

〈표 16-3〉은 낮은 환경피해비용을 적용하는 경우 연간 £119억의 직접적인 추가 수입, 버스와 철도에 일부 재무적 개선 및 재무부에 연간 £98억의 재정증가를 발생시키게 됨을 보여준다.

일부 혼잡한 지역에서는 요금이 더 높아지게 되어, 교통량 감소 효과는 더 커지게 된다. 그러나 많은 지역과 대부분의 시간대에 교통혼잡은 크지 않아, 상대적으로 작은 환경비용에 대해서만 요금이 부과된다. 낮은 요금을 부과함에 따라 순효과는 전체 교통량이 9%만 감소되어, 교통혼잡은 국지적인 문제라는 것을 보여준다.

〈그림 16-2〉는 수입추가의 도로요금체계가 도입되는 경우 국가 전체적으로 교통량 변화가 어떻게 상이하게 나타나는지를 보여준다. 〈표 16-2〉와 〈표 16-3〉의 결과는 Glaister and Graham(2004)에서 발췌된 2000년 잉글랜드의 교통량수준을 나타낸다. 반면에 〈그림 16-2〉는 Glaister and Graham(2006)에서 발췌된 2010년 잉글랜드, 웨일즈 및 스코틀랜드의 교통량수준을 나타낸다.

■ 그림 16-2 센서스 구(ward)별 평균 교통량 감소비율 변화, Great Britain, 2010(수입추가)

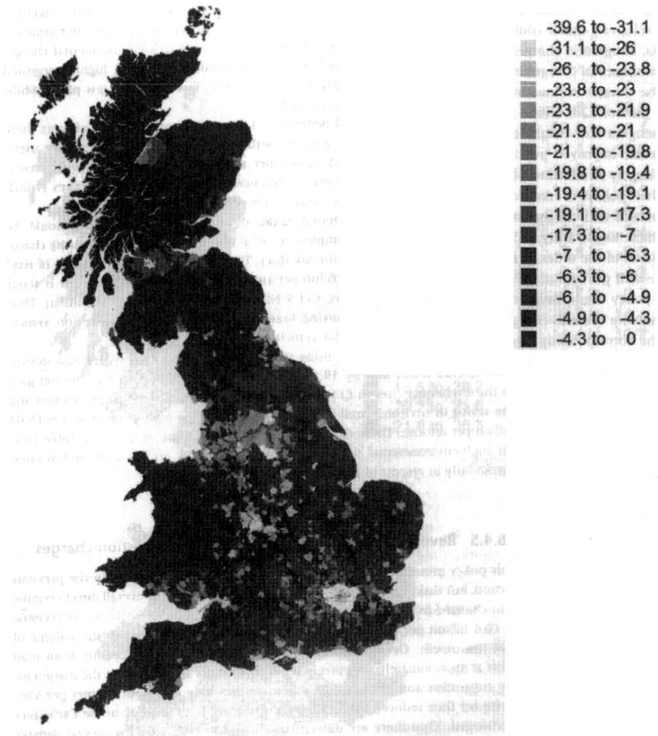

런던 대도시권에서 내부와 외부지역은 도심지역보다 더 어둡게 나타나고 있다. 이러한 특징은 다른 정책 시나리오를 설명하는 Glaister and Graham의 연구결과에서도 마찬가지로 나타난다. 이는 2003년 2월에 혼잡통행료가 도입된 도심지역에 비해, 내부와 외부지역에서 교통혼잡과 혼잡통행료 부과의 편익이 더 크다는 것을 나타낸다. 이러한 런던의 경험에 비추어 볼 때, 혼잡통행료를 부과한다면 잉글랜드에서 가장 성공할 수 있는 지역은 도심지역이 아닌 런던 내부지역 혹은 런던 대도시권 전체가 될 수 있다.

〈표 16-2〉는 환경비용 요금만 부과하면 교통량이 6% 감소하는 반면에, 낮은 수준의 환경비용 요금과 혼잡비용 요금을 부과하면 교통량이 9% 감소하는 것을 보여준다. 매우 혼잡한 지역에서 환경비용 요금은 혼잡비용 요금에 비해 상대

적으로 작지만, 환경비용 요금은 전반적으로 적용될 수 있으나 혼잡비용 요금은 상대적으로 일부 지역의 일부 시간대에만 적용될 수 있다.

〈표 16-3〉에 나타나는 바와 같이 전체 편익을 평가하면, 비용을 제외하고 연간 £28억의 이득이 발생하고 있다. 차량이용자, 승객 및 화물에게는 연간 £80억의 손실이 발생하지만, (주로 개선된 통행여건에 의한 가치를 반영하는) 환경적 편익, 대중교통의 재무적 개선 및 조세수입의 증가로 상쇄되어 얻어지는 수치이다.

환경비용과 혼잡비용 도로요금 부과정책은 거의 대부분의 차량등록세(Vehivle Excise Tax) 폐지정책과 함께 도입될 수 있다. 차량등록세 수입이 연간 약 £50억이므로, 연간 £70억 정도(〈표 16-3〉의 £119억에서 £50억을 뺀 것)의 도로 조세수입 순증가를 가져온다. 따라서 이는 차량소유에 대한 고정적 도로요금 부과정책을 차량이용에 대한 도로요금 부과정책으로 전환하는 것을 의미한다.

높은 수준의 환경비용을 부과하는 경우 발생하는 결과 또한 〈표 16-3〉에 나타난다. 전체 교통량은 낮은 환경비용을 부과하는 경우의 9%보다 더 큰 19%만큼 감소한다. 재무부에 대한 순이득은 연간 £100억에서 연간 £150억으로 상승하고, 환경비용의 감소는 연간 £9.1억에서 연간 £50.4억으로 증가한다. 이러한 차이는 〈표 16-3〉에서 보여지는 바와 같이, 특히 대기오염과 지구온난화에 대한 높은 환경비용 추정치가 낮은 환경비용 추정치에 비해 매우 크다는 사실을 반영한다.

16.4.5 수입이 유지되는 환경비용 및 혼잡비용 도로요금

이 정책은 앞 절에서 언급한 세금이나 도로요금 부과정책과 동일한 구조를 유지하지만, 차량 대-km당 환급을 통해 직접적인 전체 수입을 현재 수준과 동일하게 유지하는 것이다. (그리고 전체 휘발류 소비량이 증가하기 때문에, 연간 £6억의 휘발류 세입이 증가한다.) 이는 도로이용자로부터의 조세수입을 현재 수준에서 개략적으로 유지하는 것이다. 도로이용자에게 그들이 초래하는 혼잡과 환경피해에 대한 한계비용만큼 요금이 부과되지만, 재무부의 총조세수입이 변화하지 않을 정도로 km당 요금이 일률적으로 감소된다. 운전자에게 지급되는 환급금은 총통행거리에 의해서만 결정되기 때문에, 환경피해와 혼잡에 따라 도로요금은 다르게

■ 그림 16-3 센서스 구(ward)별 평균 교통량 감소비율 변화, Great Britain, 2010(수입유지)

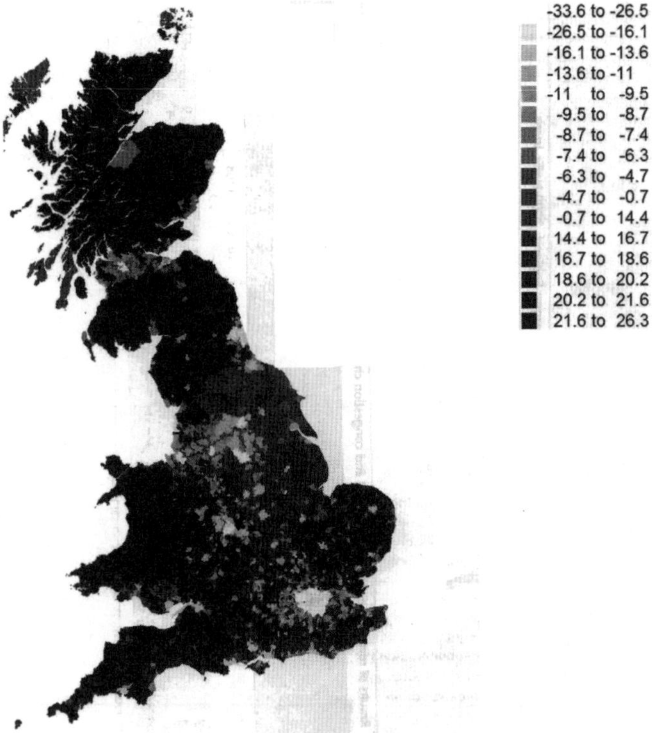

된다. Glaister and Graham(2004)은 차량등록세는 변화되지 않는 것을 가정한다.

그 결과는 〈그림 16-3〉에 나타나 있다. 〈표 16-4〉와 〈표 16-5〉는 그 효과를 보여주고 있다. 이 방안은 가장 혼잡한 시간대와 지역의 교통량을 분산하고 또한 가장 환경피해가 큰 지역의 교통량을 분산하여, 교통량 재분배를 달성한다는 데에 커다란 의미가 있다. 그 결과 총조세수입을 거의 변화시키지 않으면서, 전체 교통량은 약간 증가하게 될 수 있다.

〈표 16-4〉는 전체 교통량에 미치는 효과가 얼마나 크지 않은가를 보여준다. 물론 평균을 중심으로 상당한 편차가 있다. 많은 경우(즉 시간대와 지역 측면에서) 교통량은 극히 일부만 증가 혹은 감소하는 반면에, 매우 혼잡한 시간대와 도심지역에서는 20% 혹은 30%의 교통량이 감소하는 경우도 많으며, 또한 덜 혼잡

■ 표 16-4 수입이 유지되는 환경비용과 혼잡비용 도로요금 적용 결과, 잉글랜드, 2000년 교통량

시나리오	교통량	모든 차량 승객-km	승용차 -km	상업용 차량-km	버스 승객-km	철도 승객-km	승용차 비용	버스 지원금	버스 요금 (%, 백분율 변화)	철도 지원금	철도 요금 (%, 백분율 변화)
	현재 수치 대비 통행량 비율						(£/km)	(£/p.a.)		(£m p.a.)	
현재(2003)	1	1	1	1	1	1	0.104	1408	–	1597	–
낮은 환경 비용											
환경비용 요금, 혼합비용 요금, 수입 유지	1.01	1.04	1.01	1.01	1.05	0.99	0.103	1371	0	1633	0

■ 표 16-5 수입이 유지되는 환경비용과 혼잡비용 도로요금을 적용하는 경우에 대한 경제적 평가(연간 £10억, 2003년 가격), 잉글랜드, 2000년 교통량

시나리오	환경비용의 감소	승객과 화물 운송회사에 발생하는 편익	버스 지원금의 감소	철도 지원금의 감소	환경세, 혼잡통행료 수입, 환급금	순편익	세입 보정	재무부에서 발생하는 순편익	재무부에서 발생하는 모든 비용이 제외된 편익	가중평균한 혼잡비용 (£, vehicle-km)
열 번호	(1)	(2)	(3)	(4)	(5)	(6)=(1+2+3+4+5)	(7)	(8)=(3+4+5+7)	(9)=(1+2+8)=(1+2+3+4+5+7)	
낮은 환경 요금										
환경비용 요금, 혼합비용 요금, 수입 유지	0.28	0.88	0.04	−0.04	0	1.2	0.6	0.6	1.8	0.068

한 시간대와 지방도시에서는 10~15%의 교통량이 증가하는 경우도 꽤 발생한다. 후자에 해당하는 지역에서 운전자는 조세수입을 유지하기 위해 환급금을 지급받는 편익을 얻게 되어 매우 낮은 이용요금을 지불하게 된다. 영업용 차량에 대한 효과는 승용차에 비해 덜 변화하지만, 소형 영업용 차량은 대형 트레일러 트럭에 비해 비용 감소를 누리게 될 가능성이 더 크다. 이는 많은 유류를 소비하는 대형 차량에게 환경비용 요금이 더 많이 부과되며, 또한 이들 차량은 평균적으로 더 혼잡한 도로를 이용하기 때문이다. 철도통행량은 거의 변화가 없는데, 많은 시간과 지역에서는 비록 통행량이 일부 감소하지만 더 많은 시간대와 지역에서의 통행량이 증가하면서 서로 균형을 이루기 때문이다. 한편 버스통행량은 약 5% 증

가한다.

〈그림 16-3〉은 지역별 교통량 감소비율의 분포를 보여주고 있다. 광역도시권에서는 교통량이 크게 감소하지만, 지방도시 특히 잉글랜드 북부지역에서는 교통량이 증가한다. 한편 대도시 외곽의 잉글랜드 중심지역에서는 대부분 교통량이 변화하지 않는다. 그 결과 대도시에서는 차량속도가 상당히 개선된다. 흥미롭게도 (잉글랜드 북부지역과 같이) 가장 크게 교통량이 증가하는 많은 지역에서는 약간 차량속도가 감소하거나 전혀 감소하지 않는데, 이 지역들은 교통용량에 여유가 있어 혼잡이 거의 없기 때문이다. 따라서 많은 운전자의 차량속도는 상당히 개선되고, 다른 지역에서의 차량속도 감소는 매우 작으므로, 전체 운전자는 결국 재정적으로 악화되지 않는다. 이러한 도로요금 부과체계에 의해 촉진되는 혼잡한 지역에서 그렇지 않은 지역으로의 교통량 재분배는 명확한 경제적 편익을 갖는다. 이러한 시나리오는 도시지역의 운전자에게는 현재 그들이 초래하는 혼잡과 환경피해에 비해 과소하게 유류세가 부과되는 반면에, 지방지역의 운전자들은 과대하게 유류세가 부과되고 있다는 주장을 뒷받침한다.

〈표 16-5〉에 나타나는 바와 같이, 수입이 유지되지 않는 방안에 비해 전체 경제적 순편익은 연간 £28억에서 £18억으로 감소하고 있다. 이는 주로 교통량 감소가 적어, 더 적은 환경적 편익이 발생하기 때문이다. 환급금이 (이를 테면 차량등록세 감소와 같이) 다른 형태로 이루어지면 전체 경제적 편익이 보다 커지겠지만, 환급금 지급으로 인해 많은 운전자는 통행에 대한 한계사회적비용을 모두 지불하지 않게 된다. 그럼에도 불구하고 인-km당 환급금 지급은 승객과 화물이용자에게 전체적으로 연간 £9억만큼 후생이 개선되도록 하는 이점을 갖는 반면에, 재무부 재정에는 작은 개선만을 야기한다. 한편 도로를 확충하지 않게 됨으로써 절감되는 비용은 크다.

경제적 관점에서 분명히 최적이 아닌 여러 도로요금체계가 있다. 물론 도로이용에 따라 발생하는 모든 비용을 반영하는 도로요금체계는 있다. 그러나 최적의 체계가 아닌 현재 도로요금이 유지되고 있는데, 최적의 체계가 아닌 일률적인 환급금이 지급될 수 있다. 이러한 체계는 최적이 아닌 체계임에도 불구하고, 상당한 경제적 편익은 발생한다. 만일 정치인들이 다른 세금 변화를 통해 영향력 있는 집단을 매수할 필요가 있다고 느낀다면, 비록 이로 인해 정책의 경제적 목표가 일부 약화될 지라도 현재 상황에 비해 여전히 상당한 경제적 편익이 발생할 수 있다.

16.4.6 완전 효율적인 세금과 보조금

현재의 여러 세금형태는 수십년간 발전해온 것이고 경제적으로 합리성을 갖고 있지 않다. 다른 경제부문에 부과되는 표준적인 세금을 인상하여 총조세수입을 증가시키는 것이 외부효과 비용 측면에서 어떠한 정당성을 갖는 것이라고 말할 수도 없다. 운전자에게 부과되는 다양한 세금이 차량운전에 따른 총비용이 차량이용의 한계사회적비용을 반영하도록 발전되지도 않았다. 이 절에서는 Glaister and Graham(2004)에 의해 수행된 근본적인 경제원칙에 기초한 일련의 세금과 보조금 형태의 도출에 대해 고찰하도록 한다.

〈표 16－6〉과 〈표 16－7〉로부터 만일 환경비용 요금이 현재 수준에 비해 낮게 정해진다면, 유류세의 환급 등을 통해 재무부에는 연간 £79억의 비용을 초래하게 되고, 전체 재무부 수입은 도로요금의 수입을 고려하여도 연간 £38억만큼 감소하는 것을 알 수 있다. 승용차 이용은 6%, 영업용 차량의 이용은 16% 증가하여, 전체 교통량은 12% 증가한다. 버스산업에 대한 보조금은 연간 £14.08억에서 £7.93억으로 감소하고, 철도산업에 대한 보조금은 연간 £15.97억에서 £9.14억으로 감소한다. 전체적으로는 〈표 16－7〉에서 보여지는 바와 같이, 연간 £4억의 환경피해비용이 발생하지만 연간 £68억의 편익이 승객과 화물에게 발생한다.

이러한 가정 하에서 그 결과를 보면, 만일 도로요금이 대부분 역사적인 사건

■ 표 16－6 완전 효율적인 세금과 보조금, 잉글랜드, 2000년 교통량

시나리오	교통량	모든 차량 승객-km	승용차 -km	상업용 차량-km	버스 승객-km	철도 승객-km	승용차 비용 (£/km)	버스 지원금 (£/p.a.)	버스 요금 (%, 백분율 변화)	철도 지원금 (£m p.a.)	철도 요금 (%, 백분율 변화)
	현재 수치 대비 통행량 비율										
현재(2003)	1	1	1	1	1	1	0.104	1408	–	1597	–
낮은 환경 비용											
효율적인 환경비용 요금과 혼합비용 요금	1.12	1.06	1.09	1.16	1.12	0.67	0.093	793	+20	914	+80
높은 환경 비용											
효율적인 환경비용 요금과 혼합비용 요금	1.01	0.98	1.0	1.0	1.14	0.69	0.111	783	+20	807	+80

※ 예를 들어, 비율 1.2는 일반적으로 20% 증가, 0.94는 6% 감소로 해석된다.

■ 표 16-7 **완전 효율적인 세금과 보조금(연간 £10억, 2003년 가격)을 적용하는 경우에 대한 경제적 평가, 잉글랜드, 2000년 교통량**

시나리오	환경비용의 감소	승객과 화물 운송회사에 발생하는 편익	버스 지원금의 감소	철도 지원금의 감소	환경세, 혼잡통행료 수입, 환급금	순편익	세입 보정	재무부에서 발생하는 순편익	재무부에서 발생하는 모든 비용이 제외된 편익	가중평균한 혼잡비용 (£, vehicle-km)
열 번호	(1)	(2)	(3)	(4)	(5)	(6)=(1+2+3+4+5)	(7)	(8)=(3+4+5+7)	(9)=(1+2+8)=(1+2+3+4+5+7)	
낮은 환경 비용										
효율적인 환경비용 요금과 혼합비용 요금	−0.40	6.81	0.62	0.68	−7.9	−0.2	+2.8	−3.80	2.6	0.062
높은 환경 비용										
효율적인 환경비용 요금과 혼합비용 요금	1.60	−1.92	0.63	0.77	3.03	4.11	+0.18	4.61	4.29	0.065

에 의해 결정된 현재 요금수준을 유지하는 대신에 경제적 효율성 원칙에 따라 결정된다면, 도로이용자는 현재 지불하는 요금수준보다 적게 지불할 수 있다고 주장될 수 있다. 차량-km당 평균 화폐비용은 10.4펜스에서 9.3펜스까지 감소할 것이며, 경제적 효율성은 순증가할 것이다. 실제로 차량속도는 일반적으로 개선될 것인데, 일부 지역에서는 차량속도가 매우 크게 개선될 것이다. 이러한 차량속도와 교통량에 미치는 영향은 지역별로 매우 상이하다. 현재 높은 한계비용을 부과하는 지역에서는 교통량이 감소할 것이고, 다른 지역에서는 증가할 것이다. 교통량의 재분배는 이러한 도로요금 부과로 인해 경제적 효율성이 증가한 하나의 측면을 나타낸다.

〈표 16-6〉과 〈표 16-7〉은 만일 높은 환경비용 요금이 적용된다면 결과는 상이하다는 것을 보여준다. 재무부에게는 연간 £38억의 순손실이 발생하는 대신에, £46.1억의 순이득이 발생할 것이다. 이는 물론 환경적 효과에 대해 매우 적극적으로 도로요금을 부과하는 경우를 말한다. 그 결과 현재에 비해 연간 £16억의 환경적 이득이 발생할 것으로 추정된다. 이는 낮은 환경비용 요금을 적용해 연간 £4억의 환경적 손실을 발생하는 것과 대비된다. 차량-km당 평균 화폐비

용은 현재의 10.4펜스에서 11펜스로 상승할 것이다.

따라서 이 모형의 관점에서 '21세기 초반인 현재 도로이용자는 많게 혹은 적게 지불하고 있는가?'에 대한 답변은 올바른 환경비용 요금이 얼마인가에 대해 어떠한 관점을 취하는가에 따라 달라진다. (즉 낮은 환경비용 요금을 적용하는 것이 적절하다고 판단되면, 현재의 도로이용자는 차량-km당 평균 화폐비용으로 9.3펜스 대신에 10.4펜스를 지불하여 많이 지불한다는 결론이 얻어질 것임. 반면에 높은 환경비용 요금을 적용하는 것이 적절하다고 판단되면, 현재의 도로이용자는 차량-km당 평균 화폐비용으로 11펜스 대신에 10.4펜스를 지불하여 적게 지불한다는 결론이 얻어질 것임: 역자주) 그럼에도 어떠한 환경비용 요금이 적합하다고 판단되는 것에 관계 없이, 운전자에 대한 도로요금 부과구조를 변경함으로써 경제적 편익이 발생한다.

비록 이 사례에 대한 모의실험이 이뤄지지 않았지만, 환경비용 요금에 대한 중간 추정치를 이용하면 아마도 수입을 유지하는 요금 구조가 만들어질 것임을 주지할 필요가 있다. 어떠한 특정한 경제적 유의성을 지니지는 않지만, 도로요금구조를 변화함으로써 현재 수입을 유지하면서도 동시에 유의한 경제적 이점이 발생할 수 있다는 것은 정치적인 유의성을 가질 것이다.

장래에 교통량이 증가하면, 평균 혼잡비용 요금과 이로 인한 수입은 보다 증가할 것이다. (즉 현재로는 정치적 유의성만 갖는 수입을 유지하는 요금 구조가 장래에도 경제적 유의성을 가지게 될 수 있음: 역자주)

16.5 얼마나 폭넓게 요금을 부과하여야 하는가?

국가 전체를 대상으로 어떤 정책을 시행하지 않는 경우는 흔하다는 것을 쉽게 알 수 있다. 도로요금체계를 점차 덜 혼잡한 지역으로 확장하면, 행정비용은 상승하는 반면에 영향을 받는 교통량, 운전자가 지불하는 경제적으로 효율적인 가격, 그리고 수입은 훨씬 적게 상승하게 된다.

2003년 2월 런던에 도입된 요금정책 사례가 보여주듯이, 초기 투자비와 계속되는 행정비용에 관한 이슈는 중요하다. 수입의 상당 부분이 이 정책의 자본비와 운영비로 쓰여진다. 런던 정책이 가치없음을 반드시 의미하는 것은 아니지만, 보다 넓고 덜 혼잡한 지역에 이 정책을 도입하고자 한다면 훨씬 적은 비용이 소요되어야 한다는 것을 말하고 있다.

규모의 경제와 비용 감소는 적용되는 기술에 따라 달라진다. 이는 대상지역의 범위에 대해서 의미하는 바가 있다. 카메라 기반 기술을 이용하는 것이 위성 기반 지리적 위치확인체계(geographical positioning system, GPS) 기술을 이용하는 것보다 좁은 지리적 범위에는 더 적합하다. 덜 혼잡한 교통량을 갖는 지역까지 요금부과지역을 확대할 때에는 후자의 기술을 이용함으로써 한계비용은 크게 감소될 수 있다. 물론 이 경우에도 카메라와 도로변 설비는 위성 기반 체계를 지원하고, 위반차량을 적발하기 위해서는 필수적이다.

16.6 도로확충의 사례

전통적인 평가방법에 의할 때에 많은 도로계획이 정부재원을 사용하는 데에 매우 높은 가치를 제공한다는 사실에도 불구하고, 보수당과 노동당 정부 모두 여러가지 이유로 새로운 도로를 건설하는 것이 어렵다는 것을 인식하였다. 그러면 국가 전체에 적합한 도로요금정책이 도입되었다고 가정해 본다. 이 경우에도 새로운 도로 건설이 계속 주장될 것인가? 분명히 첨두시간대에 이용 가능한 도로용량과 일치하도록 수요를 감소시키는 도로요금이 부과되기 때문에 수요는 더 감소하게 된다.

현재의 도로체계에서는 도로요금수준, 도로용량 제공수준, 그리고 투자재원 조달은 중앙행정체계 하에서 서로 독립적으로 결정된다. 그러나 합리적으로 관리되는 교통시설 관련기업이 있다면, 이 세 가지 사항은 동시에 결정되어야 한다. 적절한 도로요금수준이 설정된다면, 도로시설로 인해 발생된 수입은 추가적인 도로용량을 제공하는 비용과 관련하여 도로확충이 합당한가에 대해 분명한 신호를 제공할 수 있어야 한다.

현재의 연구는 특정 상황 하에서 도로확충비용을 추정하고 도로요금정책이 도입된다면 새로운 도로확충이 어느 정도 합당한가에 대한 정보를 제공하는 것을 목표로 한다.

16.7 도로요금설정을 국가정책화하는 데에 실제 해결되어야 하는 이슈

어떤 도로에 요금이 부과되어야 하는가를 정확히 결정하는데 있어 중앙정부와 지방정부의 상대적 역할은 무엇인가? 하루 중 어느 시간대에 요금이 적용되어야 하는가? 요금수준은 얼마이어야 할까? 어떻게 요금을 징수하여야 하나? 누구에게 수입이 귀속되어야 하는가? 그리고 누가 책임지고 수입을 어떻게 사용할 것인가? 하나의 주장은 국가가 책임지는 것으로서, 현재 그러하듯이 본질적으로 모든 것을 중앙정부(Whitehall)가 책임진다는 것이다. 그러나 많은 재원이 관련되어 있어 상당한 권한과 재량이 지방정부에 맡겨질 가능성이 더 커 보인다. 현재 도로이용자가 세금으로 지불하는 것과 도로에 대한 정부지출 간의 불일치에 대한 도로이용자의 커다란 불만족, 새로운 세금과 요금부과체계에 대한 정부공약에 유권자가 현재 갖고 있는 전반적인 신뢰부족, 그리고 중앙정부로부터의 일반적인 권력이양 움직임 등이다.

그러나 전국적인 체계 하에서 지방정부가 매우 큰 규모의 도로요금 수입을 관리하도록 한다면, 지방정부의 재정체계를 고려하여야만 할 것이다. 만일 지방정부가 이러한 신규세입을 징수하기 시작한다면, 중앙정부가 현재 지방정부에 제공하는 보조금(grants)에는 어떠한 조정이 이뤄져야 하는가? 이 경우 대도시는 연간 수 십억 파운드를 잃게 되기 때문에 수입을 유지하는 도로요금체계 하에는 특히 민감한 문제일 것이다. 반면에 대도시가 수입의 상당 부분을 사용하게 된다면, 도로요금체계는 권력이양주의자가 장래도시의 민주주의 생존에 있어 필수적인 것으로 간주하는, 새롭게 지방에서 창출되는 수입 포트폴리오(portfolio)에 결정적으로 기여하게 될 것이다(Glaister, Travers and Wakefield, 2004와 Travers and Glaister, 2006 참조).

하지만 이는 또 다른 이슈를 제기한다. 현재의 지방 거버넌스체계는 적절한가? 합리적인 도로요금체계의 지리적 범위는 일련의 적합한 교통패턴과 일치해야 한다. 런던 대도시권을 제외할 때, 이에 적절하게 부합되는 지방정부는 거의 없다. 런던에서만 혼잡통행료 부과의 도입이 가능했다. 왜냐하면 런던에서는 직선제로 선출된 시장이 요금에 대해 책임지고, 예산편성은 투명하며, 순수입은 해당 정부 내 교통목적에만 사용되기 때문이다.

이 문제에 대해서는 몇 가지 방안이 제안될 수 있다. 아마도 간선도로와 고속도로는 현재의 도로국과 유사한 체계 하에서 중앙정부가 관리하는 것이다. 이들은 전략적인 도로이며, 이 중 상당수는 심각한 교통혼잡이 발생하고 있고, 더 중요한 도로는 자연스럽게 지방정부에 이양되지 않을 것이다. 그러나 이들 도로를 제외한 대다수의 도로는 지방정부가 관리할 수 있다. 정부는 다른 도시에 대해서도 런던체계를 도입하는 가능성에 대해 논의하게 되고, 이는 이들 지역에 대한 문제를 해결할 수 있을 것이다. 보다 점진적인 방안으로는 Passenger Transport Authorities 같은 조직을 구성하는 것이다(Travers and Glaister, 2006 참조). 1968년에 처음 만들어졌을 때, 이 조직은 대도시권의 여객교통을 책임지는 것으로 만들어졌다. 하지만 점차 그 권한은 축소되었다. 이제 도로요금정책을 시행하는 데에 필요한 도로에 관한 모든 권한을 갖는 교통조직으로 활성화될 수 있다. 새로운 조직은 Bristol, Southampton 및 Portsmouth와 같은 도시에 만들어질 수 있다.

또 다른 방안은 중앙 및 지방정부의 영향으로부터 벗어나는 것으로서, 요금을 지불하는 사람들로 신탁회사(trust)를 구성하는 것이다. 미국의 연방정부 도로, 영국의 일부 항만, 그리고 초기의 많은 도로 건설에 재원을 제공한 기관처럼 공공신탁회사(public trusts)를 만드는 것이다. 수입은 이 조직에 귀속되는 대신, 명시된 목적에만 수입을 지출하는 법적인 책임을 갖게 된다. 일단 적절한 요금이 결정되면, 도로는 가스, 물 및 전기와 같은 다른 기반시설과 마찬가지로 운용된다. 따라서 유사한 규제체계를 만드는 것도 고려하여야 한다.

국가적인 도로요금정책이 성공적으로 도입된다면, 아직까지 별로 고려되고 있지는 않지만 다른 정부정책분야(예컨데, 버스, 지하철, 도시계획, 그리고 토지이용: 역자주)에 대해서도 깊은 함의를 가질 것이다. 비록 대중교통이용에 대한 효과가 국가수준에서는 크지 않을 것이나, 특정 지역 시장에서는 이슈가 될 수 있다. (도로요금정책의 도입 후) 버스는 더 많은 사람들을 수송하여야 하나, 더 높아진 도로 속도로 인해 용량 측면에서 이득이 발생한다. 런던과 다른 대도시의 통근자 시장에서 철도여객 수요는 증가할 것이다. 하지만 철도혼잡은 이미 심각한 상황이다. 반대로 수입을 유지하는 도로요금방안의 도입은 지방지역에서 도로이용을 더 저렴하게 만들어, 이미 취약한 철도와 다른 대중교통의 경쟁력을 더 약화시킬 것이다.

도시계획과 토지이용정책 또한 영향을 받을 것이다. 예컨데 새로운 쇼핑센터 건설 제한과 같이 일부 도시계획정책은 도로혼잡 악화를 방지하는 데에 이용되고 있다. 만일 도로혼잡이 도로요금정책에 의해 직접적으로 다뤄진다면, 이와 같이 도시계획에서 제한하는 이유는 사라지게 된다. 교통비용은 토지이용 밀도를 결정하는 주요 요인의 하나이기 때문에, 장기적으로 도로요금정책은 밀도에 반드시 영향을 미칠 것이다. 그러므로 밀도에 영향을 미치는 정책을 담당하는 정부 부처는 도로요금정책에 관심을 가져야 한다.

도로요금정책은 공정(fair)한가? 이 이슈는 Glaister and Graham(2006)에서 논의되고 있다. 누가 명백히 이득을 보고 누가 손해를 보는가는 시행되는 정책의 여러 특성에 결정적으로 좌우된다. 수입 추가적인 도로요금방안의 경우에는 도로 이용자는 전체적으로 후생이 악화된다. 만일 이러한 수입이 발생된 지역을 위해 사용된다면, 이 정책은 해당 지역에 전체적으로 이득을 발생시킨다. 이때 도로 및 교통수단 이용자에 대한 순효과는 일반적으로 그 수입이 명확하게 무엇에 사용되는가에 좌우된다. 요금징수비용이 수입의 많은 부분을 소비하지 않는 한, 지방정부는 새로운 중요한 연간수입이 발생하게 되어 재정지원이나 서비스 임대에 사용할 수 있을 것이다. 또한 현재는 재원을 충당할 수 없는 일부 아이템을 위한 재원조달에도 사용할 수 있다.

수입을 유지하는 도로요금방안의 경우에는 전체적으로 보다 적은 순편익을 발생시킬 것이다. 하지만 이 방안은 도로이용자에게 수입이 귀속되고 도로망이 더 효율적으로 이용되기 때문에, 도로이용자는 전체적으로 더 개선된다. 수입유지방안의 주요 특성은 도심지역 특히 런던으로부터 지방지역으로 상당한 규모의 금액이 전이된다는 것이다. 만일 지방정부 재정체계의 변화와 같은 보상이 이뤄지지 않으면, (즉 중앙정부에서 지방정부로 현재 지급되고 있는 보조금(grants)을 감소하고 도시로 지급되는 보조금이 증가하지 않는다면: 역자주) 도심지역의 거주자는 전체적으로 후생이 악화될 것이다. 대부분의 인구가 도심지역 내 혹은 인근지역에 살기 때문에, 그 결과는 많은 사람의 후생이 악화되고 소수 사람만 후생이 개선되는 것이다.

이러한 추정은 평균적인 변화를 말하고 중요한 변화를 숨기기 때문에, 그 결과를 주의하여 해석하여야 한다. 예를 들면, 수입유지방안 하에서는 비록 1주일 전체 평균적으로는 도시지역에서의 자동차 이용자가 더 많이 지불하지만, 혼잡하지 않은 시간대 도시지역 자동차 이용자는 덜 지불할 것이다. 그러므로 수입유지방안은 중요한 표상적 특성을 갖고 있다. 그러나 이 방안의 비용을 지불하거나 일반적인 지지를 얻는데 있어 중요한 보완적 조치를 위해 지불되는데 사용될 순수입은 발생하지 않는다.

수입추가방안은 실제로 수입유지방안에 비해 도로를 이용하는 평균 화폐비용을 증가시키기 때문에, 교통사고, 유류소비 및 차량 오염배출의 감소에 더 효과가 있다.

도로요금방안은 빈곤한 사람에게 어떠한 혜택을 줄 수 있을 것인가? 빈곤의 공간적 변화를 나타내기 위해, Glaister and Graham(2006)은 공식적인 박탈지수(Indices of Deprivation)의 구성요소에 대해서 박탈추정치를 이용하고 있다. 도로요금은 분명히 박탈이 집중되는 대도시지역에서는 보다 높은 평균 요금을 부과할 것이므로, 요금과 박탈수준 간 관계가 발견될 것을 기대하였다. 실제로 이러한 관계는 있지만, 잉글랜드 전체에 걸쳐 크게 두드러지는 것은 아니었다. 이는 높은 박탈이 대도시지역뿐만 아니라 지방도시 등 대부분의 지역에서 발견되기 때문이다.

고용, 주택, 그리고 교육에 대한 박탈 모두는 교통량 변화와 유의한 양(+)의 관계를 보여준다. 따라서 이들 측정치에서 높은 박탈을 나타내는 구(ward)는 더 작은 요금 증가로 인해 다른 조건들이 동일하다면 더 작게 교통량이 감소하는 경향이 있다. 실제로 수입유지방안의 경우에 이들의 요금이 감소할 가능성이 더 높다. 자동차 통행비용의 감소가 이러한 유형들의 박탈을 감소시키는데 도움이 되는 한, 도로요금방안은 박탈에 대한 다른 측정치에 비해 이러한 측정치에 더 적은 피해를 끼칠 것이다.

모든 사람이 자동차 이용자는 아니고 자동차 이용자가 아닌 사람은 보다 한적해진 도로와 개선된 버스 서비스로부터 편익을 얻게 된다. 더 발달된 대중교통으로 인해 런던에서의 자동차 이용은 전국 평균보다 훨씬 낮다. 하지만 런던의 평균 도로요금은 훨씬 더 높을 것이다.

이러한 사례 연구는 많은 사람의 일상에 영향을 미치는 문제를 분석하는 데에 있어서 기본적인 미시경제학적 원리들이 도움이 된다는 것을 설명하고 있다. 현재 상황을 개선하는 여러 방안을 제시할 수 있다. 그러나 경제학만으로는 충분하지 않다. 순수경제이론이 중요하지만 이를 이해하거나 신경쓰는 정치인은 거의 없다. 실제 정책을 개선시키기 위해서는 기술적이고 공학적인 현실과 아울러 정치적 경제상황에 대해서도 기꺼이 이해하고 논의해야 한다.

PART 5

장 래

제 5 부

제17장

끝맺는 말

Chapter 17

17.1 향후 주요한 도전

교통부문은 지난 세기 동안 커다란 변화를 겪었다. 가장 유의미한 변화의 하나는 도로에서의 혁명이다. 제2차 세계대전 이래로 유럽의 도로교통량은 놀라운 비율로 증가하고 있다. 아울러 또 다른, 아마도 유사한 유의미한 변화는 유럽에서 시작된 항공에서의 혁명이다. 단지 20년 전에 항공통행은 부유한 사람만의 영역이었다. 현재 유럽에서는 항공통행을 대중에게까지 개방한 80개 이상의 저비용 항공사가 있다.

소득이 증가함에 따라 이러한 추세는 모두 예측 가능한 장래에도 계속될 전망이다. 도로교통량과 항공이용객 수가 계속 상승함에 따라, 두 가지 주요한 문제가 앞으로 더욱 심각해 질 것이다. 첫 번째는 오염의 문제이고, 두 번째는 혼잡의 문제이다. 이러한 부정적인 외부효과 모두는 현재와 장래에 사회적 후생을 극대화시키기 위해서 다뤄질 필요가 있다.

최근까지 유럽 항공사는 대개 환경규제로부터 면제되었다. 이는 European Carbon Trading Scheme으로 그들이 편입되어 바로잡아졌지만, 항공시장의 성장으로 초래될 가능성이 있는 환경효과에 대처하기 위해 이를 재검토할 필요가 있다. 그러나 가장 심각한 환경피해를 초래할 가능성이 있는 것은 도로교통량의 증가이다. 이는 전통적인 원유가격의 상승으로 인하여, 생산과정에서 더 큰 환경피해를 야기하는 합성연료로의 전이가 발생하기 때문에 특히 그러하다. 정부는 자동차 통행의 한계사적비용을 증가시켜 한계사회적비용과 일치하도록 함으로써, 부정적인 외부효과를 내재화하는 경제적 정책을 도입할 필요가 있다. 정부는 또한 만일 지구온난화로 인한 피해와 같은 최악의 피해를 회피할 수 있다면 즉각적으로 시행할 필요가 있다.

유럽 도로와 유럽 공항에서의 혼잡의 증가는 통행의 시간비용을 증가시킬 것이고, 도로에서는 또한 사고 위험을 증가시킬 수 있다. 과거에 의존했었던 정책으로서, 단순히 더 많은 도로를 건설하는 것이 해결책이 아니라는 것을 정부는 깨닫게 되었다. 환경피해를 해결하는 방법과 유사하게, 정부는 통행의 한계사적비용을 한계사회적비용과 일치하게 하는 정책을 도입할 필요가 있다. 도로교통에서의 해결책은 도로요금정책에 달려 있는 것처럼 보인다. 이 정책은 분명히 유럽연합 전역에 보다 확대될 것이다.

17.2 기타 추세

저가항공사의 성장은 항공사에 대한 조세정책에 큰 변화가 없는 한 지속될 것이다. 런던 Heathrow와 같은 매우 혼잡한 주요 국제허브공항을 이용하는 대신에, 저가항공사는 유럽 도시의 주변지역에 위치한 보다 작은 공항을 더 이용하고 있다. 이러한 행태는 계속될 것이며, 저가항공사는 대륙을 가로지르는 보다 작은 공항 간을 상호 연결할 것이다.

선박운송은 유럽 교통부문에서 중요한 부분이었으며, 유럽연합으로 수입되는 재화의 90%를 차지한다. 선박운송이 여전히 항공운송에 비해 유의한 장점을 가지고 있기 때문에, 현재로서 변화될 가능성은 없다.

내륙수로는 일부 유럽 국가들, 특히 네덜란드와 프랑스에서 화물운송에 여전히 활발히 이용되고 있다. 운하 네트워크가 산업적 목적으로 처음 건설된 영국에서는 19세기 후반 운하 건설과 관련한 결정으로 인해 운하 이용은 거의 중단되었다. 최근에 영국 생산자들은 다시 내륙수로로 전환하기 시작하였다는 조짐이 존재하지만, 이것이 유의하고 지속적인 추세가 될 것인가에 대해서는 상당한 의문이 든다.

17.3 인지된 지혜의 말들(words)

20세기 마지막 4분기에 가장 관심을 끌었던 유럽 교통부문에서의 시장실패는 시장지배력에 관한 것이었다. 효율성 개선을 거두기 위해 개별 정부와 유럽위원회는 교통부문 전반에 걸쳐 경쟁을 촉진하기 위한 단호한 노력을 기울여 왔다. 그 결과 대폭적인 규제완화와 민영화를 시행하였다. 이러한 정책은 대부분 성공을 거뒀으며, 따라서 교통정책의 초점은 시장실패로 부정적인 외부효과가 증가하는 것을 교정하는 것으로 이동할 필요가 있다.

정책은 항상 의도하지 않았거나 아마도 예측하지 못한 효과도 나타내고 있음을 역사는 말하고 있다. 20세기말 영국에서의 철도열풍은 현대 철도차량에는 적합하지 않은 철도시설을 건설하게 만들었고, 좁은 폭의 영국 운하 건설은 운하산업의 쇠퇴를 유도하였는데, 이들은 이러한 정책의 두 가지 사례에 해당한다. 정책입안자는 그들이 결정하였거나 그들이 결정하지 않은 정책에 대한 가능한 모든 효과들을 고려하고, 가능한 모든 정책대안을 충분히 평가하는 것에 주의를 기울여야 한다. 이는 비용-편익분석의 기술이 보다 더 발전되고 정제될 것을 요구한다. 이 분야에서 활동하는 경제학자가 이를 우선시하여야 한다.

유럽 국민에게 장래는 유의한 기회를 갖게 할 것이고, 교통부문은 이러한 기회를 실현하는 데에 중요한 역할을 수행할 것이다. 사회적 후생이 최대화되는 데에 교통부문이 기여하여야 하고, 따라서 교통경제학자의 역할은 이전에도 그러하였던 것과 같이 현재에도 중요하다.

부 록

수리에 관한 부록

M.1 직선의 수요곡선

3.2절에서 설명되었듯이, 교통수요를 결정하는 요인은 많다. 수리적으로 수요는 다음과 같이 표현된 여러 요인들의 함수임을 의미한다.

$$Q_d = f(P, Y, P_s, P_c, R, S\ldots)$$

여기서 Q_d는 교통의 수요량, P는 교통의 가격, Y는 소비자의 소득, P_s는 대체재의 가격, P_c는 보완재의 가격, R은 소비자의 신뢰, 그리고 S는 속도이다.

일부 주요하게 여겨지는 결정요인들이 있지만, 현실에서는 더 많은 것들이 포함되어야 한다.

단순화를 위해 다른 변수들은 불변으로 고정하고, 교통의 가격만을 포함하도록 단순화할 수 있다. 따라서 가격과 수량관계를 나타내는 공간, 즉 이들을 축으로 하는 그림으로 표현할 수 있다. 직선의 수요곡선에 대한 예제 수식은 다음에 보여지며, 30은 수직절편이고 −2는 기울기이다. 이는 영(0)의 가격에서 30단위에 대한 수요가 존재하고, 가격이 상승하면 수요의 법칙에 따라 수요는 감소한다.

$$Q_d = f(P)$$
$$Q_d = 30 - 2P$$

이는 가격이 독립변수이고 수요량이 종속변수로서, 수평축에 가격, 수직축에 수량이 표시되어야 함을 의미한다. 이는 진정한 수요곡선이 어떻게 그려져야 하는지를 나타내지만, 가격을 수직축을 따라 표현되는 종속변수로 갖는 것이 보다 유용하기 때문에 경제학자들이 이용하는 형식은 아니다. 이를 얻고자 경제학자들에 의해 그리고 단순화를 위해, 이 교과서의 본문에서 '수요곡선'이라고 일반적으로 이름 붙여진 역의 수요곡선을 계산할 필요가 있다. 위의 예제에 대한 변형은 다음과 같다.

$$2P = 30 - Q_d$$
$$P = 15 - 0.5Q_d$$

따라서 직선의 수요곡선은 다음과 같은 식의 형태로 쓰여질 수 있다.

$$P = x - yQ$$

여기서 x는 절편이고, y는 기울기이다.

재화가격의 변화는 수요곡선을 따라 이동하고, 따라서 수요량이 변화한다. 반면에 다른 결정요인의 변화는 수요곡선 자체를 이동하게 하고, 따라서 절편의 변화에 의해 수리적으로 모형화될 수 있다.

M.2 직선의 공급곡선

동일한 분석이 공급곡선에도 적용될 수 있다. 재화의 공급은 또한 다양한 변수들의 인자이고, 따라서 다음의 식으로 표현될 수 있다.

$$Q_s = f(P, C, \Pi_a, N, G \ldots)$$

여기서, Q_s는 재화의 공급량, P는 재화의 가격, C는 생산에 필요한 요소들의 비용, Π_a는 동일한 생산요소를 가지고 생산될 수 있는 대안적인 재화의 이윤, N은 시장에서의 생산자 수, 그리고 G는 정부지출 혹은 조세이다.

현실에서는 보다 많은 결정요인들이 포함되어야 할 것이다.

수요에서와 같이, 다른 모든 결정요인들이 불변이고 공급은 단지 가격의 함수인 것처럼 단순화될 수 있다. 가격이 종속변수이고 공급량이 독립변수가 되도록 변환한 공급곡선을 만든다. 기울기와 절편을 단순하게 가정한 예제는 다음과 같다.

$$Q_s = f(P)$$
$$Q_s = 2P - 10$$
$$2P = Q_s + 10$$
$$P = 5 + 0.5Q_s$$

직선의 공급곡선은 다음과 같이 공식화될 수 있다.

$$P = w + zQ$$

여기서 w는 절편이고, z는 기울기이다. 절편과 기울기는 모두 양(+)을 나타낼 가능성이 큰데, 절편은 양(+)의 가격이라도 정상이윤 이하라면 생산자는 영(0)단위를 생산하기 때문이고, 기울기는 공급의 법칙 때문이다.

재화 가격의 변화는 공급곡선을 따라 이동하고, 따라서 공급량은 변화한다. 반면에 다른 결정요인의 변화는 공급곡선 자체를 이동하게 하고, 따라서 절편의 값을 변화하도록 한다.

M.3 균형

수요곡선과 공급곡선에 대한 공식을 가지고, 균형가격과 균형량을 계산할 수 있다. 균형상태에서 수요량은 공급량과 일치하고, 따라서 이 공식은 연립방정식이다. 이 공식을 풀면, 균형시장 조건이 생성된다. 앞에서의 수요곡선과 공급곡선에 대한 예제를 이용하여, 이러한 과정을 다음에서 살펴본다.

$$Q_d = Q_s = Q$$
$$P = 15 - 0.5Q$$
$$P = 5 + 0.5Q$$
$$15 - 0.5Q = 5 + 0.5Q$$
$$Q = 10$$
$$P = 15 - (0.5 \times 10)$$
$$P = 15 - 5 = 10$$

이 예제에서 가격은 £10이고 거래량은 10단위이다. 공급곡선공식에서 이 결과를 확인하면, 이것이 맞다는 것을 알 수 있다.

M.4 대체재와 보완재

이러한 분석은 대체재와 보완재를 포함함으로써 다소 복잡해질 수 있다. 두 대체재 x와 y는 다음 형태와 같은 수요곡선들을 가질 것이며, 단순화를 위해 이들은 직선임을 가정한다.

$$Q_x = a - bP_x + cP_y$$
$$Q_y = d - eP_y + fP_x$$

수직절편은 a와 d로 표시된다. 가격에 대한 계수는 b와 e로 표시되고, 수요법칙으로 인해 음(−)의 값을 갖는다. 그리고 대안적인 재화의 가격에 대한 계수는 c와 f로 표시되고, 한 재화의 가격 상승은 다른 재화에 대한 수요 증가를 야기하기 때문에 정(+)의 값을 갖는다.

두 재화에 대한 균형 가격과 수량을 계산하기 위해 이러한 등식들을 이용할 수 있다. 우선 두 재화에 대한 공급곡선식을 포함한 후에 개별 재화의 가격에 대한 하나의 등식이 존재하도록 공급곡선식을 재배열함으로써 가능하다. 균형상태에서 개별 재화의 수요량이 해당 재화의 공급량과 일치할 때 (예를 들면, 재화 x의 수요량 Q_{dx}가 재화 x의 공급량 Q_{sx}와 일치할 때), 가능하다. 이들은 두 재화에 대해 균형조건들을 계산하기 위해 풀어질 수 있는 연립방정식이다. 이는 다음 예제와 같이 나타난다.

재화 x	재화 y
$Q_{dx} = 50-2P_x + P_y$	$Q_{dy} = 200-5P_y + 4P_x$
$Q_{sx} = 10P_x-20$	$Q_{sy} = 5P_y-50$
연립방정식을 만들기 위해 둘을 동일하게 하면:	연립방정식을 만들기 위해 둘을 동일하게 하면:
$Q_{dx} = Q_{sx}$	$Q_{dy} = Q_{sy}$
$50-2P_x + P_y = 10P_x-20$	$200-5P_y + 4P_x = 5P_y-50$
$12P_x = 70 + P_y$	$10P_y = 250 + 4P_x$

$$12P_x = 70 + P_y$$
$$10P_y = 250 + 4P_x$$
$$P_y = 25 + 0.4P_x$$
$$12P_x = 70 + P_y$$
$$12P_x = 70 + 25 + 0.4P_x$$
$$11.6P_x = 95$$
$$P_x = 8.19$$
$$12P_x = 70 + P_y$$

$$12 \times 8.19 = 70 + P_y$$

$$P_y = 28.28$$

$$Q_{dx} = 50 - 2P_x + P_y$$

$$Q_{dx} = 50 - (2 \times 8.19) + 28.28$$

$$Q_{dx} = 61.9$$

$$Q_{dy} = 200 - 5P_y + 4P_x$$

$$Q_{dy} = 200 - (5 \times 28.28) + (4 \times 8.19)$$

$$Q_{dy} = 91.36$$

두 재화에 대한 공급곡선식에서 이 결과를 확인하면, 이들이 맞다는 것을 알 수 있다. 재화 x에 대한 시장에서의 가격은 £8.19이고, 62단위가 거래될 것이다. 그리고 재화 y에 대한 시장에서의 가격은 £28.28이고, 91단위가 거래될 것이다.

M.5 탄력성

본문의 3.4.1절에서 탄력성을 계산하는 일반공식을 개관하였다. 그러나 실질적으로 이들을 계산하는 데에는 두 가지 수학적 접근방법이 있다. 점탄력성(point elasticity) 계산과 호탄력성(arc elasticity) 계산이다.

M.5.1 점탄력성

이는 수요 혹은 공급곡선 상의 특정 지점이나 실제로 (수요의 소득탄력성을 계산할 때) 소득확장경로 상의 특정 지점에서의 탄력성을 계산한다.

다음 수요곡선이 주어진다면

$$P = a - bQ$$

수요의 점탄력성(P_{ed})은 점 P_1와 Q_1에 대해 다음과 같이 계산될 수 있다.

$$P_{ed} = \frac{\Delta Q}{\Delta P} \frac{P_1}{Q_1}$$

이는 다음과 같이 다시 쓰여질 수 있다.

$$P_{ed} = \frac{1}{-b}\frac{P_1}{Q_1} \quad \text{왜냐하면} \quad \frac{\Delta Q}{\Delta P} = \frac{1}{-b}$$

점탄력성은 가격 P와 수직절편 a에 전적으로 의존한다. 이는 처음의 수요등식을 재배열하고 $1/-b$로 나눔으로써 보여질 수 있다.

$$P = a - bQ$$

$$-bQ = P - a$$

$$P_{ed} = \frac{1}{-b}\frac{P}{Q} = \frac{P}{P-a}$$

만일 두 직선이 동일 축척으로 그려진다면, 기울기가 상이할지라도 동일한 수직절편만 갖는다면, 점탄력성은 어떠한 가격에서도 동일할 것이다.

M.5.2 호탄력성

이는 일정 범위의 두 극단점(extreme point)에서 가격(혹은 소득)과 수량의 평균치를 이용하여 주어진 범위에 걸친 탄력성을 계산한다.

수요의 소득탄력성(Y_{ed})에 대한 공식은 다음과 같이 나타나며, 이는 다른 탄력성에 대해서도 쉽게 적용된다.

$$Y_{ed} = \frac{\Delta Q \frac{1}{2}(Y_1 + Y_2)}{\Delta Y \frac{1}{2}(Q_1 + Q_2)}$$

$$= \frac{\Delta Q}{\Delta Y}\frac{(Y_1 + Y_2)}{(Q_1 + Q_2)}$$

M.6 보다 정교한 수요-공급분석

M.6.1 균형

수요곡선과 공급곡선이 완전한 직선일 가능성은 적지만, 앞에서와 동일한 분석이 균형조건을 계산하기 위해 이용될 수 있다. 〈그림 M-1〉 그림과 함께, 이차의 역수요곡선과 공급곡선에 대한 예제를 다음에 개관한다.

$$P_d = Q^2 - 20Q + 30$$
$$P_s = Q^2 + 10Q + 15$$
$$P_d = P_s$$
$$Q^2 - 20Q + 30 = Q^2 + 10Q + 15$$
$$15 = 30Q$$
$$Q = 15/30 = 0.5$$
$$P_d = Q^2 - 20Q + 30$$

■ 그림 M-1 수요와 공급에 대한 분석

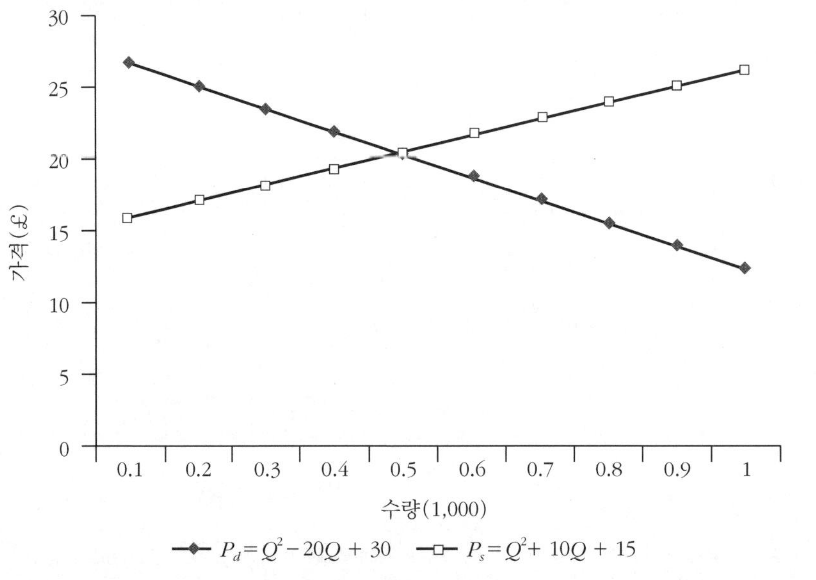

$$P_d = 0.5^2 - 20(0.5) + 30$$
$$P_d = 0.25 - 10 + 30 = 20.25$$

이 곡선들에 대한 균형조건은 £20.25의 가격과 0.5(천)단위, 즉 500단위의 거래량을 도출한다. 이러한 결과는 $P_s = 20.25$와 $Q = 0.5$를 위의 공급등식에 대입함으로써 확인될 수 있고, 또한 동일한 그래프에 수요곡선(P_d에 대한 등식)과 공급곡선(P_s에 대한 등식)을 그리고, 교차점을 표시함으로써 확인될 수 있다.

M.6.2 수요의 탄력성

수요의 점탄력성 공식에 대한 변형을 통해 보다 정교한 역수요곡선의 수요점탄력성을 계산할 수 있다. M.5.1절에서와 같이 공식에서 역의 기울기를 이용하는 대신에 가격에 대한 일차도함수(first derivative)를 이용할 필요가 있다.

$$P_{ed} = \frac{dQ}{dP}\frac{P}{Q}$$

이 도함수는 단순히 다음의 공식을 이용함으로써 도출될 수 있는데, 이는 역의 수요곡선으로부터 용이하게 얻을 수 있다.

$$\frac{dQ}{dP} = \frac{1}{\frac{dP}{dQ}}$$

예를 들면 위의 보다 정교한 수요곡선에 대해 $Q = 1$에서 수요의 (점)가격탄력성을 계산하면,

$$P_d = Q^2 - 20Q + 30$$
$$\frac{dP}{dQ} = \frac{d(Q^2 - 20Q + 30)}{dQ}$$
$$= 2Q - 20$$
$$\frac{dQ}{dP} = \frac{1}{\frac{dP}{dQ}} = \frac{1}{(2Q - 20)}$$

$$Q = 1$$

$$P_d = 1^2 - 20(1) + 30 = 11$$

$$P_{ed} = \frac{dQ}{dP}\frac{P}{Q}$$

$$= \frac{1}{2(1) - 20}\ \frac{11}{1}$$

$$= -0.61$$

따라서 이 수요곡선에서 이 수량에서의 수요는 가격비탄력적이다.

유용한 수요함수는 모든 가격과 수량에서 동일한 탄력성을 갖는 것이다. 이는 다음의 형태를 갖는다.

$$Q = kP^e$$

여기서 k는 양(+)의 상수이다. 따라서

$$Q = kP^{-2}$$

위의 식은 항상 -2의 탄력성을 갖는다.

M.7 소비자잉여

적분(integration)을 이용하면 소비자잉여의 가치를 계산할 수 있다. 다음의 예제를 제시해 본다. 단순화를 위해 수요곡선은 직선이고, 삼각형의 면적은 밑변에 높이를 곱한 것의 절반임을 알기 때문에 이러한 단순한 예제에서 형식적인 적분은 불필요하다. 하지만 동일한 기법이 보다 비정규적인 함수형태에도 적용될 수 있다.

〈그림 M−2〉는 수요곡선을 보여주며, 시장가격과 거래량은 각각 £80과 60단위이다. 소비자잉여 가치를 계산하기 위해서는 영(0)에서 60단위까지의 수량에 대한 수요곡선 아래의 전체 면적을 우선 계산하는 것이 필요하다.

$$\int_{Q=0}^{Q=60}(200 - 2Q)\,dQ = [200Q - 2(\frac{Q^2}{2})]_{Q=0}^{Q=60}$$

■ 그림 M-2 소비자잉여

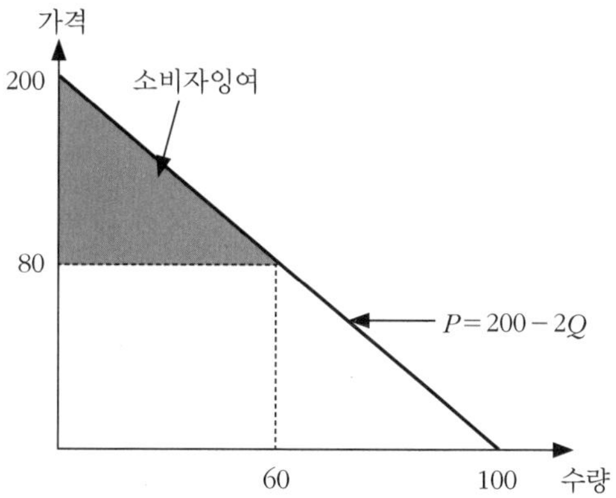

$$= [200(60) - 60^2] - [200(0) - 0^2]$$
$$= £8400$$

이것은 소비자들이 해당 재화에 대해 지불할 용의가 있는 그리고 지불할 수 있는 총량이며, 따라서 소비자잉여를 계산하기 위한 최종 단계는 이들이 실제로 지불하는 지불액을 빼는 것이다. 소비자들이 개별 단위에 대해 £80을 지불하고 60단위를 구입하기 때문에, 이는 단순히

$$P \times Q = 80 \times 60$$
$$= £4800$$

이는 시장가격과 소비량에 의해 형성된 직사각형의 면적이다. 결론적으로, 소비자잉여는

$$8400 - 4800 = £3600$$

삼각형 면적에 대한 공식을 이용하면, 소비자잉여는 $(1/2) \times 120 \times 60 =$ £3,600이 된다.

소비자잉여를 계산하는 일반적인 공식은 따라서 다음과 같다

$$\int_{Q=0}^{Q=Qm} (equation)\,dQ - (P_m \times Q_m)$$

여기서 *equation*은 수요곡선에 대한 등식이며, P_m은 시장가격이고, Q_m은 이 가격에서 거래되는 수량이다.

M.8 생산자잉여

마찬가지로 적분을 이용하여 생산자잉여의 가치를 계산할 수 있지만, 그 기법은 다소 상이하다. 예제가 다음과 같이 제시되는데, 단순화를 위해 생산곡선은 직선이다.

〈그림 M－3〉은 시장가격이 £120이고 80단위가 이 가격에서 거래되는 상황을 보여준다. 생산자들이 얻는 총수입을 계산하는 것이 우선 필요하다. 이는 단순히 시장가격과 수량에 의해 형성된 직사각형의 면적이다.

$$
\begin{aligned}
P \times Q &= 120 \times 80 \\
&= £9600
\end{aligned}
$$

따라서 생산자는 £9,600를 얻는다. 다음 단계는 생산자가 80단위를 생산할 용의가 있게 하는 최소의 가격을 계산하는 것이다. 그리고 실제로 얻는 금액에서

■ 그림 M－3 생산자잉여

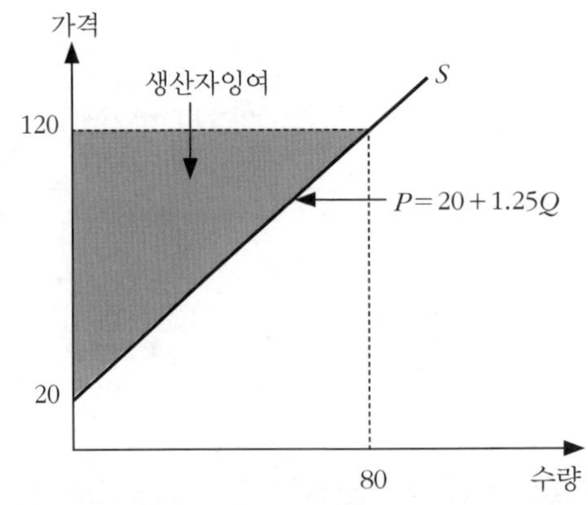

이를 뺌으로써 생산자잉여를 계산한다. 이는 영(0)에서부터 80단위까지 수량의 공급곡선 아래의 면적을 계산하면 된다.

$$\int_{Q=0}^{Q=80}(20+1.25Q)\,dQ = [20Q + 1.25(\frac{Q^2}{2})]_{Q=0}^{Q=80}$$
$$= [20(80) + 0.625(80^2)] - [20(0) + 0.625(0^2)]$$
$$= £5600$$

생산자 수입으로부터 이를 빼면, £4,000의 생산자잉여를 얻는데, 삼각형 면적을 직접 계산함으로써 확인될 수 있다.

일반적으로, 생산자잉여는 다음과 같이 계산될 수 있다

$$P_mQ_m - \int_{Q=0}^{Q=Qm}(equation)\,dQ$$

여기서 *equation*은 공급곡선에 대한 등식이며, P_m은 시장가격이고, Q_m은 이 가격에서 거래되는 수량이다.

M.9 총비용, 한계비용 그리고 평균비용

M.9.1 상호관계

평균비용곡선은 U자형일 가능성이 크므로, 총비용곡선은 3차 방정식의 형태를 가질 가능성이 크다. 예를 들면

$$TC = \frac{1}{3}Q^3 - 13Q^2 + 170Q$$

이로부터 한계비용함수를 계산하기 위해서는, 수량에 관해 미분하는 것이 필요하다.

$$MC = \frac{d(TC)}{dQ} = \frac{d(\frac{1}{3}Q^3 - 13Q^2 + 170Q)}{dQ}$$
$$= Q^2 - 26Q + 170$$

평균비용함수는 총비용을 수량으로 나눔으로써 생성된다.

$$AC = \frac{TC}{Q} = \frac{\frac{1}{3}Q^3 - 13Q^2 + 170Q}{Q}$$

$$= \frac{1}{3}Q^2 - 13Q + 170$$

이러한 평균비용곡선과 한계비용곡선은 〈그림 M-4〉에 표시된다.

M.9.2 한계비용곡선은 평균비용곡선의 최저점을 통과한다

이는 한계비용곡선이 평균비용곡선의 최저점을 통과함을 나타낸다. 이를 수학적으로 증명하기 위해, 우선 평균비용곡선을 수량에 관해 미분한 후에, 이를 영(0)과 같다고 놓고 풀어야 한다. 이는 평균비용곡선의 기울기가 영(0)이 되는 수량, 다시 말해 평균비용곡선이 평평한 수량을 도출한다.

$$AC = \frac{1}{3}Q^2 - 13Q + 170$$

$$\frac{d(AC)}{dQ} = \frac{1}{1.5}Q - 13$$

■ 그림 M-4 평균비용과 한계비용 간의 관계

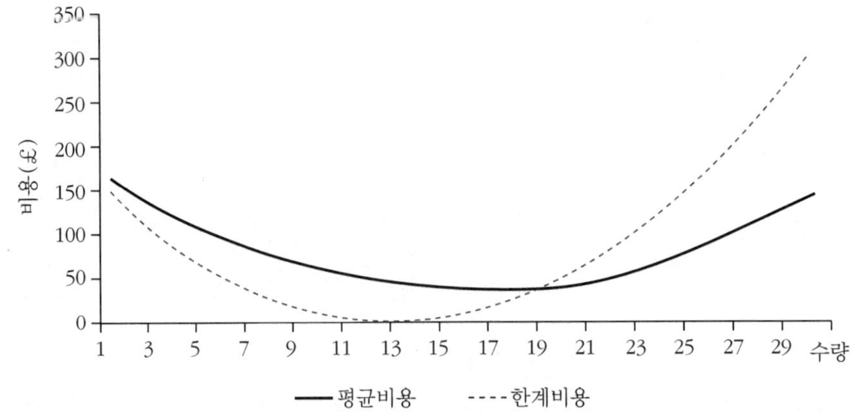

$$\frac{1}{1.5}Q - 13 = 0$$

$$Q = 13 \times 1.5 = 19.5$$

만일 이러한 변환점이 다수 존재한다면, 최저점은 수량에 관한 개별 변환점에서 2차 도함수를 계산하면 된다. 이 곡선상의 최저점은 이 2차 도함수가 양수(positive)인 지점이다.

$$\frac{d^2(AC)}{dQ^2} = \frac{1}{1.5}$$

이것이 양수(+)이기 때문에 평균비용곡선의 최저점은 19.5단위의 수량에서 이뤄진다. 다음은 이 수량에서 평균비용과 한계비용이 동일한 지를 살펴보기 위해 이들을 계산할 필요가 있다.

$$AC = \frac{1}{3}(19.5)^2 - 13(19.5) + 170$$
$$= 43.25$$
$$MC = (19.5)^2 - 26(19.5) + 170$$
$$= 43.25$$

이들이 동일함에 따라, 한계비용곡선은 평균비용곡선의 최저점에서 통과한다.

M.10 총수입, 평균수입 그리고 한계수입

M.10.1 상호관계

비용곡선에 대한 것과 마찬가지로,

- 총수입곡선으로부터 평균수입곡선을 도출하기 위해서는 총수입곡선을 수량으로 나눠야 한다.
- 총수입곡선으로부터 한계수입곡선을 도출하기 위해서는 총수입곡선을 수량에 관해 미분해야 한다.

M.10.2 완전경쟁 하에서의 수입곡선

완전하게 경쟁적인 생산자는 완전하게 탄력적인 수요곡선을 갖는다. 이는 다음과 같이 공식으로 표현될 수 있다

$$P_d = Z$$

완전하게 경쟁적인 생산자는 시장에 공급하는 생산물에 관계없이 이러한 가격을 수용해야 하기 때문에 Z는 불변 가격이다.

총수입은 다음과 같다.

$$TR = P \times Q$$
$$TR = Z \times Q$$

평균수입은 다음과 같다.

$$AR = \frac{TR}{Q} = \frac{ZQ}{Q} = Z$$

한계수입은 다음과 같다.

$$MR = \frac{d(TR)}{dQ} = \frac{d(ZQ)}{Q} = Z$$

이는 완전하게 경쟁적인 생산자에게 평균수입은 한계수입과 동일하다는 것을 수학적으로 증명한다. 비정상이윤은 영(0)이 될 것이다.

M.10.3 한계수입곡선은 불완전경쟁 하에서 평균수입곡선에 비해 두 배의 기울기를 갖는다.

완전경쟁이 아닌 다른 시장구조 하에서 수요곡선 혹은 평균수입곡선은 우하향의 기울기를 갖는다. 단순화를 위해 이를 직선이라고 가정하면, 다음의 형태를 취한다.

$$AR = a - bQ$$

이것은 M.1절에서의 단순수요곡선과 동일하므로, 이는 또한 개별 수량에서의 가격에 대한 공식이다. 따라서 총수입곡선은 이에 수량을 곱한 것이다.

$$TR = (a - bQ)Q$$
$$TR = aQ - bQ^2$$

한계수입곡선에 대한 등식은 총수입곡선에 대한 등식을 미분함으로써 얻어진다.

$$MR = \frac{d(TR)}{dQ}$$
$$= \frac{d(aQ - bQ^2)}{dQ}$$
$$= a - 2bQ$$

평균수입곡선의 기울기는 $-b$이고 한계수입곡선의 기울기는 $-2b$이다. 이와 같이 한계수입곡선은 평균수입곡선에 비해 두 배만큼 하락한다. 이 결과는 단지 직선의 수요곡선에 대해서 성립한다.

M.11 이윤극대화 조건

생산자가 이윤을 극대화하기 위해서는 한계비용이 한계수입과 같은 생산량 수준에서 생산을 하는 것이 필요하다고 본문에서 설명되었다. 이는 미분을 이용해 수학적으로 증명될 수 있으며, (총수입에서 총비용을 뺀) 이윤에 대한 등식은 다음과 같다.

$$\pi = TR - TC$$
$$\frac{d(\pi)}{dQ} = \frac{d(TR)}{dQ} - \frac{d(TC)}{dQ}$$
$$= MR - MC$$

이윤함수가 영(0)의 기울기를 가지고 있는 지점에서 변화점이라는 법칙을 보여주기 위해, 위의 식을 영(0)으로 놓고 풀도록 한다.

$$\pi' = MR - MC = 0 \rightarrow MR = MC$$

따라서 이는 이윤극대화조건이다. 그러나 만일 이윤함수에서 다수의 변환점이 존재한다면, 이윤극대화 조건은 수량에 대해 개별 변환점에서의 2차 도함수를 도출함으로써 얻을 수 있다. 이윤극대화 생산량은 이것이 음수(−)인 지점이 될 것이다.

$$\frac{d^2(\pi)}{dQ^2} = \frac{d(MR)}{dQ} - \frac{d(MC)}{dQ} < 0$$

교통경제학

참고문헌

일반적인 참고문헌

일반적인 참고문헌은 복수의 장에서 이용된 참고문헌이다.

Aldcroft, D.H., 1974. *Studies in British Transport History: 1870-1970*. David and Charles Ltd.

Button, K.J., 1993. *Transport Economics*. Second edition. Edward Elgar Publishing Ltd.

Calder, S., 2006. No *Frills: The Truth Behind the Low-Cost Revolution in the Skies*. Virgin Books Ltd.

Commission for Integrated Transport, June 2004. *The Bus Industry: Encouraging Local Delivery. Advice from the Commission for Integrated Transport*.

European Commission, Directorate-General for Energy and Transport in Co-operation with Eurostat, 2006. *Energy and Transport in Figures. Part Three: Transport*.

National Economic Research Associates, December 1997. *The Effectiveness of Undertakings in the Bus Industry*. Research Paper 14, prepared for the Office of Fair Trading.

UK Office of National Statistics (ONS) and the Department for Transport (DfT), 2004. *Transport Statistics Bulletin, Road Traffic Statistics*.

Quince, T. and Whittaker, H., September 2003. *Entrepreneurial Orientation and Entrepreneurs Intentions and Objectives*. ESRC Centre for Business Research . Working Paper Number 271. University of Cambridge.

Stern, N., 2007. *The Stern Review: The Economics of Climate Change*. Cambridge University Press.

Varian, H.L., 1999. *Intermediate Microeconomics: A Modern Approach* . Fifth edition. Norton Publishing Ltd.

서론

Harcourt, G.C., September 1995. *Joan Robinson, 1903-1983. The Economic Journal*, 105 (Reprinted in: Harcourt, G.C. 2001. 50 Years a Keynesian and Other Essays. Palgrave MacMillan, pp. 91-113).

Robinson, J., 1960. *Exercises in Economic Analysis*. London: MacMillan, p. 17.

제1장 유럽 교통의 발달

Burton, A., 1995. *The Great Days of the Canals*. Tiger Books International.

Heap, C. and Van Riemsdijk, J., 1980. *The Pre-grouping Railways: Their Development and Individual Characters. Part Two*. The Stationary Office Books.

Heilbroner, R., 2000. *The Worldly Philosophers*. Penguin Books.

Henshaw, D., 1994. *The Great Railway Conspiracy: The Fall and Rise of Britain s Railways Since the 1950s*. Second edition. Leading Edge Press.

Lewis, M.J.T., 1970. *Early Wooden Railways*. Routledge Keegan Paul.

Ransom, P.J.G., 1989. *The Victorian Railway and How It Evolved*. Heinemann.

Rolt, L.T.C., 1950. *The Inland Waterways of England*. George Allen and Unwin Ltd.

Savage, C.I., 1966. *An Economic History of Transport*. Hutchinson & Co. (Publishers) Ltd. Third impression (Revised edition).

White, H.P., 1986. *Forgotten Railways*. David St. John Thomas.

제3장 교통수요

Cole, S., 2005. *Applied Transport Economics: Policy, Management and Decision Making*. Third edition. Kogan Page Limited.

Nash, C.A., 1982. *Economics of Public Transport*. Longman Group Limited.

Oum, T.H., Waters Il, W.G., and Yong, J.S., January 1990. A Survey of Recent Estimates of Price Elasticities of Demand for Transport. *Policy, Planning and Research Working Papers: Transportation*. Infrastructure and Urban Development Department. The World Bank, WPS 359.

Quinet, E. and Vickerman, R., 2004. *Principles of Transport Economics*. Edward Elgar.

UK Department for Transport (DfT), May 2005. (Amended June 2006). *Traffic Speeds on English Urban Areas: 2004*.

UK Office of National Statistics (ONS), 2007. *Retail Sales Index*. (Up-dated: 11 June 2007), http://www.statistics.gov.uk

Van de Voorde, E. and Meersman, H., 1997. The Effect of Economic on Future Freight Transport; In *Which Changes for Transport in the Next Century?* Fourteenth International Symposium on Theory and Practice in Transport Economics (Innsbruck 21/23 October); Topic 1: What is the Future for Transport? Paris: CEMT.

Vienna International Airport, 2006. *Business Report*. Second quarter.

제4장 시장, 비용과 수입

Anderson, W.L. and Ross, R.L., 2005. The Methodology of Profit Maximisation: An Austrian Alternative. *The Quarterly Journal of Austrian Economics*, 8(4), Winter.

Baumol, W., 1959. *Business Behaviour, Value and Growth*, New York and London: The Macmillan Company.

City Sprint Ltd, http://www.citysprint.co.uk

Cyret, R.M. and March, J.G., 1963. *A Behavioural Theory of the Firm*. Englewood Cliffs NJ: Prentice Hall Inc.

Fitzpatrick, G.D., 1986. *Microeconomics: New Theories and Old*. Oxford University Press.

Friedman, M., 1953. The Methodology of Positive Economics. *Essays in Positive Economics*. Chicago: University of Chicago Press.

Griffiths, A. and Wall, S., 2000. *Intermediate Microeconomics: Theory and Applications*. Second edition. Pearson Education Limited.

Marris, R., 1964 June. *The Economic Theory of Managerial Capitalism*. London: Macmillan.

Simon, H.A., 1959. Theories of Decision-making in Economics and Behavioural Science. *The American Economic Review*, XLIX(3), 253-283.

Williamson, O.E., 1963. Managerial Discretion and Business Behaviour. *The American Economic Review*, 53(5), December.

Williamson, O.E., 1975. *Markets and Hierarchies: Analysis and Structural Implications*. New York: Free Press.

제5장 경쟁과 경합

Baumol, W.J., 1982a. Contestable Markets: An Unsurprising in the Theory of Industry Structure. *The American Economic Review*, 72(1), March, 1-15.

Baumol, W.J., Panzar, J.C. and Willig, R.D., 1982b. *Contestable Markets and the Theory of Industry Structure*, San Diego: Harcourt Brace Jovanovich.

Baumol, W.J. and Willig, R.D., 1986. Contestability: Developments Since the Book, *Oxford Economic Papers*, 38, Supplement: Strategic Behaviour and Industrial Competition, November pages 9-36.

제6장 독점

Air Scotland, http://www.air-scotland.com

European Commission, Directorate-General for Competition 2004. *EU Competition Policy and the Consumer.*

Go Skills. *Skills Needs Assessment: Bus and Coach Industries.* Solihull: Go Skills: www.goskills.org/UploadedDocs/Publications/1147944122.pdf

제7장 독점적 경쟁

UK Department for Transport, June 2006. *Road Freight Statistics 2005*

제9장 외부효과

European Commission, June 2003. *Europe at a Crossroads: The Need for Sustainable Transport.*

European Conference of Ministers of Transport, 12-13 March 1998. The Spread of Congestion in Europe: Conclusions of Round Table 110. Paris.

European Union Road Federation, 2006. *European Road Statistics*, p. 52.

Eurostat, 2005. *European Business: Facts and Figures*, p. 321.

Hardin, G., 1968. The Tragedy of the Commons. *Science*, pp. 1243-1247.

Intergovernmental Panel on Climate Change (IPCC), 2001. *Climate Change 2001: Synthesis Report, Summary for Plicymakers*, Figure2-7.

Intergovernmental Panel on Climate Change (IPCC), 1999. *IPCC Special Report: Aviation and the Global Atmosphere.*

Rutter, H., 2000. Modal Shift: Transport and Health. *A Policy Report on the Health Benefits of Increasing Levels of Cycling in Oxfordshire*, October; www.modal-shift.org/reports.tandh/print_version.htm

Webber, M., 14 October 2002. BBC News, http://www.news.bbc.co.uk

World Commission on Environment and Development (more commonly known as the Brundtland Report), 1987. *Our Common Future.* Oxford University Press.

제10장 공공재와 비가치재

Amos, J., 28 December 2005. Europe's Galileo Project. *BBC News.*

Button, K. and Pitfield, D., 1991. More Private Sector Provision of Roads in Europe? In K. Button and Pitfield, D., (eds). *Transport Deregulation: An International Movement.* Macmillan Academic and Professional Ltd.

Crime Concern and the Social Research Associates of the Department for Transport; Personal Security Issues in Pedestrian Journeys; First published 8 November

1999 and then modified January 2006.

Oc, T. and Trench, S., 1992. *How Can We Make Cities Safer For Women?* Symposium Paper, University of Florida.

UK Department for Transport (DfT), 2005. Road Casualties in Great Britain 2004. *Annual Report*. September, London.

제11장 불공평성, 빈곤과 비대칭 정보

Eurostat. Inequality of Income Distribution, http://epp.eurostat.ec.europa.eu

Eurostat. *At-risk-of-poverty rate after social transfers, by gender*, http://epp.eurostat.ec.europa.edu

제12장 민영화와 규제완화

Barrett, S., 1987. *Flying High: Airline Prices and European Regulation*. Avebury.

Barrett, S., 1998. The Importance of State Enterprises in the Irish Economy and the Future for Privatisation. In D. Parker (ed.). *Privatisation in the European Union: Theory and Policy Perspectives*. Routledge.

Barrett, S., 2006. Privatisation in Ireland. In M. Kothenburger, H.W. Sinn and J. Whalley (eds.) *Privatisation Experiences in the European Union*. MIT Press.

Begg, D., Fischer, S. and Dornbusch R., 1991. *Economics: Third Edition*. McGraw-Hill Book Company Europe, pp. 327-329.

Dodgson, J., 1991. The Bus Industry: The Cases of Australia, the USA and the UK. In K. Button and D. Pitfield (eds). *Transport Deregulation: An International Movement*. Macmillan Academic and Professional Ltd.

Esser, J., 1998. Privatisation n Germany: Symbolism in the social market economy? In D. Parker (ed.). *Privatisation in the European Union: Theory and Policy Perspectives*. Routledge.

Glaister, S., 2004. *British Rail Privatisation: Competition destroyed by Politics; Centre for the Study of Regulated Industries*. University of Bath School of Management. Occasional Paper 23.

Go Skills. *Skills Needs Assessment: Bus and Coach Industries*. Solihull: Go Skills: www.goskills.org/UploadedDocs/Publications/1147944122.pdf

Gomez-Ibanez, J.A. and Meyer, J., 1993. *Going Private: The International Experience with Transport Privatization*. Washington: Brookings Inst.

Haarmeyer, D. and Yorke, P., April 1993. Port Privatisation: An International Perspective. *Executive Summary*. Reason Foundation Policy Study No. 156.

Hensher, D.A. and Wallis, I.P., 2005. Competitive Tendering as a Contracting Mechanism for Subsidising Transport: The Bus Experience. *Journal of Transport*

Economics and Policy, 39(3), 295-321.

Knieps, G., 2006. Privatisation of Network Industries in Germany: A Disaggregated Approach. In M. Kothenburger, H.W. Sinn and J. Whalley (eds). *Privatisation Experiences in the European Union*. MIT Press.

Leaman, J., 1994. Regulatory Reform and Privatisation in Germany. In M. Morgan, and T. Prosser (eds). *Privatisation and Regulatory Change in Europe*. Open University Press.

National Prices Commission, 1972. Occasional Paper 10. Government Publications (Ireland).

Pearce, M. and Stuart, G., 1996. *British Political History 1867-1995: Democracy and Decline*. Second edition. Routledge.

Yarrow, G., 1986. Privatisation in Theory and Practice, *Economic Policy*, 1(2), April, 323-377.

제13장 프로젝트 평가: 비용–편익 분석

Bamford, C.G., 2006. *Transport Economics*. Fourth edition. Oxford: Heinemann Educational Publishers.

Boardman, A., Greenberg, D., Vining, A. and Weimar, D., 2006. *Cost-Benefit Analysis: Concepts and Practice*. Third edition. Pearson Prentice Hall.

Cairncross, F., 1992. *Costing the Earth: The Challenge for Governments, the Opportunities for Business*. Harvard Business School Press.

Markandya, A., Harou, P., Bellu, L.G. and Cistulli, V., 2002. *Environmental Economics for Sustainable Growth: A Handbook for Practitioners*. Edward Elgar Publishing Limited.

Perkins, F., 1994. *Practical Cost Benefit Analysis: Basic Concepts and Applications*. MacMillan Education Australia PTY LTD.

UK Department of Transport, May 2004. *The COBA Manual*, http://dft.gov.uk/pgr/economics/software/coba11usermanual

제14장 교통투자

Farrell, S., 1999. Financing European Transport Infrastructure: Policies and Practice in Western Europe. MacMillan Press LTD.

Gerondeau, C., 1997. *Transport in Europe*. Artech Hoiuse INC.

제15장 정부개입의 일반 형태

Crocker, T.D., 1966. The Structure of Atmospheric Pollution Control Systems, In Wolozin, H. (ed.) *The Economics of Air Pollution*, New York: W.W. Norton.

Dales, J.H., 1968. Land, Water and Ownership, *The Canadian Journal of Economics*, 1(4), November, 791-804.

European Commission, Directorate C – Environment and Health, November 2004. *Transport-Related Impacts and Instruments for Sensitive Area: Final Report.* Part two: Policy instruments to reduce transport impacts in sensitive mountain areas.

Leicester, A., 2006. *Fuel Taxation*. The Institute for Fiscal Studies. Briefing Note No. 55.

Svendsen, G.T., 2003. *The Political Economy of the European Union: Institutions, Policy and Economic Growth*. Edward Elgar Publishing Limited.

Tietenberg, T.H., 1995. Transferable Discharge Permits and Global Warming. In D.W. Bromley (ed.). *The Handbook of Environmental Economics*. Blackwell Publishers.

UK Parliament, 1 March 2007. *Emissions Trading Scheme must improve robustness and transparency*. EAC 28.02.07a, http://www.parliament.uk

제16장 교통혼잡의 해결

Association of Train Operating Companies (ATOC), 2001. *Passenger demand forecasting handbook.*

Coates, J., 1999. *Roads to Accountability*, AA policy. Automobile Association, April.

Dargay, J. and Hanly, M., 1999. *Bus Fare Elasticities: Report to the Department of Environment, Transport and the Regions*. ESRC Transport Studies Unit, ref. 1999/26, UCL.

Eliasson, J. and Lundberg, M., 2003; *Road Pricing in Urban Areas*; Vagverket, Swedish National Road Administration: http://www.transport-pricing.net/download/swedishreport.pdf

Glaister, S. and Graham, D.J., 2003a. *Transport Pricing and Investment in England: Technical Report*. Working Paper. Imperial College London, http://www.cts.cv.ic.ac.uk/html/ResearchActivities/publicationDetails.asp?publicationID=307

Glaister, S. and Graham, D.J., 2003b. *Pricing our Roads: Vision and Reality*, Research Monograph 59, Institute for Economic Affairs.

Glaister, S. and Graham, D.J., 2004. Pricing Our Roads: *Vision and Reality*. London: Institute of Economic Affairs.

Glaister, S. and Graham, D.J., October 2006. *National Road Pricing: Is it Fair and Practical?*, Social Market Foundation.

Glaister, S., Travers, T. and Wakefield, J., April 2004. *Investing in Cities*. Development securities.

Graham, D. and Glaister, S., 2002a. *Review of income and price elasticities of demand for road traffic*; UK Department for Transport.

Graham, D. and Glaister, S., 2002b. The Demand for Automobile Fuel: A Survey of Elasticities, *Journal of Transport Economics and policy*, 36, 1-26.

Graham, D. and Glaister, S., 2004. Road Traffic Demand Elasticity Estimates: A Review, *Transport Reviews* 24(3), May.

Grayling, T. and Glaister, S., 2002. *A New Fares Contract for London*; Institute for Public Policy Research.

Kian Keong Chin, 2002. *Road Pricing: Singapore s Experience*. Imprint-Europe.

Sansom, T., Nash, C.A., Mackie, P.J. and Shires, J., 2001. *Surface Transport Costs and Charges: Final Report* for the Department of Transport Environment and the Regions. Institute for Transport Studies. Leeds: University of Leeds.

Smeed, R., 1964. *Road pricing: The Economic and Technical Possibilities*. HMSO.

Transport for London, October 2003. *Congestion Charging: Six months* On, http://www.TfL.gov.uk

Transport for London, February 2004. *Congestion Charging: Update on Scheme Impacts and Operations*, http://www.TfL.gov.uk

Transport for London, June 2006. *Congestion Charging: Impacts Monitoring, Fourth Annual Report*, http://www.TfL.gov.uk

Travers, T. and Glaister, S., May 2006. Improving Local Transport: How Small Reforms Could Make a Big Difference. *Local Government Association*. London.

UK Department for Transport (DfT), 2002. *Delivering Better Transport*. HMSO.

UK Department for Transport (DfT), 2003. *Traffic in Great Britain*. HMSO.

UK Department for Transport (DfT), 2004a. *Feasibility Study of Road Pricing in the UK: A Report to the Secretary of State for Transport*. London.

UK Department for Transport and Local Regions (DTRL), 2001a. *Transport Statistics for Great Britain*. HMSO.

UK Department for Transport and Local Regions (DTRL), 2001b. *Regional Transport Statistics*. HMSO.

Walters, A.A., 1961. The Theory and Measurement of Private and Social Cost of Highway Congestion. *Econometrica*, 29(4).

교통경제학

찾아보기

교통경제학 이론, 응용 그리고 정책

초판인쇄 2013년 8월 20일
초판발행 2013년 8월 25일

공저자 Graham Mallard · Stephen Glaister
공역자 이번송 · 손의영 · 홍성효
펴낸이 안종만

편 집 우석진 · 김효선
기획/마케팅 조성호
표지디자인 김지은
제 작 우인도 · 고철민

펴낸곳 (주) 박영사
서울특별시 종로구 평동 13-31번지
등록 1959.3.11. 제300-1959-1호(倫)
전 화 02)733-6771
f a x 02)736-4818
e-mail pys@pybook.co.kr
homepage www.pybook.co.kr
ISBN 978-89-6454-457-0 93320

정 가 35,000원